Neue
Kleine Bibliothek 297

W0191406

Rolf Gössner

Datenkraken im Öffentlichen Dienst

»Laudatio« auf den präventiven Sicherheits- und Überwachungsstaat

Mit Gastbeiträgen von Gerhart Baum,
Sabine Leutheusser-Schnarrenberger
und Heribert Prantl

PapyRossa Verlag

Editorische Notiz / Hinweis des Verlages

Zu vielen der im Buch dokumentierten Laudationes finden sich Videos im Internet. Dort finden sich auch die schriftlichen Langfassungen der in diesem Buch unter »Weitere *BigBrotherAwards*« aufgeführten Kurzversionen sowie weitere »Preisträger:innen« aus anderen Kategorien, die nicht in dieses Buch aufgenommen werden konnten. Die nach Jahren gegliederte Website *www.bigbrotherawards.de* ist eine wahre Fundgrube, deren Besuch lohnenswert ist, auch um die Atmosphäre der Preisverleihungen erfahren zu können.

© 2021 by PapyRossa Verlags GmbH & Co. KG, Köln
Luxemburger Str. 202, 50937 Köln

Tel.:	+49 (0) 221 – 44 85 45
Fax:	+49 (0) 221 – 44 43 05
E-Mail:	mail@papyrossa.de
Internet:	www.papyrossa.de

Alle Rechte vorbehalten

Umschlag: Verlag, unter Verwendung einer
Abbildung © Pollyw | Dreamstime.com [155949568]
Druck: CPI – Clausen & Bosse, Leck

Die Deutsche Nationalbibliothek verzeichnet diese Publikation in der Deutschen Nationalbibliografie; detaillierte bibliografische Daten sind im Internet über http://dnb.d-nb.de abrufbar

ISBN 978-3-89438-753-2

Inhalt

Datenkraken im Öffentlichen Dienst

»Laudatio« auf den präventiv-autoritären
Sicherheits- und Überwachungsstaat

Dieses Buch handelt von einem Thema, das mich schon seit Jahrzehnten umtreibt: der Weg in den präventiv-autoritären Sicherheits- und Überwachungsstaat, den die bundesdeutsche Sicherheitspolitik schon lange beschritten hat. Und so machte ich mich auf die Suche nach Meilensteinen auf diesem Weg einer verhängnisvollen und grundrechtschädigenden Entwicklung. Und wurde fündig in zwanzig *BigBrotherAwards* (BBA), die ich selbst in den letzten zwei Jahrzehnten an Parlamentsfraktionen und Sicherheitspolitiker, an Regierungen und Ministerien, an staatliche Sicherheitsbehörden und Amtsträger:innen verliehen habe – Negativprämierungen, die die französische Tageszeitung »Le Monde« schon im Jahr 2000 »Oscars für Überwachung« genannt hat. Die *BigBrotherAwards* werden jährlich in unterschiedlichen Kategorien an kapitale Datensünder:innen – oder besser: Datenfrevler:innen – in Wirtschaft, Gesellschaft und Politik verliehen. Organisiert und veranstaltet werden die Verleihungen von der Bielefelder Datenschutz- und Bürgerrechtsorganisation Digitalcourage e. V., die sich der »digitalen Selbstverteidigung« verschrieben hat.

In diesem Buch konzentrieren wir uns ausschließlich auf »Datenkraken im Öffentlichen Dienst« – also auf staatliche Stellen, Gesetze, Maßnahmen, Dateien und digitale Entwicklungen im Bereich der »Inneren Sicherheit«. Selbstverständlich werden dabei auch die

Akteure und (Mit-)Verantwortlichen namhaft gemacht, die ausgezeichnet worden sind für ihre problematische Antiterrorpolitik,
freiheitsgefährdenden »Sicherheitsgesetze« und gefährlichen Auf-
rüstungs- und Überwachungsmaßnahmen. Es handelt sich dabei
um grundrechts- und rechtsstaatsbedrohende Etappen auf einem
fatalen Weg, dessen Ende längst noch nicht abzusehen ist. Mithilfe
der Textform »Laudatio« soll die recht komplexe Materie anhand
einzelner Projekte möglichst anschaulich und nachvollziehbar ver-
mittelt werden. Die mittlerweile zwanzig Laudationes in diesem
Segment bilden als Meilensteine der zu untersuchenden staatlichen
Entwicklung den Grundstock dieses Buches (Erster Teil). Ein ab-
schließendes Gesamtbild der bundesdeutschen Sicherheitspolitik
sowie ihrer Auswirkungen auf Rechtsstaat, Bürgerrechte und Bevölkerung soll dabei helfen, die »ausgezeichneten« Fälle in die Ent-
wicklungsgeschichte der »Inneren Sicherheit« einzuordnen, den
gegenwärtigen Stand zu ergründen und den langfristigen strukturellen Hintergrund auszuleuchten (Zweiter Teil).

1. Zum Kern und Anliegen dieser Buchpublikation

Der Trend in Richtung eines präventiv-autoritären Sicherheits-
staats ist nicht neu: Verstärkt seit den Terroranschlägen vom
11. September 2001 in den USA befinden sich die Sicherheitsorgane – insbesondere Polizei und Geheimdienste in Bund und Ländern – auch hierzulande in einem tiefgreifenden Strukturwandel.
Im Zuge einer ausufernden Sicherheits- und Antiterrorpolitik sind
Polizeiaufgaben stark vorverlagert, geheime Polizei- und Überwachungsbefugnisse ausgebaut, Polizei und Geheimdienste stärker
vernetzt und die »Innere Sicherheit« in gewisser Weise militari-
siert worden. Dieser Trend einer strukturellen Entgrenzung von
Aufgaben, Befugnissen und Strukturen der Sicherheitsbehörden
geht einher mit einem starken Ausbau staatlicher Kontrolldichte
und einem spürbaren Zuwachs an staatlicher Macht. Mit der Folge, dass diese Macht immer schwerer demokratisch kontrollierbar
ist.

Mit »Datenkraken im Öffentlichen Dienst« wird diese problematische Entwicklung, wie erwähnt, zunächst anhand der jährlichen Vergabe des Negativpreises *BigBrotherAward* (BBA) an staatliche Stellen und politische Institutionen nachgezeichnet und veranschaulicht. Ein zivilgesellschaftlich initiierter Negativpreis, der bereits seit nunmehr zwanzig Jahren existiert und längst zu einer wirtschafts-, gesellschafts- und staatskritischen Institution geworden ist, die sich den teils grundrechtssprengenden Auswirkungen einer fortschreitenden Digitalisierung von Gesellschaft, Wirtschaft und Staat widmet.

Im ersten Teil dieses Buches sind jene kritisch-pointierten »Preisreden« nachzulesen, die ich als BBA-Jurymitglied in den Jahren 2000 bis 2020 gehalten habe: und zwar auf Bundesregierung, Kanzleramt und Verteidigungsministerium, auf die früheren Bundesinnenminister Otto Schily (SPD) und Wolfgang Schäuble (CDU) für deren »sicherheitspolitisches« Lebenswerk, auf weitere Bundes- und Landesinnenminister, Innenministerkonferenz, Bundeswehr, Bundeskriminalamt und Bundespolizei, auf Bundesnachrichtendienst, Verfassungsschutzämter des Bundes und der Länder, auf Bundesanwaltschaft, Bundesagentur für Arbeit, CDU- und grüne Fraktionen und auch auf den Ministerrat der Europäischen Union.

Zu all diesen »Preisreden« gibt es Updates, in denen die weiteren Entwicklungen der »prämierten Taten und Werke« seit der jeweiligen Preisverleihung skizziert werden. Außerdem werden in jedem Verleihungsjahr weitere *BigBrotherAwards* und »Tadelnde Erwähnungen« mit Bezügen zum Themenspektrum »Innere Sicherheit«, Sicherheits- und Überwachungsstaat in Kurzfassung präsentiert, die von anderen BBA-Jurymitgliedern laudatiert worden sind. Sämtliche Laudationes anlässlich der Verleihung der bundesdeutschen *BigBrotherAwards* der Jahre 2000 bis 2020 in allen Kategorien finden sich unter: bigbrotherawards.de – neben Politik, Staat, Behörden und Verwaltung also auch in den Kategorien Wirtschaft, Arbeitswelt, Bildung, Kommunikation, Verbraucherschutz, Technik etc.

2. Wissenswertes zu den *BigBrotherAwards*:[1] Entstehung, Entwicklung und 20-jähriges Jubiläum der »*Oscars für Datenkraken*«

An dieser Stelle möchte ich ausführlicher auf die *BigBrotherAwards* (BBA) eingehen, um Entstehung, Entwicklung, Sinn und Zweck dieser Preisverleihungen verständlich zu machen. Es handelt sich, wie oben schon erwähnt, um Negativpreise, die jährlich in mehreren Ländern und unterschiedlichen Kategorien an Datensünder, -frevler und -kraken in Gesellschaft, Wirtschaft und Staat vergeben werden. Und zwar jeweils an solche Stellen und Funktionsträger:innen, die in besonderer Weise und nachhaltig die Privatsphäre von Personen beeinträchtigen, deren Informationelles Selbstbestimmungsrecht schädigen, die Menschen mit digitalen Methoden überwachen und ausforschen oder persönliche Daten zweckwidrig verwenden oder an unbefugte Dritte weiterleiten.

Bei einer Laudatio anlässlich einer üblichen Preisverleihung gilt es bekanntlich als Fauxpas, den Laureaten in irgendeiner Weise negativ darzustellen, ihn und seine Arbeit gar zu kritisieren. Doch bei einer Negativpreisverleihung wie dem *BigBrotherAward* gehört gerade das zum Wesenskern und »guten Ton« einer »Laudatio« – deshalb die Anführungszeichen.

2.1. Doch diese Negativpreise sind genau genommen Aufklärungspreise. Warum? Weil sie öffentlichkeitswirksam und pointiert auf die Datenschutzproblematik in einer digitalisierten Welt aufmerksam machen, negative Entwicklungen an herausragenden Fallbeispielen aufzeigen und vor den Gefahren einer ausufernden Kontrolle, der Manipulation und des Missbrauchs privater Daten warnen sollen. Und die jährlichen Verleihungen sollen dazu beitragen, uferloses Datensammeln, Datenmissbrauch, kommerzielle

---

1   Siehe dazu auch: Rena Tangens / padeluun (Hg.), Schwarzbuch Datenschutz. Ausgezeichnete Datenkraken der *BigBrotherAwards* (2000 bis 2005), Hamburg 2006; padeluun / Rena Tangens (Hg.), digitalcourage. Jahrbuch 2018, 2019, 2020, »2021, jeweils Bielefeld 2018 ff. Internet: bigbrotherawards.de

Kontrolle und staatliche Überwachung in den Fokus der öffentlichen Wahrnehmung zu heben und dabei das Bewusstsein für Persönlichkeitsrechte, den Wert von Privat- und Intimsphäre sowie für den Schutz personenbezogener Daten zu wecken – letztlich all das zu stimulieren, was im Zuge der Durchdigitalisierung von Gesellschaft, Wirtschaft und Staat allmählich verloren zu gehen droht.

2.2. Und dabei sind die *BigBrotherAwards* häufig ihrer Zeit voraus: So warnten sie im staatlichen Sicherheitsbereich früh vor einem möglichen Missbrauch von Mautdaten und vor präventiver Handyüberwachung, sie warnten vor der Steuer-ID und der anlasslosen Vorratsspeicherung von Telekommunikationsdaten der gesamten Bevölkerung. Sie problematisierten das Ausländerzentralregister, die Rasterfahndung, den (Großen) Lausch- und Spähangriff sowie die neuen präventiven Überwachungsbefugnisse in den Antiterror- und Polizeigesetzen, wie etwa die Lizenz zur heimlichen Einschleusung von »Staatstrojanern« zur Ausforschung von Computern und anderen digitalen Endgeräten.

2.3. Der Name dieser »Auszeichnung« geht auf die Figur des Großen Bruders (Big Brother) in George Orwells dystopischem Roman *1984* zurück, in dem es um eine Gesellschaft unter den Bedingungen eines totalitären Überwachungsstaates geht, in dem Big Brother die Gesellschaft durchleuchtet und kontrolliert. Erstmals sind *BigBrotherAwards* 1998 in Großbritannien verliehen worden, 1999 zum ersten Mal in Österreich und seit dem Jahr 2000 auch in Deutschland und der Schweiz. Die *BigBrotherAwards* sind ein internationales Projekt: In (bisher) nicht weniger als 19 Ländern haben entsprechende zivilgesellschaftliche Organisationen zumindest sporadisch fragwürdige Praktiken und für Menschen und Demokratien gefährliche digitale Machenschaften mit solchen aufklärerischen Negativpreisen ausgezeichnet und damit ins Licht der Öffentlichkeit gerückt.

2.4. In der Bundesrepublik Deutschland ist der Verein Digitalcourage e. V.[2] (vormals FoeBuD: Verein zur Förderung des öffentlichen
bewegten und unbewegten Datenverkehrs e. V.) Ausrichter und
Organisator des Preises. Dem Projekt und der BBA-Jury gehörten
neben Digitalcourage im Laufe der Jahre sechs weitere unabhängige
Organisationen an: ChaosComputerClub e. V. (CCC), Deutsche Vereinigung für Datenschutz e. V. (DVD), Förderverein Informationstechnik und Gesellschaft e. V. (FITUG), Forum Informatiker:innen
für Frieden und gesellschaftliche Verantwortung e. V. (FIfF), Humanistische Union e. V. (HU) sowie die Internationale Liga für Menschenrechte e. V. (ILMR). Für letztere bin ich in der BBA-Jury tätig.

2.5. Eine Jury aus Datenschützer:innen, Netzaktivisten und Bürger-
rechtler:innen sucht jährlich die Preisträger:innen aus den zahlreich
eingehenden Vorschlägen und Nominierungen aus – zumeist sind
es über hundert und sie stammen nicht selten von Informant:innen
aus der Innenwelt von »Datenkraken«, die uns auf skandalöse Zustände und Praktiken aufmerksam machen. Die Jurymitglieder, die
ihre jeweiligen »Fälle« recherchieren, halten dann auch die »Laudationes« in den unterschiedlichen Kategorien während der jährlich
stattfindenden Verleihungsfeier in Bielefeld, dem Sitz von Digitalcourage e. V. In der Regel nehmen etwa 400 und mehr Menschen
daran teil – vor Ort in der Hechelei im Ravensberger Park, von 2017
bis 2019 auch im Bielefelder Stadttheater und weit mehr noch per
Live-Stream im ganzen Bundesgebiet.

2.6. Allein die Empfänger:innen dieses ungemein ungeliebten »Preises« drücken sich in aller Regel davor, die künstlerische Preistrophäe, die der Künstler Peter Sommer geschaffen hat, persönlich ab-
zuholen und sich der Kritik öffentlich zu stellen. Die allermeisten

---

2   Digitalcourage e. V. engagiert sich seit 1987 (damals FoeBuD) für Grundrech-
     te, Datenschutz und eine lebenswerte Welt im digitalen Zeitalter: »Wir sind
     technikaffin, doch wir wehren uns dagegen, dass unsere Demokratie ›verdatet
     und verkauft‹ wird.«

reagieren »mit dem klassischen Dreiklang: Ignorieren, Abstreiten, Abwiegeln«, so Rena Tangens von Digitalcourage e. V. Es gibt aber auch löbliche Ausnahmen – wie etwa (ausgerechnet) Microsoft oder Telekom, aber auch die Zensuskommission, change.org und Zeit online, die ihre Preise persönlich abgeholt und gelegentlich sogar Reue gezeigt und Besserung gelobt haben. Doch von staatlicher Seite, um die es in diesem Buch ausschließlich geht, hat in zwanzig Jahren nicht ein:e Minister:in, nicht ein:e Sicherheitspolitiker:in, nicht ein Leiter einer Sicherheitsbehörde die demokratische Größe bewiesen, sich der Jury, ihrer Kritik und dem Publikum offen und öffentlich zu stellen. Wettgemacht wird dieses Manko durch das regelmäßig recht große mediale Echo, das die *BigBrotherAwards* jährlich auszulösen vermögen.

2.7. Angesichts der Erfolgsgeschichte dieses Projektes blicke ich nicht ohne Genugtuung auf zwanzig BBA-Jahre zurück und freue mich, an der Realisierung des deutschen *BigBrotherAwards* von Anfang an beteiligt gewesen zu sein und dieses Projekt bis heute mitgestalten und mitprägen zu können – zusammen mit den so engagierten Initiator:innen Rena Tangens und padeluun, beide Künstler, Netz- und Datenschutzaktivisten, sowie den hervorragenden Teams des Datenschutzvereins FoeBuD e. V., später Digitalcourage e. V., und zusammen mit den anderen BBA-Jurymitgliedern aus kooperierenden Datenschutz-, Bürger- und Menschenrechtsorganisationen. Nun lege ich also meine gesammelten »Laudationes« auf »Datenkraken im Öffentlichen Dienst« in Buchform vor, um damit wichtige, wenn auch längst nicht alle digitalen Meilensteine auf dem gefährlichen Weg in den präventiv-autoritären Sicherheits- und Überwachungsstaat kenntlich zu machen und ins Gedächtnis zu rufen. Wir konnten diese Entwicklung zwar nicht verhindern, aber wenigstens haben wir zur politischen Aufklärung und kritischen Meinungsbildung beitragen können und auch dazu, den einen oder anderen Meilenstein per Verfassungsbeschwerde ganz oder teilweise aus dem Weg räumen zu lassen: für eine lebenswerte Zukunft im digitalen Zeitalter.

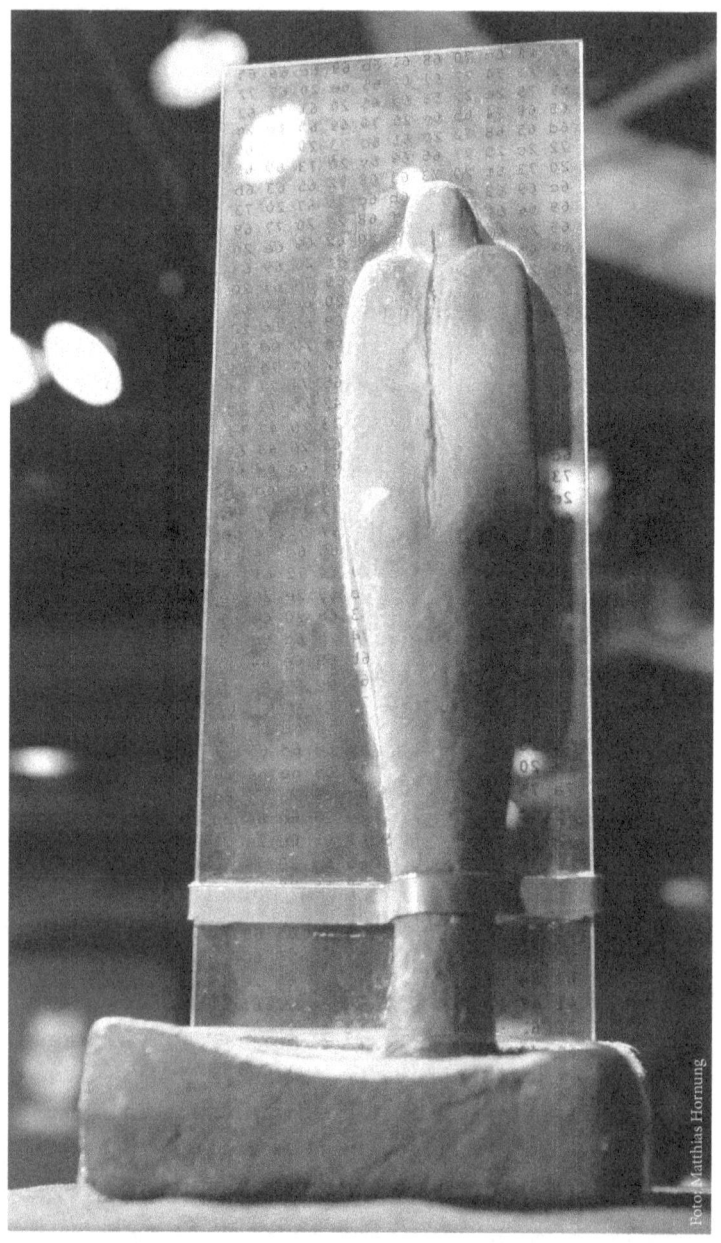

Foto: Matthias Hornung

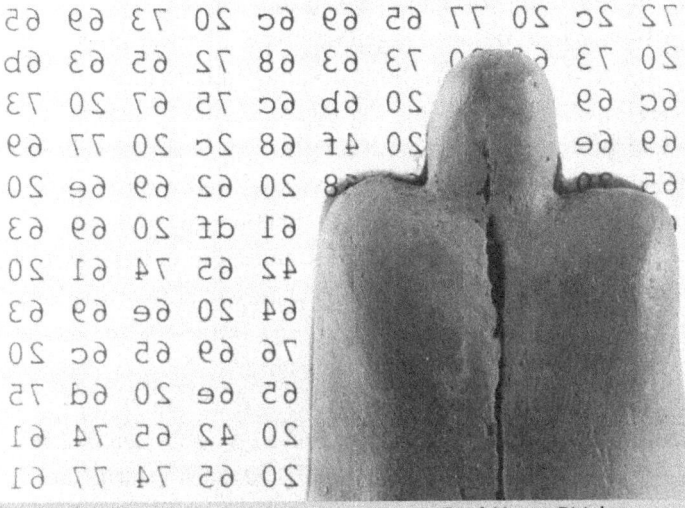

Foto & Montage: Digitalcourage

Die Tonfigur steht auf einem Sockel. Sie hat kein Gesicht und auch nur wenige andere angedeutete körperliche Details: Arme, Beine, Brust. Die Schultern zieht sie nach oben. Ein Zahlenstrom, eingebrannt auf einer Glasplatte, durchfließt sie und durchschneidet sie längs. Mit einem Bleiband ist sie an die Scheibe und an diesen Datenstrom gefesselt. Im Rücken klafft eine längliche Wunde. Der Figur fehlt das Rückgrat.

Die BBA-Statue (…) zeigt den rückgratlosen Menschen innerhalb der Datenwelt, zerteilt durch den Datenstrom, unbeweglich und unfähig zur freien Entfaltung. Sie zeigt den Zustand, aus dem wir uns befreien müssen.

Seit dem Jahr 2000 erhalten Datenkraken unseren Negativpreis für Vergehen an der Privatsphäre von Menschen – den *BigBrotherAward* (…) Die Statue ist mehr als eine bloße Trophäe. Sie ist ein Kunstwerk und ein Gesprächsangebot des Künstlers Peter Sommer.

Maximilian Köster

**3. *BigBrotherAwards* und »*Freiheit statt Angst*«:[3]
Demos und Aktionen gegen staatliche Überwachung
sowie Verfassungsbeschwerden und Strafanzeigen**
Die jährlichen Verleihungen der *BigBrotherAwards* stehen tatsächlich nicht einsam und isoliert in der politischen Landschaft der Bundesrepublik, sondern sie werden begleitet und ergänzt: einerseits
von Aktionen, Demonstrationen und Petitionen, zweitens von der
Mitwirkung an parlamentarischen Anhörungen in Gesetzgebungs-
verfahren des Bundestags und von Landtagen, drittens von Vorträ-
gen, Veröffentlichungen, Gutachten und Interviews zur medialen
Aufklärung sowie viertens von Akten bürgerrechtlicher Gegenwehr
in Form von Verfassungsbeschwerden und Strafanzeigen. Das bedeutet, dass sowohl zivilgesellschaftliche Protestformen in Städten,
auf Straßen und Plätzen genutzt werden als auch mediale und parlamentarische Mittel der Aufklärung sowie gerichtliche Verfahren
mithilfe juristischer Mittel gegen Übergriffe des Sicherheitsstaates
auf die Substanz der Grund- und Bürgerrechte.

3.1. Die größten Demonstrationen und Kundgebungen für Datenschutz und gegen staatliche Überwachung haben seit 2006 in
mehreren bundesdeutschen Städten unter dem Motto »Freiheit
statt Angst« stattgefunden – unter Teilnahme von Tausenden, in
manchen Jahren auch von Zigtausenden Menschen.[4] Einige Großdemonstrationen »Freiheit statt Angst« in Berlin gelten als die
größten Protestaktionen gegen staatliche Überwachung seit dem
Volkszählungsboykott in den 1980er Jahren. Ein breites Bündnis
unterschiedlicher Organisationen, Parteien und Einzelpersonen hat
diese demonstrativen und appellativen Ereignisse unterstützt. Unter
dem Titel »Freedom not Fear« haben solche Demonstrationen ab
2008 auch in Städten außerhalb Deutschlands stattgefunden.[5]

---

3   freiheitstattangst.de

4   Wikipedia: Freiheit statt Angst

5   digitalcourage.de/tags/freiheit-statt-angst

Speziell gegen die Verschärfungen der Polizeigesetze auf Bundesebene sowie in den meisten Bundesländern regte sich 2018/19 heftiger Protest – ebenfalls getragen von breiten zivilgesellschaftlichen
Bündnissen unter Beteiligung zahlreicher Bürgerrechts- und Datenschutz-Organisationen. So gingen in Bayern zwischen 30.000 und
40.000 Menschen auf die Straße, in Düsseldorf 20.000, in Hannover
über 15.000. Und im Oktober 2018 sind in Berlin etwa 240.000 Menschen gegen Rassismus und Ausgrenzung aufgelaufen: unter dem
Hashtag #unteilbar – »Für eine offene und freie Gesellschaft – Solidarität statt Ausgrenzung«, aber auch unter dem Motto: »Freiheit
statt Angst!« und »Für Freiheit und Rechtsstaat! Gegen Prognose-
polizei, Politik der Angst und die Verschärfung der Polizeigesetze«.
All das lässt angesichts der fortgesetzten Grundrechtsbeschneidun-
gen jedenfalls hoffen. Und tatsächlich führten Massenproteste und
Fachkritik in etlichen Fällen dazu, dass Gesetzesentwürfe im Vorfeld abgemildert worden sind – allerdings zumeist, ohne die grundsätzliche Problematik damit wirksam zu entschärfen, so dass noch
weitergehende Maßnahmen ergriffen werden mussten.

3.2. Neben der jährlichen Verleihung der *BigBrotherAwards* und der
Organisation von Demonstrationen greifen Digitalcourage e. V., andere Datenschutz- und Bürgerrechtsorganisationen und auch Parteien wie die FDP oder Grüne und Linke in besonders gravierenden
Fällen staatlicher Überwachung und Ausforschung zum juristischen
Mittel der Verfassungsbeschwerde vor den Verfassungsgerichten
des Bundes oder der Länder – und das durchaus mit einigem Erfolg. Erwähnt sei hier die Massen-Verfassungsbeschwerde von fast
35.000 Menschen gegen die längerfristige anlasslose Speicherung
von Telekommunikationsverkehrs- und Standortdaten der gesamten Bevölkerung auf Vorrat. Diese Beschwerde war weitestgehend
erfolgreich: Das Bundesverfassungsgericht hat diese erste Vorratsdatenspeicherung 2010 für verfassungswidrig erklärt.[6] Doch auch

---

6 Az. 1 BvR 256/08

gegen die »nachgebesserte« Vorratsdatenspeicherung, die 2015 vom Bundestag verabschiedet worden ist, mussten wir erneut Verfassungsbeschwerde einlegen (2016).[7] Erinnert sei auch an die Verfassungsbeschwerden gegen die heimliche Einschleusung von sogenannten Staatstrojanern (Schadsoftware) zur Ausforschung von Computern und Smartphones (2018), wie sie in der Strafprozessordnung (2017) sowie in Polizeigesetzen und teils in Geheimdienstgesetzen des Bundes und der Länder legalisiert worden sind bzw. noch legalisiert werden sollen (vgl. dazu BBA-Laudationes 2018 und 2019). Ende 2019 ist eine von Digitalcourage e. V. koordinierte Verfassungsbeschwerde gegen die Verschärfungen im Polizeigesetz NRW eingereicht worden.[8]

3.3. Neben Verfassungsbeschwerden erstatten Datenschutz- und Bürgerrechtsorganisationen gelegentlich auch Strafanzeigen, um in besonders gravierenden Fällen Aufklärung und Ahndung zu erreichen. So erstatteten die Internationale Liga für Menschenrechte, der ChaosComputerClub und Digitalcourage sowie mehrere unmittelbar durch staatliche Maßnahmen verletzte Personen im Jahr 2014 Strafanzeige gegen Bundesregierung und Geheimdienste wegen Massenüberwachung und globaler Datenspionage. Dieser Strafanzeige schlossen sich mehrere Nichtregierungsorganisationen sowie mehrere tausend Menschen an.[9] Sie erfolgte nach Bekanntwerden des NSA-Massenüberwachungsskandals, den der US-Whistleblower Edward Snowden im Jahr 2013 mit seinen historisch ein-

---

7   Chronik von Digitalcourage e. V. über die wichtigsten Gesetze, Richtlinien, Klagen, Urteile und Initiativen gegen die Vorratsdatenspeicherung in Deutschland und der Europäischen Union: digitalcourage.de/themen/vorratsdatenspeicherung/chronik-vorratsdatenspeicherung

8   Hintergründe zu Verfassungsbeschwerde und angegriffenen Regelungen: Verfassungsbeschwerde: Wir klagen gegen Überwachung in NRW – und deutschlandweit, 18.10.2019, www.digitalcourage.de

9   Internationale Liga für Menschenrechte / Digitalcourage e. V. (Hg.), Spionage adé. Massenüberwachung und globale Datenspionage: Wir erstatten Strafanzeige gegen Bundesregierung und Geheimdienste, Bielefeld 2014

maligen Enthüllungen aufgedeckt hatte (vgl. dazu BBA-Laudationes 2014 und 2015). Dadurch ist eine neue, bis dahin unvorstellbare Dimension globaler geheimdienstlicher Massenüberwachung und Kontrolle bekannt geworden, die Hunderte Millionen, ja Milliarden von Menschen in aller Welt betraf und weiterhin betrifft.

Die Strafanzeige richtete sich gegen US-amerikanische, britische und deutsche Geheimdienstagenten und ihre Vorgesetzten, gegen die Präsidenten des Bundesnachrichtendienstes BND, des Bundesamtes für Verfassungsschutz und Militärischen Abschirmdienstes MAD sowie gegen den damaligen Bundesinnenminister, die Bundeskanzlerin und weitere Verantwortliche. Sie erfolgte, nachdem die Bundesregierung ihre Schutzpflicht gegenüber der Bevölkerung sträflich verletzt und der Bundestag mit einem NSA-Untersuchungsausschuss versucht hatte, die Verflechtungen der deutschen Geheimdienste in diese ungeheuerliche NSA-Affäre mühsam zu entwirren und aufzuklären. Nun sollten die politisch und strafrechtlich Mitverantwortlichen in Regierung und Geheimdiensten ausfindig gemacht und zur Rechenschaft gezogen werden.

Doch das ist auf diesem Wege leider misslungen: Der oberste Ankläger der Nation, der damalige Generalbundesanwalt Harald Range, hat nach jahrelanger Verzögerung mitgeteilt, in dieser Angelegenheit keine Ermittlungen einzuleiten – mangels »zureichender und tatsächlicher Anhaltspunkte« für strafbare Handlungen, wie er behauptete, also mangels Anfangsverdachts sowie mangels »Zugangsmöglichkeiten zu den von Edward Snowden an verschiedene Medien übergebenen ›Original‹-Dokumenten« (O-Ton Bundesanwaltschaft). Die staatsanwaltschaftlichen Untersuchungen sollen im Übrigen keine belastbaren Hinweise für eine gegen die Bundesrepublik Deutschland gerichtete geheimdienstliche Agententätigkeit (§ 99 StGB) oder andere Straftaten erbracht haben.[10]

---

10 Anna Biselli, Nichts gefunden: Auch der Generalbundesanwalt hat NSA-Affäre beendet (Update), netzpolitik.org, 5.10.2017

4. Entwicklung, Konturen und Strukturen eines präventiv-autoritären Sicherheits- und Überwachungsstaats

4.1. Um die einzelnen digitalen Meilensteine auf dem Weg in den präventiv-autoritären Sicherheits- und Überwachungsstaat, wie sie im ersten Teil anhand der BBA-Laudationes auf staatliche Instanzen und Funktionsträger:innen aufgezeigt und erläutert werden, besser einordnen und verstehen zu können, wird im zweiten Teil ein Gesamtbild der grund- und freiheitsgefährdenden »Sicherheitsentwicklung« entworfen: Nach fast 20 Jahren staatlichem Antiterrorkampf, vor allem seit 9/11, versuche ich eine kritische Bilanz darüber zu ziehen, was sich wie und mit welchen Auswirkungen verändert hat, wo wir stehen und wohin die Reise geht. Es geht um den allmählichen, zeitweise rasanten Prozess der inneren Aufrüstung, der Entgrenzung und Entfesselung staatlicher Macht und der Militarisierung der »Inneren Sicherheit«. Und ich versuche, die verhängnisvollen Konsequenzen dieser Entwicklung aufzuzeigen – für Grund- und Freiheitsrechte sowie für Rechtsstaat und Demokratie.[11] Denn es ist wichtig, neben Dokumentation und Analyse von Einzelfällen und Wegmarken auch die Entwicklung der sicherheitsstaatlichen Strukturen dahinter sichtbar zu machen – sowie deren Auswirkungen auf unser aller Leben. Beides soll dieses Buch leisten.

4.2. Nicht zuletzt wage ich einen kurzen, skizzenhaften Ausblick auf Möglichkeiten ursachenorientierter Lösungsansätze – statt bloßer Symptombehandlung. Dabei thematisiere ich auch die so hartnäckig verdrängten Ursachen und Bedingungen von Krieg, Terror,

---

11   Meine ersten kritischen Bilanzen: Das Anti-Terror-System. Politische Justiz im präventiven Sicherheitsstaat, Hamburg 1992; nach 9/11: Menschenrechte in Zeiten des Terrors. Kollateralschäden an der ›Heimatfront‹, Hamburg 2007; Angst- statt Sicherheitspolitik, in: Rolf Gössner / Conrad Schuhler, Terror – wo er herrührt, wozu er missbraucht wird, wie er zu überwinden ist, isw-spezial Nr. 29, München (Dezember) 2016.

Gewalt und Kriminalität – und damit eben auch die dunkle Kehrseite unserer »westlichen Werte«, die nach jedem Terroranschlag
routinemäßig beschworen werden. Denn von einer Bekämpfung
des »Nährbodens« solcher gewaltsamen, kriminellen und terroristischen Phänomene, mit denen staatliche Aufrüstung reflexhaft
begründet wird, ist nur ganz selten die Rede – obwohl doch gerade
hier dringend angesetzt werden müsste. Der kurzsichtige, berech-
nende, letztlich hilflose Schrei nach dem starken autoritären Staat,
nach weiteren staatlichen Auf- und Nachrüstungsmaßnahmen, dominiert nach wie vor die Sicherheitspolitik, die auch von einer Mehrheit der Bevölkerung weitgehend akzeptiert wird – besonders in
Zeiten der Gefahr, in Zeiten von Krisen, Umbrüchen und Angst.
Diesen reflexhaften Impulsen entgegenzuwirken, ist ein Anliegen
dieses Buches.

5. Corona-Abwehrpolitik: neue Meilensteine auf dem Weg?

Zeiten der Gefahr, Krisen und Umbrüche suchen uns bekanntlich
immer wieder heim; und offenbar gehört der hilflose Ruf nach dem
starken autoritären Sicherheitsstaat angesichts solcher Lebensrisiken in einer Risikogesellschaft und in einer globalisierten Welt fast
schon zur gesellschaftlichen und staatlichen Normalität. Und seit
2020 ist dieser Ruf nicht mehr in allererster Linie angesichts von
Terror-, Gewalt- und Kriminalitätsbedrohungen zu vernehmen,
sondern auch angesichts der Bedrohung durch ein gefährliches Virus, das prinzipiell alle befallen kann. Zwar handelt es sich dabei
um ein vollkommen anderes Szenario, aber dennoch stellt sich die
Frage: Sind mit der »Corona-Krise« inzwischen neue Meilensteine
auf dem Weg in den präventiv-autoritären Sicherheits- und Überwachungsstaat hinzugekommen? Wegmarken, die mit tiefgreifenden Corona-Abwehrmaßnahmen zeitweise in einen gesundheits-
politischen »Ausnahmezustand« führten – mit gravierenden Folgen
und gesellschaftlichen Langzeitschäden. Hinzu kommt ein weiteres Problem, besonders schwerwiegend für einen demokratischen
Rechtsstaat: Die von den Regierungen des Bundes und der Länder

verhängten Exekutivmaßnahmen sind zwar mit recht tiefgreifenden Grundrechtseinschränkungen verbunden, aber weitgehend ohne Beteiligung der Parlamente zustande gekommen und erlassen worden. Mit den damit zusammenhängenden Fragen werde ich mich im letzten Teil dieses Buches beschäftigen. Zur Einführung nur so viel:

5.1. Im Zuge dieser »Corona-Krise« beschleunigt sich ganz offensichtlich und spürbar die Digitalisierung von Staat, Gesellschaft und Wirtschaft. Es geht dabei um die forcierte Entwicklung digitaler Methoden und Prozesse, deren möglicherweise schweren »Nebenwirkungen« zu einer weiteren Gefährdung von Freiheitsrechten und Privatsphäre führen können: denken wir etwa an die datenschutzrechtlichen Auseinandersetzungen um die Corona-Warn-App zur Kontaktkontrolle, an Übermittlungen von personenbezogenen Daten Infizierter und ihrer Kontaktpersonen an die Polizei, denken wir an oft ungesicherte Datenabfragen bei Veranstaltungen und in der Gastronomie, an Drohnen-Überwachungen in bestimmten Städten zwecks Einhaltung der Verhaltens- und Abstandsregeln, an Homeoffice und Videokonferenzen, forcierte Digitalisierung von Schulen und von Kommunikationsprozessen. Mit dieser Entwicklung ist erhebliches Kontroll-, Überwachungs- und Missbrauchspotential verbunden – möglicher Stoff für *BigBrotherAward*-Verleihungen der kommenden Jahre.

5.2. Was allein von den digitalen und analogen Präventions-, Sicherheits- und Kontrollmaßnahmen zur Virus-Eindämmung auch künftig fortbestehen und mit allen »Nebenwirkungen« in einer »neuen Normalität« nachwirken wird, wie stark diese tiefgreifende Corona-Krise und ihre Beschleunigungseffekte auch Rechtsstaat, Bürgerrechte, Demokratie, Gesellschaft, Kultur, Arbeitswelt und Wirtschaft in Mitleidenschaft ziehen oder gar in die Krise stürzen, das alles ist zwar in Ansätzen längst sichtbar, aber noch lange nicht in der gesamten Dimension realistisch abzuschätzen.

5.3. Eine solche Sichtweise, die sich neben den Schutzmaßnahmen gegen das Virus und seine Ausbreitung auch um die »Kollateralschäden« der Corona-Abwehrmaßnahmen kümmert, ist zwar unerlässlich, gilt in dieser Zeit der Angst und proklamierter Solidarität jedoch nicht selten als eher kontraproduktiv, unsolidarisch, egoistisch und suspekt. Doch eine solche kritische und differenzierende Betrachtung hat nichts mit Corona-Verharmlosung, Wissenschaftsleugnung oder gar Verschwörungsmythen gemein, auch nicht mit Entsolidarisierung und Individualegoismus – nein: Diese Betrachtungsweise orientiert sich an – durchaus disparaten – wissenschaftlichen Erkenntnissen, darüber hinaus aber im Wesentlichen auch an grundlegenden Verfassungswerten, die unser Gemeinwesen prägen: an Grundgesetz, Bürger- und Freiheitsrechten, parlamentarischer Demokratie und demokratischem Rechtsstaat, die unter der Corona-Abwehrpolitik und Pandemiebekämpfung, so viel dürfte feststehen, längst schon stark zu leiden haben. Und eine solche hinterfragende und kritische Position sorgt sich eben auch um die Verhältnismäßigkeit der schwerwiegenden Corona-Abwehrmaßnahmen sowie um deren demokratische Legitimität und sozialen Langzeitfolgen beziehungsweise -schäden.[12]

5.4. Auch wenn manche dieser Verfassungswerte inzwischen von antidemokratischen und rechtsorientierten Kräften gekapert worden sind, so werden sie durch missbräuchlichen Gebrauch nicht etwa falsch und unbrauchbar, sondern sie gelten nach wie vor als grundsätzliche Maßstäbe. Und wir werden uns auch weiterhin klar und deutlich auf sie berufen müssen. Das gilt vor allem auch angesichts der Tatsache, dass manche Zeitgenoss:innen, Medien, NGOs und parlamentarische Oppositionsfraktionen sich aus Angst vor möglicher »Kontaminierung«, aus Angst vor »Entsolidarisierung« oder aus sonstigen Gründen allzu lange Zeit lieber mit Hinterfragen, vernünftiger und differenzierender Kritik stark zurückgehalten

---

12 Markus Bernhardt, Stimme der Vernunft, junge Welt, 23.11.2020

haben. Sie haben damit das Meinungs- und Debatten-Spektrum erheblich verengt, letztlich dem offenen und demokratischen Diskurs
einen Bärendienst erwiesen.[13]

5.5. Im Übrigen: Wer sich ein Arbeitsleben lang mit der Gefährdung,
Aushöhlung und Verletzung von Grundrechten und rechtsstaatlichen Grundprinzipien beschäftigt, darüber aufklärt und auf Abhilfe
drängt, kann wohl schlecht den neuerlichen Umgang mit Grundrechten und demokratischen Prinzipien in der »Corona-Krise« unhinter-
fragt oder kritiklos hinnehmen, ohne sich unglaubwürdig zu machen.
Das gilt gerade auch in Zeiten großer Gefahren. Aber das heißt noch
lange nicht, die Regierungspolitik, ihre bisherigen Anstrengungen,
Verordnungen und Maßnahmen in dieser äußerst schwierigen Situation pauschal in Grund und Boden zu kritisieren. Das heißt vielmehr:
sich kritisch-konstruktiv und sozial verantwortlich zu positionieren
und eine offene Debatte um demokratische Legitimität und Verhältnismäßigkeit von Restriktionen und Alternativen einzufordern und
argumentativ zu untermauern. Mehr dazu im zweiten Teil.

Mit herzlichem Dank
An dieser Stelle möchte ich mich noch herzlich bedanken für die
jahrzehntelange fruchtbare Zusammenarbeit im BigBrotherAward-
Projekt und mit Digitalcourage e. V. Der Dank gilt insbesondere Rena
Tangens und padeluun sowie den Digitalcourage-Teams zur Organi-
sation der BBA-Verleihungen. Mein besonderer Dank geht auch an
die freie Journalistin und Medienpädagogin Claudia Fischer, die seit
vielen Jahren alle Laudatio-Texte »betreut« und redigiert hat. Die Zu-
sammenarbeit war immer konstruktiv und bereicherte die inhaltliche
und sprachliche Darstellung – frei nach ihrem Motto: »Kommunika-
tion ist dazu da, verstanden zu werden« (www.verstandenwerden.de).
Und das kam auch diesem Buch zugute. Auch dafür herzlichen Dank.

---

13   Dazu u.a.: Stefan Hebel, Quergedacht. Verschwörungsgläubige haben den
     Protest gegen die Corona-Regeln gekapert. Doch es gibt auch Orte für kon-
     struktive Kritik, Frankfurter Rundschau, 16.12.2020, S. 1 ff.

Erster Teil

BigBrotherAwards für Datenkraken im Öffentlichen Dienst

Meilensteine auf dem Weg in den präventiv-digitalen Sicherheits- und Überwachungsstaat

»Laudationes« von Rolf Gössner aus 20 Jahren (2020 bis 2000)

Mit Gastbeiträgen von
Gerhart Baum
Sabine Leutheusser-Schnarrenberger
Heribert Prantl

Grußwort von Gerhart Baum
zu 20 Jahren *BigBrotherAwards* (2020)

20 Jahre *BigBrotherAward* – Anlass zu feiern. Der Hintergrund ist eine Revolution, eine Zeitenwende. Die digitale Revolution erfasst alle Lebensbereiche. Sie verändert unser Leben, die Politik und bedarf der Kontrolle. Es gibt unübersehbare Fortschritte: Die Internetrevolution ist ein Innovationsmotor. Das wissen wir alle.

Aber es gibt auch eine Schattenseite. Und diese Schattenseite heißt Überwachungskapitalismus, heißt Überwachungsstaat. Diese Schattenseite bedeutet Angriff auf die Selbstbestimmung des Menschen. Die Freiheit ist in Gefahr. Die Menschenwürde ist in Gefahr. Und Internet bedeutet auch Angriff auf die demokratischen Strukturen in unserer Gesellschaft. Sie können manipuliert werden und sie werden manipuliert. Also wir müssen uns wehren. Wir müssen uns wehren dagegen, dass unser Denken beeinflusst wird, dass unser Verhalten beeinflusst wird, dass die Menschen zu Befehlsempfängern eines Algorithmus werden, dass die digitale Moderne dabei ist, die Buchführung unseres Lebens zu übernehmen. Das müssen wir sehen und dagegen müssen wir uns wehren. Und wir müssen uns auch dagegen wehren, dass die digitale Weltordnung aus dem Ruder gerät. Wir brauchen eine an ethischen Grundsätzen orientierte Weltordnung. Wir brauchen in Europa Regeln. Einen Teil der Regeln haben wir in der Datenschutzgrundverordnung niedergelegt. Aber die Menschen sind gegen diese smarten Netzwerke, diesen Überwachungsmechanismus, immer noch unzureichend geschützt. Und das heißt, wir müssen die Gefahren noch genauer in Augenschein nehmen, die sich ergeben haben. Das Internet pervertiert zur Hassmaschine. Das Internet ist ein Instrument, eine Waffe der

Unterdrückung. Nehmen wir nur die chinesische Situation. Die Frage ist also: Wie wollen wir künftig leben, als selbstbestimmte Bürger oder als Untertanen einer smarten Diktatur?

Und hier setzt *BigBrotherAward* an. Hier setzen Ihre Initiativen an. Das ist ganz wichtig, was Sie machen. Denn Sie schaffen Bewusstsein. Viele Menschen sind gleichgültig. Aber es ist wichtig, dass sie begreifen, dass wir diese Entwicklung bändigen müssen, dass wir sie gestalten müssen, dass wir sie ethischen Grundsätzen unterwerfen müssen. Und 20 Jahre *BigBrotherAward* haben deutlich gemacht, dass Sie Bewusstsein geschaffen haben, dass Sie Dinge überhaupt erst in die Öffentlichkeit gebracht haben. Scoring, Kundenkarte, alles Mögliche haben Sie zum Thema gemacht.

Sie sind etabliert. Sie sind in der Diskussion über die Internetsituation, über die Freiheitsgefahren im Internet eine feste Institution geworden und das von Anfang an schon. 1987 haben Sie begonnen mit diesen Initiativen. Ich habe Sie von Anfang an unterstützt und möchte das auch weiterhin tun. Sie leisten eine wichtige und wertvolle Arbeit der Aufklärung und eine Diskussion setzen Sie in Gang in unserer Gesellschaft über diese Entwicklung. Und das ist ganz unverzichtbar. Und deshalb wünsche ich Ihnen, dass Sie das mit voller Kraft weiterhin tun. Und ich werde Sie gerne dabei unterstützen. Herzlichen Glückwunsch. Alles Gute.

Gerhart Baum, Rechtsanwalt, war Bundesinnenminister (FDP) von 1978 bis 1982 während der Kanzlerschaft von Helmut Schmidt (SPD). Bis heute setzt er sich engagiert für Bürger- und Freiheitsrechte sowie Datenschutzbelange ein. Er ist Autor zahlreicher Bücher, darunter »Rettet die Grundrechte! Bürgerfreiheit contra Sicherheitswahn« (Köln 2009) und »Freiheit. Ein Appell« (unter Mitarbeit von Thomas Bärnthaler; München 2021).

2020

Rechtliche und politische Mitverantwortung für US-Drohnenkrieg

**Verleihung des *BigBrotherAwards*
an die Bundesregierung (CDU/CSU-SPD)**

Der *BigBrotherAward* 2020 in der Kategorie »Politik« geht an die *Bundesregierung (CDU/CSU-SPD), vertreten durch die Bundeskanzlerin Dr. Angela Merkel (CDU)*, wegen ihrer rechtlichen und politischen Mitverantwortung für den völkerrechtswidrigen US-Drohnenkrieg, der über die Satelliten- und Datenrelais-Station der US-Airbase Ramstein in der Pfalz abgewickelt wird. Es ist die größte Militärbasis der USA im Ausland mit knapp zehntausend Militärs und Zivilbediensteten. Von hier, also von deutschem Boden aus, werden bewaffnete Drohneneinsätze im Nahen und Mittleren Osten sowie auf dem afrikanischen Kontinent gesteuert.

Die »unbemannten« Luftfahrzeuge dienen sowohl der Ausforschung von Zielpersonen als auch willkürlichen Hinrichtungen von »Terrorverdächtigen«, die der jeweils amtierende US-Präsident ohne rechtsstaatliche Verfahren zuvor angeordnet hat. Solche Angriffe, denen regelmäßig auch unbeteiligte Zivilpersonen zum Opfer fallen, verstoßen gegen Menschenrechte, humanitäres Völkerrecht und gegen das Verbot willkürlicher Tötungen. Denn zumeist finden sie außerhalb internationaler bewaffneter Konflikte statt und können nur selten mit einer akuten Gefahr für Leib und Leben und dem Recht auf Selbstverteidigung legitimiert werden.

Völkerrechtswidriges Mord-Programm

Letztlich haben wir es also mit einem Mord-Programm zu tun, das die US-Regierung unter Präsident George W. Bush nach 9/11 begonnen hatte und das dann unter den Präsidenten Barack Obama und Donald Trump noch erheblich ausgeweitet wurde. Solche staatlich organisierten Menschenjagden mit gemeingefährlichen Mitteln sind zweifelsohne heimtückisch und grausam. Doch, so mögen sich manche fragen, was haben sie mit *Big Brother* und unserem gleichnamigen Negativpreis zu tun? Schließlich geht es doch bei dieser Auszeichnung um Probleme wie ausufernde Überwachung und digitale Kontrolle sowie um dafür verantwortliche »Datensünder«. Zweite Frage, die sich stellen könnte: Was haben die Bundesregierung oder Frau Merkel mit dem Drohnenkrieg der USA und den tödlichen Drohnenangriffen in fernen Ländern zu tun und warum werden sie auch noch der Mitverantwortung und Mitschuld bezichtigt?

Um das zu beantworten, müssen wir ein wenig ausholen. In den vergangenen Jahren und Jahrzehnten kam es im Irak, in Afghanistan, Syrien, Pakistan, Jemen, Libyen und Somalia zu zahlreichen US-Drohnenangriffen auf angeblich »terrorverdächtige« Personen. Tausende von Menschen sind auf diese Weise umgebracht, korrekter: ermordet, viele verletzt und verstümmelt worden.

Im Sommer 2012 waren bei einem US-Drohnenangriff im Jemen drei Mitglieder der Familie Bin Ali Jaber ums Leben gekommen. Ein Jahr später, im Dezember 2013, sind im Jemen gleich 17 Mitglieder eines Hochzeitskonvois aus der Luft getötet worden – wiederum durch US-Drohnenbeschuss, der dem Terrornetzwerk al-Qaida gegolten hatte. Und so ging es im Jemen, im Nahen und Mittleren Osten, in Afrika und Pakistan weiter bis ins Jahr 2020: Im Januar 2020 traf es den berüchtigten iranischen General Qassem Soleimani bei einem Aufenthalt im Irak – ein Drohnenanschlag, bei dem auch Soleimanis Begleiter sowie Unbeteiligte ums Leben kamen und der zu einer gefährlichen Eskalation im Nahen und Mittleren Osten geführt hat.

Wegen solcher Drohnenmorde müssten die Drohnenkrieger und ihre Helfershelfer womöglich auf der Anklagebank des Internationalen Kriegsverbrecher-Tribunals landen – wegen vielfachen Mordes und mutmaßlicher Kriegsverbrechen. Wir begnügen uns heute mit der Verleihung eines *BigBrotherAwards* und wollen damit etwas sichtbar machen, was vielen vielleicht nicht so klar ist.

Drohnenangriffe im Cyberkrieg

Solchen Drohnenangriffen geht immer eine mehr oder weniger lange Phase der Ausspähung und Ausforschung potentiell verdächtiger Zielpersonen voraus, ihrer Verhaltensmuster, ihres sozialen Umfelds und örtlicher Gegebenheiten. Vor ihren Attacken erstellen die Militärs für die Zielauswahl geheime Raster und werten Signale von Handys und Computern aus, um »Terrorverdächtige« oder »Gefährder« ausfindig zu machen – und damit mögliche Todeskandidaten. Das bedeutet auch: Überwachungsdrohnen mit Kameras, GPS und IMSI-Catchern (»Gilgamesh-System«) kreisen fast lautlos tage- oder monatelang vor solchen Angriffen über den Köpfen von Zielpersonen und Unbeteiligten, was diese in Angst und Schrecken versetzt sowie in ständige Alarmbereitschaft. Die dabei gewonnenen Koordinaten, Ortungsdaten, Fotos und Videos werden über die US-Militärbasis Ramstein in die USA geleitet, wo sie zusammen mit Satellitenbildern, Telefonüberwachungsdaten und – auch deutschen – Geheimdienst-Informationen ausgewertet sowie zu Personen-, Kontakt-, Verhaltens- und Risikoprofilen verdichtet werden. Später bilden sie dann die Datengrundlage für den finalen Angriff.

Insoweit kann man auch von »Cyberkrieg« sprechen, der den Drohnenkrieg erst ermöglicht. Letztlich genügt ein hinreichender Verdacht – etwa die mutmaßliche Zugehörigkeit zu einer Terrorgruppe und eine angebliche Bedrohung für die USA –, um auf die geheime Todesliste (»kill list«) der US-Administration zu geraten.[1]

---

1   Whistleblower enthüllt Ausmaß des Drohnenkriegs, Der Spiegel, 16.10.2015, www.spiegel.de [Nennung der Kurz-URL zeigt an, dass die Quelle online eingesehen wurde, vollständige URLs und Abrufdaten liegen Autor und Verlag vor.]

»Die Drohne vereint die Philosophie von Big Data – alles wissen, alles sehen – mit der Praxis des asymmetrisch geführten Krieges«, schrieb der Journalist und Buchautor Georg Diez schon 2014[2] – eines Krieges gegen das angeblich individualisierte Böse, das es mit »präzisen chirurgischen Eingriffen« zu vernichten gilt, auch wenn in Wahrheit mit diesen gemeingefährlichen Kriegswaffen regelmäßig zugleich eine Vielzahl unschuldiger Zivilisten getötet wird.

Nicht selten sind Ausspähdrohnen mit modernster Überwachungstechnik sowie mit Raketen bestückte Kampfdrohnen parallel im Einsatz. Den Knopf zum todbringenden Abschuss der Raketen drückt der steuernde »Drohnenpilot« – wie in einem Computerspiel – per Joystick in den Tausende von Kilometern entfernten USA. Dabei erfolgen Drohnensteuerung und Abschussimpuls über die Daten- und Satelliten-Relaisanlage in Ramstein und über ein transatlantisches Glasfaserkabel. Von Ramstein aus wird also der weltweite Drohnenkrieg der USA logistisch unterstützt und ferngesteuert.[3] Und weshalb ausgerechnet über Ramstein? Weil die Erdkrümmung eine direkte Steuerung aus den USA unmöglich macht. Deshalb gilt die US-Airbase in der Pfalz als unverzichtbares »zentrales Nervensystem«[4] des US-Drohnenprogramms.

US-Völkerrechtsbruch von deutschem Boden aus

Das bedeutet: Deutschland ist längst integraler Bestandteil des völkerrechtswidrigen US-geführten sogenannten Kriegs gegen den Terror und in alle völkerrechtswidrigen US- und NATO-Kriege und Kriegsverbrechen verstrickt – obwohl doch nach Artikel 26 des Grundgesetzes »Handlungen, die geeignet sind und in der Absicht vorgenommen werden, das friedliche Zusammenleben der Völker

---

2   Georg Diez, Gott im Himmel, Der Spiegel 29/2014, S. 114 ff. (115), www.spiegel.de

3   Vgl. dazu: Fuchs / Goetz, Wie die USA ihren Drohnenkrieg organisieren, Süddeutsche Zeitung v. 31.5.2013, www.sueddeutsche.de

4   TV-Beitrag »Ramstein ist Daten-Drehscheibe der US-Drohnenwelt«, SWR, 4.4.2014 (nicht mehr online abrufbar)

zu stören, insbesondere die Führung eines Angriffskrieges vorzu-
bereiten«, verfassungswidrig und mit Strafe bedroht sind.

Aus diesem Grund rückt die Bundesregierung in den Fokus
eines *BigBrotherAwards*: Sie trägt rechtliche und politische Mitverantwortung, weil sie nichts gegen dieses mörderische Treiben auf
deutschem Staatsgebiet unternimmt. Die Militärbasis Ramstein ist
keineswegs exterritoriales Gebiet, sondern liegt im Geltungsbereich
des Grundgesetzes – auch wenn de facto Grundgesetz und Völkerrecht hinter den Kasernentoren Ramsteins ihre Gültigkeit verlieren.
Die Bundesregierung hat den (potentiell) betroffenen Menschen
gegenüber eine gesetzliche Pflicht zu handeln – juristisch ausgedrückt: eine »Garantenpflicht«.

So sieht es im Übrigen auch das Oberverwaltungsgericht Nordrhein-Westfalen: Das Gericht hat Anfang 2019 die Bundesregierung
gerügt und dazu verurteilt, künftig ihrer Schutzpflicht nachzukom-
men und aktiv nachzuforschen, ob Kampfdrohnen-Einsätze über
Ramstein gegen Völkerrecht verstoßen.[5] Das humanitäre Völkerrecht, das u. a. willkürliche Tötungen von Zivilpersonen verbietet,
bindet gemäß Grundgesetz (Art. 25) auch Regierung, Behörden und
Justiz der Bundesrepublik. Dieser Schutzpflicht, so das Gericht, sei
die Bundesregierung bislang nicht nachgekommen. Tatsächlich hat
sie bis heute jegliche Verantwortung zurückgewiesen und damit den
von deutschem Staatsgebiet ausgehenden Tod von Menschen billi-
gend in Kauf genommen.

Geklagt hatten drei Mitglieder der jemenitischen Familie Bin
Ali Jaber, die durch Raketenbeschuss aus US-Drohnen nahe Angehörige verloren hatten und selbst schwer traumatisiert sind. Ohne
die Militärbasis Ramstein, so die Kläger, würden ihre Verwandten
noch leben. Angesichts der anhaltenden Drohnenangriffe leben sie
in ständiger Angst und fürchten weiterhin um ihr eigenes Leben
und das ihrer Angehörigen. Sie fordern von der Bundesrepublik, die
US-Drohnensteuerung über Ramstein mit geeigneten Maßnahmen

---

5   OVG NRW, Urteil v. 19.3.2019, Az. 1361/15

zu unterbinden. Stattdessen aber hat die Bundesregierung Revision gegen das Gerichtsurteil eingelegt, um es zu kippen. Nun ist das Bundesverwaltungsgericht am Zuge.[6]

Bundesdeutsche Mitverantwortung – bislang ohne Konsequenzen
Der berechtigten Forderung der Kläger schließen wir uns an, denn die willkürlichen Tötungen per Joystick aus sicherer Distanz, ermöglicht durch Datenverarbeitung und -weiterleitung in und über Ramstein, sind letztlich eine Form von Staatsterror, und die Bundesregierung macht sich mitschuldig. Sie könnte militärische US-Stützpunkte hierzulande durch deutsche Sicherheitsbehörden kontrollieren lassen – schließlich sind diese bei Verdacht auf Verbrechen nach dem Legalitätsprinzip zu Strafermittlungen verpflichtet. Anlässlich des Drohnenangriffs auf den iranischen General Soleimani hatten Abgeordnete der Linksfraktion im Bundestag deshalb Strafanzeige gegen Regierungsmitglieder wegen Beihilfe zum Mord durch Unterlassen erstattet – allerdings ohne Erfolg: Der Generalbundesanwalt hat die Einleitung von Ermittlungen verweigert, weil es keine »Erfolgsabwendungspflicht« deutscher Funktionsträger gäbe, zumindest hafteten sie nicht strafrechtlich für Völkerrechtsverstöße ausländischer Staaten.[7]

Dennoch sind die deutschen Staatsorgane nach Rechtsprechung des Bundesverfassungsgerichts verpflichtet, »auch im eigenen Verantwortungsbereich das Völkerrecht durchzusetzen, wenn dritte Staaten dieses verletzen«.[8] Dazu könnte die Bundesregierung auch

---

6   Über den weiteren gerichtlichen Fortgang siehe Update im Anschluss. Das
     European Center for *Constitutional and Human Rights* (ECCHR, Berlin)
     und die Menschenrechtsorganisation Reprieve unterstützen die Familie Bin
     Ali Jaber bei der juristischen Aufarbeitung des Drohnenangriffs. Die Klage
     zur Rolle Deutschlands im US-Drohnenprogramm ist Teil der rechtlichen
     Interventionen des ECCHR zu den Menschenrechtsverletzungen der USA
     im Namen der Terrorismusbekämpfung: www.ecchr.eu/fall/wichtiges-urteil-
     deutschland-muss-us-drohneinsaetze-via-ramstein-pruefen

7   Christian Rath, Merkel musste Mord nicht verhindern, taz, 20.4.2020, taz.de

8   2 BvR 1371/13; BVerfGE 112, 1 (26)

das Truppenstationierungsabkommen mit der US-Regierung kündigen. Dass die zuständigen Staatsorgane bisher beharrlich untätig bleiben, ist nicht nachvollziehbar und dürfte an Verfassungsbruch grenzen.

Solange hier keine radikale Wende zu erkennen ist, bleiben Proteste und Aktionen der Friedensbewegung gegen Ramstein als zentrales Daten- und Operations-Drehkreuz der US-Kriegspolitik und gegen völkerrechtswidrige Drohnenkriege weiterhin bitter nötig. Der Antiterror-Drohnenkrieg ist seinerseits Terror und produziert immer neuen Terror, wie Ex-Drohnenpiloten bereits Ende 2015 in einem offenen Brief an den damaligen US-Präsidenten Barack Obama festgestellt haben: Der US-Drohnenkrieg sei, so wörtlich, »eine der verheerendsten Triebfedern des Terrorismus und der Destabilisierung«.[9] Und das mit deutscher Duldung.

Herzlichen Glückwunsch zum *BigBrotherAward* 2020 an Bundeskanzlerin Angela Merkel und die Große Regierungskoalition in Berlin. Und von hier aus noch ein dringender Appell an die Adresse der Bundesregierung: Keine bewaffneten Kampfdrohnen für die Bundeswehr!

Updates

1. Eine direkte Reaktion auf diese Preisverleihung aus Berlin haben wir nicht erhalten. Aus dem Auswärtigen Amt hieß es dazu gegenüber der Presse lediglich, »die USA hätten sich verpflichtet, auf ihren Stützpunkten in Deutschland deutsches Recht und Völkerrecht einzuhalten. Dazu stehe man in einem regelmäßigen und engen Austausch.«[10]

---

9   Zit. nach: Der Spiegel, 19.11.2015

10 Zitat aus der Publikation »Menschen Machen Medien« der Gewerkschaft ver.di: mmm.verdi.de/medienpolitik/big-brother-awards-zum-20-mal-verliehen-68457

Dazu Laudator Rolf Gössner: »Dass sich die Bundesregierung ausgerechnet auf eine bloß verbale ›Verpflichtung‹ der US-Regierung verlässt, auf dem US-Militärstützpunkt in Ramstein würden deutsches Recht und Völkerrecht eingehalten, ist wirklich absurd. Das ist angesichts zahlloser völkerrechtswidriger US-Drohneneinsätze und -morde schlichtweg nicht hinnehmbar. Hier müssten tatsächlich andere ›Geschütze‹ als ein ›regelmäßiger und enger Austausch‹ aufgefahren werden, um diesem mörderischen Treiben auf bundesdeutschem Boden endlich Einhalt zu gebieten.«

2. Leider hat das Bundesverwaltungsgericht im Fall der jemenitischen Familie Bin Ali Jaber mit seinem Revisionsurteil, das Ende November 2020, also zwei Monate nach der Preisverleihung, ergangen ist, der Bundesregierung und ihrer Auffassung von Völkerrechtsverpflichtung rechtlich weitgehend beigepflichtet.[11] Das Gericht argumentiert so: Weil auf deutschem Boden nur Daten übermittelt, aber keine Entscheidungen getroffen würden, müsse die Bundesregierung die bewaffneten Drohneneinsätze der USA über den Luftwaffenstützpunkt Ramstein auch nicht kontrollieren. Sie sei danach also nicht verpflichtet, aktiv die entscheidende Frage zu klären, ob die US-Militärs im Einklang mit dem Völkerrecht agieren oder nicht. Nur im Fall der konkreten Gefahr einer völkerrechtswidrigen Handlung, durch die grundrechtliche Schutzgüter gefährdet werden, sowie bei einem engen, qualifizierten Bezug zum deutschen Staatsgebiet sei dies anders. Ein solcher Bezug sei nur dann gegeben, wenn ein anderer Staat auf deutschem Boden auch Entscheidungen fälle. Hier in Ramstein handele es sich aber lediglich um einen »rein technischen Übermittlungsvorgang«, wobei die Entscheidungen in den USA getroffen würden. Regelmäßige Konsultationen auf diplomatischem Terrain und die Zusicherung der USA gegenüber der Bundesregierung, dass ihre militärischen Tätig-

---

11   BVerwG-Urteil vom 25.11.2020, Az. 6 C 7.19

keiten in Deutschland im Einklang mit geltendem Recht erfolgten, reichen dem Gericht aus.

Dazu die Urteilskritik des European Center for Constitutional and Human Rights (ECCHR, Berlin), das die jemenitischen Kläger unterstützt: »Drohnenangriffe sind völkerrechtswidrig. Die Entscheidung des Bundesverwaltungsgerichts verkennt die Bedeutung der Grundrechte. Ein Staat, der sein Territorium für Militäreinsätze zur Verfügung stellt, muss Völkerrecht und Menschenrechte stärker durchsetzen, als es die Bundesregierung macht.« (ECCHR-Völkerrechtsexperte Andreas Schüller).[12] Faisal bin Ali Jaber, einer der Kläger, wertet das Urteil als »schweren Schlag«: »Meine Familie kann nicht angstfrei leben, während diese Drohnen, die mit deutscher Hilfe fliegen, über unserer Gemeinde im Jemen kreisen und Tod und Zerstörung bringen.«

Die Kläger prüfen die Aussichten einer Verfassungsbeschwerde beim Bundesverfassungsgericht. Möglich wäre auch noch der Weg zum Europäischen Gerichtshof für Menschenrechte.

3. Und während die Preisverleiher mit dem BBA 2020 gegen die US-Drohneneinsätze via Ramstein und gegen die Ignoranz der Bundesregierung protestierten, flammte zeitgleich in Berlin die Diskussion um bewaffnete Kampfdrohnen für die Bundeswehr (wieder) auf.[13] Es sah so aus, als wolle die Bundesregierung mit der Bundeswehr in Auslandseinsätzen mit den USA mithalten, anstatt sich glaubwürdig gegen den Krieg mit bewaffneten Drohnen zu positionieren – und damit gegen sinkende Hemmschwellen und für völkerrechtliche Standards. Im Dezember 2020 hat sich dann herausgestellt, dass der Bundestag vorerst die Anschaffung bewaffneter Drohnen doch nicht beschließen wird – dank der Regierungsfraktion SPD, die sich

---

12   Zit. nach: Deutschland muss US-Drohneneinsätze nicht kontrollieren, Legal Tribune Online (LTO), 26.11.2020, www.lto.de

13   Matthias Schiermeyer, SPD-Linke bringt Kampfdrohne in Turbulenzen, Stuttgarter Zeitung, 18.11.2020; Ministerium ist für Kampfdrohnen, www.tagesschau.de, 6.7.2020

auf eine solche Anschaffung nicht einigen konnte. Die Entscheidung ist damit aber nicht vom Tisch, sondern lediglich auf die nächste Legislaturperiode vertagt.[14]

Aktionen und Aufrufe des Aktionsbüros Ramstein-Kampagne Berlin gegen einen Drohnenkrieg von deutschem Boden aus finden sich unter: www.ramstein-kampagne.eu/aufruf

Weitere *BigBrotherAwards*
Kurzbegründungen

Kategorie Behörden und Verwaltung: **Innenminister des Landes Brandenburg, Michael Stübgen, und sein Vorgänger, Karl-Heinz Schröter** / *Laudator: Frank Rosengart*
Der Innenminister des Landes Brandenburg, Michael Stübgen, und sein Vorgänger, Karl-Heinz Schröter, erhalten den *BigBrotherAward* 2020 in der Kategorie »Behörden und Verwaltung« für die dauerhafte Speicherung von Autokennzeichen. In Brandenburg werden seit vielen Jahren Fahrzeug-Informationen in über 40 Millionen Datensätzen im sogenannten Aufzeichnungsmodus des Kennzeichen-Erfassungssystems KESY dauerhaft gespeichert, obwohl das Bundesverfassungsgericht diesbezüglich klare Grenzen gezogen hat.

Kategorie Digitalisierung: **Bildungsministerin des Landes Baden-Württemberg, Susanne Eisenmann** / *Gastlaudatorin: Leena Simon, Text: Claudia Fischer, Jessica Wawrzyniak, Leena Simon*
Die Bildungsministerin des Landes Baden-Württemberg, Susanne Eisenmann, erhält den *BigBrotherAward* 2020 in der Kategorie »Di-

---

14 Tobias Schulze / Stefan Reinecke, Kampfdrohnen werden Wahlkampfthema, taz, 17.12.2020; Markus Decker / Daniela Vates, Drohne entzweit SPD, Frankfurter Rundschau (FR), 17.12.2020; Andreas Niesmann, Widerstand gegen »sinkende Hemmschwellen«, FR 19./20.12.2020; »Es geht dabei im ›Targeten Killing‹, gezieltes Töten«, Interview mit Florian Pfaff, junge Welt, 22.12.2020

gitalisierung«, weil sie wesentliche Dienste der Digitalen Bildungs-
plattform des Landes von Microsoft betreiben lassen will. Damit liefert sie die Daten und E-Mails von allen Lehrerinnen und Lehrern
sowie Schülerinnen und Schülern Baden-Württembergs an das US-
Unternehmen und so auch an die US-Geheimdienste aus.

Kategorie Geschichtsvergessenheit: **Innenministerkonferenz der Bundesrepublik Deutschland** / *Laudator: padeluun*
Die Innenministerkonferenz der Bundesrepublik Deutschland erhält den *BigBrotherAward* 2020 in der Kategorie »Geschichtsvergessenheit« für die Absicht, auf der Basis der Steuer-Identifikationsnummer eine lebenslang gültige Personenkennziffer einzuführen.
(…) Sie widerspricht dem Geist des Grundgesetzes. *(Nr. 1 der Pu-
blikumsbefragung).*

Update: Anfang 2021 haben Bundestag und Bundesrat das sogenannte Registermodernisierungsgesetz beschlossen und damit die
Personenkennziffer auf der Basis der Steuer-Identifikationsnummer
für digitale Behörden- und Verwaltungsvorgänge gesetzlich abgesegnet.

2019

Großer »Fortschritt« in Richtung Kontroll- und Überwachungsstaat

Verleihung des *BigBrotherAwards* an Hessens Innenminister Peter Beuth (CDU)

Der *BigBrotherAward* 2019 in der Kategorie »Behörden & Verwaltung« geht an den *hessischen Innenminister Peter Beuth (CDU)*. Er erhält den Negativpreis

1. für die bundesweit erstmalige Anschaffung einer Analysesoftware der CIA-nahen Firma Palantir,

2. dafür, dass diese umstrittene US-Firma über Einsatz und Betrieb der Software Zugang zum Datennetz der hessischen Polizei erhält, und

3. dafür, dass mit dieser Analysesoftware Massendaten aus polizeieigenen und externen Quellen in Sekundenschnelle automatisiert verknüpft, analysiert und ausgewertet werden können – mit fatalen Auswirkungen auf Grundrechte, Datenschutz und Rechtsstaat.

Ja, wir haben die schwarz-grünen Regierungsfraktionen in Hessen schon letztes Jahr (2018) mit einem *BigBrotherAward* ausgezeichnet, und zwar für ihre damals geplante Verschärfung des Hessischen Verfassungsschutz- und Polizeigesetzes.[1] Trotz aller Proteste sind diese Gesetze im Juli 2018 verabschiedet worden und seitdem

---

1   Siehe unter www.bigbrotherawards.de

in Kraft. Damit darf die hessische Polizei inzwischen neue Überwachungsmaßnahmen weit im Vorfeld eines Verdachts oder einer
möglichen Gefahr ergreifen – etwa heimlich Staatstrojaner installieren oder Menschen in elektronische Fußfesseln legen, von denen sie
nur annimmt, dass sie künftig Straftaten begehen könnten.

Damit aber nicht genug: Um diese neuen präventiven Aufgaben
zu erfüllen und die dabei anfallende Datenflut zu bewältigen, holte
sich die Polizei auch noch die umstrittene CIA-nahe Firma Palantir
ins Haus. Deshalb kommen wir erstmals in der Geschichte der deutschen *BigBrotherAwards* nicht darum herum, einen zweiten Straf-
Preis in Folge an einen Datenfrevler derselben Regierungskoalition
desselben Bundeslandes verleihen zu müssen.

Analysesoftware »Gotham« der CIA-nahen US-Firma Palantir

Der hessische Innenminister Peter Beuth ist dafür verantwortlich,
dass die US-Firma Palantir beauftragt worden ist, ihre Analysesoftware »Gotham« im IT-System der hessischen Polizei zu installieren
und in Betrieb zu setzen. Benannt ist diese Software nach jener fikti-
ven, von Kriminalität und Korruption verseuchten Stadt, in der Bat-
man Verbrecher jagt und für Recht und Ordnung sorgt. Nachdem
die »Gotham«-Software an hessische Polizeibedürfnisse angepasst
worden ist, heißt sie »Hessen-Data«. Zur Nutzung ermächtigt wird die
Polizei mit § 25a des verschärften Hessischen Polizeigesetzes (HSOG),
weshalb dieser Paragraf auch spöttisch »Palantir-Ermächtigung«[2]
genannt wird. Danach dürfen umfangreiche Datenanalysen durchgeführt werden zur vorbeugenden Bekämpfung von über vierzig Straftaten, die in § 100a Abs. 2 StPO (Telekommunikationsüberwachung)
aufgelistet sind, sowie zur Abwehr bestimmter Gefahren.

Was aber ist nun so problematisch und grundrechtsschädigend
an dieser Verknüpfungs- und Analysesoftware der US-Firma Palantir?

---

2   Annette Brückner, Palantir in Hessen – vereint Daten von Facebook & Co mit
     polizeilichen Datenbanken??, 2.11.2018, police-it.org

»Palantir«, benannt nach den »sehenden Steinen« aus »Herr der Ringe«, ist »eine der umstrittensten Firmen des Silicon Valley«, so die »Süddeutsche Zeitung«. Sie gilt nach Einschätzung der US-Bürgerrechtsvereinigung ACLU als »Schlüsselfirma in der Überwachungsindustrie«.[3] Der US-»Star-Investor« und Milliardär Peter Thiel, der bereits den Online-Bezahldienst Paypal mitgegründet hatte, gründete die Firma im Jahr 2004 mit finanzieller Unterstützung des US-Geheimdienstes CIA. Die Kundenliste der Firma liest sich wie das Who-is-who der US-Militär- und Sicherheitsbürokratie: CIA, FBI, NSA, Pentagon, Marines und US-Airforce.[4] Oder anders ausgedrückt: Als Hauslieferant dieser Behörden ist die Firma tief in den militärisch-digitalen Komplex der USA verstrickt und ihr Geschäftsmodell heißt: Big Data for Big Brother.[5] Firmengründer Peter Thiel sitzt zudem im Aufsichtsrat von Facebook und hat Donald Trumps Wahlkampf 2016/17 mit über einer Million US-Dollar unterstützt.[6]

Die hessische Polizei beauftragte also diese hochumstrittene Überwachungsfirma damit, ihre Polizeidatenbanken mit Social-Media-Daten und anderen externen Dateien zu verknüpfen und zu analysieren. Es ist dabei keineswegs auszuschließen, dass vertrauliche Polizeidaten aus Hessen in die USA abfließen könnten – zumal bis zu sechs Software-Entwickler der Firma mit eigenen Laptops die

---

3   Oliver Voss, Glaskugel der Geheimdienste, Der Tagesspiegel, 5.6.2018, www.tagesspiegel.de

4   Ebd.

5   Mitarbeiter von Palantir stehen zudem im Verdacht, Kontakte zur Firma Cambridge Analytica unterhalten zu haben, die mit illegal erlangten Facebook-Daten versucht haben soll, die US-Präsidentschaftswahl 2017 zu beeinflussen. Das berichteten am 6.4.2018 Spiegel online (»Hessens Polizei kauft Software von umstrittener US-Firma«) und Zeit online (»Hessische Polizei kauft umstrittene US-Software«); Tomas Rudl, Whistleblower: Überwachungskonzern Palantir hat Cambridge Analytica bei illegalen Methoden geholfen, netzpolitik.org, 28.3.2018,

6   Lutz Reiche, Thiel spendet für Trump. Tech-Milliardär Thiel spendet Trump 1,25 Millionen Dollar, manager magazin, 17.10.2016, www.manager-magazin.de

Analysesoftware installierten, sie für die hessische Polizei betrieben und Servicezugriff haben. Als US-Firma ist Palantir übrigens auch dem FISA-Act unterworfen, dem berüchtigten »Foreign Intelligence Surveillance Act« (Gesetz zur Überwachung in der Auslandsaufklärung). Und das bedeutet: Alle Informationen über Nicht-US-Bürger und -Bürgerinnen, zu denen Palantir – wie und wo auch immer – Zugang bekommt, müssen im Fall einer Anordnung auch an US-Geheimdienste übermittelt werden.[7] Und es gibt, so sehen es die Oppositionsfraktionen von FDP und Die Linke im Hessischen Landtag, keine verlässlichen Kontrollmechanismen, um das zu verhindern.[8]

Dateienverknüpfungs- und -auswertungssoftware »Hessen-Data«
Mit der Dateienverknüpfungs- und -auswertungssoftware »Hessen-Data« sollen Bedrohungslagen leichter erkannt und sogenannte terroristische Gefährder identifiziert und aufgespürt werden können – also Menschen, die keine Straftaten begangen haben müssen, denen polizeilicherseits aber aufgrund bestimmter Indizien oder Verhaltensweisen solche künftig zugetraut werden. In der modernen Polizeiarbeit geht es längst nicht mehr nur um die Abwehr konkreter Gefahren, sondern um polizeiliche »Aufklärung« weit im Vorfeld mutmaßlicher Gefahren, wie sie mit der letzten Polizeirechtsverschärfung in Hessen legalisiert worden ist. Damit begibt sich die Polizei auf geheimdienstliches Terrain, wo sie prinzipiell nichts zu suchen hat. Und folgt man dem schwarz-grünen Koalitionsvertrag von Dezember 2018, könnte die Analysesoftware künftig auch schon unterhalb der Schwelle der Bekämpfung von islamistischem Terrorismus und Organisierter Kriminalität eingesetzt werden – und damit in weit größerem Ausmaß als ursprünglich vorgesehen.[9]

---

7   Wikipedia: Foreign Intelligence Surveillance Act (4.11.2020)

8   Pitt von Bebenburg, Schwarz-Grün setzt auf Palantir, Frankfurter Rundschau, 11.1.2019, www.fr.de

9   Koalitionsvertrag zwischen CDU Hessen und Bündnis '90 / Die Grünen Hessen für die 20. Legislaturperiode: »Aufbruch im Wandel durch Haltung, Orientierung und Zusammenhalt«, Dezember 2018

Inzwischen gibt es übrigens auch eine Mobilversion von »Hessen-Data«, um etwa Zielpersonen zu orten und polizeiliche Observateure koordinieren zu können.[10]

»Hessen-Data« ist ein Dammbruch für die polizeiliche IT-Arbeit: Bislang waren die Polizeidatenbestände der Strafverfolgung und Gefahrenabwehr nicht miteinander verknüpft, weil personenbezogene Daten aus datenschutzrechtlichen Gründen prinzipiell nur für den Zweck verwendet werden dürfen, für den sie erhoben wurden – also entweder für Strafverfolgung oder für Gefahrenabwehr. Dieser Zweckbindungsgrundsatz wird mit »Hessen-Data« aufgehoben.[11] Mehr noch: Es werden nicht nur unterschiedliche Polizeidatenbanken, sondern auch noch die Verkehrs- und Inhaltsdaten aus Telekommunikationsüberwachungen zusammengeführt und durchforstet sowie Daten aus unterschiedlichen Informationssystemen anderer Behörden wie etwa des Melde- und Ausländerzentralregisters. Doch damit nicht genug: Ein Dammbruch ist auch, dass mit »Hessen-Data« erstmals auch Informationen aus sozialen Medien und Netzwerken wie Facebook, Twitter, WhatsApp, Instagram oder YouTube automatisch abgerufen, zusammengeführt und in Windeseile mit polizeilichen Daten abgeglichen werden können.

Mithilfe dieser rasanten Dateienverknüpfung und Datenanalyse liefert die Palantir-Software der Polizei – grafisch spannend aufbereitet – komplexe Bewegungs- und Kontaktbilder, Beziehungsgeflechte und Personendossiers sowie Anomalien oder Verhaltensmuster von Menschen.[12] Wer kommuniziert oder trifft sich mit wem? Welche persönlichen Kontakte, Verbindungen und Zusammenhänge gibt es zwischen bestimmten Ereignissen, Personen, Gruppen oder In-

---

10   Oliver Teutsch, Hessische Polizisten ermitteln wie im Agenten-Thriller, Frankfurter Rundschau, 5.4.2019, www.fr.de

11   Tobias Singelnstein, Big Data bei der Polizei: Hessen sucht mit US-Software nach Gefährdern, in: Grundrechte-Report 2019, Frankfurt/M. 2019, S. 27 ff.

12   Jannis Brühl, Wo die Polizei alles sieht. Palantir in Deutschland, Süddeutsche Zeitung, 18.10.2018, www.sueddeutsche.de

stitutionen? Wer verhält sich ungewöhnlich oder verdächtig? Auch
bloße Kontakt- und Begleitpersonen, Zeugen, Hinweisgeber oder
Geschädigte können dabei ins Visier der Fahnder geraten, auch
wenn sie nur in loser oder zufälliger Verbindung mit mutmaßlich
Verdächtigen stehen.

Dabei geht es nicht mehr in erster Linie um harte Fakten und Beweise, sondern um mehr oder weniger zufällige Analyseergebnisse
dieser automatisiert zusammengemixten Datensammlungen. Stellen Sie sich vor, Ihre alltäglichen Aktivitäten, mit denen Sie Unmengen digitaler Spuren hinterlassen, machen Sie plötzlich verdächtig,
weil sie aus ihrem ursprünglichen Zusammenhang gerissen und in
einen vollkommen anderen, neuen Kontext gestellt werden. Vielleicht kommt Ihnen die hessische Polizei »auf die Spur«, nur weil Sie
zufällig zur falschen Zeit am falschen Ort waren, eine Wohnung in
der Nähe eines Tatortes haben oder einfach mit einer anderen Person verwechselt worden sind. Dieses Analysesystem scheint zwar
sehr leistungsfähig zu sein – aber auch recht manipulations-, will-
kür- und diskriminierungsanfällig.

**Neue Qualität polizeilicher Datenverarbeitung
mit weitreichenden Folgen**
Durch die neuen gesetzlichen Überwachungsermächtigungen der
hessischen Polizei können solche Analyseergebnisse für die Betroffenen zu besonders gravierenden Konsequenzen führen. Denn wer
im Rahmen der Dateienverknüpfung und Datenanalyse als auffällig,
als angebliche Risikoperson oder sogenannter Gefährder herausge-
filtert wird, hat unter Umständen mit dem heimlichen präventiven
Einsatz von Staatstrojanern auf seinen Geräten zu rechnen, kann
unter Meldeauflagen, Aufenthalts- und Kontaktverbote gestellt, in
elektronische Fußfesseln gelegt oder in Präventivhaft genommen
werden.

Auf welche Weise die Software »Hessen-Data« ihre Analysen
vornimmt, bleibt Geschäftsgeheimnis der Firma Palantir. Damit
entziehen sich die Algorithmen hinter den möglichen polizeili-

chen »Erkenntnissen« der öffentlichen und demokratischen Kontrolle.[13]

Bemerkenswert ist im Übrigen, wie die Kooperation der hessischen Polizei mit Palantir eingefädelt worden ist.[14] Ein Untersuchungsausschuss des Hessischen Landtags befasste sich 2018 monatelang mit der Frage, ob die Auftragsvergabe an Palantir möglicherweise rechtswidrig erfolgt ist und welche Rolle der Innenminister dabei spielte. Diese Fragen sind bis heute nicht wirklich eindeutig geklärt. Jedenfalls erfolgte die Vergabe auf intransparente Weise; die Leistungsbeschreibung war auf Palantir und ihre Software zugeschnitten, so dass andere mögliche Anbieter keine gleichberechtigte Chance hatten, obwohl es Alternativen gab.

Es macht darüber hinaus misstrauisch, wenn die Öffentlichkeit über den Kaufpreis der Palantir-Software im Dunkeln gelassen wird. Ihr Wert beträgt nach offizieller Mitteilung »0,01 Euro ohne MwSt«. Gegenüber »Spiegel online«[15] räumte das hessische Innenministerium ein, dass dies »nicht der tatsächliche Preis« sei, wollte diesen aber aus »Gründen des öffentlichen Sicherheitsinteresses des Landes Hessen« nicht nennen. Da fragt sich: Wie kann eine solche Information die öffentliche Sicherheit gefährden – werden etwa Straßenun-

---

13   Der Technische Direktor der Hessischen Zentrale für Datenverarbeitung (HZD), bei der die Server von Palantir unter Polizeibegleitung aufgestellt wurden und nun betrieben werden, hat im Untersuchungsausschuss erklärt, keinerlei Einblick zu haben, welche Daten und in welchem Umfang Informationen verarbeitet werden und wer Zugriff auf die Daten bekomme. Das liege allein in der Verantwortung von Polizei und Innenministerium; Oliver Teutsch, Hessische Polizisten, www.fr.de, 5.4.2019, a. a. O.

14   Im Mai 2016 besuchte eine hessische Delegation die US-Firma im Silicon Valley, mit dabei der CDU-Innenminister und spätere BBA-Preisträger Peter Beuth. Ursprünglich hatte man nach einer Software zur Bekämpfung von Cyber-Kriminalität gesucht. Zurück aus dem Silicon Valley waren plötzlich Terrorbekämpfung und Staatsschutz die neuen Zielvorgaben, und Palantir wurde als einziger sinnvoller Software-Anbieter in Betracht gezogen; Annette Brückner, Palantir in Hessen, 2.11.2018, a. a. O.

15   Hessens Polizei kauft Software von umstrittener US-Firma, Spiegel online, 6.4.2018

ruhen oder gar Anschläge befürchtet? Hessens Innenminister Beuth nimmt offensichtlich lieber Spekulationen in Kauf, als transparent zu arbeiten, wie es in einer Demokratie selbstverständlich sein sollte.

Fazit: Der Einsatz der wohl millionenschweren Palantir-Software bedeutet eine neue Qualität der Datenverarbeitung – die Polizei schwärmt gar von einem »Quantensprung in der polizeilichen Arbeit«. Oder anders und klarer ausgedrückt: Mit »Hessen-Data« geht das schwarz-grün regierte Hessen – wie schon im Jahr 2018 – einen weiteren großen Schritt in Richtung Kontroll- und Überwachungsstaat.

Die Analyseplattform »Hessen-Data« steht im Dauerkonflikt mit dem Recht auf Informationelle Selbstbestimmung als Ausprägung des Allgemeinen Persönlichkeitsrechts (Artikel 2 Abs. 1 GG). Außerdem wird mit dem Einsatz der Palantir-Software eine wichtige Grundsäule des Datenschutzes buchstäblich niedergerissen: nämlich das Prinzip der Zweckbindung, wonach personenbezogene Daten grundsätzlich nur für den Zweck verwendet werden dürfen, für den sie erhoben worden sind. Und das Ganze auch noch weitgehend ohne wirksame Kontrolle und in einer unheiligen Allianz mit einem Hauptakteur des US-amerikanischen Militär- und Geheimdienstkomplexes. Da können wir nur sagen:

Herzlichen Glückwunsch, Herr Innenminister, zum *BigBrother-Award* 2019.

Publikumspreis

Der hessische Innenminister Peter Beuth (CDU) hat den Publikumspreis erhalten. So haben es die im Stadttheater Bielefeld Anwesenden sowie die Nutzer:innen des Live-Streams in der Online-Abstimmung nach der BBA-Verleihung mehrheitlich entschieden. Mehr als die Hälfte der abgegebenen Stimmen entfielen auf Beuth und die Analysesoftware für die hessische Polizei. Dieser BBA-Preisträger hat das Publikum »besonders beeindruckt, erstaunt, erschüttert, empört…« – so wie schon 2018 die BBA-Preisträger CDU- und grüne Fraktion im Hessischen Landtag wegen der Verschärfung des Hessischen Verfassungsschutz- und Polizeigesetzes.

Kommentare auf den Abstimmungskarten (kleine Auswahl): Mit diesem Vorgehen »wird das Vertrauen in eine wichtige gesellschaftliche Institution untergraben.« »Weil es wieder zeigt, dass ›grüne‹ Politik nicht vertrauenswürdiger ist als andere.« »Das demontiert die Demokratie.« »Eine staatliche Zusammenarbeit (Polizei) mit amerikanischen Geheimdiensten geht gar nicht!« »Ich finde es besonders krass, dass Verstöße vom hessischen Innenministerium ausgehen, da es sich um eine der Demokratie besonders verpflichtete Einrichtung handelt. Verstöße von an der Regierung Beteiligten wiegen extrem schwer.«

Updates: Wie es weiter ging
Von Claudia Fischer[16]

Erschreckender Mangel an Problembewusstsein
»Dass wir keine Rückmeldungen auf unsere *BigBrotherAwards* aus der Politik oder von Behörden bekommen, ist zwar eine Missachtung der Zivilgesellschaft, aber daran haben wir uns längst gewöhnt. Ein solches Nichtverhalten ist weder souverän noch demokratiefreundlich«, zieht Laudator Rolf Gössner eine bittere Bilanz. (…)

1. Auf Medienanfragen hat das hessische Innenministerium immerhin geantwortet, wie wir dann in der Presse nachlesen konnten. Gegenüber dem Magazin »Stern« zum Beispiel sagte der Pressesprecher des Ministeriums, es gebe keine Datenleitung in die USA. »Das haben wir auch nicht behauptet«, betont Rolf Gössner. Weiter hieß es aus dem Innenministerium: Unbefugten Dritten würde kein Zugriff auf die Daten ermöglicht. »Auch das hat niemand behaup-

---

16 Aus: Claudia Fischer, Wie es weiter ging, in: padeluun / Rena Tangens (Hg.), digitalcourage für das Jahr 2020, Bielefeld 2020, S. 71 ff.

tet, aber Mitglieder des Untersuchungsausschusses im Hessischen
Landtag kamen zu dem Schluss, dass ein unberechtigter Zugriff
Dritter auch nicht zufriedenstellend ausgeschlossen werden kann.«

Lobend führt das Ministerium in mehreren Interviews zwei Ermittlungen gegen Terrorverdächtige an, die nur dank Hessen-Data
erfolgreich gewesen seien. »Weder diese ministerielle Behauptung
noch die zugrunde liegenden Fälle sind von außen und unabhängig
überprüfbar«, so Rolf Gössner: »Im Übrigen würde sich dadurch an
der Grundproblematik sowie an den negativen Auswirkungen von
Hessen-Data ohnehin nichts ändern.«

2. Interessanterweise berichteten einen Monat nach unserer
Preisverleihung mehrere Zeitungen darüber, dass hessische Polizis-
tinnen und Polizisten die Polizeidatenbanken offenbar regelmäßig
für unerlaubte, nicht dienstlich begründete Abfragen missbrauch-
ten. Im Innenausschuss des Hessischen Landtags gab Landespoli-
zeipräsident Udo Münch (bis Juli 2020 im Amt) zu Protokoll, dass
bei Stichprobenkontrollen solche Abfragen aufgefallen seien. Zum
Beispiel sei die Sängerin Helene Fischer am Abend ihres Konzer-
tes in Frankfurt 83 Mal abgefragt worden, obwohl sie mit Sicherheit nicht in 83 Personenkontrollen verwickelt war. Von Februar
bis August 2019 seien insgesamt 9.000 solcher mutmaßlich nicht
dienstlichen Abfragen zur Überprüfung an den hessischen Landesdatenschutzbeauftragten weitergegeben worden. Außerdem: Nur
bei jeder 200. Abfrage müssen die Beamt:innen in einem Abfrage-
fenster eintragen, was der dienstliche Grund für ihre Abfrage ist.
Dort ist laut Aussage des Landespolizeipräsidenten z. B. einmal der
Eintrag »Mickey Maus« gefunden worden. Der betreffende Polizist
sei daraufhin im Einzelgespräch noch einmal auf die Ernsthaftigkeit
der Maßnahme hingewiesen worden.

Dazu Rolf Gössner: »Solche Verhaltensweisen zeugen von feh-
lendem Problembewusstsein. Der Missbrauch von Personenabfra-
gen aus dem Polizeidatensystem kann schließlich zu bedrohlichen
Folgen führen, wie etwa der Fall einer Frankfurter Anwältin zeigt,
die Migrant:innen vertritt: Ihre Tochter wurde mit dem Tode be-

droht; das Drohschreiben stützt sich auf öffentlich nicht zugänglliche Daten und war unterzeichnet mit ›NSU 2.0‹. Ihre Personendaten waren kurz zuvor ohne dienstliche Begründung im hessischen Polizeidatensystem abgefragt worden.« Und seitdem gab es immer wieder solche Vorfälle.

3. Mangelndes Problembewusstsein sehen wir z.B. auch in Nordrhein-Westfalen und Hamburg. In NRW führte die Polizei 2020 »DAR« (Datenbankübergreifende Analyse und Recherche) ein, ebenfalls eine Analysesoftware der Firma Palantir, die Daten aus »polizeilichen und nichtpolizeilichen Datenquellen« zusammenführen soll.[17] In einer Ausschreibung wurden 14 Millionen Euro dafür veranschlagt; die Zeitvorgabe für die Einrichtung ist Herbst 2020. (…) Im Gesetzesentwurf, den die rot-grüne Regierung von Hamburg 2018 vorgelegt hat, soll nach Medienberichten mit § 49 eine ähnliche Datenanalyse ermöglicht werden wie in Hessen, so dass der Kriminologe Simon Egbert gegenüber netzpolitik.org von einem »Palantir-Paragrafen« sprach.

»Die Anschaffung von Palantirs ›Gotham‹-Software im Bundesland Hessen scheint sich als Türöffner für andere Bundesländer zu entpuppen«, befürchtet Rolf Gössner. »Die Gefahr besteht, dass nach und nach die meisten Bundesländer und der Bund solche Analysesoftware für ihre polizeilichen IT-Systeme anschaffen – wodurch sich die damit verbundenen Gefahren und Probleme erheblich potenzieren würden.«

Stimmen zur BBA-Verleihung aus der Politik[18]

»Beuth habe sich den Preis redlich verdient«, sagte Hermann Schaus, innenpolitischer Sprecher der Linken im Hessischen Landtag, in einer Mitteilung. Wer es zulasse, dass Massendaten aus polizeieigenen und externen Quellen automatisiert verknüpft, analysiert

---

17 Moritz Koch / Dietmar Neuerer, Big Data für deutsche Ermittler: Polizei nutzt umstrittene US-Software von Palantir, Handelsblatt 11.3.2020.

18 Datenschutz-Negativpreis für Hessens Innenminister, Frankfurter Allgemeine Zeitung (FAZ), 10.6.2019, faz.net

und ausgewertet werden können, höhle Grundrechte aus und unterminiere den Datenschutz.

Der Parlamentarische Geschäftsführer der hessischen CDU-Landtagsfraktion, Holger Bellino, bekräftigte hingegen, dass der Zweck die Mittel heilige: »Der Big-Brother-Award ist eine Auszeichnung für die Sicherheitsarbeit in Hessen. Alle Fachleute loben die Software, das bestätigen auch die Aufklärungserfolge.« Es gebe kein vergleichbares Angebot auf dem Markt.

Weitere *BigBrotherAwards*
Kurzbegründungen

Kategorie Biotechnik: **Ancestry.com** / *Laudator: Dr. Thilo Weichert*
Die Firma Ancestry.com erhält den *BigBrotherAward* 2019 in der Kategorie »Biotechnik«, weil sie Menschen mit Interesse an Familienforschung dazu verleitet, ihre Speichelproben einzusenden. Ancestry verkauft die Gendaten an die kommerzielle Pharmaforschung, ermöglicht verdeckte Vaterschaftstests und schafft die Datengrundlage für polizeiliche genetische Rasterungen.

Kategorie Technik: **Europäisches Institut für Telekommunikationsnormen (ETSI)** / *Laudator: Frank Rosengart*
Das »Technical Committee CYBER« beim Europäischen Institut für Telekommunikationsnormen (ETSI) erhält den *BigBrotherAward* 2019 in der Kategorie »Technik« für den Versuch, den neuen technischen Standard für die Verschlüsselung im Internet mit einer Sollbruchstelle auszustatten. Über den geplanten Standard »ETS« (vormals »eTLS«) werden staatliche Behörden in die Lage versetzt, abgehörte Verbindungen zu entschlüsseln.

2018

»Digitale Inquisition«

BigBrotherAward für die Fraktionen
von CDU und Bündnis '90 / Die Grünen
im Hessischen Landtag

Der *BigBrotherAward* 2018 in der Kategorie »Politik« geht an die Fraktionen von CDU und Bündnis '90 / Die Grünen im Hessischen Landtag. Die beiden Regierungsfraktionen erhalten den Negativpreis für ihr geplantes neues Verfassungsschutzgesetz und für die geplante Novellierung des Hessischen Polizeigesetzes. Ihre Gesetzesinitiative enthält eine gefährliche Ansammlung gravierender Überwachungsermächtigungen, die tief in Grundrechte eingreifen und den demokratischen Rechtsstaat bedrohen. Die schlimmsten Regelungen im Überblick:

1. Der Inlandsgeheimdienst »Verfassungsschutz« (VS) soll auch vorbestrafte V-Leute rekrutieren und kriminell gewordene VS-Mitarbeiter:innen weiter einsetzen und abschöpfen können. Das tut er zwar schon heute, wie die Praxis zeigt; neu aber ist, dass dies erstmals gesetzlich abgesichert werden soll und kriminelle V-Leute ganz legal der strafrechtlichen Verfolgung entzogen werden können – anstatt solche V-Leute unverzüglich abzuschalten. Ein rechtsstaatswidriger Freibrief für kriminelles Handeln in staatlicher Mission. Diese Regelung legalisiert und perpetuiert praktisch die bisherigen Skandale und mit ihnen die obszönen Verflechtungen des »Verfassungsschutzes« in rassistische, kriminelle und gewalttätige Naziszenen.

2. Erlaubt werden soll auch, Berufsgeheimnisträger wie Ärzte, Anwälte oder Journalisten als V-Leute anzuheuern oder V-Leute in deren beruflichem Umfeld zu platzieren. Damit werden die Verschwiegenheitspflichten und zu schützenden Vertrauensverhältnisse zu ihren Mandanten, Patienten oder Informanten verletzt. Nur Abgeordnete und ihre Mitarbeiter:innen sollen vor dieser geheimdienstlichen Instrumentalisierung und Ausforschung ausdrücklich geschützt werden.

3. Selbst Daten über Minderjährige unter 14 Jahren, also von Kindern, sollen in Dateien und Akten des »Verfassungsschutzes« erfasst und gespeichert werden dürfen. Diese frühzeitige geheimdienstliche Stigmatisierung kann fatale Folgen für die weitere Entwicklung der Betroffenen haben – etwa bei der späteren Berufswahl, Lehrstellen- oder Jobsuche.

4. Der »Verfassungsschutz« soll ermächtigt werden, personenbezogene Überwachungsdaten an öffentliche Stellen zu übermitteln – und zwar zur »Überprüfung der Verfassungstreue von Personen, die sich um Einstellung in den öffentlichen Dienst bewerben«. Das erinnert fatal an die menschenrechtswidrige Berufsverbotspraxis früherer Zeiten. Auch Organisationen und künftigen Mitarbeiter:innen staatlich geförderter Demokratie- und Präventionsprojekte, etwa gegen Rechtsextremismus oder Salafismus, drohen anlasslose geheimdienstliche Überprüfungen – womit sie pauschal zu Sicherheitsrisiken erklärt und unter Generalverdacht gestellt werden. Dieses gesetzliche Misstrauensvotum untergräbt Akzeptanz und Vertrauen, die für eine erfolgreiche Arbeit solcher zivilgesellschaftlichen Projekte unerlässlich sind.

5. Spionageprogramme, also sogenannte Staatstrojaner, sollen künftig über gefundene oder aufgekaufte Sicherheitslücken in Computern oder Smartphones Verdächtiger eingeschleust werden, um sie präventiv per Online-Durchsuchung oder Quellen-Telekommunikationsüberwachung (TKÜ) umfassend ausforschen zu können.

6. Und die Polizei soll künftig u. a. ermächtigt werden, sogenannte »Gefährder« vorsorglich in elektronische Fußfesseln zu legen, um

ihren Aufenthalt, ihre Bewegungen und Kontakte über Wochen und Monate lückenlos kontrollieren zu können. Das sind Menschen, die keine Straftaten begangen haben müssen, denen die Polizei aber aufgrund bestimmter Anhaltspunkte künftige Straftaten zutraut.

Auf dem Weg in den präventiv-autoritären Sicherheitsstaat

Mit dieser Gesetzesinitiative geht die schwarz-grüne Regierungskoalition in Hessen einen großen Schritt in Richtung präventiv-autoritärer Sicherheitsstaat. Mit besonders prekären Regelungen reiht sie sich damit in die bundesweiten Reformen ein, mit denen u.a. der Staatstrojaner zur Quellen-TKÜ und Online-Durchsuchung sowie die elektronische Fußfessel für »Gefährder« legalisiert werden. So etwa im BKA-Gesetz (2017), in der Strafprozessordnung (2017), in den Geheimdienstgesetzen Baden-Württembergs (2017) und Bayerns (2016). Interessanterweise hatte die grüne Oppositionsfraktion im Bayerischen Landtag gegen das dortige Verfassungsschutzgesetz geklagt[1] – ausgerechnet gegen ein Gesetz, das sich das hessische Regierungsbündnis unter Mitwirkung der Grünen zum Vorbild genommen hat.

Ursprünglich sollten die Verfassungsschutzgesetze in Bund und Ländern novelliert werden, um überfällige Konsequenzen zu ziehen aus den zahlreichen Missständen, Pannen und Skandalen im Zusammenhang mit der NSU-Mordserie und NSA-Massenüberwachung. Primäre Ziele müssten demnach sein, den »Verfassungsschutz« und seine Befugnisse wirksam rechtsstaatlich zu zähmen und die Kontrolle über ihn erheblich zu stärken. Doch stattdessen erhalten ausgerechnet diese demokratisch kaum kontrollierbaren Geheimbehörden des Bundes und der Länder – geschichtsvergessen muss man sagen – wieder unverdienten Auftrieb, werden abermals aufgerüstet und massenüberwachungstauglicher gemacht, anstatt die Bevölkerung endlich vor ihren klandestinen Machenschaften

---

1   Vgl. Süddeutsche Zeitung, 4.8.2017; Polizeigesetz: Kritik an Staatsregierung, Isar Donau Wald, 16.5.2020, [dpa, 15.5.2020], www.idowa.de

und Skandalen wirksam zu schützen. Das heißt: Der »Verfassungsschutz« geht gestärkt aus dem Desaster und seiner Skandalgeschichte hervor. Und auch die Polizei wird weiter hochgerüstet.

Was bedeutet das für unmittelbar Betroffene und für uns alle? Zwei Beispiele:

1. Heimlicher Angriff auf Computer und Smartphones mit Staatstrojanern | Der hessische »Verfassungsschutz« soll unter bestimmten Bedingungen erstmals mit technischen Mitteln heimlich »informationstechnische Systeme« angreifen dürfen – bei »Gefahr im Verzug« zunächst sogar ohne richterliche Anordnung. Das heißt im Klartext: Dieser Inlandsgeheimdienst darf zur verdeckten Informationsgewinnung Computersysteme mit Hilfe von Spionageprogrammen hacken – und zwar mit Hilfe der berüchtigten »Staatstrojaner«, die im Land der Hessen auch »Hessentrojaner« heißen.[2] Diese Überwachungssoftware soll heimlich in Computer, Tablets oder Smartphones von Verdächtigten eingeschleust werden können, um diese unter Ausnutzung von Sicherheitslücken zu infiltrieren. So können dann Quellen-Telekommunikationsüberwachungen oder Online-Durchsuchungen durchgeführt werden.

Mit solchen Methoden, die der Abwehr einer »dringenden Gefahr« dienen sollen, bricht der Staat massiv in Privatsphäre und Persönlichkeitsrechte, in Informationelle Selbstbestimmung und Meinungsfreiheit der Betroffenen ein: Denn damit können technisch PC-Mikrofone und Webcams aus der Ferne eingeschaltet sowie sämtliche laufenden Kommunikationsinhalte vor ihrer Verschlüsselung überwacht werden – inklusive SMS, Mails, Chats und Messenger-Diensten. Mit Hilfe der Trojaner kann der Geheimdienst auf sämtliche Datenbewegungen, auf alle gespeicherten Festplatteninhalte, auf Textdokumente, Gesundheits- und Finanzdaten, auf intimste Informationen, Fotos und Filme zugreifen – letztlich auf das

---

2   Entwickelt werden die Staatstrojaner für die bundesdeutschen Sicherheitsbehörden u. a. von der 2017 in München eingerichteten »Zentralstelle für Informationstechnik im Sicherheitsbereich« (ZITiS).

gesamte digitale und vernetzte Leben der Betroffenen. Angesichts
der hieraus entstehenden Persönlichkeits-, Kontakt- und Bewegungsprofile ist an den verfassungsrechtlich gebotenen Schutz des Kernbereichs persönlicher Lebensgestaltung praktisch nicht mehr zu denken
– ganz abgesehen davon, dass solche Geheimmethoden weder gerichtlich noch parlamentarisch wirksam kontrollierbar sind. Es handelt sich um einen der schwersten staatlichen Grundrechtseingriffe
mit totalitärem Potential – um einen Einbruch in alle Lebensbereiche bis hinein in die Gedanken- und Gefühlswelt der Betroffenen.

Diese digitale Waffe unterminiert darüber hinaus das Grundrecht auf Gewährleistung der Vertraulichkeit und Integrität informationstechnischer Systeme:[3] Denn der »Verfassungsschutz« muss
Software-Sicherheitslücken ausfindig machen, um einen Staatstrojaner auf dem Gerät installieren und aktivieren zu können. Er wird
versuchen, solche Schwachstellen für eigene Zwecke künftig weiter
offenzuhalten – anstatt sie sofort schließen zu lassen, um Attacken
Dritter abzuwehren, das IT-System insgesamt zu schützen und damit die Allgemeinheit. Stattdessen werden also mutwillig Sicherheitslecks als Einfallstore aufrechterhalten, über die auch andere
Geheimdienste, Cyberkriminelle, Betrüger, Erpresser und Terroristen gefährliche Angriffe auf private, betriebliche oder staatliche
Computersysteme ausführen können oder auf die kritische Infrastruktur insgesamt (etwa von Strom- und Wasserversorgern, des
Krankenhaus-, Gesundheits- oder Verkehrswesens).

Dieses unverantwortliche Staatsverhalten öffnet Missbrauch und
gefährlichen Cyberattacken Tür und Tor. Abschreckendes Beispiel:
der Erpressungs-Trojaner »WannaCry«, der im Mai 2017 neben
Privat-PCs auch Automobilkonzerne, Bahnunternehmen und Krankenhäuser lahmlegte und Schäden in Milliardenhöhe verursachte.[4]
Die dabei genutzte Sicherheitslücke war dem US-Auslandsgeheim-

---

3   Entscheidung des Bundesverfassungsgerichts vom 27.2.2008; vgl. auch BVerfG-
     Urteil 1 BvR 966/09

4   »WannaCry«-Attacke – Fakten zum globalen Cyberangriff, Spiegel online,
     13.5.2017

dienst NSA bereits seit Jahren bekannt. Verantwortungsvolle Sicherheitspolitik, die diese Bezeichnung verdient, sieht anders aus. Denn
es gehört zum Auftrag des Staates, seine Bürger:innen zu schützen
und Sicherheitslücken zu schließen, und nicht, sie mutwillig für
eigene Trojaner sperrangelweit offenzuhalten – und damit auch für
andere Cyberangreifer.

*2. Beispiel: Elektronische Fußfesseln zur Aufenthaltskontrolle von Ge-
fährdern* | Die hessische Polizei soll künftig – wie seit 2017 das BKA
auf Bundesebene – sogenannte »terroristische Gefährder« präventiv in elektronische Fußfesseln legen sowie Meldepflichten, Aufent-
haltsbeschränkungen, Hausarrest und Kontaktverbote verhängen
können. Nach einer gerichtlichen Anordnung sollen diese Freiheitsbeschränkungen mit einer elektronischen Fußfessel über GPS
lückenlos überwacht werden, selbst innerhalb von Wohnungen. Zulässig soll dies dann sein, so heißt es im schwarz-grünen Gesetzentwurf wörtlich, »wenn bestimmte Tatsachen die Annahme rechtfertigen«, dass die betreffende Person »innerhalb eines übersehbaren
Zeitraums auf eine zumindest ihrer Art nach konkretisierte Weise«
eine Straftat begehen wird, »oder deren individuelles Verhalten eine
konkrete Wahrscheinlichkeit dafür begründet, dass sie innerhalb
eines übersehbaren Zeitraums« eine Straftat begehen wird.

Die elektronische Überwachungsmaßnahme, mit der u. a. terroristische Straftaten verhütet werden sollen, ist auf höchstens drei
Monate zu befristen, kann aber um jeweils drei Monate verlängert
werden – das heißt im Zweifel: unbeschränkt. Weigern sich Betroffene gegen die Maßnahme, können sie mit richterlicher Entscheidung bis zu zehn Tage lang in Polizeigewahrsam gesteckt werden.

Solche eingriffsintensiven Polizeimaßnahmen, die lückenlose
Bewegungsprofile liefern und Rückschlüsse auf die persönliche Lebensführung zulassen, sollen gegen sogenannte Gefährder verhängt
werden – also gegen Menschen, die bislang nicht straffällig geworden sind, denen dies aber in Zukunft aufgrund bloßer Indizien und
Annahmen oder unterstellter Absichten und Gesinnung polizei-

licherseits zugetraut wird. Solche Prognosen für künftiges Verhalten können entweder aus polizeilichen oder geheimdienstlichen Persönlichkeits- und Kontaktprofilen oder auch aus Risikobewertungen per Computeranalyse (z. B. Precrime-Programm »Radar-iTE«) resultieren. Doch wie lässt sich dabei verhindern, dass institutioneller Rassismus und Islamophobie zu folgenschweren (Fehl-)Einschätzungen führen?

Derart gravierende Grundrechtseingriffe auf mehr oder weniger vage Mutmaßungen zu stützen, dürfte den Verfassungsgrundsatz der Verhältnismäßigkeit verletzen. Denn rund um die Uhr und in Echtzeit überwachte Aufenthalts- und Kontaktverbote schränken die Betroffenen, die ja als unschuldig zu gelten haben, unmittelbar in ihrer Handlungs- und Bewegungsfreiheit ein und verletzen ihre Privatsphäre und Persönlichkeitsrechte – und letztlich auch ihre Menschenwürde. Solche verhaltenssteuernden und freiheitsbeschränkenden Präventionsmaßnahmen gleichen letztlich einer vorweggenommenen Verdachtsstrafe – also einer rechtsstaatswidrigen Strafe ohne Tat.

Im Übrigen dürfte die elektronische Fußfessel, die ohnehin relativ leicht manipulierbar und entfernbar ist, im Ernstfall auch ungeeignet zur Verhinderung terroristischer Straftaten sein – besonders wenn es sich um potentielle Täter handelt, die zu allem entschlossen sind: So trug etwa einer der beiden Täter, die 2016 einem katholischen Pfarrer in der Normandie die Kehle durchtrennten, eine elektronische Fußfessel; und auch das Berliner Attentat auf dem Weihnachtsmarkt im Dezember 2016 hätte damit wohl kaum verhindert werden können – wohl aber mit anderen, längst gesetzlich erlaubten Polizeibefugnissen, die aber, wie sich herausgestellt hat, nicht genutzt worden sind.

Zivilgesellschaftliche Proteste
und innergrüner Streit um »Hessentrojaner«

Gegen die hessische Gesetzesinitiative regt sich heftiger Protest und Widerstand: Ein breites Bündnis von Demokratieprojekten sowie

Bürgerrechts- und Datenschutz-Organisationen unterstützen eine
gemeinsame Erklärung, in der sie die geplanten Verschärfungen
ablehnen, weil sie mit hoher Wahrscheinlichkeit Demokratie und
Grundrechte schädigen.[5] Während einer Anhörung im Hessischen
Landtag hat die überwiegende Mehrzahl der Sachverständigen die
Gesetzespläne heftig kritisiert und erhebliche Änderungen angemahnt.[6]

Auch die grüne Basis in Hessen votierte schon Ende 2017
gegen die schwarz-grünen Pläne, speziell gegen die Legalisierung
des »Hessentrojaners«. Damit verweigerte sie der grünen Landtagsfraktion ihre Unterstützung.[7] Vollkommen zu Recht, lehnen
doch die Grünen die Staatstrojaner generell ab und hatten doch
die hessischen Grünen im letzten Wahlkampf versprochen, keine
Online-Durchsuchung zur Gefahrenabwehr zuzulassen.[8] Doch
die Landtagsfraktion bleibt stur und begründet ihr gebrochenes
Versprechen mit »terroristischen Bedrohungen«, die es nötig
machten, die digitale Kommunikation weitgehender als bisher
zu überwachen. Das miese Spiel mit der Angst vor Terror zur Beschränkung der Freiheitsrechte, um angeblich mehr Sicherheit zu
erlangen, das haben die Grünen bislang eher gemieden und anderen überlassen, wie etwa der CDU/CSU oder auch der Großen Ko-

---

5   Gemeinsame Erklärung warnt vor schwarz-grüner Gesetzesnovelle: Geplante
     Verschärfungen des hessischen Verfassungsschutzgesetzes schädigen Demo-
     kratie und Grundrechte, vs.hu-hessen.de [Website der Humanistischen Union
     Hessen)

6   Gutachten zum hessischen Verfassungsschutz-Gesetzentwurf, Innenausschuss –
     Anhörung zum Verfassungsschutz, 8.2.2018, hessischer-landtag.de/node/2490;
     Gutachten von Rolf Gössner, 31.1.2018, hessischer-landtag.de/sites/default/
     files/scald/files/INA-AV-19-63-T2.pdf (S. 207-226); Anna Biselli, Breitseite
     gegen Staatstrojaner in Hessen: Verfassungswidrig und gefährlich [Bericht zur
     Anhörung], netzpolitik.org, 8.2.2018

7   Anna Biselli, Streit um geplantes Hessentrojaner-Gesetz bei den Grünen, netz-
     politik.org, 8.11.2017; Grüne Hessen, Digitale Gefahrenabwehr statt digitaler
     Gefahrenquellen, 24.11.2017, www.gruene-hessen.de

8   Grüne Hessen, Digitales Hessen – Netzpolitik ist Zukunftspolitik, ohne
     Datum, vermutlich Januar 2013, www.gruene-hessen.de

alition. Die grüne Fraktion in Hessen aber spielt nun selbst beim Überwachungspoker mit, beteiligt sich am sicherheitspolitischen Überbietungswettbewerb und behauptet noch dreist, ihr Gesetzentwurf trage eine »grüne Handschrift«.

Mit solchen Geheimdienst- und Polizeigesetzen, wie im schwarz-grün regierten Hessen geplant oder im grün-schwarz regierten Baden-Württemberg teilweise schon umgesetzt, können die Grünen ihr Selbstverständnis als Bürgerrechtspartei allmählich begraben.

Ich bringe die Kritik an der hessischen Gesetzesinitiative noch einmal auf den Punkt:

1. Die künftig gesetzlich abgesicherte Zusammenarbeit mit vorbestraften und kriminell gewordenen V-Leuten widerspricht rechtsstaatlichen Grundsätzen.

2. Die geplante geheimdienstliche Regelüberprüfung künftiger Mitarbeiter:innen von Demokratieprojekten bedeutet Gesinnungsschnüffelei und erinnert an unselige Zeiten grundrechtswidriger Berufsverbote.

3. Verhaltenssteuernde und freiheitsbeschränkende elektronische Fußfesseln verletzen Privatsphäre und Persönlichkeitsrechte – und letztlich auch die Menschenwürde.

4. Und Staatstrojaner bedrohen den Kernbereich privater Lebensführung und gefährden Sicherheit und Vertraulichkeit des IT-Systems.

Das ist »digitale Inquisition«, so Heribert Prantl von der »Süddeutschen Zeitung«. Und er fragt erstaunt, weshalb die allermeisten Bürger:innen sich das gefallen lassen.[9] Und liefert drei Antworten gleich mit: 1. wegen der Politik mit der Angst vor Terror, die die Wähler:innen selbst maßlose Freiheitsbeschränkungen schlucken lässt, wenn sie angeblich mehr Sicherheit versprechen; 2. weil die meisten Freiheitsbeschränkungen nicht zu spüren sind, da sie heimlich stattfinden, und 3. weil die Bürger:innen letztlich darauf vertrauten, dass das Bundesverfassungsgericht es wieder richten möge.

---

9 Süddeutsche Zeitung, 27.1.2018

Apropos Bundesverfassungsgericht: Es gibt bereits Verfassungs-beschwerden, so u.a. von Digitalcourage, um etwa Staatstrojaner stoppen zu lassen. Und so mündet diese Laudatio in einen öffent-lichen Appell, solche Verfassungsbeschwerden kräftig und massen-haft zu unterstützen − als Akt bürgerrechtlicher Notwehr.

Herzlichen Glückwunsch, CDU- und grüne Fraktion im Hessi-schen Landtag, zum *BigBrotherAward* 2018.

Unter vimeo.com/253789914 findet sich das Erklärvideo »Warum sind Staatstrojaner gefährlich?«

Publikumspreis

Der *BigBrotherAward* von Rolf Gössner hat auch 2018 wieder den Publikumspreis bei der Verleihungsgala im Bielefelder Stadttheater gewonnen − und damit die Fraktionen von CDU und Bündnis'90/ Die Grünen im Hessischen Landtag. Kommentare auf den Abstim-mungskarten (kleine Auswahl): »Die Politik sollte uns Bürger schüt-zen und nicht ausspionieren.« »Staatstrojaner − kompletter Eingriff in alle Grundrechte.« »Schade, dass es den Grünen so leicht fällt, die Ideale der Freiheits- und Bürgerrechtsbewegung für etwas poli-tische Macht zu opfern.«

Updates: Wie es weiter ging
Von Claudia Fischer[10]

Abgestraft, aber rausgemogelt
1. Unser *BigBrotherAward* 2018 kam zum richtigen Zeitpunkt: Am Wochenende nach der Verleihungsgala hatten die Bündnisgrünen

---

10   Aus: Claudia Fischer, Wie es weiter ging, in: padeluun/Rena Tangens (Hg.), digitalcourage für das Jahr 2019, Bielefeld 2019, S. 85 f.

in Hessen ihren Landesparteitag und wählten die Kandidat:innen für die Landtagswahlen im Herbst 2018. Jürgen Frömmrich, der Grünen-Innenpolitiker und Befürworter des neuen Verfassungsschutzgesetzes, wurde deutlich abgestraft und landete auf einem hinteren Landeslistenplatz. Besser schnitt der Software-Experte Torsten Leveringhaus ab, der sich zuvor dezidiert »gegen die digitale Aufrüstung« ausgesprochen hatte. Er wollte den Gesetzentwurf gründlich ändern, »damit wir den ›BigBrotherAward‹ so schnell wie möglich zurückgeben können«, so sagte er.

»Das wäre immerhin ein Novum: den BBA zwar weder annehmen noch abholen, ihn aber später wieder zurückgeben«, kontert unser Laudator Rolf Gössner. »Immerhin können wir festhalten: Wir haben mit dem BBA die kritische Debatte um den Gesetzentwurf entscheidend beeinflusst.«

2. Ende Juni 2018 ist dann die Verschärfung des Hessischen Verfassungsschutz- und Polizeigesetzes vom Hessischen Landtag mit der Mehrheit der Regierungsfraktionen durchgesetzt worden. Dabei hatte die grüne Landtagsfraktion nach den heftigen zivilgesellschaftlichen Protesten allerdings noch erreichen können, den sogenannten »Hessentrojaner« – also die heimliche Online-Durchsuchung und Quellen-Telekommunikationsüberwachung mittels Staatstrojaner – aus dem Verfassungsschutzgesetzentwurf ersatzlos zu streichen. Ein toller Erfolg! Es ist aber ein Pyrrhussieg, denn dafür haben sie statt den Verfassungsschutz nun die Polizei gesetzlich mit dem Staatstrojaner ausgestattet. »Am grundsätzlichen Problem des Staatstrojaner-Einsatzes für die IT-Sicherheit ändert dies nichts – es bleibt dabei, dass Sicherheitslücken nun offen bleiben statt geschlossen zu werden«, ärgert sich Rolf Gössner. »Und das ist ein Skandal! Der Staat versagt dabei, seine Bürger vor digitalen Übergriffen zu schützen.«

Ebenfalls ein Skandal: Der zweite Preisträger CDU hat sich gar nicht geäußert.

Weitere *BigBrotherAwards*
Kurzbegründungen

Kategorie PR & Marketing: **Konzept der »Smart City«**
Laudatorin: Rena Tangens
Das Konzept der »Smart City« erhält den *BigBrotherAward* 2018
in der Kategorie »PR & Marketing«. Mit dem Werbebegriff »Smart
City« versuchen Technikfirmen, der Kommunalpolitik die »Safe
City« zu verkaufen: eine mit Sensoren gepflasterte, total überwach-
te, ferngesteuerte und kommerzialisierte Stadt. »Smart Cities« re-
duzieren Bürger:innen auf ihre Eigenschaft als Konsument:innen,
machen Konsument:innen zu datenliefernden Objekten und unsere
Demokratie zu einer privatisierten Dienstleistung.

Kategorie Verwaltung: **Cevisio Software und Systeme GmbH**
Laudator: Dr. Thilo Weichert
Die Firma Cevisio Software und Systeme GmbH aus Torgau erhält
den *BigBrotherAward* 2018 in der Kategorie »Verwaltung« für ihre
Software Cevisio Quartiersmanagement (QMM), die in Flüchtlings-
unterkünften eingesetzt wird. Mit dieser Software werden Bewegungen zum und auf dem Gelände, Essensausgaben, medizinische
Checks, Verwandtschaftsverhältnisse, Religions- und »Volkszuge-
hörigkeiten« und vieles mehr erfasst und gespeichert. Die Daten ermöglichen eine Totalkontrolle der Asylsuchenden.

2017

Digitale Aufrüstung zum Cyberkrieg

BigBrotherAward für Bundeswehr und Bundesministerin für Verteidigung, Dr. Ursula von der Leyen

Der *BigBrotherAward* 2017 in der Kategorie »Behörden« geht an die Bundeswehr und die (damalige) Bundesministerin für Verteidigung, Dr. Ursula von der Leyen (CDU), als deren Oberbefehlshaberin.

Mit dieser Auszeichnung wagen wir uns erstmals in der 17-jährigen Geschichte des *BigBrotherAwards* auf militärisches Terrain beziehungsweise Sperrgebiet. Wohingegen Frau von der Leyen schon einschlägig aufgefallen ist – schließlich haben wir sie bereits 2009 in ihrer damaligen Funktion als Familienministerin mit dem Negativpreis bedacht; wir erinnern uns: als »Zensursula« wegen ihrer Vorstöße zur Inhaltskontrolle und Sperrung von Websites.[1] Doch was haben die Verteidigungsministerin und das Militär mit Überwachung, Zensur, überhaupt mit Datensünden zu tun? Weshalb soll ausgerechnet die Bundeswehr mit ihren Panzern, Bomben und Granaten eine auszeichnungswürdige Datenkrake sein – die in jüngerer Zeit eher durch Naziumtriebe, Gewaltexzesse, Misshandlungen, sexuelle Übergriffe, Mobbing und einen ausgeprägten Korpsgeist aufgefallen ist?

---

1   BBA-Laudatio 2009 von Alvar Freude: bigbrotherawards.de/2009/politik-ursula-von-leyen

Massive digitale Aufrüstung der Bundeswehr

Die heutige Verleihung erfolgt für die massive digitale Aufrüstung der Bundeswehr mit dem neuen »Kommando Cyber- und Informationsraum« (KdoCIR)[2] – das heißt im Klartext: für die Aufstellung einer kompletten digitalen Kampftruppe mit (geplant) fast 14.000 Dienstkräften, mit eigenem Wappen, Verbandsabzeichen und Fahne – selbst ein Cyber-Marsch wurde eigens für diese Truppe komponiert,[3] die Frau von der Leyen am 5. April 2017 in Bonn in Dienst gestellt hat. Schon bislang existierte eine kleine, geheim agierende IT-Einheit in Rheinbach bei Bonn (»Computer Netzwerk Operationen«) mit etwa 70 bis 80 Soldaten, die für operative Maßnahmen zuständig ist. Diese Einheit wird nun mit weiteren IT-Einheiten der Bundeswehr, etwa dem »Kommando Strategische Aufklärung«, in der neuen Cyber-Kampftruppe verschmolzen und zentralisiert.[4] Weitere dringend benötigte IT-Fachleute versucht die Bundeswehr mithilfe großer Werbekampagnen anzuheuern.

Mit dieser digitalen Aufrüstung wird – neben Land, Luft, Wasser und Weltraum – ein fünftes Schlachtfeld, das sogenannte »Schlachtfeld der Zukunft« eröffnet und der Cyberraum – man kann auch sagen: das Internet – zum potentiellen Kriegsgebiet erklärt. Mit der Befähigung der Bundeswehr zum Cyberkrieg beteiligt sich die Bundesrepublik am globalen Wettrüsten im Cyberspace – und zwar weitgehend ohne Parlamentsbeteiligung, ohne demokratische Kontrolle, ohne rechtliche Grundlage.

Das Internet zum Kriegsgebiet erklärt

Das klingt zwar ziemlich beunruhigend, bleibt aber eher abstrakt.

---

2   Siehe: www.bundeswehr.de/de/organisation/cyber-und-informationsraum/
    kommando-und-organisation-cir/kommando-cyber-und-informationsraum

3   Cyber-Marsch der Bundeswehr komponiert von Sebastian Middel, www.you-
    tube.com/watch?v=A7GDBpOcALg

4   Kommandos im CiR: Kommando Cyber- und Informationsraum, Kommando
    Informationstechnik der Bundeswehr, Kommando Strategische Aufklärung,
    Zentrum für Geoinformationswesen der Bundeswehr.

Was hat all das mit uns zu tun? Was müssen wir befürchten? Wo sind die Betroffenen? Berechtigte Fragen, aber sie greifen zu kurz. Denn nicht alles, was wir hierzulande nicht unmittelbar spüren und erleiden, ist problem- oder harmlos. Schließlich gelten Grund- und Menschenrechte auch für Menschen in anderen Ländern, die sehr wohl betroffen sein können – ganz abgesehen vom Eskalationspotential dieser digitalen Aufrüstung, das auf uns zurückschlagen kann; und ganz abgesehen auch von ungelösten völkerrechtlichen Problemen.

Selbstverständlich ist es legitim, wenn die Bundeswehr geeignete Schutzmaßnahmen ergreift, um sich gegen Cyberattacken von außen zu wehren, die gegen ihre eigene Militär-IT gerichtet sind – angeblich sind das Zigtausende pro Tag (2016: über 47 Mio. IT-Angriffe auf die Bundeswehr).[5] Doch das Bundesverteidigungsministerium gibt sich damit nicht zufrieden. Im Gegenteil: Es erhebt den – unseres Erachtens nach rechtsstaatswidrigen – Anspruch auf kooperative Zuständigkeit der Bundeswehr für die – so wörtlich – »gesamtstaatliche Sicherheitsvorsorge« und Abwehr von Cyberangriffen. Also auch zum Schutz anderer staatlicher, kommunaler und ziviler Netzwerke im Innern des Landes, für den in Friedenszeiten jedoch ausschließlich Polizei, Geheimdienste und Justiz zuständig sind sowie speziell das Bundesamt für Sicherheit in der Informationstechnik (BSI) und das Nationale Cyber-Abwehrzentrum, in dem alle Sicherheitsorgane zusammenwirken. Bundeswehreinsätze im Innern zum Schutz nichtmilitärischer IT-Systeme vor Cyberattacken sind insoweit weder verfassungsgemäß noch erforderlich.

Bundeswehr soll Cyberwaffen entwickeln
Doch es kommt noch härter: Denn die Bundeswehr soll mit ihrer verharmlosend »Cyber- und Informationsraum« genannten Cyber-Kampftruppe nicht nur abwehren können – ihre dort beschäftigten

---

5   Stefan Krempl, Über 47 Millionen IT-Angriffe auf die Bundeswehr im Jahr 2016, 13.1.2017, www.heise.de

Cyberkämpfer sollen darüber hinaus bereits im Vorfeld in fremde IT-Systeme eindringen und diese ausforschen können sowie zu eigenen Cyberangriffen auf andere Staaten und deren Infrastruktur befähigt werden. Im Klartext: also zum Führen von Cyberkriegen – im Übrigen auch als Begleitmaßnahmen zu konventionellen Kriegseinsätzen der Bundeswehr im Ausland, etwa in Afghanistan oder Mali. So sieht es die geheime »Strategische Leitlinie Cyber-Verteidigung« des Verteidigungsministeriums (2015) vor und auch das »Weißbuch zur Sicherheitspolitik und zur Zukunft der Bundeswehr 2016«. Das bedeutet: Die Bundeswehr soll eigene Cyberwaffen entwickeln, um getarnt in fremde IT-Systeme einbrechen, diese über Sicherheitslücken, Trojaner, Viren etc. ausspähen, manipulieren, fehlsteuern, lahmlegen, schädigen oder zerstören zu können.

Lebensbedrohliche Folgen für Zivilbevölkerung

Doch selbst wenn es sich dabei nicht um eigene völkerrechtswidrige kriegerische Angriffe handelt, sondern um Cybergewalt zur Selbstverteidigung gegen Militärattacken von außen, dann wäre das zwar völkerrechtlich prinzipiell zulässig, doch höchst riskant. Warum? Weil davon nicht allein militärische Ziele betroffen wären, sondern – zumindest als »Kollateralschäden« – auch zivile Infrastrukturen. Denn auch Cyberangriffe, die nur auf militärische Ziele gerichtet sind, können rasch zum Flächenbrand führen, sobald sie sich auf kritische zivile Infrastrukturen ausbreiten, diese lahmlegen oder gar zerstören. Digitale Waffen sind in einer vernetzten Welt keineswegs Präzisionswaffen und die Streuwirkung kann immens sein. Und das mit gravierenden, ja lebensbedrohlichen Folgen für die Zivilbevölkerung, wenn die Gegenattacken etwa zu lang andauernden Ausfällen der Strom- und Wasserversorgung oder des Krankenhaus-, Gesundheits- oder Verkehrswesens führen. Dies wäre ein Verstoß gegen das Humanitäre Völkerrecht.

Zusätzlich zu solchen Auswirkungen von Cyberangriffen kommen noch weitere, kaum zu lösende Probleme und Gefahren einer Militarisierung des Internets hinzu.

Vorschnelle militärische Selbstverteidigungsschläge

Erstens besteht die große Gefahr, dass es aufgrund von Fehlinterpretationen bei der Frage, ob es sich bei einem Cyberangriff um eine kriegerische oder um eine nichtmilitärische, etwa kriminelle Attacke handelt, zu vorschnellen militärischen Selbstverteidigungsschlägen kommt – und damit zu einer gefährlichen und folgenschweren Eskalation. Derzeit ist im Völkerrecht nicht klar und verbindlich definiert, wann ein Cyberangriff als kriegerische Angriffshandlung zu gelten hat. Nach derzeit noch vorherrschender Auffassung[6] unter Völkerrechtlern liegt ein solcher Angriff jedoch nur dann vor, wenn die zerstörerischen Auswirkungen mit denen konventioneller Waffengewalt vergleichbar sind – also wenn eine solche Online-Attacke etwa Züge entgleisen, Flugzeuge abstürzen, Kraftwerke explodieren lässt und Menschen verletzt werden oder umkommen.

Doch NATO wie Bundeswehr behalten sich ausdrücklich vor, im Einzelfall zu entscheiden, ab wann es sich um einen solchen kriegerischen Angriff handelt und wie darauf reagiert wird – warum das so ist, verrät ein Oberstleutnant im Verteidigungsministerium:[7] »weil wir hier auch ein Stück weit unberechenbar bleiben wollen und müssen«. Diese Unberechenbarkeit hinsichtlich Anlass und Art eines Gegenschlags diene letztlich auch der Abschreckung, so die NATO-Philosophie. Das ist jedoch nichts anderes als pure Willkür und keineswegs vereinbar mit völkerrechtlichen Verpflichtungen zum Schutz der Zivilbevölkerung!

Gegenschlag ohne klar identifizierbaren Aggressor

Zweitens: Im Cyberkrieg gibt es keine Armeen, die sich gegenüberstehen und keine Soldaten in Uniform. Stattdessen kommen etwa Viren, Würmer oder Trojaner verdeckt und häufig auf Umwegen zum Einsatz – also Software, die keine Uniform oder Staatsabzei-

---

6   Robin Geiß, Völkerrecht im »Cyberwar«, 30.3.2015, www.ipg-journal.de

7   Oberstleutnant Matthias Mielimonka, lt. Bericht von Gertrud Maria Vaske zur Podiumsdiskussion »Cyberwar – die digitale Front – das Internet als Kriegszone« in Berlin am 25.9.2014, www.zebis.eu/veranstaltungen/archiv

chen trägt. Dabei lassen sich Datenspuren leicht manipulieren, verdecken oder anderen in die Schuhe schieben – um etwa unter falscher Flagge Konflikte zu schüren oder Kriegsgründe zu fingieren. So ist nicht nur schwer herauszufinden, ob es sich bei IT-Angriffen um zivil-kriminelle und wirtschaftliche oder um geheimdienstliche und militärische Operationen handelt. Der angegriffene Staat hat außerdem das Problem, die wahren Urheber zweifelsfrei zu identifizieren, um überhaupt rechtmäßig, angemessen und zielgenau reagieren zu können. Die Beweisführung ist in aller Regel äußerst schwierig. Der Internationale Gerichtshof verlangt jedoch eine klare Beweislage, denn es gibt kein Recht auf militärische Selbstverteidigung ins Blaue hinein oder aufgrund bloßer Indizien; ein Gegenschlag ohne klar identifizierbaren Aggressor ist jedenfalls völkerrechtswidrig.

Gefährliches Handbuch zur Cyberkriegsführung

Und drittens: Diese Probleme werden noch verschärft durch eine gefährliche Rechtsauslegung im »Tallinn Manual« – einem NATO-Handbuch zur Anwendung des Völkerrechts auf die Cyberkriegsführung (2013).[8] Zwanzig zumeist militärnahe Rechtsexperten aus NATO-Staaten, auch aus Deutschland, haben diesen Leitfaden erarbeitet. An den darin aufgelisteten 95 Regeln sollen sich alle NATO-Staaten im Fall eines Cyberkriegs orientieren – auch die Bundeswehr. Was aber ist daran so gefährlich? Drei Beispiele:

- Danach gelten selbst solche Operationen als Cyberwar-Angriffe, die bloße wirtschaftlich-finanzielle Schäden eines betroffenen Staates verursachen, wenn diese gewisse Ausmaße annehmen, etwa ein Börsencrash. Dagegen wäre dann eine militärische, auch konventionelle Selbstverteidigung mit Kriegswaffen rechtens, so der Leitfaden, was zu einer unkontrollierbaren Eskalation der Auseinandersetzungen führen könnte.
- Laut Handbuch gelten zivile Hacker (»Hacktivists«) als aktive

---

8   Wikipedia: Tallinn Manual

71

Kriegsteilnehmer, wenn sie Cyberaktionen im Verlauf kriegerischer Konflikte ausführen. Solche Zivilisten können daher militärisch angegriffen und auch getötet werden. Selbst das Suchen und Offenlegen von Schwachstellen in Computersystemen des Gegners gilt demnach als kriegerische Handlung. Auf diese Weise wird die Kampfzone praktisch auf Privatpersonen und deren Laptops ausgeweitet.

• Das NATO-Tallinn-Manual sieht zudem vor, dass ein Staat sein Recht auf Selbstverteidigung auch präventiv ausüben darf – bevor überhaupt ein digitaler Angriff stattgefunden hat. Auch hier, wie bei konventionellen Militär-Erstschlägen, besteht hohe Missbrauchs- oder Missinterpretationsgefahr.

Schwelle für militärische Gewalt unverantwortlich weit abgesenkt
Mit der Rechtsauslegung in diesem NATO-Dokument werden die hohen völkerrechtlichen Eingriffsschwellen für bewaffnete Gewaltanwendungen zwischen Staaten unverantwortlich weit herabgesenkt sowie die restriktiven Kriterien des Selbstverteidigungsrechts aufgeweicht. Das gefährdet die Zivilbevölkerungen und die internationale Sicherheit in erheblichem Maße. Was einflussreiche, zumeist militärnahe Völkerrechtler da an Regeln für die NATO zusammengestellt haben, ist geeignet, die Grenzen zwischen innerer und äußerer Sicherheit, zwischen Zivilem und Militärischem, zwischen Krieg und Frieden, zwischen Angriff und Defensive zu verwischen – und eine schwere Datenattacke blitzartig in einen echten Krieg mit Raketen, Bomben und Granaten eskalieren zu lassen.

All dies bedeutet: Mit der Aufrüstung der Bundeswehr zum Cyberkrieg steigen Eskalationspotentiale, Kriegsbereitschaft und Kriegsgefahr – und davor schützt auch die obligatorische Zustimmung des Bundestags zu Militäreinsätzen im Einzelfall nur bedingt. Denn das Cyberkonzept der Verteidigungsministerin für die Bundeswehr ist letztlich demokratisch kaum zu kontrollieren. Wobei die längst zur Interventionsarmee umgebaute Truppe ohnehin schwer kontrollierbar und skandalträchtig ist.

Steigende Kriegsbereitschaft und Kriegsgefahr
Wir vergeben unsere Negativpreise zwar für böse Pläne und Taten,
aber wir geben unsere Preisträger:innen nicht verloren und verleihen den Preis gerne auch auf Bewährung. Voraussetzung dafür
wäre, dass Sie, Frau Verteidigungsministerin, von der digitalen
Aufrüstung abrücken, auf offensive Cyberwaffen für die Bundeswehr verzichten und eine ausschließlich defensive Cybersicher-
heitsstrategie verfolgen, um die Zivilbevölkerung effektiv zu schützen – flankiert von vertrauensbildenden Maßnahmen im Rahmen
einer friedensorientierten Außenpolitik und Diplomatie (Stichwort:
»Cyberpeace«). Wir fordern darüber hinaus eine weltweite Cyber-
abrüstung sowie eine völkerrechtliche Ächtung von Cyberspionage
und Cyberwaffen. Und wir fordern die Schaffung einer unabhängigen Instanz der UNO zur Untersuchung zwischenstaatlicher Cyberattacken und deren angemessener Abwehr.

Frieden und Verständigung statt Angriff und Cyberkrieg
Doch Sie, Frau von der Leyen, haben offenbar anderes zu tun. Sie
suchen stattdessen, so wörtlich, »händeringend Nerds«: »Hacker,
IT-Programmierer, IT-Sicherheitsfachleute, Penetrationstester, Sys-
temadministratoren oder IT-Entwickler«. Der Bedarf der Bundeswehr liege bei rund 800 IT-Administratoren und 700 IT-Soldaten,
also Cyberkämpferinnen und -kämpfern pro Jahr. Flächendeckend
und großflächig wirbt die Bundeswehr auf Bahnhöfen, in Unis und
Medien um Fachpersonal und Quereinsteiger für den Waffendienst
am PC; auch zivile Experten aus Wirtschaft, Verbänden und NGOs
werden für eine schlagkräftige »Cyber-Reserve« geworben.[9] In An-
lehnung an den Kriegsslogan Ihres Vorvorgängers Peter Struck
– »Die Sicherheit der Bundesrepublik Deutschland wird auch am

---

9   Reservist im Cyber- und Informationsraum, www.bundeswehr.de/de/ueber-
    die-bundeswehr/die-reserve-der-bundeswehr/reservist-werden-in-der-bun-
    deswehr-/reservist-im-cyber-und-informationsraum; Cyber-Reserve: Bun-
    deswehr öffnet sich für IT-Community, Meldung des Bundesministeriums der
    Verteidigung vom 20.3.2017, www.bmvg.de

Hindukusch verteidigt« – werben Sie nun mit dem Sinnspruch: »Deutschlands Freiheit wird auch im Cyberraum verteidigt. Mach, was wirklich zählt…«. Das klingt spannend und womöglich auch verlockend.

Ob Sie, Frau Ministerin und ihre Werberkolonnen schon mal beim ChaosComputerClub oder bei Digitalcourage vorbeigeschaut haben? Auch heute hier im Saal sitzen wohl reihenweise technikaffine und -kundige Menschen, die genau in Ihr Beuteschema passen. Darum hoffen wir sehr, dass diese Laudatio und unsere Preisvergabe solche Menschen dazu ermutigen, ihre Fähigkeiten für Frieden und Verständigung im Internet einzusetzen, statt für digitale Angriffe und Cyberkrieg auf dem »Schlachtfeld der Zukunft«!

Herzlichen Glückwunsch zum Negativpreis *BigBrotherAward* 2017, Frau Bundesverteidigungsministerin und Oberbefehlshaberin der Bundeswehr.

Publikumspreis

Auch 2017 wurde am Ende der *BigBrotherAwards*-Gala das Publikum in der Hechelei gefragt, welcher Preis besonders »beeindruckt, erstaunt, erschüttert, empört, …« hat. Der *BigBrotherAward* 2017 von Rolf Gössner für Bundeswehr und Bundesverteidigungsministerin Ursula von der Leyen hat den Publikumspreis bei der Verleihungsgala gewonnen. Folgende Kommentare fanden sich auf den Abstimmungskarten (Auswahl):

»Die Demokratie wird ausgehöhlt und der Frieden leichtfertig gefährdet.« »Das aggressive Potential von KdoCIR und die mangelnde demokratische Kontrolle machen die Bundeswehr besonders preiswürdig.« »Weil es die Kriegsgefahr für uns alle auf dem Planeten erhöht.« »Menschenrechte und Datenschutz gehören zusammen (in allen Kategorien). Die Laudatio hat das sehr gut begründet.« »Weil daraus innerhalb kürzester Zeit tödlicher Ernst werden könnte.«

Updates: Wie es weiter ging
von Claudia Fischer[10]

Keine Reaktion aus Bonn oder Berlin

Das Bundesverteidigungsministerium hat unsere Preisvergabe nicht kommentiert – weder uns gegenüber, noch haben wir in Presseberichten eine Reaktion lesen können. »Es ist die übliche, unsouveräne und Kritik missachtende Nichtreaktion, wie wir sie von staatlichen Sicherheitsorganen in Bund und Ländern sowie von ihrer politischen Führung bei *BigBrotherAward*-Verleihungen in den vergangenen 18 Jahren leider gewohnt sind«, sagt Rolf Gössner, der seit Beginn der deutschen *BigBrotherAwards* dabei ist und die meisten der Politik- und Behörden-Preise laudatiert hat. Die gute Nachricht: Rolf Gössners Laudatio wurde mehrfach in verschiedenen Zeitschriften und Online-Medien veröffentlicht und wird innerhalb der Antikriegs- und Friedensbewegung diskutiert.

Planungen / Personalwechsel

Auch 2020 fordern die Bundeswehr und andere Militärs offensive Cyberbefugnisse und preisen den angeblichen Nutzen eigener Hacking-Operationen.[11] Ab 2021 soll der Cyberkommando-Bereich der Bundeswehr vollkommen einsatzbereit sein, so der Plan.[12]

Ursula von der Leyen (CDU) ist seit 2019 Präsidentin der Europäischen Kommission. Nachfolgerin als Bundesverteidigungsministerin ist Annegret Kramp-Karrenbauer (CDU).

---

10 Aus: Claudia Fischer, Wie es weiter ging, in: padeluun / Rena Tangens (Hg.), digitalcourage für das Jahr 2018, Bielefeld 2018, S. 99 (1. Absatz)

11 Matthias Schulze, Militärische Cyber-Operationen. Staatliches Hacking entscheidet keinen Krieg, netzpolitik.org, 9.8.2020

12 Siehe: www.bundeswehr.de/de/organisation/cyber-und-informationsraum/ kommando-und-organisation-cir

2016

Inlandsgeheimdienst als unkontrollierbare Datenkrake

BigBrother-Lifetime-Award
für den »Verfassungsschutz« in Bund und Ländern

Der *BigBrotherAward* 2016 in der Kategorie »Lifetime«, also für das Lebenswerk, geht an den Inlandsgeheimdienst »Verfassungsschutz« (VS), genauer: an das Bundesamt für Verfassungsschutz (BfV), vertreten durch dessen (damaligen) Präsidenten Dr. Hans-Georg Maaßen, sowie an »Verfassungsschutzbehörden« einzelner Bundesländer und deren Amtsleiter:innen.

Frage: Wie oft ist wohl seit Bestehen des *BigBrotherAwards* der »Verfassungsschutz« mit dem Negativpreis ausgezeichnet worden? Gefühlte zwei- bis dreimal? Falsch! Dieser Geheimdienst ist bisher erstaunlicherweise völlig ungeschoren davon gekommen. Wir konnten es selbst kaum glauben, hat er doch schon mehr als genug verbrochen, vergurkt und vertuscht. Deshalb ist endlich – und zwar rechtzeitig zum Eintritt ins Pensionsalter – ein Lifetime-Award fällig für eine 65-jährige Geschichte, die vielfach von Skandalen und Machtmissbrauch, Datenschutz- und Bürgerrechtsverletzungen handelt – selbstverständlich immer im Namen von Sicherheit und Freiheit, Verfassung und Demokratie.

Seine möglichen positiven Leistungen und Erfolge müssen heute – schon aus Geheimhaltungsgründen und mangels Nachweisbarkeit – leider außen vor bleiben; außerdem die Tatsache, dass es unter den VS-Behörden durchaus qualitative Unterschiede

und ehrlich bemühte »Verfassungsschützer« gibt. Heute geht es jedoch um die alles überragenden auszeichnungswürdigen Negativ-
verdienste unserer Preisträger, die sich vorab kurz so skizzieren
lassen:

Der »Verfassungsschutz« ist

- ein im Kalten Krieg geprägter, antikommunistischer, skandalge-
  neigter und intransparenter Inlandsgeheimdienst,
- der seine eigenen altnazistischen Anfänge, die ihn so nachhaltig
  prägten, allzu lange verdrängt hat,
- der – vielleicht auch gerade deshalb? – im Kampf gegen Nazismus und Rassismus weitgehend versagt,
- der sich mit seinem unkontrollierbaren V-Leute-System heillos
  in kriminelle Machenschaften und Naziszenen verstrickt,
- der es seit Jahren sträflich unterlässt, Bevölkerung, Firmen und
  Bundesregierung vor Spionageattacken etwa des US-Geheimdienstes NSA zu schützen, obwohl er gesetzlich dazu verpflichtet
  ist,
- der ein skrupelloses Vertuschungssystem betreibt, wichtige Beweismittel und brisante Akten geschreddert hat, und so jede parlamentarische Kontrolle torpediert,
- der insgesamt eine ellenlange Skandalgeschichte aufzuweisen
  hat und immer wieder Bürger-, Persönlichkeits- und Daten-
  schutzrechte verletzt,
- und der damit letztlich Verfassung, Demokratie und Rechtsstaat gefährdet und schädigt, anstatt sie auftragsgemäß zu
  schützen.

Schon angesichts dieser Übersicht drängt sich die Frage auf, welche Werbefirma wohl auf die glorreiche Idee kam, diese Institution
ausgerechnet »Verfassungsschutz« zu nennen. Was verbirgt sich in
Wirklichkeit hinter diesem wohlklingenden Namen? Ein Teil meiner Antworten würde die Bevölkerung, würde Sie, liebes Publikum,
verunsichern. Doch anders als (der damalige) Bundesinnenminister de Maizière bei anderer Gelegenheit möchte ich das Geheimnis
heute lüften: Hinter dem irreführenden Tarnnamen »Verfassungs-

schutz« steckt ein ideologisch geprägter Regierungsgeheimdienst mit geheimen Mitteln und Methoden wie V-Leuten, Verdeckten Ermittlern, Lockspitzeln, Lausch- und Spähangriffen und der Lizenz zur Infiltration, Täuschung und Desinformation – Mittel und Methoden, die gemeinhin als »anrüchig« gelten und die sich rechtsstaatlicher Kontrolle weitgehend entziehen. Letztlich endet hier der demokratische Sektor – und genau das ist der Kern allen Übels.

Beispiele für geheimdienstlichen Datenumgang
Um zu veranschaulichen, wozu Geheimdienstarbeit führen kann, sei etwa an Murat Kurnaz erinnert, der unter anderem aufgrund von »Verfassungsschutz«-Informationen als angebliches »Sicherheitsrisiko« über vier Jahre lang im US-Foltercamp Guantánamo ein wahres Martyrium erleiden musste.[1] Und – Szenenwechsel – ich zitiere mal aus VS-Akten, die anlässlich von geheimdienstlichen Sicherheitsüberprüfungsverfahren zustande kamen:[2] »Als besonderes Hobby sei erwähnt, dass er früher ein Karl-May-Leser war.« – »Sie raucht stark (sogar Tiparillos).« – »Er ist ein grundsolider, fast langweiliger Mensch, eher der Prototyp eines Beamten.« – »Hat zwei Kinder, davon eine unerwünschte Tochter.« – »Körperlich etwas anfällig mit leichtem Hang zur Wehleidigkeit. Die jüngere Tochter ist unehelich geboren. Der Vater ist ein Taugenichts. Kleidet sich zwar kontrastreich und manchmal zu jung, kauft aber stets preiswerte Kleidung.«

Was sich da wie Auszüge aus perfiden IM-Berichten der Stasi liest, stammt in Wahrheit aus Personendossiers des niedersächsischen »Verfassungsschutzes« aus den 1990er Jahren. Entstanden sind sie im Rahmen von Sicherheitsüberprüfungen in niedersächsischen Betrieben. Was sich nach lapidaren Privat-Marotten anhört, interessierte den Geheimdienst deshalb so brennend, weil er daraus

---

1   Dazu: Rolf Gössner, Menschenrechte in Zeiten des Terrors, Hamburg 2007, S. 231 ff.

2   Ausführlich m. w. N. (mit weiteren Nachweisen): Gössner, Menschenrechte in Zeiten des Terrors, a. a. O., S. 76 ff. (81 f.)

möglicherweise auf Unzuverlässigkeit und potentielle Erpressbar-
keit der zu überprüfenden Personen schließen kann – etwa im Fall
von Hinweisen auf Verschwendungssucht, Schulden, Liebschaften,
sexuelle Normabweichungen oder aber bei »Zweifeln am Bekennt-
nis zur freiheitlich demokratischen Grundordnung«. Solche stigma-
tisierenden Hinweise aus der Privat- und Intimsphäre können ausreichen, um zu einem personellen »Sicherheitsrisiko« deklariert zu
werden.[3] Selbst »sicherheitserhebliche Erkenntnisse« über Lebens-
partner:innen machen überprüfte Personen zu Sicherheitsrisiken.
Nichteinstellungen oder Kündigungen können dann die Folgen
sein.

Zur Lebensgeschichte des »Verfassungsschutzes«

Wir kommen nicht umhin, bei einem *Lifetime-Award* auch die Le-
bensgeschichte des Preisträgers wenigstens kurz Revue passieren zu
lassen:[4] Gegründet 1950, aufgebaut und geprägt von etlichen Altna-
zis, maßgeblich beteiligt an exzessiver Kommunistenverfolgung in
den 1950er/60er Jahren, an einschüchternder Berufsverbote-Politik
in den 1970er/80er Jahren, indirekt auch an Waffenbeschaffungen
für militante Gruppen. Weiterhin bietet seine Vita: geheime Ausforschungen politisch-sozialer Bewegungen, staats- und gesellschafts-
kritischer Gruppen und Personen, systematische Sammlung persönlicher Daten über politisch »verdächtige« Gewerkschafter und
Atomkraftgegner, über Abgeordnete und Journalisten, Anwälte und
Bürgerrechtler – ohne große Rücksicht auf Meinungs-, Berufs- und
Pressefreiheit, ohne Rücksicht auf Mandatsgeheimnis und Informantenschutz.

---

3   Anfang 2015 waren von Bund und Ländern im Nachrichtendienstlichen
    Informationssystem (NADIS) 1.807.023 personenbezogene Eintragungen
    enthalten, davon 1.376.123 Eintragungen aufgrund von Sicherheitsüberprü-
    fungen oder Zuverlässigkeitsüberprüfungen. Vgl. u. a. Wikipeda: Nachrich-
    tendienstliches Informationssystem

4   Vgl. dazu auch: Rolf Gössner, Der »Verfassungsschutz« – Relikt des Kalten
    Krieges, in: Cornelia Kerth / Martin Kutscha (Hg.), Was heißt hier eigentlich
    Verfassungsschutz? Ein Geheimdienst und seine Praxis, Köln 2020, S. 9–43.

Erinnert sei auch an skandalöse Sicherheitsüberprüfungen, illegale Telefonabhöraktionen (z. B. Fall Traube), die Manipulationen
und Vertuschungen im Mordfall Schmücker bis hin zu jenem fingierten Bombenattentat, das als »Celler Loch« in die bundesdeutsche Skandalgeschichte einging. Wir blicken auf eine Chronik ohne
Ende, die 2003 mit der V-Mann-Affäre im Verbotsverfahren gegen
die NPD nur einen vorläufigen Höhepunkt fand. Diese Affäre führte
zum Scheitern des NPD-Verbots – nicht aus inhaltlich-verfassungs-
rechtlichen Gründen, sondern weil zu viele V-Leute an führenden
Stellen die Parteipolitik mitbestimmt und rassistisch geprägt hatten.
Der Berliner Landesvorstand der NPD soll so stark unterwandert
gewesen sein, dass der »Verfassungsschutz« mit seinen V-Leuten
einen Beschluss hätte herbeiführen können, die NPD in Berlin auf-
zulösen. Wäre jedenfalls einfacher gewesen als ein kompliziertes
Verbotsverfahren, wie es vor dem Bundesverfassungsgericht ein
zweites Mal anhängig ist (und später, im Jahr 2017, abermals schei-
terte: Das Gericht beurteilte die NPD zwar als verfassungsfeindlich,
angesichts ihrer politischen Bedeutungslosigkeit sei aber ein Verbot
der Partei nicht gerechtfertigt).[5]

Heillos verstrickt in Naziszenen und rechtsextreme Parteien

Aber es kommt noch weit schlimmer:

- Seit Beginn der 1990er Jahre spannte der »Verfassungsschutz«
  in Naziszenen ein regelrechtes Netzwerk aus bezahlten V-Leuten – was den Kabarettisten Jürgen Becker zu dem bösen Scherz
  verleitete: Bei Naziaufmärschen sei er sich oft nicht mehr ganz
  so sicher, ob es sich um echte Nazis handelt oder um einen »Be-
  triebsausflug des Verfassungsschutzes«.

- Der »Verfassungsschutz« war in den 1990er Jahren aktiv an Aufbau und Betrieb des rechtsextremen Thule-Netzes beteiligt. Thu-
  le diente der Vernetzung, Kommunikation und Koordination

---

5   Leitsätze zum Urteil des Zweiten Senats vom 17. Januar 2017 – 2 BvB 1/13,
    www.bundesverfassungsgericht.de

von Nazis im ganzen Bundesgebiet. Einer der Hauptbetreiber war V-Mann des bayerischen »Verfassungsschutzes«, der eigens in die Naziszene eingeschleust wurde, monatlich 800 DM erhalten haben soll sowie Auslagen für Technik und Betrieb. Insgesamt sollen für diese Nazi-Aufbau- und Vernetzungsarbeit mehr als 150.000 DM Steuergelder geflossen sein.[6]

- In den letzten Jahren (vor 2017) mussten wir erkennen, wie sich der »Verfassungsschutz«, insbesondere in Thüringen, mit seinem V-Leute-System heillos in mörderische Naziszenen verstrickt hat. Trotz – oder muss man sagen: wegen? – seiner zahlreichen V-Leute im Umfeld des NSU konnte dessen rassistische Mordserie über Jahre hinweg weder verhindert noch aufgedeckt werden.

- Erschreckend ist, dass der »Verfassungsschutz« (VS) seine kriminellen V-Leute oder in Verdacht geratenen V-Mann-Führer oft genug deckt und systematisch gegen polizeiliche Ermittlungen abschirmt, um sie vor Enttarnung zu schützen (»Quellenschutz«) und weiter abschöpfen zu können – anstatt sie sofort abzuschalten. Das ist Strafvereitelung im Amt oder psychische Unterstützung und Beihilfe zu Straftaten – doch die VS-Verantwortlichen sind dafür nie zur Rechenschaft gezogen worden, selbst wenn Unbeteiligte schwer geschädigt wurden.

- Die parlamentarischen Kontrollausschüsse hatten bei ihren Aufklärungsversuchen mit massiven Informationsblockaden und Urkundenunterdrückungen zu kämpfen – erinnert sei nur an die Aktenschredderaktion im Bundesamt für VS kurz nach Bekanntwerden der NSU-Mordserie oder im Berliner »Verfassungsschutz«. Die Kontrolleure blickten in unglaubliche Abgründe einer organisierten Verantwortungslosigkeit; entsprechend vernichtend fällt parteiübergreifend ihr Urteil aus: »historisch beispielloses Staats- und Behördenversagen«.

- Zusammenfassend kann man sagen: Der »Verfassungsschutz«

---

6   Süddeutsche Zeitung, 15.11.2012

hat über seine bezahlten und auch kriminellen Spitzel Naziszenen mitfinanziert, rassistisch geprägt, nicht selten gegen
polizeiliche Ermittlungen geschützt und gestärkt, anstatt sie zu
schwächen. Auf diese Weise ist er selbst Teil des Naziproblems
geworden.[7] Auf der Anklagebank des Oberlandesgerichts München hätten jedenfalls weit mehr Angeklagte sitzen müssen als
Zschäpe, Wohlleben & Co.: Es fehlten so manche involvierte
V-Leute, deren V-Mann-Führer und alle für Versagen und Vertuschen Verantwortlichen aus Sicherheitsbehörden und -politik.

»Befangenheit« des Laudators und
das VS-Geheimhaltungs- und Vertuschungssystem

Spätestens an dieser Stelle sollte ich bekennen, dass ich als Laudator
möglicherweise »befangen« bin, was den Preisträger »Verfassungsschutz«, speziell das Bundesamt für Verfassungsschutz anbelangt.
Warum? Weil mich dieses unter anderem just wegen meiner Kritik
am »Verfassungsschutz« vier Jahrzehnte lang ununterbrochen geheimdienstlich überwacht und ausgeforscht hat – wie einen Staats-
und Verfassungsfeind, in allen meinen beruflichen Funktionen als
Anwalt, Publizist und Bürgerrechtsaktivist, später als Präsident der
Internationalen Liga für Menschenrechte sowie als stellvertretender
Richter am Staatsgerichtshof der Freien Hansestadt Bremen. Unter
diesen Überwachungsbedingungen war an geschützte berufliche
Vertrauensverhältnisse, an Mandatsgeheimnis oder Informantenschutz nicht mehr zu denken. Einer der abstrusen Vorwürfe des
Bundesamts für »Verfassungsschutz« lautet: Ich würde mit meiner
öffentlichen Kritik an Sicherheitsbehörden und -politik die bundesdeutschen Sicherheitsorgane diffamieren und wolle den Staat wehrlos machen gegen seine inneren Feinde.

Gegen diese inquisitorische Gesinnungsschnüffelei habe ich
2005 geklagt wegen massiver Verletzung meiner Grundrechte auf

---

7   Ausführlich dazu: Rolf Gössner, Geheime Informanten. V-Leute des Verfas-
     sungsschutzes: Neonazis im Dienst des Staates, München 2003; aktual. Neu-
     auflage als e-book 2012 bei Knaur, München

Meinungs-, Presse- und Berufsfreiheit sowie auf Informationelle Selbstbestimmung. Nach einem über fünfjährigen Prozess, in dessen Verlauf der VS die Beobachtung einstellte, erklärte das Verwaltungsgericht Köln Anfang 2011 die rekordverdächtige Dauerüberwachung tatsächlich von Anfang an für grundrechtswidrig.[8] Nach weiteren fast fünf Jahren hat Ende 2015 das Oberverwaltungsgericht NRW die Berufung der Bundesregierung gegen dieses Urteil zugelassen.[9]

Nachtrag (Stand: Ende 2020): Im Berufungsverfahren erklärte das Oberverwaltungsgericht NRW im Frühjahr 2018 meine fast 40-jährige geheimdienstliche Überwachung ebenfalls von Anfang an für grundrechtswidrig. Gegen dieses Urteil legte die Bundesregierung Revision beim Bundesverwaltungsgericht in Leipzig ein. Am 14. Dezember 2020 hat dieses Gericht dann entschieden, die Revision zurückzuweisen. Damit ist der Fall nach 15 Verfahrensjahren erfolgreich und rechtskräftig abgeschlossen. Das Urteil des OVG NRW wird damit vollumfänglich bestätigt: Die vier Jahrzehnte lange Dauerüberwachung war von Anfang an unverhältnismäßig und grundrechtswidrig.[10]

Meine Laudatio auf den »Verfassungsschutz« dürfte das Zeug haben, mein Sündenregister beim Bundesamt für VS wieder gehörig anzureichern. Dabei gibt es schon eine weit über 2.000 Seiten umfassende Personenakte, die das Bundesamt in all den Jahrzehnten über mich angelegt hatte. Und die musste im Prozess vorgelegt wer-

---

8   Ein bespitzeltes Leben: Rolf Gössner über vier Jahrzehnte unter Dauerüberwachung. Campact-Interview von Katharina Nocun, 11.12.2014, www.campact. de; außerdem: Achtunddreißig Jahre überwacht. Ein Gespräch mit dem Bremer Juristen Rolf Gössner, den der Verfassungsschutz seit 1970 bespitzelt hat. Von Vera Gaserow, Die Zeit, 9.2.2012, www.zeit.de

9   Verfassungsschutz gegen Bürgerrechtler Rolf Gössner. Pressemitteilung von Rechtsanwalt Dr. Udo Kauß, 4.11.2015, www.digitalcourage.de

10   Klaus Wolschner, Zu Unrecht bespitzelt: Verfassungsschutzkritiker Gössner rehabilitiert, taz, 18.12.2020; Markus Bernhardt, Sieg gegen Inlandsgeheimdienst, junge Welt, 18.12.2020

Auszug (Bl. 1629 – 1938)

aus der

Personenakte Dr. Rolf GÖSSNER

- geschwärzte Fassung -

den – doch siehe da, die Akte ist dank einer umfangreichen Sperrerklärung des Bundesinnenministeriums aus Geheimhaltungsgründen zu rund 80 Prozent unlesbar: Entnommene und aufwändig von Hand geschwärzte Seiten (s. o.) dominieren die Akte – eine ziemlich eigenwillige Auffassung von Datenschutz. Gegen diese Aktenverweigerung hatte ich ein Parallelverfahren vor dem Bundesverwaltungsgericht angestrengt – ein sogenanntes In-Camera-Verfahren, auf das ich als Kläger – anders als das beklagte Bundesamt – keinerlei Einfluss hatte, denn es handelt sich um eine Art Geheimprozess. Entsprechend fiel das Urteil aus: Alle gesperrten Aktenteile müssen geheim bleiben – aus Gründen des »Staatswohls«, der »Ausforschungsgefahr« und des »Quellenschutzes«.[11] Denn würde etwa bekannt, welche VS-Spitzel mich ausgeforscht und denunziert haben, wären diese an Leib und Leben gefährdet, so die fürsorgliche Begründung!

Und genau deshalb fühle ich mich als Laudator in Sachen »Verfassungsschutz« doch nicht »befangen«, sondern eher auf fast schon intime Weise vertraut, weil ich gerade aus eigener Betroffenheit, Anschauung und aufgrund einschlägiger Recherchen weiß, wie dieser Geheimdienst tickt und arbeitet.

---

11 Rolf Gössner, Rechtsstaatswidrige Dauerüberwachung. Vier Jahrzehnte unter geheimdienstlicher Beobachtung des Verfassungsschutzes, Ossietzky – Zweiwochenschrift für Politik/Kultur/Wirtschaft, Nr. 22 vom 30.10.2010 (auch unter www.rolf-goessner.de)

So jedenfalls sieht Rechtsstaat aus, wenn es um Geheimdienste geht: Das Geheimhaltungssystem des »Verfassungsschutzes« zum Schutz seiner Informanten, V-Leute und Praktiken geht über alles – womöglich gar über die Verhütung und Aufklärung von Verbrechen, wie der Fall Andreas Temme alias »Klein Adolf« zeigt: Der V-Mann-Führer des hessischen »Verfassungsschutzes« war während eines NSU-Mordes in Kassel am Tatort, anschließend wurde der Verdächtige gegen Ermittlungen der Polizei rigoros abgeschirmt und die Akten bleiben jahrzehntelang gesperrt. Dieses Verdunkelungssystem frisst sich weit hinein in Justiz und Parlamente, die Geheimdienste kontrollieren sollen – und zumeist daran scheitern. Die reguläre parlamentarische Kontrolle erfolgt ihrerseits geheim – und damit wenig demokratisch. Und Gerichtsprozesse, in denen etwa V-Leute eine Rolle spielen, werden zu Geheimverfahren, in denen Akten manipuliert, Zeugen gesperrt werden oder nur mit beschränkten Aussagegenehmigungen auftreten dürfen.

Man muss es so klar und deutlich sagen: Gerade in seiner Ausprägung als Geheimdienst ist der »Verfassungsschutz« Fremdkörper in der Demokratie. Warum? Weil er selbst demokratischen Grundprinzipien der Transparenz und Kontrollierbarkeit widerspricht und deshalb auch in einer Demokratie zu Verselbständigung und Machtmissbrauch neigt – letztlich zum Staat im Staate. Strenggenommen also ein Fall für den »Verfassungsschutz«, der sich wegen Demokratiedefizits selbst beobachten müsste.

Statt ernsthafter Konsequenzen: gestärkt aus dem Desaster

Statt nun ernsthafte gesetzgeberische und strukturelle Konsequenzen aus dieser skandalreichen Karriere und den vielfältigen Desastern zu ziehen, wird unser Negativpreisträger über Haushaltszuwendungen und Gesetzesnovellen auch noch weiter personell, finanziell und technologisch aufgerüstet, immer stärker zentralisiert und mit der Polizei vernetzt. Er darf sich inzwischen auch ganz legal krimineller V-Leute bedienen; und er soll künftig soziale Netzwerke wie Facebook, Twitter & Co. anlasslos ausforschen dürfen.

Das ist technisch möglich, weil der »Verfassungsschutz« bereits
2013 vom US-Geheimdienst NSA eine Testversion der berüchtigten
Spionagesoftware *XKeyscore* bekam, mit der die Überwachung und
Auswertung des Telefon-, E-Mail- und Internetverkehrs in großem
Stil möglich wird. Als Gegenleistung versprach er dem Großen Bruder NSA mit *XKeyscore* ausgewertete Meta- und Überwachungsdaten aus Deutschland – Daten, die zu Bewegungs-, Kontakt- und
Verhaltensprofilen der betroffenen Nutzer verdichtet werden können. Dieser Handel *Daten gegen Software* wurde jenseits jeglicher
parlamentarischer Kontrolle eingefädelt und abgewickelt.[12]

Die geheimen Pläne zur systematischen Überwachung sozialer
Netzwerke, die nach und nach umgesetzt werden sollen, enthüllte
2015 das Internet-Magazin netzpolitik.org.[13] Daraufhin überzog der
Generalbundesanwalt die verantwortlichen Journalisten mit strafrechtlichen Ermittlungen wegen angeblichen »Landesverrats« – veranlasst durch eine Strafanzeige des BfV-Präsidenten Hans-Georg
Maaßen, den es wurmte, dass seine prekären Aufrüstungsmaßnahmen nun der demokratischen Öffentlichkeit bekannt wurden.
Nach heftigen öffentlichen Protesten gegen diesen Angriff auf die
Pressefreiheit mussten die Ermittlungsverfahren wieder eingestellt
werden und Generalbundesanwalt Harald Range musste seinen Hut
nehmen.[14] Die Anstiftung durch Herrn Maaßen blieb seinerzeit fol-
genlos.

Sozialverträgliche Auflösung
im Interesse von Demokratie und Bürgerrechten

Die skizzierte Aufrüstungsreform des »Verfassungsschutzes«, die

---

12 Die Zeit, Nr. 35/2015 v. 26.8.2015; netzpolitik.org, 16.2.2016

13 Verfassungsschutz arbeitet an »Massendatenauswertung von Internetinhal-
ten«, netzpolitik.org, 25.2.2015; Wir enthüllen die neue Verfassungsschutz-
Einheit zum Ausbau der Internet-Überwachung, netzpolitik.org, 15.4.2015

14 Steffi Dobmeier / Sybille Klormann, Alles Wichtige zu den Landesverrat-Er-
mittlungen, Zeit online, 3./10.8.2015; Maas und Range bleiben widersprüchlich, Zeit online, 19.8.2015

auch danach weiterging, wird dem fundamentalen Problem von Geheimdiensten in einer Demokratie keineswegs gerecht. Denn mit den erweiterten technologischen Möglichkeiten des digitalen Zeitalters werden diese demokratiewidrigen Geheimsysteme befähigt, Gesellschaft und Demokratie auf immer aggressivere Weise zu durchdringen und zu unterminieren. Da keine Reform des »Verfassungsschutzes« das Problem von Geheimdiensten in einer Demokratie lösen kann, solange sie die Geheimsubstanz und das unkontrollierbare V-Leute-Unwesen unangetastet lässt, besteht die einzig funktionierende demokratische Kontrolle von Geheimdiensten darin, diesen undurchsichtigen und übergriffigen Überwachungs- und Datenkraken das klandestine Handwerk zu legen.

Namhafte Bürgerrechtsorganisationen wie die Humanistische Union, die Internationale Liga für Menschenrechte und Digitalcourage fordern in einem Memorandum (2013) folgerichtig eine sozialverträgliche Auflösung des »Verfassungsschutzes« als Geheimdienst[15] – eine Forderung, der nicht etwa das Grundgesetz entgegensteht, denn danach muss der »Verfassungsschutz« keineswegs als Geheimdienst ausgestaltet sein. Im Fall von Gewaltorientierung, konkreten Gefahren und Straftaten sind ohnehin Polizei und Justiz zuständig.

Zum Abschluss noch ein entlarvendes Zitat, das zeigt, mit welch zwielichtigen Verheißungen das Bundesamt für Verfassungsschutz auf Personalfang geht, um die Nachrüstungsreform zu bewältigen: Beim »Verfassungsschutz« kann man all das machen, »was man schon immer machen wollte – aber man ist straflos, (...)« So warb im Herbst 2015 der selbsternannte »Dienstleister für Demokratie«, Hans-Georg Maaßen, im MDR um neues Personal mit eher wenig

---

15 Humanistische Union / Internationale Liga für Menschenrechte / Bundesarbeitskreis Kritischer Juragruppen, »Brauchen wir den Verfassungsschutz? Nein!« Gemeinsames Memorandum, erarbeitet von Dr. Rolf Gössner, Johann-Albrecht Haupt, Dr. Udo Kauß, Dr. Till Müller-Heidelberg und Thomas von Zabern, Berlin 2013.

Skrupeln.[16] Als Beispiel nannte er »Telekommunikationsüberwachung« – oder, so könnte man ergänzen: bespitzeln, unterwandern,
täuschen und vertuschen; alles straflos und unkontrollierbar.

Wir raten dem »Verfassungsschutz« stattdessen dringend zum
Einstieg in den unverdienten Ruhestand – im Interesse von Bür-
gerrechten, Demokratie und Verfassung. Einstweilen herzlichen
Glückwunsch zum *BigBrotherAward* 2016.

Publikumspreis

Das Ergebnis der Publikumswahl unter den *BigBrotherAwards* 2016
nach der Verleihungsgala ist auffallend deutlich. Haushoch gewonnen hat die Laudatio von Rolf Gössner auf das Lebenswerk des »Verfassungsschutzes«. Kommentare aus dem Publikum (Auswahl): »Ein
wahrhaft demokratischer Staat, der die Grund- und Menschenrechte
achtet, darf sich einen solchen Apparat nicht leisten.« »Wer schützt
uns vor dem Verfassungsschutz?« »Sehr gute Laudatio«, »Verfassungsschutz unverzüglich auflösen. Jedem/r V-Mann/V-Frau einen
BigBrotherAward überreichen.« »Zehn (bekannt gewordene) Morde
sind genug!« – »Endlich! So viele Gründe seit Jahrzehnten!«

Updates

Die »Verfassungsschutz«-Gesetze in Bund und Ländern werden immer wieder – fast nach jedem bekannt werdenden Skandal – novelliert und dabei zumeist auch verschärft. Immer wieder gibt es
Forderungen und auch entsprechende Gesetzesinitiativen, dem VS
– wie schon der Polizei – auch den Einsatz von Staatstrojanern und
die Quellen-TKÜ zu erlauben und ihn insgesamt massenüberwa-

---

16   MDR INFO, 10.12.2015; Bei uns dürfen Sie die Sau rauslassen, Spiegel Online,
     11.12.2015; Audioausschnitt unter youtu.be/ExP5CzHNPPc

chungstauglicher zu machen (wie auch die anderen Bundesgeheimdienste BND und MAD).[17]

Im Zuge meiner eigenen Überwachungserfahrung mit dem
»Verfassungsschutz« und der öffentlichen Diskussion um den ehe-
maligen Präsidenten des Bundesamts für Verfassungsschutz, Hans-
Georg Maaßen, habe ich verschiedene Artikel veröffentlicht. Hier
eine Auswahl als Hintergrundinformation mit weiterführenden
Quellenhinweisen:

1.) Rolf Gössner: Disput im Hochsicherheitsbereich[18]

Wir Autoren eines Memorandums zur Auflösung des »Verfassungsschutzes« (»Brauchen wir den Verfassungsschutz? Nein!«, Berlin
2013) wollten den damaligen Präsidenten des Bundesamts für Verfassungsschutz, Hans-Georg Maaßen, mit unseren Erkenntnissen
und Forderungen zur Auflösung des »Verfassungsschutzes« in einer
öffentlichen Diskussionsveranstaltung konfrontieren. Nachdem
Maaßen sich einer solchen öffentlichen Auseinandersetzung verweigerte, folgten wir 2013 seiner Einladung, ihn in seiner Behörde
aufzusuchen. Der Besuch war für mich nach fast 40 Jahren geheimdienstlicher Überwachung mehr als eine biografische Randnotiz. In
gewisser Weise fühlte ich Genugtuung, durch sämtliche Sicherheits-
schleusen hindurch in die »Höhle des Löwen« vorgedrungen zu sein
– oder anders ausgedrückt: ins kalte Herz einer geheim agierenden
ideologischen Machtzentrale, von der aus meine jahrzehntelange Beobachtung so verbissen und zuverlässig organisiert und alle verdächtig erscheinenden Beobachtungen so akribisch registriert, gespeichert
und ausgewertet worden sind. Der ganze Bericht über den Besuch
und das Gespräch ist auf der Website von Digitalcourage zu finden.[19]

---

17 Vgl. Entwurf für ein »Gesetz zur Anpassung des Verfassungsschutzrechts«;
dazu: Staatstrojaner für Geheimdienste, in: Grundrechte-Report 2021, Frank-
furt/M. 2021.

18 Aus: »Ossietzky«. Zweiwochenschrift für Politik/Kultur/Wirtschaft Nr. 2 vom
4.1.2014.

19 www.digitalcourage.de/blog/2014/disput-im-hochsicherheitsbereich

2.) Rolf Gössner: Der Fall Maaßen – mehr als eine neue Geheimdienst-Affäre: ein Problemfall der Demokratie. Personalie lenkt ab von strukturellen Problemen eines Inlandsgeheimdienstes in einer Demokratie und von den fatalen Folgen einer bürgerrechtsfeindlichen Angst- und Aufrüstungspolitik. (2018)

Ein weisungsgebundener leitender Beamter einer nachgeordneten Bundesbehörde hat sich viel zuschulden kommen lassen, sein »Sündenregister« ist ellenlang – und sollte dafür zunächst auch noch belohnt und befördert werden: Der Präsident des Bundesamts für Verfassungsschutz (BfV), Hans-Georg Maaßen, verletzte mehrfach seine Dienstpflichten, verfolgte seine eigene rechtskompatible Agenda, informierte Politiker der rechtsgerichteten AfD in vertraulichen Gesprächen über unveröffentlichte Erkenntnisse des »Verfassungsschutzes« (VS), soll sie gar beraten haben, wie eine VS-Beobachtung der AfD zu vermeiden sei, bezweifelte, relativierte, ja verharmloste fremdenfeindliche Ausschreitungen, rassistische Hetze und Angriffe auf Migrant:innen in Chemnitz, führte das Parlament über den Einsatz eines V-Manns des BfV im Umfeld des Attentäters Anis Amri hinters Licht, verdächtigte den Whistleblower Edward Snowden, ein russischer Spion zu sein und löste mit einer Strafanzeige gegen zwei Journalisten des Internetportals netzpolitik.org Ermittlungen aus, die Generalbundesanwalt Harald Range zu Fall und die Pressefreiheit in Gefahr brachten (…) Und ein solcher Mann war dazu berufen, als oberster »Verfassungsschützer« Demokratie und Verfassung zu schützen? Wer schützt uns vor solchen »Verfassungsschützern«?[20]

Nach langem Hin und Her musste Maaßen 2018 dann doch demissionieren und fand inzwischen in der rechtskonservativen »WerteUnion« der CDU seine politische Heimat.

---

20 Weiter unter: Rolf Gössner, Fremdkörper im Rechtsstaat, in: Kontext: Wochenzeitung v. 26.9.2018, www.kontextwochenzeitung.de/debatte/391/fremdkoerper-im-rechtsstaat-5372.html

3.) Deutsche Welle (16.9.2018):
Der Verfassungsschutz und seine Skandale[21]

Seit seiner Gründung im Jahr 1950 hat das Bundesamt für Verfassungsschutz immer wieder für Skandale gesorgt. Sie spiegeln die jeweilige politische Atmosphäre in Deutschland. Die sechs bekanntesten Fälle: Das dunkelste Kapitel: der NSU / 38 Jahre rechtswidrig überwacht: Rolf Gössner / Der dicke Patzer: das NPD-Verbotsverfahren (2001-2003) / Die Spione: Klaus Kuron und Hansjoachim Tiedge / Der Whistleblower: Werner Pätsch / Bis heute ungeklärt: Die Affäre Otto John...

4.) Weitere Literaturhinweise hinsichtlich
der Entwicklung des »Verfassungsschutzes« (2018–2020)

a) Immer noch keine Rechtssicherheit im Überwachungsfall Dr. Rolf Gössner. Oberverwaltungsgericht liest Bundesverfassungsschutz die Leviten (3/2018) – beklagte Bundesregierung legt Revision gegen Berufungsurteil beim Bundesverwaltungsgericht ein. (Für weitere Informationen vergleiche die Website der Internationalen Liga für Menschenrechte: www.ilmr.de.)

b) Andre Meister/Heiner Busch: Bundesregierung will Geheimdienst-Befugnisse aus Anti-Terror-Gesetzen endgültig entfristen, in: netzpolitik.org, 16.7.2020; Diese Entfristung hat der Bundestag Anfang November 2020 beschlossen (siehe auch Punkt d).

c) Humanistische Union: Neues Anti-Terror-Gesetz schafft unkontrollierbare Befugnisse für Geheimdienste, 4.11.2020, humanistische-union.de

d) Kai Biermann: Das Wasser kocht schon. Der Bundestag hat mal wieder neue Überwachungsgesetze beschlossen – warum interessiert das niemanden mehr? Zeit online, 6.11.2020.

e) Cornelia Kerth/Martin Kutscha: Was heißt hier eigentlich Verfassungsschutz? Ein Geheimdienst und seine Praxis, Köln 2020; in dem Band findet sich u. a. ein Beitrag des Autors.

---

21   www.dw.com/de/der-verfassungsschutz-und-seine-skandale/a-45500690

f) Rolf Gössner gewinnt endgültig Rechtsstreit gegen Bundesverfassungsschutz. Vier Jahrzehnte »Verfassungsschutz«-Skandal
   nach 15 Jahren endlich rechtskräftig beendet, www.ilmr.de

Pressemitteilung von Rechtsanwalt Dr. Udo Kauß vom 17.11.2020
Nach vier Jahrzehnten geheimdienstlicher Überwachung und
insgesamt 15 Jahren Verfahrensdauer hat das Bundesverwaltungsgericht Leipzig am 14. Dezember 2020 die Revision der be-
klagten Bundesrepublik Deutschland zurückgewiesen (BVerwG
6 C 11.18).

Mit dieser Entscheidung bestätigt das Bundesverwaltungsgericht das Urteil des Oberverwaltungsgerichts NRW aus dem Jahr
2018 weitestgehend. Damit bleibt es auch in dritter und letzter
Instanz dabei, dass die 38 Jahre während geheimdienstliche
Überwachung und Ausforschung des Rechtsanwalts, Publizisten
und Bürgerrechtlers Rolf Gössner durch das beklagte Bundesamt für Verfassungsschutz unverhältnismäßig und grundrechtswidrig war.

Mit diesem höchstrichterlichen Urteil ist Rolf Gössner, den
der Bundesinlandsgeheimdienst »Verfassungsschutz« zum
»Staats- und Verfassungsfeind« erklärt hatte, endlich rechtskräftig rehabilitiert. Damit haben die Bundesregierung mit ihrem
zuständigen Bundesinnenminister Horst Seehofer (CSU) sowie
alle weiteren 13 seit 1970 verantwortlichen Bundesinnenminister und 12 Präsidenten des Bundesamts für Verfassungsschutz
eine schwere und blamable Niederlage erlitten in diesem skan-
dalösen Überwachungsfall. (Fortsetzung unter ilmr.de)

g) Klaus Wolschner: Verfassungsschutzkritiker rehabilitiert: Zu Unrecht bespitzelt. Das Bundesverwaltungsgericht bestätigt, dass
   der Publizist Rolf Gössner 38 Jahre lang zu Unrecht bespitzelt
   wurde, www.taz.de, 17.12.2020

Gastbeitrag von
Sabine Leutheusser-Schnarrenberger

Das ist wieder ein Highlight, eine Sternstunde, in diesem Jahr: Die
Vergabe der *BigBrotherAwards* gegen Datenkraken. Diesen Preis
möchte wirklich niemand haben, denn er deckt Datenschutzverlet-
zungen auf und macht sie öffentlich. Denn nichts scheuen Datenkraken mehr als Transparenz und das Licht der Öffentlichkeit. Das
gilt für staatliche Institutionen genauso wie für Unternehmen.

Digitalcourage hat sich große Verdienste erworben und macht
jeder Bürgerin und jedem Bürger Mut. Es gibt mit *Digitalcourage*
einen Anwalt zur Verteidigung des Rechts auf Informationelle
Selbstbestimmung und zum Schutz der Privatsphäre und dieser
Verteidiger ist kompetent, nachhaltig, raffiniert und schlau.

Denn worum geht es? Es geht um die Verteidigung der Frei-
heits- und Grundrechte und gegen immer mehr Überwachung und
Ausspähen. Es geht darum, auch in Zeiten terroristischer Gefährdungen die Rechte der Bürgerinnen und Bürger zu verteidigen. Das
ist angesichts eines deutlichen Trends bei den Sicherheitsbehörden
und der Bundesregierung, im Zweifel immer für mehr Eingriffsbefugnisse und gegen das Recht auf Datenschutz und den Schutz des
Kernbereichs privater Lebensgestaltung zu entscheiden, dringend
notwendig.

Mangels wirklich effektiver Oppositionsarbeit im Deutschen
Bundestag muss die Zivilgesellschaft sich für die Grundrechte einsetzen. Sie sind die Grundlage unserer Demokratie, unseres Zusam-
menlebens und sie sind zunehmend unter Druck. Die Religionsfreiheit durch islamophobe und antisemitische Haltungen in der
Bevölkerung, die ein öffentliches Sprachrohr bekommen haben.

Das Post- und Fernmeldegeheimnis durch die anlasslose Vorratsdatenspeicherung der Telekommunikationsverbindungsdaten. Die
Privatsphäre durch Staatstrojaner und Überwachung der privaten
Wohnung. Die Informationelle Selbstbestimmung durch staatliche
und private Datensammelwut ohne Begrenzung.

Digitalcourage hat in einem großen Bündnis mit vielen anderen
Organisationen, Berufsverbänden von Journalistinnen und Ärzten,
Gewerkschaften, AIDS-Hilfe und Telefonseelsorge jährliche Großdemonstrationen in Berlin und bundesweit organisiert, zu denen
Zehntausende Bürgerinnen und Bürger gegen Überwachung auf
die Straße gegangen sind – unter dem Motto »Freiheit statt Angst«.
Angst darf nicht als Anlass dienen, die Eingriffsbefugnisse zur massenhaften Überwachung der Bürger immer weiter auszudehnen.
Absolute Sicherheit gibt es nicht. Es muss endlich Schluss sein mit
den unbegründeten Behauptungen, für unsere Sicherheit müssten
wir unsere Freiheit aufgeben!

Die Terroristen von Paris, Brüssel, Ankara und im Libanon be-
kämpfen brutal, menschenverachtend unsere Freiheiten, unsere
Lebensweise, unsere offene Gesellschaft. Schaffen wir selbst unsere
Freiheitsrechte ab, haben sie schon gesiegt.

Das Bundesverfassungsgericht hat immer wieder die Politik und
den Gesetzgeber zu Gunsten der Freiheitsrechte korrigiert. Lauschangriff, Vorratsdatenspeicherung, Luftsicherheitsgesetz, Online-
Durchsuchung, Rasterfahndung, Antiterrordatei – immer wieder
hat das Bundesverfassungsgericht den Kernbereich privater Lebensgestaltung gegen den ausufernden Sicherheitsstaat verteidigt.

So auch 2016, als das BKA-Gesetz der Großen Koalition von Anfang 2009 in Teilen für verfassungswidrig erklärt wurde. Wieder einmal hatte der Gesetzgeber die verfassungsgerichtlichen Vorgaben zum
Schutz des Kernbereichs privater Lebensgestaltung nicht beachtet.
Das Vorgehen gegen Terrorismus rechtfertigt eben nicht jedes Mittel,
nicht das Ausspähen jeden Computers, nicht die schrankenlose Weitergabe personenbezogener Daten an ausländische Geheimdienste
und nicht die weitgehende Überwachung von Rechtsanwälten.

Diese Entscheidung verlangt vom Gesetzgeber klare Rechtsgrundlagen mit Grenzziehung zum Informationsaustausch unter
Geheimdiensten und kann auch Bedeutung für die Überprüfung
der Neuauflage der anlasslosen Vorratsdatenspeicherung entfalten.

Es handelt sich bei dieser anlasslosen Vorratsdatenspeicherung
um eine unendliche Geschichte, weil die große Koalition nicht ein-
sehen will, dass diese massenhafte Überwachung des Telekommuni-
kationsverhaltens aller Bürger in Deutschland eine schwerwiegende
Verletzung ihrer Grundrechte bedeutet.

Die Urteile des Bundesverfassungsgerichts und des Gerichtshofs
der Europäischen Union, mit denen das deutsche Gesetz zur Vorratsdatenspeicherung und die europäische Richtlinie als Verstoß gegen
das Grundgesetz und die Europäische Grundrechtecharta verworfen
wurden, halten die CDU/CSU/SPD-Koalition nicht davon ab, mit
dem täuschenden Begriff der Höchstspeicherfristen erneut diese
Überwachung des Telefonverhaltens gesetzlich zu erlauben.

Es werden alle Gutachten ignoriert, die deutlich machen, dass
mit dieser Massenüberwachung terroristische Anschläge nicht verhindert werden. Daten und Informationen haben die Sicherheitsbehörden in ausreichendem Maß. Sie sind, wie Belgien zeigt, nur nicht
richtig verwandt worden. Deshalb klagen Liberale, Abgeordnete, *Digitalcourage* und andere Organisationen gegen dieses Gesetz in Karlsruhe. Getrennt »marschieren«, vereint gewinnen, ist unsere Maxime.

Digitalcourage steht auch dafür, dass Protest und Engagement
sich lohnen. Aus eigener Erfahrung als Ministerin ermutige ich die
Bürger, ihre Rechte zu verteidigen und sich auch gegen politische
Entscheidungen friedlich aufzulehnen. (…)

Die anlasslose Speicherung der Flugpassagierdaten ist der nächste Schritt zur Überwachung des Flugverhaltens von 500 Millionen
europäischen Bürgern. Das Europäische Parlament hat diese Regelung vor wenigen Tagen (2016) beschlossen. Wieder wird ignoriert,
dass anlasslose Ausspähungen die Grundrechte massiv verletzen. Es
sind Verfassungsrechte zum Schutz der Privatsphäre und der personenbezogenen Daten. Diese Rechte sind keine museale Erinnerung

an frühere Zeiten, sondern aktuell wie nie. Artikel 7 und 8 der Europäischen Grundrechtecharta binden gerade den europäischen Gesetzgeber.

Diese Rechte auch in der Digitalisierung zu leben und zu verteidigen, ist das Kernanliegen von *Digitalcourage*. Und genauso meine Motivation. Ich bin davon überzeugt, dass sehr viele Bürger nicht wollen, dass sie ausgespäht, überwacht und kontrolliert werden. Das geht jeden an, denn alle Daten werden gesammelt – ohne jeden Tatverdacht. Potentiell sind erst einmal alle IT-Nutzer und bald auch Flugpassagiere auf dem Weg in die Ferien nach Spanien, Italien oder die Türkei verdächtig. Das wollen wir nicht. Nur wenn es einen konkreten Tatverdacht gibt, darf die Polizei Informationen über das Telefonverhalten einzelner Verdächtiger bekommen.

Diese vielen Einzelbeispiele zeigen einen jahrzehntelangen Trend in der Innen- und Rechtspolitik, besonders seit den Anschlägen 9/11: Mit immer mehr Sicherheitsgesetzen will man den Terror »besiegen«. Und es wird dabei überhaupt nicht gesehen, dass immer mehr Eingriffsbefugnisse und Freiheitsbeschränkungen keineswegs mehr Sicherheit bringen.

Die Freiheit stirbt scheibchenweise, erst wenn sie verschwunden ist, wird es bemerkt und dann ist es zu spät. Die *BigBrotherAwards* wollen gegen diese Entwicklung mobil machen.

Sabine Leutheusser-Schnarrenberger (FDP) war von 1992 bis 1996 Bundesministerin der Justiz in der von Bundeskanzler Helmut Kohl (CDU) geführten Bundesregierung. Aus Protest gegen den geplanten Großen Lauschangriff (akustische Wohnraumüberwachung) trat sie im Januar 1996 zurück. Das zugrundeliegende Gesetz ist später vom Bundesverfassungsgericht teilweise für verfassungswidrig erklärt worden. Von 2009 bis 2013 war sie erneut Bundesjustizministerin. Auch in dieser Zeit zeigte sie Rückgrat, indem sie sich nachhaltig weigerte, die Vorratsdatenspeicherung abzunicken. Buchveröffentlichung: Sabine Leutheusser-Schnarrenberger: Angst essen Freiheit auf. Warum wir unsere Grundrechte schützen müssen (Darmstadt 2019).

2015

Wettrüsten und Massenüberwachung im globalen Informationskrieg der Geheimdienste

BigBrotherAward
für den Bundesnachrichtendienst (BND)

Der *BigBrotherAward* 2015 in der Kategorie »Behörden und Verwaltung« geht an den Bundesnachrichtendienst (BND), vertreten durch seinen (damaligen) Präsidenten Gerhard Schindler (FDP). Der deutsche Auslandsgeheimdienst erhält den Negativpreis für eine ganze Palette von Skandalen sowie Datenschutz- und Bürgerrechtsverstößen, die wir im Rahmen dieser Preisverleihung allerdings nur ausschnittsweise behandeln können. Unter anderem wird dem BND der Preis zuerkannt,

1. weil er aufs Engste in den menschenrechtswidrigen NSA-Überwachungsverbund verflochten ist und damit in den globalen Massenüberwachungsskandal;

2. weil er mit der sogenannten strategischen Überwachung der grenzüberschreitenden Telekommunikation und insbesondere mit seiner gesamten Auslandsaufklärung via Funk, Satellit oder Kabel weitgehend im rechtsfreien Raum operiert – nach Auffassung renommierter Verfassungsrechtler sogar schlicht verfassungswidrig;[1]

---

1   Inzwischen vom Bundesverfassungsgericht bestätigt mit Urteil vom 19.5.2020 (Az. 1 BvR 2835/17); Pressemitteilung des Gerichts Nr. 37/2020, 19. Mai 2020

3. weil der BND täglich über 220 Millionen Telekommunikations-
datensätze sammelt, speichert, auswertet und davon Millionen
an ausländische Partnerdienste übermittelt. Darunter sind auch
grundrechtlich geschützte Daten von Bundesbürgern und Unternehmen, deren Weitergabe gesetzlich untersagt ist; außerdem,
so Ex-NSA-Mitarbeiter Thomas Drake, soll der BND sensible
Informationen für den menschenrechtswidrigen Drohnenkrieg
der USA geliefert haben, und damit für die Ermordung von Terrorverdächtigen.[2]

4. Nicht zuletzt erhält der BND den *BigBrotherAward* für seine In-
formationsblockade und dreisten Vertuschungen geheimdienstlicher Praktiken gegenüber dem NSA-Untersuchungsausschuss
des Bundestags. Dessen Kontrolleure müssen sich mit aufklä-
rungsunwilligen BND-Zeugen und überwiegend geschwärzten,
lückenhaften oder anderweitig manipulierten Akten des BND
herumschlagen – frei nach der Zeugenaussage des (damaligen)
Nachrichtendienste-Beauftragten im Bundeskanzleramt, Klaus-
Dieter Fritsche (CSU), das »Staatswohl« sei nun mal weit wichtiger als parlamentarische Aufklärung und Kontrolle.[3]

Ausufernde Praktiken: Illegaler Datentransfer BND – NSA – BND
Nur eine der preiswürdigen Verfahrenspraktiken soll näher beleuch-
tet werden, um die damit verbundene Problematik deutlich zu machen: Seit 2004 zapft der BND – mit Hilfe der Telekom und an allen
Kontrollgremien vorbei – einen wichtigen Internetknoten (DE-CIX)
in Frankfurt an und belieferte aus dieser sprudelnden Quelle die NSA
jahrelang mit gewaltigen Datenmengen (Operation »Eikonal«).[4]

2   BND unterstützte Drohnenkrieg der USA, Spiegel online, 4.7.2014

3   Vgl. Rolf Gössner, Tiefer Staat?, taz, 2./3.5.2015, S. 11; Florian Rötzer, Verdun-
    kelungsgefahr im Fall Edathy, heise.de, 17.2.2014

4   Markus Beckedahl, Eikonal: Der kalkulierte Grundrechtsbruch der Bundes-
    regierung – Wie der BND der NSA Zugang zum Internetknoten DE-CIX
    schenkte, netzpolitik.org, 4.10.2014; Stefan Krempl, Geheimakte BND & NSA:
    Operation Eikonal – das Inland als »virtuelles Ausland«, heise.de, 9.4.2017

Der Frankfurter Netzknoten ist der größte Glasfaserknoten-
punkt und Datenumschlagsort der Welt – ein gefundenes Fressen
für den BND, um etwa Daten zur grenzüberschreitenden anlasslosen »strategischen Fernmeldekontrolle« abzusaugen, auf der Suche
nach Hinweisen auf Terrorismus, Waffenhandel und Ausländer-
schleusung. Auch die grundrechtlich besonders geschützte Alltags-
kommunikation von Bundesbürgern fiel dabei gewissermaßen als
»Beifang« ab, deren Metadaten der Auslandsgeheimdienst eigentlich weder speichern noch an Auslandsdienste übermitteln darf.[5]
Deshalb hätte er sie herausfiltern müssen. Doch der eigens konstru-
ierte Filter (DAFIS) funktionierte so schlecht, dass viele geschützte
Daten illegal bei der NSA landeten.

Unter Auslandsgeheimdiensten ist der Datentransfer ohnehin
keine Einbahnstraße, sondern ein Geschäft auf Gegenseitigkeit, das
mit Vorliebe im Datenringtausch abgewickelt wird. Und der funk-
tioniert so: Weil ein Auslandsdienst die eigene Bevölkerung nicht
überwachen darf (deshalb heißt er ja *Auslands*-Geheimdienst), bespitzelt er eben die Bevölkerung anderer Länder und tauscht dann
die gewonnenen Daten mit den jeweiligen Partnerbehörden. Diese
gängige Praxis beschert dann auch dem BND illegal Erkenntnisse
über die bundesdeutsche Bevölkerung. Ingesamt gesehen müssen
wir also von schwerwiegenden Grundrechtseingriffen in das Telekommunikationsgeheimnis, die Privatsphäre und die Informationelle Selbstbestimmung von Millionen ahnungsloser Menschen
ausgehen.[6]

Geheimdienstliches Aufrüstungsprogramm
Doch trotz dieser ausufernden, illegalen und unkontrollierbaren
Praxis wird der BND nicht etwa rechtsstaatlich gezügelt, sondern
künftig noch weiter digital aufgerüstet und für das Massenüber-

---

5   Dazu inzwischen: Bundesverfassungsgericht, Urteil vom 19.5.2020 (Az. 1 BvR
     2835/17).

6   Kai Biermann / Karsten Polke-Majewski, Was wir über die geheimen Opera-
     tionen des BND wissen – und was nicht, Zeit online, 4.5.2015

wachungsgeschäft tauglich gemacht – für satte 300 Mio. Euro, von
denen fast 35 Mio. bewilligt sind. Auch für dieses geheime Aufrüs-
tungsprogramm mit dem Tarnnamen »Strategische Initiative Technik« (SIT)[7] und für weitere Nachrüstungsprojekte wird der BND
mit dem *BigBrotherAward* 2015 ausgezeichnet – vor allem dafür:

- dass er künftig soziale Netzwerke, Blogs und Web-Foren systematisch, flächendeckend und anlasslos ausforschen soll – und
  zwar sowohl Metadaten als auch Inhalte (dazu weiter unten);
- und dass der BND mit Hilfe von Sicherheitslecks und »Nachschlüsseln« in fremde Computersysteme einbrechen und Verschlüsselungen knacken soll; dabei hat er es speziell auf solche
  Bürger, Firmen und Netzwerke abgesehen, die sich gegen Cyberattacken schützen wollen. Viele dürften damit treuherzig dem guten Rat des Bundesinnenministers gefolgt sein, sich wegen der
  NSA-Überwachung doch bitteschön per Verschlüsselung selbst
  zu schützen.[8] Ein ministerialer Tipp, der sich angesichts solcher
  BND-Pläne rasch als ziemlich perfide und als Eigentor herausstellen könnte.

Beispiel: BND-Ausforschung sozialer Netzwerke[9]
Den *BigBrotherAward* erhält der BND auch für den Plan, dass er
demnächst einen höchst fragwürdigen Freibrief erhalten soll: nämlich die Lizenz oder Ermächtigung zur anlasslosen Ausforschung
»sozialer Netzwerke« wie Facebook, Flickr, YouTube oder Twitter,
aber auch von Blogs und Internet-Foren. Die systematisch aufgefangenen Netzwerkdaten und Inhalte sowie das gespeicherte Kommu-
nikationsverhalten der Nutzer können damit jederzeit automatisiert
durchrastert, zu Persönlichkeits- und Bewegungsprofilen verdichtet

---

7   André Meister, Wir enthüllen, wie der BND für 300 Millionen Euro seine
     Technik aufrüsten will, netzpolitik.org, 21.9.2015
8   Christian Stöcker, Verschlüsseln ist Notwehr, Spiegel online, 25.7.2013
9   John Goetz / Hans Leyendecker / Frederik Obermaier, Auslandsgeheimdienst:
     BND will soziale Netzwerke live ausforschen, Süddeutsche Zeitung, 31.5.2014,
     www.sueddeutsche.de

oder biometrisch ausgewertet werden; auch Rückschlüsse auf soziale und politische Kontakte werden möglich, weshalb diese Internet-
Durchleuchtung stark in Grundrechte der Betroffenen eingreift.

Die Behauptung der Bundesregierung, dies betreffe doch nur das
Ausland, ist teils irreführend, teils unzutreffend: Zum einen gelten
Grund- und Menschenrechte auch im Ausland; zum anderen sind
Server von sozialen Netzwerken quer über die Welt verteilt, so dass
der innerdeutsche Datenverkehr auch über andere Länder fließt
und so eben auch bundesdeutsche Nutzer leicht ins BND-Visier geraten können.

Die globale Ausforschung sozialer Kommunikationsräume – in
denen Infos, Meinungen, Bilder und andere sensible Daten ausgetauscht werden – soll dazu dienen, Stimmungen, Auffälligkeiten,
Wirtschaftstrends, politische Proteste und Beziehungsgeflechte in
bestimmten Ländern und Krisenregionen präventiv herauszufiltern
und zu analysieren. »Soziale Netzwerke« wecken geheimdienstliche
Gelüste auch deshalb, weil sie sich weltweit zu Mobilisierungsforen
für Protestbewegungen entwickelt haben – wie etwa während des
»Arabischen Frühlings« –, aber auch für Terroraktionen. Deshalb
sollen sie nach NSA-Vorbild auch unter die Echtzeit-Kontrolle des
BND gestellt werden; ihre Auswertung ist für die Bundesregierung,
den »Verfassungsschutz« oder auch die Bundeswehr von großem
Interesse, um etwa Krisen, geopolitische und militärstrategische
Probleme und politische Akteure frühzeitig zu erkennen.

Verfechter solcher modernen Massenüberwachungsmethoden
behaupten, nur so könne man Terroranschläge verhindern oder
Organisierte Kriminalität bekämpfen, was auch schon passiert sein
soll – eine Behauptung, die schon aus Geheimhaltungsgründen nie
wirklich überprüfbar war.

Wettrüsten im globalen Infokrieg:
Präventive Vormacht- und Herrschaftssicherung
Auf diese Weise will der BND offenbar sein Image als »Wurmfortsatz«
der NSA, wie ihn Ex-NSA-Mitarbeiter Thomas Drake despektierlich

nannte,[10] loswerden und sich vom Großen Bruder emanzipieren. Wir werden also Zeugen eines fatalen Wettrüstens im Informationskrieg der Geheimdienste – einem globalen Informationskrieg, in dem es nicht zuletzt um geostrategisch-wirtschaftliche Interessen sowie um präventive Vormacht- und Herrschaftssicherung geht, bis hin zur Absicherung militärischer Operationen.[11] Schließlich gilt es, Staat oder Staatengemeinschaften nicht allein vor Terror und Gewalt zu schützen, sondern auch gegen mögliche soziale Unruhen, militante Aufstände oder unkontrollierte Wanderungsbewegungen und drohende Rohstoffknappheit vorsorglich zu wappnen – Aufstandsbekämpfung und militärische Interventionen inbegriffen.

Solche geheimen, letztlich unkontrollierbaren Präventionsstrukturen wuchern im Schatten des demokratischen Rechtsstaats, bedrohen Menschen, politisch-soziale Bewegungen und deren Freiheitsrechte. Sie wittern in jedem Menschen, jedem kritischen Gedanken und abweichenden Verhalten eine potentielle Bedrohung, die es zu überwachen gilt. Doch Menschen, die unter ständiger Überwachung stehen, sind niemals frei. Schon wer sich nur beobachtet *fühlt*, verändert sein Verhalten, wird unsicher, entwickelt Ängste, passt sich an – Wirkungen, die eine offene, freie demokratische Gesellschaft schädigen, wie das Bundesverfassungsgericht bereits vor über dreißig Jahren in seinem berühmten Volkszählungsurteil festgestellt hat.[12]

Kapitulation des Rechtsstaats vor staatlichem Unrecht?

Trotz massiver Bedrohungen und Bürgerrechtsverstöße durch die Massenüberwachung von NSA & Co. haben es Bundesregierung und »Verfassungsschutz« sträflich unterlassen, Bürger:innen und

---

10 Aussage von Ex-NSA-Mitarbeiter: BND als »Wurmfortsatz der NSA«, Süddeutsche Zeitung, 4.7.2014, www.sueddeutsche.de

11 Vgl. dazu: Rolf Gössner, Informationskrieg der Geheimdienste: Feindliche Angriffe gegen die Bevölkerung, in: Internationale Liga für Menschenrechte / Digitalcourage e. V. (Hg.), Spionage adé, Bielefeld 2014, S. 9 ff. m. w. N.

12 juraforum.de/lexikon: Volkszählungsurteil von 1983 und seine Bedeutung

von Wirtschaftsspionage betroffene Betriebe vor deren Attacken zu schützen – obwohl es zu ihren verfassungsrechtlichen Aufgaben gehört, diesen Schutz zu gewährleisten. Angesichts der regierungsamtlichen Lethargie erstatteten Anfang 2014 die Internationale Liga für Menschenrechte, der ChaosComputerClub und Digitalcourage beim Generalbundesanwalt Strafanzeige gegen die Bundesregierung und Geheimdienst-Verantwortliche: und zwar wegen massiver Verstrickung des BND in das globale Massenüberwachungssystem, wegen millionenfacher Verletzung des Menschenrechts auf Privatsphäre und wegen sträflich unterlassener Abwehrmaßnahmen. Tausende unterstützten diese Anzeige.[13]

Bekanntlich hat der Generalbundesanwalt Mitte 2014 ein Strafermittlungsverfahren eingeleitet – aber nur wegen des unfreundlichen Spionageangriffs auf das Handy der Kanzlerin. Eine Entscheidung, die an der Gleichheit aller Menschen vor dem Gesetz zweifeln lässt: Denn auf ein Ermittlungsverfahren wegen der ungleich schwerer wiegenden massenhaften Ausspähung der ganzen Bevölkerung verzichtete er – kurioserweise mangels »zureichender Tatsachen«.

Das ist angesichts der Fülle an Belastungsbeweisen und -zeugen Realitätsverleugnung oder Willfährigkeit – jedenfalls hart an der Grenze zur Strafvereitelung im Amt. Diese Rechtsschutzverweigerung ist eine Kapitulation des Rechtsstaats vor staatlichem Unrecht. Deshalb sehen wir uns in der Pflicht, mit diesem überfälligen *Big-BrotherAward* den Blick der Öffentlichkeit erneut und gezielt auf die Machenschaften des BND zu lenken und generell auf das Problem geheimer Institutionen in einer Demokratie. Das ist das Mindeste, was wir tun können, auch wenn es auf den ersten Blick effektiver erscheinen mag, die milliardenteure BND-Zentrale in Berlin einfach unter Wasser zu setzen, wie Anfang März 2015 geschehen: eine originelle Geheimoperation auf der bestgesicherten Baustelle der Nation. Wenn auch keine Dauerlösung, so lässt uns dieses »Watergate«

---

13   Internationale Liga für Menschenrechte / Digitalcourage e. V. (Hg.), Spionage adé. Massenüberwachung und globale Datenspionage: Wir erstatten Strafanzeige gegen Bundesregierung und Geheimdienste, Bielefeld 2014.

doch auf weitere undichte Stellen hoffen – auf der dringenden Suche nach einem Snowden im BND! Und vielleicht lässt uns die Flutung des BND erahnen, wie der Auslandsgeheimdienst dereinst in seinen eigenen Datenfluten zu ertrinken droht.

In diesem Sinne: »Kopf hoch«, »Petri heil« und herzlichen Glückwunsch zum *BigBrotherAward* 2015!

Publikumspreis

Die Stimmen sind diesmal recht gleichmäßig verteilt, aber mit ein wenig Vorsprung vor dem Rest des »Feldes« gewann der Preis in der Kategorie »Politik«, der an Bundesinnenminister de Maizière und Ex-Innenminister Hans-Peter Friedrich ging; Laudator war unser Jury-Gast aus Wien, Max Schrems (Jurist/Datenschutzaktivist).

Updates

Gerhard Schindler war von Dezember 2011 bis Juni 2016 Präsident des Bundesnachrichtendienstes und ist seitdem als Unternehmensberater und Buchautor tätig.

Weitere Entwicklung, Vorkommnisse und Hintergründe zum Bundesnachrichtendienst (BND)

2013 ff.: Schon 2013 berichteten deutsche Medien von einer Involvierung des BND bei der *Übergabe von Mobilfunkdaten an die USA*, wodurch es auch zur Hilfestellung bezüglich gezielter Tötungen von (Terror-)Verdächtigen durch US-Drohnen gekommen sein soll.[14] Daraufhin, im April 2015, wurde BND-Präsident Schindler von

---

14   Stefan Buchen / Hans Leyendecker, Kooperation mit US-Geheimdiensten: Unmut über BND-Chef Schindler, Süddeutsche Zeitung, 10.8.2013.

Politiker:innen aller im Bundestag vertretenen Parteien kritisiert, weil der BND unter seiner Leitung im Auftrag der NSA Daten und Kommunikation europäischer Unternehmen und Politiker:innen abgeschöpft haben soll.[15]

2016: Der BND bemühte sich, so eine vom Internet-Blog netzpolitik.org Ende 2016 veröffentlichte Projektplanung, 150 Mio. Euro von der Politik einzuwerben, um die *Inhalte digitaler Kommunikation knacken und mitlesen zu können*. Insbesondere geht es dem BND dabei um die allgemein beliebten Messengerdienste, die inzwischen oft ende-zu-ende-verschlüsselt sind. Dieser Angriff auf Verschlüsselungen als Selbstschutz der Nutzer:innen wird flankiert durch weitere Initiativen der Bundesregierung, mit denen das Grundrecht auf vertrauliche Kommunikation gebrochen werden kann. Dabei steht ZITiS, die neue »Zentrale Stelle für Informationstechnik im Sicherheitsbereich« (2017 gegründet), als helfende Institution bereit.[16]

2016: *Rolf Gössner: Verfassungs- und Gesetzesbrüche in Serie.* Geheimer Prüfbericht: Bundesdatenschutzbeauftragte rügt BND-Überwachungspraxis.[17] Im September 2016 ist ein bis dahin geheimer Prüfbericht[18] der damaligen Bundesdatenschutzbeauftragten, Andrea Voßhoff (CDU), vom 15. März 2016 dank netzpolitik.org bekannt geworden, der es in sich hat. Dieser Bericht lieferte die rechtliche Bewertung von Erkenntnissen, die aus datenschutzrechtlichen Vor-Ort-Kontrollen in der Außenstelle des BND in Bad Aibling resultieren.

---

15 Eckart Lohse, Kanzleramt übt heftige Kritik an BND, faz.net, 24.4.2015

16 André Meister, Projekt ANISKI: Wie der BND mit 150 Millionen Euro Messenger wie WhatsApp entschlüsseln will, netzpolitik.org, 29.11.2016; Markus Beckedahl, Kommentar: Wie der BND mit 150 Millionen Euro im Namen der Sicherheit Unsicherheit schaffen wird, netzpolitik.org, 29.11.2016

17 In: Grundrechte-Report 2017, Frankfurt/M. 2017, S. 171 ff.

18 Geheimer Prüfbericht: Der BND bricht dutzendfach Gesetz und Verfassung – allein in Bad Aibling, netzpolitik.org, 1.9.2016 (mit Dokumentation des Prüfberichts und der rechtlichen Bewertung der Bundesdatenschutzbeauftragten)

Auf 60 Seiten stellt die Bundesdatenschutzbeauftragte insgesamt 18 schwerwiegende Rechtsverstöße des BND fest und spricht zwölf offizielle datenschutzrechtliche Beanstandungen aus (nach § 25 Abs. 1 S. 1 Bundesdatenschutzgesetz). Noch nie dürfte eine Behörde mit so vielen Beanstandungen auf einmal abgestraft worden sein.

Hier einige Erkenntnisse aus dem Geheimbericht:

- Der BND hat Datenbanken und Dateien mit hochsensiblen Daten ohne Errichtungsanordnungen und ohne vorherige, gesetzlich vorgeschriebene Anhörung der Datenschutzbehörde errichtet sowie (langjährig) genutzt und damit grundlegende Rechtmäßigkeitsvoraussetzungen verletzt.

- Der BND hat jahrelang anlasslose und verdachtsunabhängige Massenüberwachung mittels systematischer Datenabsaugung über Satelliten, Internetknoten und Glasfaserkabel betrieben – und dabei Gesetze gebrochen und Grundrechte von Abertausenden von Bürger:innen verletzt.

- Der BND hat ohne jede Rechtsgrundlage massenweise sensible personenbezogene Meta- und Inhaltsdaten auch von bloßen Kontaktpersonen und Unbescholtenen erhoben und systematisch weiterverwendet. Solche Daten gelangten – ohne Einzelfallprüfung – auch an die NSA und andere Geheimdienste.

- Der BND hat Millionen sogenannter Selektoren der NSA – also personen- und organisationsbezogene Suchbegriffe wie Namen, Telefonnummern oder Mailadressen – automatisch übernommen und selbst routinemäßig eingesetzt.

- Der BND hat die Kontrollen der Datenschutzbehörde mehrfach unzulässig und rechtswidrig beschränkt und torpediert und damit seine Unterstützungspflicht verletzt.

2020: *Jahrzehntelange Kooperation des BND mit der CIA:* gemeinsame Ausspähung zahlreicher Staaten mit manipulierter Verschlüsselungstechnologie (2020 enthüllte »Operation ›Rubikon‹«):

2020 wurde bekannt, dass BND und CIA über Jahrzehnte gemeinsam mehr als 100 Staaten ausspioniert und belauscht haben, auch befreundete Länder bzw. Verbündete. Dieser Kooperationspakt war insofern erstaunlich, als doch der deutsche und der US-amerikanische Geheimdienst nicht originär die gleichen Interessen verfolgen, sondern ihre jeweils eigenen Länder schützen sollten. Dennoch sind sie ein verblüffendes Zweckbündnis eingegangen, wie eine internationale Journalisten-Kooperation herausfand. Dabei haben BND und CIA so gewonnene geheimdienstliche Erkenntnisse etwa über staatlichen Massenmord verschwiegen und nicht weiter verfolgt – so z. B. die Ermordung Zehntausender Menschen in Chile unter der Diktatur Pinochets oder in Argentinien unter der Junta, zwei Militärdiktaturen in den 1970er und 1980er Jahren.

Für die Spionage nutzten BND und CIA Chiffriermaschinen bzw. Verschlüsselungsgeräte der Schweizer Firma Crypto AG, die weltweit von Nachrichtendiensten eingesetzt wurden. Diese Chiffriermaschinen manipulierten BND und CIA vor Auslieferung an die Bestellerstaaten derart, dass sie später die Kommunikation von mehr als 130 Regierungen und Nachrichtendiensten mitlesen konnten. Das heißt: In die Verschlüsselungsgeräte sind digitale Hintertüren eingebaut worden. Auf diese Weise waren bzw. sind BND und CIA in der Lage, die weltweit abgefangene Kommunikation zu entschlüsseln.

So konnten »diplomatische und militärische Verkehre vieler wichtiger Länder der Dritten Welt, aber auch europäischer Staaten (…) flächendeckend mitgelesen werden«, so die internationale Journalisten-Kooperation (Quellen vgl. folgende Fußnote):

- Im Nahen und Mittleren Osten sind Länder wie Saudi-Arabien, Iran, Irak, Syrien, Jordanien, Kuwait, Libanon, Oman, Qatar und Vereinigte Arabische Emirate betroffen.
- Zu den afrikanischen Käufern der für sie unerkannt manipulierten Schweizer Verschlüsselungsmaschinen zählen Ägypten, Algerien, Libyen, Marokko, Tunesien, Äthiopien, Elfenbeinküste, Nigeria, Tansania und Südafrika.

- In Südamerika wurden Argentinien, Chile, Brasilien, Kolumbien, Mexiko, Peru, Uruguay, Venezuela überwacht.
- In Fernost spähten BND und CIA Indien, Pakistan, Bangladesch, Myanmar (Burma), Philippinen, Malaysia, Mauritius, Thailand, Japan, Südkorea und Indonesien aus.
- Auch europäische und NATO-Staaten waren als Kunden der Crypto AG im Visier der Dienste: so etwa Irland, Spanien, Portugal, Italien und die Türkei sowie der Vatikan.

Auch der Münchener Siemens-Konzern spielte dabei eine wichtige (personell-logistische) Rolle. Erst 1993 fiel hierzulande die Entscheidung, aus der Crypto AG auszusteigen und die deutschen Firmenanteile an die CIA zu verkaufen, die im Übrigen noch lange (bis 2018) auf diese Weise weiter spionierte. Ein Teil der jährlichen Gewinnausschüttungen der Schweizer Firma sind zuvor – ausweislich der sogenannten »Rubikon-Papiere« – »dem BND-Haushalt zugeschlagen (worden…). Haushaltsausschuss und Rechnungshof hatten darüber keine Kontrolle.«

Das ZDF, die »Washington Post« und das Schweizer Fernsehen werteten entsprechende Geheimdienstunterlagen – die »Rubikon-Papiere« – aus und veröffentlichten ihre Recherchen im Februar 2020 unter #Cryptoleaks. Zusammenfassende Bewertung des Politikwissenschaftlers und britischen Geheimdienstexperten Richard Aldrich: »Die Operation ›Rubikon‹ war eine der kühnsten und auch skandalträchtigsten Operationen, denn über hundert Staaten zahlten Milliarden Dollar dafür, dass ihnen ihre Staatsgeheimnisse gestohlen wurden. Das war schon ziemlich dreist.«[19]

2016-2020: *BND-Gesetzesnovelle 2016:* Die NSA-BND-Skandale wurden im Oktober 2016 weitgehend legalisiert – gegen starke öffentliche Proteste. Die Kompetenzen und Überwachungsbefugnisse des BND

---

19   Elmar Theveßen / Peter F. Müller / Ulrich Stoll, »Operation ›Rubikon‹« – #Cryptoleaks: Wie BND und CIA alle täuschten, ZDF, 11.2.2020; Operation »Rubikon«: Wie BND und CIA zusammen mehr als hundert Staaten ausspionierten, Frankfurter Rundschau, 12.2.2020, www.fr.de

sind dabei erheblich ausgeweitet worden. Nun hat der BND unter bestimmten Bedingungen die gesetzliche Befugnis, den Telefon- und Datenverkehr von Ausländer:innen im Ausland – auch über inländische Netzknoten und Infrastrukturen – mit technischen Mitteln zu überwachen, zu durchforsten und abzuschöpfen. Die aufgefangenen und abgegriffenen personenbezogenen Telekommunikations-, Mail-, Verbindungs- und Standortdaten dürfen ein halbes Jahr lang auf Vorrat gespeichert, abgeglichen und mit Dritten ausgetauscht werden.

Schon bislang durfte der BND den Kommunikations- und Datenverkehr zwischen Deutschland und dem Ausland nach bestimmten Suchbegriffen kontrollieren (»Strategische Kontrolle«). Das neue Gesetz erlaubt dem Auslandsgeheimdienst unter gewissen Voraussetzungen sogar die Überwachung innerhalb Deutschlands sowie von EU-Einrichtungen, EU-Staaten und EU-Bürger:innen im Ausland, darüber hinaus den massenhaften Austausch von abgefangenen Daten mit anderen Staaten auf Grundlage geheimer Kooperationsabkommen. Vertrauensverhältnisse von Berufsgeheimnisträger:innen wie Anwälten, Ärzt:innen, Journalisten sind dabei nicht eigens geschützt.[20]

Bundesverfassungsgericht 2020 zur BND-Gesetzesänderung 2016/17[21]
Das Bundesverfassungsgericht beschäftigte sich Anfang 2020 mit

---

20　Stefan Krempl, BND-Reform: Bundestag beschließt Internetüberwachung à la NSA, heise.de, 21.10.2016; Ders., BND-Lizenz zur Netzüberwachung im NSA-Stil ist in Kraft, heise.de, 2.1.2017

21　Zu diesem Themenkomplex siehe: Pressemitteilung des Bundesverfassungsgerichts: Ausland-Ausland-Fernmeldeaufklärung nach dem BND-Gesetz verstößt in derzeitiger Form gegen Grundrechte des Grundgesetzes, 19.5.2020, www.bundesverfassungsgericht.de; Leitsätze zum Urteil des Ersten Senats vom 19. Mai 2020 – 1 BvR 2835/17, www.bundesverfassungsgericht.de; André Meister, Massenüberwachung im BND-Gesetz ist verfassungswidrig, netzpolitik.org, 19.5.2020; Pressemitteilung: Großer Erfolg: Verfassungsgericht erklärt weltweite Massenüberwachung durch den Bundesnachrichtendienst für verfassungswidrig, Gesellschaft für Freiheitsrechte, 19.5.2020, freiheitsrechte.org; Bertold Huber, Das Urteil des BVerfG zur Ausland-Ausland-Fernmeldeaufklärung des BND, in: Grundrechte-Report 2021, Frankfurt/M. 2021

der Rechtmäßigkeit der Praktiken zur strategischen Auslandsüberwachung des BND. Das Verfahren war durch die Verfassungsbeschwerde eines Bündnisses aus Gesellschaft für Freiheitsrechte e. V. (GFF), Medienorganisationen und ausländischen Journalist:innen in Gang gekommen, die im Ausland über Menschenrechtsverletzungen in Krisengebieten oder autoritär regierte Staaten berichten. Die Verfassungsbeschwerde richtete sich gegen die 2017 gesetzlich neu geregelten Bestimmungen, die dem BND im Wege der Ausland-Ausland-Telekommunikationsüberwachung die Erhebung, Speicherung und Auswertung von Daten erlaubten. Angegriffen wurden außerdem bereits zuvor bestehende Bestimmungen, die den BND dazu ermächtigten, seine Erkenntnisse an in- und ausländische Stellen zu übermitteln.

Mit Urteil vom 19. Mai 2020 hat das Bundesverfassungsgericht folgendermaßen entschieden: Die Überwachung der Telekommunikation von Ausländer:innen im Ausland durch den BND ist an die Grundrechte des Grundgesetzes gebunden und verstößt nach der bisherigen Ausgestaltung der gesetzlichen Ermächtigungsgrundlagen gegen das Telekommunikationsgeheimnis (Art. 10 Abs. 1 GG) und die Pressefreiheit (Art. 5 Abs. 1 Satz 2 GG). Das heißt: Der Schutz des Art. 10 und Art. 5 GG erstreckt sich auch auf Ausländer:innen im Ausland.

Das gilt unabhängig davon, ob die Überwachung vom Inland oder vom Ausland aus erfolgt. Damit hat das Bundesverfassungsgericht erstmals klargestellt, dass sich der Schutz der Grundrechte gegenüber der deutschen Staatsgewalt nicht auf das deutsche Staatsgebiet beschränkt.

Mit diesem Grundsatzurteil erklärt das Bundesverfassungsgericht weltweite Massenüberwachung (strategische Auslandsaufklärung) durch den BND für weitgehend verfassungswidrig und stärkt internationale Menschenrechte und Pressefreiheit.

Eine verfassungsmäßige Ausgestaltung der gesetzlichen Grundlagen der strategischen Ausland-Ausland-Fernmeldeaufklärung (auch: »Ausland-Ausland-Telekommunikationsüberwachung«), inklusive einer unabhängigen Kontrolle solcher Maßnahmen, sei jedoch möglich, so das Gericht.[22]

2021: Nachdem inländische Kläger:innen mit ihren Klagen hinsichtlich der Verletzung eigener Grundrechte – mangels konkret nachweisbarer Betroffenheit – vor Bundesverwaltungsgericht und Bundesverfassungsgericht gescheitert sind, hat der Europäische Gerichtshof für Menschenrechte Anfang Januar 2021 eine Beschwerde der bundesdeutschen Journalistenorganisation »Reporter ohne Grenzen« gegen den BND zur Entscheidung angenommen. Es geht um den dringenden Verdacht, dass der BND millionenfach u. a. den E-Mail-Verkehr von Deutschen durchleuchtet. Auch in diesem Fall geht es also wieder um die anlasslose Massenüberwachung durch den BND, wobei allerdings deutsche Bundesbürger:innen vor einer solchen heimlichen und schwer nachweisbaren Überwachung ihrer Internetkommunikation, E-Mails und Chats durch den Auslandsgeheimdienst geschützt sein sollten. Und Journalist:innen im In- und Ausland wegen des Quellen- und Informantenschutzes ganz besonders. Mit einer Entscheidung des Europäischen Gerichtshofs für Menschenrechte wird nicht vor 2022 gerechnet.[23]

Ende März 2021 beschlossen Bundestag und Bundesrat, dass die anlasslose Massenüberwachung von Ausländer:innen künftig besser kontrolliert wird. Ein unabhängiger Kontrollrat soll künftig auch Anordnungen der strategischen und gezielten BND-Überwachung im Ausland vorab genehmigen, ebenso wie Daten-Übermittlungen an andere Geheimdienste.[24] Abgesehen von diesen immer noch unzureichenden Kontrollnormen ist die Gesetzesnovellierung mehr

---

22 Zu den Gesetzentwürfen zur Umsetzung der gerichtlichen Vorgaben: André Meister / Anna Biselli, Eine neue Lizenz zum Hacken, netzpolitik.org, 29.9.2020; André Meister, Ausspähen unter Freunden wird legalisiert und ausgeweitet, netzpolitik.org, 30.11.2020

23 Ronen Steinke, Klage gegen Bundesnachrichtendienst zugelassen, Süddeutsche Zeitung, 11.1.2021; »Wir kennen die Interessen des BND«. Interview mit Christian Mihr von »Reporter ohne Grenzen«, Frankfurter Rundschau, 12.1.2021

24 Vgl. Christian Rath, BND jetzt stärker im Visier, taz, 27./28.3.2021

als problematisch: Der BND darf jetzt u. a. Internet-Anbieter hacken, bis zu 30 Prozent der Übertragungskapazitäten aller global bestehenden Kommunikationsnetze überwachen und auch auf Dienste wie Facebook und Google legal zugreifen.[25]

Weitere BigBrotherAwards
Kurzbegründungen

Kategorie Politik: **Bundesinnenminister Dr. Thomas de Maizière
und Ex-Bundesinnenminister Dr. Hans-Peter Friedrich**
Gastlaudator: Max Schrems
(Ex-)Bundesinnenminister Thomas de Maizière und Ex-Bundesinnenminister Hans-Peter Friedrich erhalten den *BigBrotherAward* 2015 in
der Kategorie »Politik« für die systematische und grundlegende Sabo-
tage der geplanten Europäischen Datenschutzgrundverordnung. Statt
– wie öffentlich behauptet – Deutschlands hohes Datenschutzniveau
nach Europa zu tragen, ließen beide Innenminister ihre Beamt:innen
in enger Kooperation mit Lobbyverbänden den europäischen Datenschutz ins Gegenteil verkehren. So sollen Errungenschaften wie die
Datensparsamkeit, informierte Zustimmung der Nutzer:innen und
die Zweckbindung quasi abgeschafft werden. *(Publikumspreis 2015)*

Kategorie Neusprech: **Digitale Spurensicherung** / *Kai Biermann*
Exemplarisch für die beständigen Versuche, den Bürger:innen gegen
ihren Willen das Überwachungskonzept der Vorratsdatenspeicherung
unterzujubeln, erhält der Ausdruck »digitale Spurensicherung« einen
Neusprech-Award. Es ist nur eine von vielen Wortneuschöpfungen,
mit denen die anlasslose Sammlung aller Kommunikationsdaten ver-
schleiert werden soll. Doch sie zeigt eindrücklich, wie hartnäckig die
Befürworter dieses Konzeptes seine wahre Natur verbergen wollen.

---

25   André Meister, Bundesnachrichtendienst erhält so viele Überwachungsbefug-
     nisse wie noch nie, netzpolitik.org, 26.3.2021

2014

Willfähriger Partner
im NSA-Überwachungsskandal

BigBrotherAward für das Bundeskanzleramt
(Koordinierungsstelle der Nachrichtendienste des Bundes)

Der *BigBrotherAward* 2014 in der Kategorie »Politik« geht an das Bundeskanzleramt, vertreten durch die Hausherrin, Bundeskanzlerin Dr. Angela Merkel (CDU), den (damaligen) Bundeskanzleramtschef und Beauftragten für die Nachrichtendienste, Peter Altmaier (CDU), den damaligen Staatssekretär für Nachrichtendienst-Angelegenheiten, Klaus-Dieter Fritsche (CSU) sowie den (damaligen) Geheimdienstkoordinator Günter Heiß (CDU). Das Amt erhält den Negativpreis

1. dafür, dass die bundesdeutschen Geheimdienste eng mit dem völker- und menschenrechtswidrig agierenden US-Geheimdienst NSA und anderen Diensten des »Echelon«-Geheimverbunds[1] der »Five Eyes« kooperieren (USA, Großbritannien, Kanada, Australien, Neuseeland),

2. dafür, dass der dem Bundeskanzleramt unterstehende Bundesnachrichtendienst (BND) und das Bundesamt für Verfassungsschutz an Überwachungsinstrumenten, Spähprogrammen und Infrastrukturen der NSA beteiligt sind und

3. dafür, dass sowohl die alte als auch die neue Bundesregierung es sträflich unterlassen haben, mit Massenausforschung und Di-

---

1   Wikipedia: Echelon

gitalspionage verbundene Straftaten, Verfassungs- und Bürgerrechtsverstöße abzuwehren und die Bundesbürger sowie von
Wirtschaftsspionage betroffene Betriebe vor weiteren feindlichen Attacken zu schützen.

Bundesdeutsche Verstrickung
in den NSA-Massenüberwachungsskandal

Im Kern geht es also um bundesdeutsche Verstrickungen in den
NSA-Überwachungsskandal sowie um unterlassene Abwehr-
und Schutzmaßnahmen. Mitte 2013 ist die flächendeckende
verdachtsunabhängige Ausforschung der globalen Telekommunikation durch den US-Geheimdienst NSA (National Security
Agency) und den britischen Geheimdienst GCHQ (Government
Communications Headquarters) bekannt geworden. Die historisch einmaligen Enthüllungen basieren auf Geheimdokumenten,
die der Ex-NSA-Mitarbeiter und Whistleblower Edward Snowden
öffentlich machen ließ. Snowden spricht von der »größten verdachtsunabhängigen Überwachung in der Geschichte der Mensch-
heit«.[2] Diese digitale Durchleuchtung der Privatsphäre ganzer
Gesellschaften stellt alle Menschen, die auf irgendeine Art elektronisch kommunizieren, unter Generalverdacht, unterhöhlt die Unschuldsvermutung, führt zur Verletzung von Persönlichkeitsrechten und stellt verbriefte Grundrechte, ja die Demokratie insgesamt
in Frage.

Nach und nach stellte sich heraus, dass nicht allein US- und
britische Geheimdienste in den globalen Überwachungsskandal involviert sind, sondern dass auch deutsche Geheimdienste – BND,
Verfassungsschutz, Militärischer Abschirmdienst – an diesem
transatlantischen Geheimverbund partizipieren. Sie profitieren von
überlieferten Daten und übermitteln selbst Millionen von Telekommunikationsdaten aus Deutschland – etwa personenbezogene Ver-
bindungs- und Verdachtsdaten, die bei der Satellitenaufklärung und

---

2   Siehe dazu Quellen/Weiterführende Literatur am Ende dieser Laudatio.

der Überwachung und Kontrolle des Fernmelde- und Mobilfunk-
verkehrs ins und vom Ausland anfallen (»strategische Fernmelde-
aufklärung«).[3]

»Na und?« fragen sich noch immer viele Menschen: »Wer soll
denn diese Massen belangloser Daten überhaupt auswerten? Was
kann mir schon passieren?« Leider zu kurz gedacht, denn die doku-
mentierbaren Folgen können heftig sein: Am Ende solcher Daten-
erfassungen und -auswertungen kann etwa eine verweigerte Einreise
in die USA stehen, wie im Fall des bundesdeutschen Schriftstellers
Ilija Trojanow, der die US-Überwachungsorgie öffentlich kritisiert
hatte. Oder aber im Extremfall ein US-Drohnenbeschuss auf »Terrorverdächtige«, wie etwa im Dezember 2013 im Jemen, bei dem 17
Mitglieder eines Hochzeitskonvois ums Leben kamen. Dazwischen
ist so manche Unannehmlichkeit, Schikane oder Tortur möglich –
von verschärften Grenzverhören, Nachforschungen bei Nachbarn
oder Arbeitgebern, über Staatstrojaner im PC, die Aufnahme in US-
»No Fly«- oder Terrorlisten bis hin zu Verhaftungen oder Folter in
Spezialgefängnissen.

»Terrorist«, weil zur falschen Zeit am falschen Ort
Selbst wer treuherzig glaubt, er habe eigentlich »nichts zu verbergen«, kann plötzlich zum Opfer einer fatalen Verwechslung werden
– wie Khaled El Masri, der mit einem »Terroristen« verwechselt,
von CIA-Agenten nach Afghanistan verschleppt und monatelang
gefoltert wurde. Oder man ist zur falschen Zeit am falschen Ort wie
Murat Kurnaz, der aufgrund von »Verfassungsschutz«-Informatio-
nen als angeblicher »Terrorverdächtiger« für viereinhalb Jahre im
US-Foltercamp Guantánamo verschwand. Die durch geheimdienstliche Überwachungsaktionen erfassten Informationen können auch
dazu genutzt oder missbraucht werden, unliebsame oder »unzu-
verlässige« Politiker, Richter oder andere Entscheidungsträger zu

---

3   Vgl. dazu u. a. Dagmar Dehmer / Stephan Haselberger, BND und NSA: Die
    Chronologie des Spionageskandals, Der Tagesspiegel, 4.5.2015, www.tages-
    spiegel.de

kompromittieren und klandestin unter Druck zu setzen, um sie für bestimmte Entscheidungen gezielt gefügig zu machen oder auszuschalten.[4]

Spektakuläre Einzelfälle? Sicher, aber es gibt auch viele »kleinere« Beispiele für üble Folgen des Überwachungswahns. So forschten Geheimagenten deutscher und alliierter Dienste über die BND-Tarnbehörde »Hauptstelle für Befragungswesen« (inzwischen angeblich aufgelöst) jährlich Hunderte Flüchtlinge aus oder warben sie als »Quellen« oder Spitzel an – hier werden schutzsuchende Menschen in akuten Notlagen skrupellos abgeschöpft und für staatliche Zwecke missbraucht.[5]

Nach Informationen von Edward Snowden tauschen deutsche und US-Geheimdienste nicht nur massenhaft Informationen aus, sondern teilen auch Instrumente, gemeinsame Datenbanken (z. B. »Projekt 6«), Spähsoftware wie das XKeyscore-Überwachungsprogramm und Infrastrukturen – kurzum: Sie gehen »miteinander ins Bett«, so Snowdens bildhafte Worte in seinem ARD-Interview (vom 26.1.2014).

Diese enge Kooperation und intensive Datenübermittlungspraxis, die weitgehend ohne Datenschutzkontrolle abläuft, basiert auch auf Geheimverträgen mit den Westalliierten. Diese Verträge räumen den Vertragspartnern Sonderrechte ein, die weite Handlungsfelder eröffnen und stark in Grundrechte der Bundesbürger:innen eingreifen – ohne jede parlamentarisch-demokratische Beteiligung oder Kontrolle. Und sie beschränken die Souveränität Deutschlands bis heute.[6]

---

4   Michael Schmidt, Khaled al Masri – Verschleppt, misshandelt, aus der Bahn geraten, www.afghanistan-connection.de – Eine Kooperation von Tagesspiegel und dem ARD-FAKT-Magazin, ohne Datum; Murat Kurnaz und Guantánamo: das Thema im Überblick, www.anstageslicht.de, 16.11.2015

5   John Goetz / Hans Leyendecker, Geheimer Krieg: Deutsche Behörde horcht Asylbewerber aus, Süddeutsche Zeitung, 20.11.2013, www.sueddeutsche.de

6   Paul Schreyer, »Hier muss kräftig gegengesteuert werden«, Telepolis, 4.11.2013

Willfährige Partner im aggressiven Spiel westlicher Geheimdienste
Seit Jahren und Jahrzehnten sind die verantwortlichen Bundesregierungen und ihre Nachrichtendienste also Komplizen, Gehilfen,
ja Mittäter im großen aggressiven Spiel westlicher Geheimdienste –
oder anders formuliert: willfährige Partner. Dabei kommt dem Bundeskanzleramt eine ganz entscheidende Rolle zu. Denn dieses Amt
ist zentrale Schaltstelle der Bundesregierungen, ist zuständig für die
oberste Fachaufsicht über den Auslandsgeheimdienst BND sowie
für Koordination und Intensivierung der Zusammenarbeit aller drei
Bundesgeheimdienste untereinander und mit anderen Dienststellen
im In- und Ausland.

Wer sich in letzter Zeit verzweifelt die Frage stellte, warum die
Bundesregierung den Bürger:innen und Unternehmen, die von
der massenhaften Ausforschung betroffen sind, bis heute jeglichen
Schutz verweigert, findet hier eine plausible Antwort: Das auffallend
zögerliche Verhalten nach Snowdens Enthüllungen und die geradezu unterwürfige Zurückhaltung gegenüber den USA dürfte mit
der engen deutsch-amerikanischen Kooperation zu erklären sein;
und vor allem damit, dass Deutschland längst integraler Bestandteil der US-Sicherheitsarchitektur und des US-»Kriegs gegen den
Terror« geworden ist. Angesichts bilateraler Geheimabkommen,
Partizipation und Duldung völker- und menschenrechtswidriger
Strukturen und Aktionen der USA in der Bundesrepublik hält man
sich seitens der Bundesregierung offenbar lieber bedeckt, verharm-
lost und beschwichtigt – zumal man, frei nach Constanze Kurz vom
ChaosComputerClub, künftig »beim großen Datenroulette« nicht
länger »am Katzentisch sitzen« will.[7] So plant die Große Koalition, die
im Dezember 2013 ins Amt kam, tatsächlich eine stärkere Zentralisierung und Vernetzung der deutschen Geheimdienste untereinander
und auch mit der Polizei – und damit eine Stärkung demokratie-
widriger Geheiminstitutionen, die weder transparent noch demokratisch kontrollierbar sind. Und diese »GroKo« ist trotz des Urteils

---

7   Constanze Kurz, Direkter Draht ins abhörende Ausland, faz.net, 15.11.2013

des Europäischen Gerichtshofs, das die EU-Richtlinie zur Vorratsdatenspeicherung für grundrechtswidrig und ungültig erklärte,
entschlossen, mit der erneuten Legalisierung der verdachtslosen
Vorratsspeicherung sämtlicher Telekommunikationsdaten der Bevölkerung den Überwachungskosmos hierzulande noch gehörig zu
erweitern – anstatt ihn, wie vor dem Hintergrund der NSA-Massen-
ausforschung dringend geboten, endlich wirksam einzuschränken.

Verharmlosen, beschwichtigen und ignorieren – diese regierungsamtliche (Schein-)Reaktion auf die beunruhigende NSA-
Affäre hat einen Namen: Pofalla, Ronald (CDU) – bis Ende 2013
amtierender Chef des Bundeskanzleramts, zugleich Beauftragter für
die Nachrichtendienste und oberster Aufseher des BND.[8]

Wegducken und aussitzen: Niemand übernimmt Verantwortung

Als die NSA-Affäre im Juni 2013 für Aufsehen sorgte, da duckte sich
der unmittelbar zuständige Pofalla erstmal weg und schwieg. Niemand hat von ihm je einen erhellenden Beitrag zur Rechtmäßigkeit
der millionenfachen Auswertung von Telekommunikationsdaten
durch die US-Geheimdienste oder zur Rolle des BND vernommen.
Im Gegenteil: Er bezifferte die Weitergabe von Informationen über
deutsche Staatsbürger an US-Geheimdienste auf ganze zwei Datensätze, obwohl es nachweislich Hunderte waren. Später erklärte er
ungeachtet weiterer Enthüllungen die NSA-Affäre für beendet:[9] Alle
gegen die Geheimdienste erhobenen Vorwürfe seien »vom Tisch«
und millionenfache Grundrechtsverletzung habe es in Deutschland
nie gegeben. Vielmehr hätten ihm die beteiligten Dienste schriftlich versichert, sich an deutsches Recht zu halten. Für diese herausragenden »Vermauschel-Dienste« verlieh die NDR-Satiresendung
»Extra3« Pofalla den Negativpreis »Silberner Hilfssheriff-Stern«,
dessen Annahme er allerdings vor laufender Kamera postwendend
verweigerte – womöglich hatte er ja insgeheim einen goldenen

---

8   Wikipedia: Ronald Pofalla
9   Pofalla erklärt NSA-Affäre für beendet, Zeit online, 12.8.2013

Hilfsagenten-Orden erwartet. Oder gleich den *BigBrotherAward*. Solche Männer braucht ... die Deutsche Bahn (zu der er anschließend wechselte) – bekanntlich ihrerseits Trägerin eines *BigBrother-Awards* ...

Und Pofallas damalige Chefin, die Hausherrin des Bundeskanzleramts? Was unternahm eigentlich Frau Merkel angesichts der eskalierenden Überwachungsaffäre? Kurze Antwort: so gut wie nichts! Und dabei hatte sie doch schon dreimal Stein und Bein geschworen, ihre »Kraft dem Wohle des deutschen Volkes« zu widmen, seinen Nutzen zu mehren, Schaden von ihm zu wenden, das Grundgesetz und die Gesetze des Bundes zu wahren und zu verteidigen und ihre Pflichten gewissenhaft zu erfüllen.

Stattdessen zog Frau Merkel den Kopf zwischen die Schultern und verwies auf ihren profunden Pofalla, der die Affäre Mitte August 2013 für beendet erklärte; danach verwies sie auf ihren damaligen CSU-Innenminister Hans-Peter Friedrich, der die Affäre wenige Tage später ebenfalls für beendet erklärte. O-Ton Friedrich: »Alle Verdächtigungen, die erhoben wurden, sind ausgeräumt.«[10] Auch er sah keinen Grund, daran zu zweifeln, dass sich die USA an Recht und Gesetz hielten. Von einem eher widerwillig absolvierten Kurztrip in die USA zur Aufklärung der NSA-Affäre kehrte er höchst zufrieden mit der Mär zurück, er habe die Vorgänge geklärt. Bei der Snowden-Affäre handele es sich ohnehin um »falsche Behauptungen und Verdächtigungen, die sich in Luft aufgelöst haben (...) Wir können sehr zufrieden und auch sehr stolz darauf sein, dass unsere Nachrichtendienste bei unseren Verbündeten als leistungsfähige, bewährte und vertrauenswürdige Partner gelten« (16.8.2013). Und zum Abschluss bescheinigt Friedrich NSA-Kritiker:innen eine »Mischung aus Antiamerikanismus und Naivität«, die ihm »gewaltig auf

---

10   Friedrich hält Vorwürfe in NSA-Affäre für ausgeräumt, Zeit online, 16.8.2013; Friedrich sieht alle Vorwürfe in NSA-Affäre ausgeräumt, Spiegel online, 16.8.2013; André Meister, Innenminister Friedrich: Kritik an NSA-Überwachung ist eine »Mischung aus Anti-Amerikanismus und Naivität«, netzpolitik. org, 21.6.2013

den Senkel« gehe. Was durchaus auf Gegenseitigkeit beruht, haben wir ihn doch schon 2012 mit dem *BigBrotherAward* bedacht. Leider ohne Erfolg: Zur Rechtfertigung der NSA-Massenüberwachung hat dieser Bundesinnenminister, der zugleich Verfassungsminister war, ein sogenanntes »Supergrundrecht auf Sicherheit« frei erfunden, dem er verbriefte Grund- und Freiheitsrechte kurzerhand unterordnen zu können glaubt.[11]

»Abhören von Freunden, das geht gar nicht«

Erst als im Oktober 2013 bekannt wurde, dass die NSA schon jahrelang ein Mobiltelefon der Kanzlerin gezielt abhört, da äußerte sich Ronald Pofalla plötzlich wieder – und diesmal empört: jetzt sprach er von einem »schweren Vertrauensbruch« seitens der USA. Ihren Regierungssprecher ließ die Kanzlerin erbost von einer »völlig neuen Qualität« daherreden, denn: »Abhören von Freunden, das geht gar nicht«.[12] Also: Nicht die massenhafte Ausspähung der Bevölkerung, nicht die Sorge um deren Schutz, sondern erst dieser unfreundliche Angriff auf das Handy der Kanzlerin führte endlich zu schärferen Reaktionen gegenüber den Auftraggebern im Weißen Haus. Und, ganz nebenbei, geriet mal wieder unser Inlandsgeheimdienst »Verfassungsschutz« ins Gerede, zu dessen Kernaufgaben die Spionageabwehr gehört: Denn von den US-Spionageaktionen gegen die Kanzlerin hatte er offenbar nichts mitbekommen, geschweige denn, diese Lauschangriffe verhindert.

Und sage noch eine oder einer, die Bundesregierung hätte doch gar nichts gegen die feindlichen Attacken auf Privat-, Betriebs- und Regierungssphäre unternehmen können, nachdem doch schon das öffentlichkeitswirksam zelebrierte No-Spy-Abkommen mit den USA von Anfang an zum Scheitern verurteilt war. Doch! Die Regierung könnte (mutmaßliche) Agenten in US- und anderen Botschaf-

---

11   Manuel Bewarder / Thorsten Jungholt, Friedrich erklärt Sicherheit zum »Supergrundrecht«, welt.de, 16.7.2013

12   Merkel bekräftigt: »Ausspähen unter Freunden geht gar nicht«, welt.de, 16.2.2017

ten, von deren Gelände aus politische Institutionen ausgeforscht werden, zu unerwünschten Personen erklären und des Landes verweisen. Sie könnte im Fall möglicher Grundrechtsverletzungen zu Lasten von Bundesbürgern militärische US-Liegenschaften durch deutsche Sicherheitsbehörden kontrollieren lassen – etwa den weiteren Bau eines NSA-Abhörzentrums auf dem US-Stützpunkt in Wiesbaden, oder den US-Stützpunkt Ramstein oder aber das Africom-Regionalkommando der US-Streitkräfte in Stuttgart, das Luftangriffe, Kampfdrohnen-Einsätze, Verschleppungen und extralegale Hinrichtungen von Terrorverdächtigen in Afrika plant/e. Und die Bundesregierung könnte Geheimverträge offenlegen und revidieren. Weshalb sie und die Ermittlungsbehörden insoweit untätig geblieben sind, ist nicht nachvollziehbar und dürfte an Verfassungsbruch grenzen.

Deshalb sahen sich die Internationale Liga für Menschenrechte, Digitalcourage und der ChaosComputerClub Anfang Februar 2014 gezwungen, beim Generalbundesanwalt Strafanzeige gegen die involvierten Geheimdienste und die Bundesregierung zu erstatten, um die politisch und strafrechtlich Mitverantwortlichen endlich zur Rechenschaft zu ziehen. Es war ein Akt der Notwehr und Nothilfe, der wie ein Ventil wirkte, das plötzlich geöffnet wird: Tausende haben uns geschrieben und die Strafanzeige unterstützt oder mit erstattet.[13] Ja, und heute öffnen wir ein weiteres Ventil ... Herzlichen Glückwunsch zum *BigBrotherAward* 2014.

Publikumspreis

Bundeskanzleramt. An der Spitze landete der Preis »Politik«, bei dem es um die bundesdeutschen Verstrickungen in die NSA-Affäre geht – dicht gefolgt von dem Preis »Wirtschaft« (an die Firma CSC, die in

---

13   Die Strafanzeige ist dokumentiert in: Internationale Liga für Menschenrechte / Digitalcourage e. V. (Hg.), Spionage adé. Massenüberwachung und globale Datenspionage: Wir erstatten Strafanzeige gegen Bundesregierung und Geheimdienste, Bielefeld 2014.

Deutschland viele öffentliche Aufträge ausführt und in den USA den Geheimdiensten nahesteht). Publikumskommentare zum Gewinner Bundeskanzleramt: »Die Haltung der Bundesregierung zur NSA-Affäre muss stärker ins Bewusstsein der Öffentlichkeit gerückt werden. Die BRD ist keine Kolonie der USA.« – »Damit der Druck erhöht wird, sämtliche Machenschaften und Verstrickungen der Geheimdienste, auch der deutschen, offenzulegen.« – »Die Bundesregierung entfernt sich auf unverantwortliche Weise von ihren Aufgaben, die Freiheit der Bürger zu schützen, und unterwandert diese aktiv.«

Updates

2014: *Strafanzeige gegen die in die NSA-Massenüberwachung involvierten Geheimdienste und gegen die Bundesregierung* – und was daraus geworden ist:
Die Internationale Liga für Menschenrechte hatte Anfang 2014 zusammen mit dem ChaosComputerClub und Digitalcourage Edward Snowdens historisch einmalige Enthüllungen zum Anlass genommen, beim Generalbundesanwalt Strafanzeige zu erstatten gegen Bundesregierung und Geheimdienst-Verantwortliche. Warum? 1. Wegen massiver Verstrickung bundesdeutscher Geheimdienste in das globale Massenüberwachungssystem, 2. wegen millionenfacher Verletzung der Privatsphäre und 3. wegen sträflich unterlassener Abwehrmaßnahmen zum Schutz der Bevölkerung. Für uns war es ein Versuch, die gesellschaftliche Duldungsstarre, die wir allenthalben spürten, zu durchbrechen und die politisch und strafrechtlich Mitverantwortlichen endlich zur Rechenschaft zu ziehen.
Zwar leitete Generalbundesanwalt Harald Range als oberster Ankläger der Nation ein formelles Strafermittlungsverfahren ein – aber nur wegen des unfreundlichen US-Spionageangriffs auf das Handy der Kanzlerin Angela Merkel (CDU), nach dem Motto: ›Abhören unter Freunden, das geht gar nicht‹. Auf ein Ermittlungs-

verfahren wegen der ungleich schwerer wiegenden massenhaften Ausspähung der ganzen Bevölkerung verzichtete der Generalbundesanwalt – kurioserweise mangels »zureichender Tatsachen«. Der oberste bundesdeutsche Ankläger schreckte also vor einer konsequenten strafrechtlichen Verfolgung der Verantwortlichen zurück, obwohl es eine Fülle von Belastungsbeweisen und -zeugen gab. Dass er dennoch schon den Anfangsverdacht negierte, ist Ausdruck von Realitätsverleugnung, Willfährigkeit, womöglich Vertuschungstendenz – jedenfalls hart an der Grenze zur Strafvereitelung im Amt und passend zur regierungsamtlich organisierten Verantwortungslosigkeit. Diese Verweigerungshaltung ist eine Kapitulation des Rechtsstaats vor staatlichem Unrecht. Die demokratisch kaum kontrollierbaren bundesdeutschen Geheimdienste können sich so jeder Verantwortung entziehen, können munter weitermachen wie bisher – ja, werden auch noch weiter aufgerüstet und massenüberwachungstauglicher gemacht.

Obwohl doch deutsche Geheimdienste, insbesondere der Auslandsgeheimdienst BND, längst schon aufs Engste in den menschenrechtswidrigen NSA-Geheimverbund verflochten sind, ebenso wie in den schmutzigen US-»Krieg gegen den Terror«, in dem er nach Aussagen des NSA-Insiders Thomas Drake Daten für tödliche US-Drohnenangriffe auf Terrorverdächtige liefere. BND und NSA »liegen in einem Bett«, wie Edward Snowden weiß, teilen Systeme und Spähprogramme und tauschen massenhaft Daten aus. Oder, wie der ehemalige NSA-Mitarbeiter Thomas Drake vor dem NSA-Ausschuss des Bundestags die »geheime Schattenbeziehung« kennzeichnete: Der BND habe sich zum »Wurmfortsatz« der NSA entwickelt (s. BBA-Laudationes 2015 und 2020).

Doch der BND, der mit seiner Auslandsaufklärung längst schon gesetzlos und verfassungswidrig agiert – so Sachverständige im NSA-Untersuchungsausschuss des Bundestages sowie das Bundesverfassungsgericht 2020 – soll sich nach und nach von NSA & Co. emanzipieren und aus der Krise gestärkt hervorgehen. So jedenfalls ist die weitere Nachrüstungspolitik der Bundesregierung zu verste-

hen. Die Aufrüstung des BND schreitet jedenfalls weiter voran. Offenbar möchte die Bundesregierung endlich auf »Augenhöhe« mit
den US- und britischen Geheimdiensten agieren und so größere
Unabhängigkeit erlangen. Was wir jedenfalls seit den Enthüllung
von Snowden erleben, ist kein Insichgehen, kein Innehalten angesichts dieses unglaublichen Riesenskandals – nein, im Gegenteil:
Wir werden Zeugen eines Wettrüstens in einem globalen Informationskrieg der Geheimdienste. Dabei geht es nicht zuletzt auch
um geostrategische Interessen, um wirtschaftliche Einflusszonen,
Krisenverhütung und Rohstoffsicherung – bis hin zu militärischen
Interventionen.[14]

*Rolf Gössner: Rede während der Auftaktkundgebung »Freiheit statt
Angst 2014«* am 30. August 2014 (am Brandenburger Tor in Berlin
mit über 6.000 Teilnehmer:innen): »Was wir dringend brauchen:
einen Snowden im BND und im ›Verfassungsschutz‹! Und jede
Menge Zivilcourage!« (Auszug):

Die digitale Durchleuchtung ganzer Gesellschaften im Namen
von Sicherheit und Terrorbekämpfung stellt alle Menschen, die auf
irgendeine Art elektronisch kommunizieren, unter Generalverdacht,
sie unterhöhlt die Unschuldsvermutung, führt zu massenhafter Verletzung von Persönlichkeitsrechten, stellt die Kommunikationsfrei-
heit, stellt verbriefte Grundrechte, ja die Demokratie insgesamt in
Frage. Diese maßlose Ausforschungspraxis ist Folge einer Politik,
die Sicherheit zur Kriminalitäts- und Terrorabwehr über alles stellt
– frei nach zwei Ex-Bundesinnenministern,[15] die verbriefte Grund-
und Freiheitsrechte einem frei erfundenen »Supergrundrecht Sicherheit« unterordneten. Diese verfassungswidrige Sicht, die längst

---

14 Bisher hierhin: leicht überarbeitete Auszüge aus der Rede von Rolf Gössner
    zur Verleihung des Berliner Preises für Zivilcourage an Edward Snowden für
    sein mutiges Eintreten für Demokratie und Menschenrechte (Berlin, Juni
    2014): »Bürgerrechtliche Gegenwehr gegen Überwachungswahn und staatli-
    ches Unrecht.« Gesamte Rede unter ilmr.de.
15 Otto Schily (SPD) und Hans-Peter Friedrich (CSU).

die herrschende Sicherheitspolitik prägt, führt letztlich in einen entfesselten Präventions- und Sicherheitsstaat, in dem rechtsfreie Räu-
me gedeihen, Rechtssicherheit und Vertrauen allmählich verloren
gehen (...)

Was wir erleben sind Angriffe aggressiver Staatssicherheitsinte-
ressen auf die Substanz, auf das Selbstverständnis freiheitlicher Demokratien – Attacken nicht etwa von außen, von »extremistischen«
oder terroristischen Kräften, sondern aus dem Inneren des Systems
– wie eine überschießende Reaktion des Immunsystems, das zerstört, was es schützen sollte: Demokratie, Rechtsstaat und Menschenrechte.[16]

2017: *Parlamentarischer Untersuchungsausschuss (PUA) des Bundestags zur NSA-BND-Affäre:* Nach über dreijähriger Aufklärungs-
arbeit legte der parlamentarische NSA-Untersuchungsausschuss des
Bundestags Ende Juni 2017 seinen Abschlussbericht vor. Der PUA
war nach den Enthüllungen des Whistleblowers Edward Snowden
zur globalen NSA-Massenüberwachung eingerichtet worden. Das
Gremium sollte Ausmaß und Hintergründe der Ausspähungen
durch ausländische Geheimdienste in Deutschland sowie die Kooperation mit bundesdeutschen Geheimdiensten aufklären. Der
Ausschuss tagte fast 600 Stunden lang und hörte 89 Zeugen an (u. a.
US-Whistleblower, BND-Angehörige) und 32 Sachverständige (u. a.
Verfassungsrechtler, Informatiker). Auch Edward Snowden sollte
als sachverständiger Zeuge gehört werden, was jedoch gegen den
Unwillen und die Untätigkeit der Bundesregierung nicht durchge-
setzt werden konnte.

Der PUA-Abschlussbericht umfasst fast 2.000 Seiten. Im Verlau-
fe der PUA-Sitzungszeit ist auch das BND-Gesetz novelliert worden
(2020 teilweise vom Bundesverfassungsgericht für verfassungswid-

---

16　Redemanuskript unter freiheitstattangst.de/2014/08/geheimdienste-muessen-
vollstaendig-abgeschafft-werden; Video der Rede unter youtube.com/watch
?v=wZi8I60yIog; Demo und Kundgebung auf weltnetz.tv/video/583-widerstand-
gegen-den-ueberwachungsstaat

rig erklärt).[17] Die Einschätzungen der PUA-Erkenntnisse durch die Bundestagsfraktionen fallen recht unterschiedlich aus:

Die PUA-Arbeit sei behindert worden, so die Linksfraktion im Bundestag, etwa durch »sinnfreie Schwärzungen« in Akten, »Beeinflussung von Zeugen« und auch »Drohungen« (mit Strafanzeigen). Der Ausschuss habe den BND als »willfährigen Helfer der US-Spionage« enttarnt. Er habe überdies die Mitverantwortung der Bundesregierung für »viele Drohnentote im Geheimen Krieg« gegen den Terror via US-Stützpunkt Ramstein festgestellt. Die Lehre aus dem PUA sei, so die Bundestagsabgeordnete Martina Renner (Die Linke), dass »Freiheit und Demokratie nicht von Geheimdiensten verteidigt werden müssen, sondern gegen sie«.

Und der grüne Bundestagsabgeordnete Hans-Christian Ströbele sagte: »Die NSA hat massenhaft und anlasslos Daten abgegriffen, auch von deutschen Staatsbürgern in Deutschland, ohne rechtliche Grundlage«. Die Bundesregierung habe die Bevölkerung in vielfacher Weise irregeführt, sowohl in der Frage, ob ausländische Nachrichtendienste sich in Deutschland an deutsches Recht und Gesetz halten als auch über die Rolle des US-Luftwaffenstützpunkts Ramstein im Drohnenkrieg (s. BBA-Laudatio 2020).

Demgegenüber bewertete die SPD-Fraktion die Erkenntnisse des PUA so: Der BND sei keine kriminelle Organisation, die die »Daten braver Bürger an den maßlosen Datenstaubsauger der USA verhökert«. Die Behauptung millionenfacher Grundrechtsverletzungen, begangen an deutschen Staatsbürgern, habe sich nicht bestätigt. Und die CDU/CSU-Fraktion im Bundestag warnte: Die Konsequenz aus der Tätigkeit des Ausschusses könne nicht lauten, Nachrichtendienste »pauschal zu diffamieren oder abschaffen zu wollen«. Es gehe vielmehr darum, Fehler zu beheben.[18]

---

17 Siehe: BBA-Laudatio 2015 auf den BND, Updates

18 Für diesen Abschnitt vgl.: www.bundestag.de/dokumente/textarchiv/2017/kw26-de-ua-nsa-bericht-511680; für den Abschlussbericht: dip21.bundestag.de/dip21/btd/18/128/1812850.pdf; zur Arbeit des Ausschusses: Wikipedia: NSA-Untersuchungsausschuss

2018 f.: *Klaus-Dieter Fritsche,* Verwaltungsjurist und politischer Beamter (CSU), war seit Januar 2014 Staatssekretär im Bundeskanzleramt und Beauftragter für die Nachrichtendienste des Bundes. Im März 2018 wurde er in den Ruhestand verabschiedet. Ab März 2019 arbeitete Fritsche für die österreichische ÖVP/FPÖ-Bundesregierung als Berater des damaligen Innenministers, der der rechtspopulistischen FPÖ angehörte, für die Umgestaltung des österreichischen Nachrichtendienstes.[19]

Weiterer *BigBrotherAward*
Kurzbegründung

Kategorie Wirtschaft: **CSC (Computer Sciences Corporation)**
Laudatorin: Rena Tangens
Der *BigBrotherAward* 2014 in der Kategorie »Wirtschaft« geht an die Firma CSC (Computer Sciences Corporation). Der Konzern arbeitet im Auftrag von 10 Bundesministerien an sicherheitsrelevanten Projekten wie dem elektronischen Personalausweis, der Kommunikation mit Behörden (via De-Mail) und dem bundesweiten Waffenregister. Gleichzeitig ist die Mutterfirma die externe EDV-Abteilung der US-amerikanischen Geheimdienste und hat Entführungsflüge in Foltergefängnisse im Auftrag der CIA organisiert.

Update: Die Auszeichnung von CSC mit dem BBA 2014 – und damit das Outsourcing von Überwachungsdienstleistungen an eine kommerzielle Firma – hatte erhebliche Auswirkungen (anders als bei anderen Preisträgern aus dem Sicherheitssektor): CSC verlor danach Aufträge und es sind Vergaberichtlinien mehrerer Bundesländer geändert worden, die danach an CSC keine Aufträge mehr vergaben.[20]

---

19 Vgl. Florian Neuhann, Ex-Geheimdienstmann: Das Rätsel um Klaus-Dieter Fritsche, heute / zdf.de, 22.9.2020

20 Auch dieses Update findet sich auf der BBA-Website

2014 (… noch einmal)

Erster Positivpreis
Julia-und-Winston-Award
an Edward Snowden

In diesem Jahr verleihen wir zum ersten Mal einen Positivpreis. Der Julia-und-Winston-Award wurde benannt nach den »rebellischen« Hauptcharakteren aus George Orwells dystopischem Roman »1984«, aus dem auch der »Große Bruder« stammt. Der Award soll Personen auszeichnen, die sich in besonderem Maße gegen Überwachung und Datensammelwut eingesetzt haben. Der Preis ist auf eine Million dotiert – allerdings nicht eine Million Euro, sondern mit 1.000.000 Aufklebern mit dem Bild Edward Snowdens, die kostenlos verteilt werden, um der Forderung nach Asyl und sicherem Aufenthalt für Edward Snowden in Deutschland Nachdruck zu verleihen.

Diesen Positivpreis erhält der US-Whistleblower Edward Snowden für seine Verdienste um die Aufklärung der Machenschaften der Geheimdienste der »Five Eyes« (USA, Großbritannien, Kanada, Australien, Neuseeland) und anderer Länder (Deutschland, Frankreich). Dies ist verbunden mit enormem persönlichem Einsatz, für den er seine eigene Freiheit zur Disposition gestellt hat. Die Laudatio für den ersten *Julia-und-Winston-Award* hält Dr. Heribert Prantl, langjähriges Mitglied der Chefredaktion der »Süddeutschen Zeitung«.

Gastlaudatio von Heribert Prantl
auf Edward Snowden

In Berlin hat der Bundestag einen Untersuchungsausschuss eingesetzt, der den NSA-Skandal aufklären soll. Das Seltsame dabei ist,
dass die Mehrheit im Ausschuss den nicht hören will, der den Skandal aufgedeckt hat. Die CDU/CSU redet über Snowden, als habe er
eine ansteckende Krankheit. Und die SPD widerspricht kaum. Das
ist grober Undank.

Der Mann habe doch schon alles gesagt, was er wisse, heißt es;
man brauche ihn doch daher gar nicht mehr zu vernehmen. Das ist
vorweggenommene Beweiswürdigung. Die ist im gesamten Recht
verboten; im Deutschen Bundestag auch. Snowden ist ein zentrales
Beweismittel, das weiß jeder. Der wahre Grund dafür, warum man
Snowden nicht einmal einladen will, ist der: Die Kanzlerin Angela
Merkel fürchtet, dass dann die Amerikaner pikiert und unwirsch
reagieren, wenn sie demnächst in die USA reist. Das ist nicht nur
hasenherzig. In ihrem Amtseid hat die Kanzlerin geschworen, Schaden vom deutschen Volk zu wenden. Schaden wenden – das heißt:
etwas gegen den Schaden zu tun, den die NSA anrichtet. Stattdessen
tut die Bundesregierung so, als sei Snowden und nicht die USA der
Schädiger.

Edward Snowden ist ein Aufklärer. Er hat die globale US-Groß-
inquisition aufgedeckt und musste fliehen vor dem Großinquisitor.
Er hat persönlich keinerlei Vorteile von seiner Whistleblowerei, er
hat nur Nachteile. Den Gewinn hat die Rechtsstaatlichkeit der westlichen Demokratien, sie könnte ihn haben, wenn diese den globalen
Skandal zum Anlass nehmen, ihren Geheimdiensten Grenzen zu
setzen.

Snowden ist also nicht nur Aufklärer, er ist auch Motivator. Er hat etwas Besseres verdient als ein wackeliges, zeitlich begrenztes Asyl in Russland. Die Amerikaner verfolgen ihn, als handele es sich bei Snowden um die Reinkarnation von Bin Laden. Dabei ist er nur ein einzelner Flüchtling; er ist ein Flüchtling, wie er im Buche steht. Wie soll, wie muss Deutschland mit Edward Snowden umgehen? Vor allem dankbar! Snowden hat Schutz und Hilfe verdient. Er ist ein klassischer Flüchtling.

Man soll, man muss Edward Snowden einen stabilen Aufenthaltstitel für Deutschland geben. Man soll, man muss Edward Snowden freies Geleit gewähren. Das alles ist rechtlich möglich. Stattdessen tun die Politiker der Großen Koalition so, als sei die Macht Amerikas in Deutschland rechtsetzend. Deutschland braucht Aufklärung über die umfassenden Lauschangriffe der USA. Aufklärung ist der Ausgang aus selbstverschuldeter Unmündigkeit.

Snowdens Handeln mag in den USA strafbar sein, weil er US-Gesetze verletzt hat; wirklich kriminell sind aber die Zustände und die Machenschaften, die er anprangert. Snowden hat gegen US-Geheimhaltungsvorschriften verstoßen. Ist er deswegen Landesverräter? Nein. Verräter nennen ihn die, die selbst die Grundrechte verraten haben. Snowden hat dem Rechtsstaat Nothilfe geleistet.

Das verdient Anerkennung durch Justiz und Staat, in Deutschland und in Amerika. Snowden hat sich verdient gemacht um die rechtsstaatliche Demokratie. Er hat eine Diskussion in Gang gesetzt, die hoffentlich dazu führt, dass sich der Rechtsstaat schützt vor den NSA-Angriffen, die ihn gefährden. Einen deutschen Orden braucht er nicht unbedingt; davon kann er nicht abbeißen. Aber er braucht Schutz und Hilfe.

»Unglücklich das Land, das keine Helden hat«, sagt Galileo Galileis Schüler Andrea Sarti im Theaterstück von Bert Brecht. Amerika kann sich also eigentlich glücklich schätzen, dass es einen Snowden hat. Galilei erwidert seinem Schüler Sarti wie folgt: »Nein. Unglücklich das Land, das Helden nötig hat«. Das stimmt auch.

Snowden ist ein Symbol für den zivilcouragierten Widerstand

eines Einzelnen gegen ein mächtiges staatliches System. Er ist ein
Winzlings-David, der gegen einen Super-Goliath aufgestanden ist.
Snowden hat Widerstand geleistet und er tut das immer noch.

Widerstand ist ein Wort, das man mit dem Aufbegehren gegen
ein diktatorisches Regime verbindet. Widerstand ist aber auch in
der Demokratie, auch im Rechtsstaat notwendig. Widerstand heißt
in der Demokratie nur anders: Er heißt Widerspruch, Zivilcourage,
aufrechter Gang oder auch einfach – Edward Snowden.

Wenn Widerstand strafbar ist: Widerständler nehmen das in
Kauf. Sie nehmen die Strafe oder die Mühen der Flucht in Kauf, um
die Verhältnisse zu ändern, um Missstände und Unrecht zu beseitigen.

Der verstorbene Rechtsphilosoph Arthur Kaufmann hat einmal
vom Widerstand in der Demokratie als dem »kleinen Widerstand«
gesprochen. Dieser kleine Widerstand müsse geleistet werden, »damit der große Widerstand entbehrlich bleibt«. Manchmal ist dieser angeblich kleine Widerstand aber ein ganz großer. So ist es bei
Snowden. Sein Widerstand erfasst seine ganze physische und psychische Existenz.

Danke, Edward Snowden.[21]

*Dr. Heribert Prantl, ehemaliger Richter und Staatsanwalt in Bayern.
Langjähriger Leiter des Ressorts Innenpolitik und Mitglied der Chefredaktion der Süddeutschen Zeitung (SZ). Seit seinem Ausscheiden
aus der Redaktion (2019) ist er Kolumnist und Autor der SZ. Er ist
Verfasser zahlreicher Bücher, zuletzt: »Not und Gebot. Grundrechte in
Quarantäne«, München 2021 – eine Streitschrift für die Grundrechte
in Zeiten der Pandemie und des Corona-Ausnahmezustands.*

---

21   Video der Laudatio: www.youtube.com/watch?v=iKcpu6IloSo

2013

Rassistische Rasterungen

BigBrotherAward an die Bundespolizei
wegen Ethnic / Racial Profiling

Im Jahr 2013 geht der bei Datenfrevlern und Datenkraken gefürch-
tete *BigBrotherAward* unter anderem an die Bundespolizei, vertreten
durch ihren Präsidenten Dr. Dieter Romann, für diskriminierende
und rassistische Identitätsfeststellungen und körperliche Durchsuchungen im Zuge verdachtsunabhängiger Personenkontrollen.

Ein Fall von rassistischem Polizeihandeln

Was ist passiert? Auf dem Weg von Kassel nach Frankfurt/M. wird
im Dezember 2010 ein 25-jähriger Architekturstudent in einem
voll besetzten Regionalzug von zwei uniformierten Beamten der
Bundespolizei unvermittelt und im Befehlston aufgefordert, sich
auszuweisen. Auf seine Frage nach dem Grund erhält er keine Antwort, weshalb er sich der Aufforderung widersetzt. Nun beginnen
die Polizisten, seinen Rucksack nach Ausweispapieren zu durchsuchen und finden beim Durchwühlen statt eines Ausweises eine Tafel
Schokolade. Sie fragen den Besitzer, den sie ganz selbstverständlich
duzen, ob er die geklaut habe. Daraufhin wird er zwangsweise zurück nach Kassel auf die Dienststelle der Bundespolizei befördert,
um seine Personalien und Identität festzustellen.[1]

---

1   Fallschilderung und Verlauf des Gerichtsverfahrens in: Racial / Ethnic Profi-
    ling: amnesty international, Positionspapier zu menschenrechtswidrigen Per-
    sonenkontrollen, [September 2014], amnesty.de; Nina Raddy, Rassismus per
    Gesetz?, Deutschlandfunk Kultur, 4.9.2017, deutschlandfunkkultur.de

Nach diesem Erlebnis klagt der in Deutschland geborene und aufgewachsene Betroffene vor dem Verwaltungsgericht Koblenz, um die Rechtswidrigkeit des körperlichen und informationellen Übergriffs feststellen zu lassen. Denn er war in zwei Jahren schon zehn Mal von Bundespolizisten herausgefischt und grundlos kontrolliert worden. Vor Gericht schildert einer der beteiligten Beamten freimütig, dass ihm der Kläger unter vielen anderen Reisenden nur wegen seiner dunklen Hautfarbe aufgefallen sei, was bei ihm den »Verdacht« erweckt habe, es könne sich um einen »illegalen Ausländer« handeln. Diese Praxis entspreche den Lageerkenntnissen und einschlägigen grenzpolizeilichen Erfahrungen gemäß Bundespolizeigesetz – zumal auf besagter Bahnstrecke häufig »illegale Ausländer« verkehrten und Verstöße gegen das Aufenthaltsgesetz zu verzeichnen seien.

Das Verwaltungsgericht folgte diesen Ausführungen und hielt mit seinem Urteil vom Februar 2012 das polizeiliche »Racial Profiling« für rechtmäßig – ein gerichtlicher Persilschein für eine rassistische Kontrollpraxis, die die Bundespolizei im Prozess offen eingestanden und als »effektiv« gerechtfertigt hatte. Dieses Urteil widerspricht dem Votum des Menschenrechtsausschusses der Vereinten Nationen, der eine solche Praxis unmissverständlich als rassistische Diskriminierung versteht, die nach internationalem Recht verboten ist. Auch Art. 3 Grundgesetz verbietet eine solche Ungleichbehandlung.

»Schleierfahndungen«:
Polizeirecht als Einfallstor für diskriminierende Kontrollpraxis

Verdachtsunabhängige Kontrollen – auch »Schleierfahndungen« genannt – sind in bundesdeutschen Polizeigesetzen zwar legalisiert, aber verfassungsrechtlich umstritten. Sie gelten hierzulande als Ausgleich für die weggefallenen innereuropäischen Grenzen. Die damit verbundene Verlagerung der Grenzkontrollen ins Landesinnere kritisiert die EU-Kommission schon seit Langem als »verdeckte Grenzkontrollen« und damit als Verstoß gegen das Schengener Abkommen. Obendrein hat sich diese Polizeibefugnis in der Vergangenheit als Einfallstor für eine diskriminierende Kontrollpraxis erwiesen, die sich rassistischer Raster- und Selektionsmerkmale bedient und integraler Bestandteil einer restriktiv-repressiven Asyl- und Ausländerpolitik ist.

Tatsächlich häufen sich Beschwerden von Reisenden, die sich von der Bundespolizei rassistisch behandelt fühlen. Laut »Der Spiegel« (Nr. 2/2013) und »der Freitag« (7.2.2013) beklagen sich Betroffene oder Zeugen in zunehmendem Maße, dass Bundespolizisten Menschen aufgrund ihrer ausländischen Herkunft oder ihrer Hautfarbe diskriminierten – in Zügen, auf Bahnhöfen, Flughäfen oder Autobahnen. Aber Konsequenzen haben diese Beschwerden nur in seltenen Fällen. Auch eine Studie der EU-Agentur für Grundrechte von 2010 belegt diese Alltagserfahrung vieler schwarzer Menschen und People of Color, wonach die Polizei überdurchschnittlich viele Menschen mit sichtbarem Migrationshintergrund kontrolliert.[2]

Der hiervon betroffene Kläger ging gegen das schockierende Verwaltungsgerichtsurteil in Berufung vor das Oberverwaltungsgericht Rheinland-Pfalz (Az. 7 A 10532/12.OVG), das den Vorgang dann auch vollkommen anders wertete: nämlich als verfassungswidrig. In ihrem Beschluss (kein Urteil) vom 29. Oktober 2012 kommen die Richter zum Ergebnis, dass diese Polizeipraktiken gegen das Diskriminierungsverbot verstoßen. Ein Vertreter der Bundespolizei entschuldigte sich daraufhin zähneknirschend beim Kläger, so dass die Prozessbeteiligten den Rechtsstreit für erledigt erklären konnten.[3]

Ist nun alles gut? Leider nein: Denn damit verschwinden weder

---

2   Deutsches Institut für Menschenrechte, »Racial Profiling« – Menschenrechtswidrige Personenkontrollen nach § 22 Abs. 1 a Bundespolizeigesetz. Empfehlungen an den Gesetzgeber, Gerichte und Polizei. Studie/Analyse, Berlin 2013, www.institut-fuer-menschenrechte.de

3   OVG Rheinland-Pfalz, Pressemitteilung Nr. 20/2012, 30.10.2021, ovg.justiz.rlp.de

rassistische Vorurteile und Denkmuster aus so manchen Polizei-
köpfen, noch die diskriminierende und willkürliche Polizeipraxis.
Wie verinnerlicht diese sind, hat postwendend die Deutsche Poli-
zeigewerkschaft (DPolG) bewiesen, die die OVG-Entscheidung als
»praxisfern« bezeichnet, weil sie die Arbeit der Polizei erschwere.
»Man sieht wieder einmal«, kritisiert ihr Bundesvorsitzender Rainer
Wendt, »die Gerichte machen schöngeistige Rechtspflege, aber richten sich nicht an der Praxis aus«.[4] Ja, ja, die Schöngeister in Richter-
roben können mit ihrer »Grundrechtslyrik« dem knallharten Poli-
zeialltag ganz schön lästig werden. Solche Reaktionen belegen, dass
rassistische Denkmuster weit über die Bundespolizei hinaus zum
Alltag von Sicherheitsbehörden gehören, so dass man letztlich von
»institutionellem Rassismus« sprechen kann.

Aber warum, so werden sich manche fragen, warum ist dies
überhaupt ein Thema für den *BigBrotherAward*? Geht es doch hier
nicht um die Vernetzung von Mega-Datenpaketen mit technischen
Schnüffelmöglichkeiten, um hinterlistige Software oder internationale Abkommen zwischen Kontroll-Trollen, die nur unser Bestes
wollen – unsere Daten und unser Geld. Nein, hier geht es um ein
rechtspolitisches, ein menschenrechtliches Problem mit unmittelbaren diskriminierenden Auswirkungen auf die Informationelle
Selbstbestimmung von Menschen, die aus rassistischen Gründen in
ein polizeiliches Kontroll- oder Fahndungsraster geraten. Sie müssen sich polizeilich kontrollieren, durchsuchen und ihre Identität
überprüfen lassen, und dabei ihre personenbezogenen Daten offenbaren – und das oft mehrmals hintereinander. Ohne konkreten Anlass, ohne jeglichen individuellen Verdacht. Nur weil sie eine andere
Haut- oder Haarfarbe haben oder einfach aussehen wie »Fremde«,
»Ausländer« oder Muslime und dadurch ins »Beuteschema« der
Polizei passen.

---

4   Zitiert nach: Hubert Wetzel, Gericht verbietet diskriminierende Polizeikon-
     trollen, Süddeutsche Zeitung, 30.10.2012, sueddeutsche.de

Rassistische Vorurteile und Denkmuster im Öffentlichen Dienst
Sicherlich, auch eine Vielzahl einschlägiger Fälle und Beschwerden reicht nicht aus, um der gesamten Bundespolizei mit ihren über 40.000 Mitarbeiter:innen institutionellen Rassismus vorzuwerfen, oder der Polizei insgesamt. Aber es gibt über Racial Profiling hinaus eine Reihe weiterer beunruhigender Indizien: So kommt es immer wieder zu unverhältnismäßiger Polizeigewalt gegen Migrant:innen und zu einseitigen Ermittlungen in Fällen fremdenfeindlich-nazistischer Gewalttaten.[5] Mehr als ein Jahrzehnt lang waren Sicherheitsbehörden nicht in der Lage, den rechtsterroristischen Tätern der NSU-Mordserie auf die Spur zu kommen[6] – stattdessen brachte eine »Soko Bosporus« die Opfer der sogenannten »Döner-Morde« und ihre trauernden Angehörigen in geradezu rassistischer Weise in schweren Verdacht. In Extremfällen findet man einzelne Polizisten in rechtsextremen Ku-Klux-Klan-Strukturen oder anderen Nazigruppen.[7]

Auch die staatliche Terrorismusbekämpfung seit 9/11 trägt diskriminierende Züge, mit der Migrant:innen zu gesteigerten Sicherheitsrisiken erklärt, unter Generalverdacht gestellt und einem rigiden Überwachungssystem unterworfen worden sind. Erinnert sei nur an die umfangreichen Rasterfahndungen nach »islamistischen Schläfern«.[8] Ähnliche »Rasterungen« gab es noch im Jahr 2012 etwa unter der alten schwarz-gelben Regierung Niedersachsens (mit CDU-Innenminister Uwe Schünemann, der schon zweimal mit dem BBA ausgezeichnet wurde): Eine Informationsbroschüre des »Verfassungsschutzes« mit einer Checkliste sollte helfen, junge Mus-

---

5   Vgl. dazu: Kampagne für Opfer rassistischer Polizeigewalt (Hg.), Alltäglicher Ausnahmezustand. Institutioneller Rassismus in deutschen Strafverfolgungsbehörden, Münster 2016

6   Vgl. dazu Andreas Förster (Hg.), Geheimsache NSU. Zehn Morde, von Aufklärung keine Spur, Tübingen 2014

7   In den folgenden Jahren hat sich dieses Problem noch ausgeweitet. Vgl. Matthias Meisner / Heike Kleffner (Hg.), Extreme Sicherheit. Rechtsradikale in Polizei, Verfassungsschutz, Bundeswehr und Justiz, Freiburg 2019

8   Vgl. dazu u.a.: Rolf Gössner, Menschenrechte in Zeiten des Terrors, Hamburg 2007, S. 143 ff.

lime ausfindig zu machen, die in den »extremistischen Islamismus« abrutschen. Zu den Radikalisierungskriterien gehören etwa »Gewichtsverlust durch geänderte Essgewohnheiten«, »längere Reisen in Länder mit mehrheitlich muslimischer Bevölkerung«, »intensive Beschäftigung mit dem Leben nach dem Tod«, plötzlicher Reichtum oder Schulden. Wer solch »verdächtige« Normabweichungen feststellt, möge Kontakt zu den Sicherheitsbehörden aufnehmen, um Informationen über die jeweilige Person auszutauschen, heißt es in der Broschüre – praktisch ein Aufruf zur Denunziation.[9]

Peinliche Ausforschungen der Privatsphäre gibt es auch im Fall binationaler Ehen: »Wie war das Wetter am Hochzeitstag? Welche Sitzmöbel haben Sie im Wohnzimmer? Wie oft besuchen Sie eine religiöse Einrichtung? Welche und wo? Haben Sie einen Kosenamen für Ihren Ehegatten? Wann waren Sie und Ihr Ehegatte zuletzt gemeinsam aus? Wohin? Was gab es gestern bei Ihnen zu essen? Was ist Ihr Lieblingsessen und das Ihres Ehegatten? Auf welcher Seite im Ehebett liegen Sie? Welche Filme gucken Sie am liebsten? Ihr Ehegatte? Liest Ihr Ehegatte gerne? Wenn ja, was?«

Solche Fragen aus einem 115 Fragen umfassenden Katalog legten bzw. legen Ausländerbehörden unter anderem in Bremen, Hamburg, Berlin den Partnern binationaler Ehen in getrennten Befragungsrunden zur Beantwortung vor – um mögliche Widersprüche aufzudecken, die auf eine vermeintliche »Scheinehe« schließen lassen.[10] Mit diesem Angriff auf den Kernbereich privater Lebensgestaltung lassen sich Persönlichkeitsprofile der Betroffenen erstellen – unter Verletzung des Grundrechts auf Informationelle Selbstbestimmung. Bei auftauchenden Widersprüchen drohen dann weitere gravierende Maßnahmen wie etwa Wohnungsdurchsuchungen.

---

9   Michael M. Berger, Streit um »Islamisten-Checkliste«, Hannoversche Allgemeine, 29.5.2012, haz.de; Checkliste für Islamisten empört Muslime, Die Welt, 28.6.2012, welt.de

10   Rolf Gössner, Peinliche Ausforschung der Privatsphäre. »Scheinehe«-Ermittlungen gegen binationale Ehepaare, in: Grundrechte-Report 2013, Frankfurt/M. 2013, S. 55 ff. m. w. N.

Zurück zu unserer Preisträgerin, der Bundespolizei, die inzwischen um »Respekt!« wirbt und mit dem Befehl »Kein Platz für Rassismus« diesem einen polizeilichen Platzverweis erteilt. Jedenfalls schmückt sie sich eine Zeit lang mit einem solchen Schild, das ihr eine Antirassismus-Initiative übergeben hatte. Gerade vor dem Hintergrund der öffentlichen Diskussion zu »Racial Profiling« und Übergriffen durch Polizeibeamte solle durch die Bundespolizei »öffentlichkeitswirksam ein klares Signal gegen Rassismus und Intoleranz« gesetzt werden, so las man zeitweise auf der Internetseite der Bundespolizei (2013).[11] Begrüßenswerte Selbstkritik oder bloße Sonntagsrede?

Statt wohlfeiler Werbegags wäre es angezeigt, ein obligatorisches Antirassismus-Training in die Polizeiausbildung zu integrieren und mehr Menschen mit Migrationshintergrund in den Polizeidienst aufzunehmen. Und der Gesetzgeber ist gefordert, verdachtsunabhängige Polizeikontrollen aufgrund äußerlicher Merkmale gesetzlich zu verbieten sowie unabhängige Kontroll- und Beschwerdestellen einzurichten. Ansonsten wird sich nicht viel zum Besseren ändern.

Herzlichen Glückwunsch zum *BigBrotherAward* 2013 und gute Besserung, Bundespolizei.

Publikumspreis

Das Publikum entschied sich für die Bundespolizei, die Preisträgerin in der Kategorie »Behörden & Verwaltung«. Auswahl aus den Kommentaren: »Hier wird die Entscheidungsmacht über die Sammlung und Verwertung von Daten einzelner Personen der Exekutive überlassen! Das ist konkret beängstigend.« »Personen, die sich äußerlich von der Mehrheitsgesellschaft unterscheiden, aufgrund ihrer

---

11 Inzwischen wieder aus der Online-Präsenz entfernt, allerdings wortwörtlich im Artikel »Respekt« von Christian Altenhofen, Bundespolizei kompakt 1/2013, S. 43 nachzuschlagen.

Hautfarbe zu kontrollieren und zu diskriminieren, ist nicht nur ein diskriminierender Akt, sondern verstößt gegen das Grundgesetz und ist menschenfeindlich.« »Persönliche Erfahrungen mit dem Problem haben mich besonders sensibilisiert.« »Ich habe eine ähnliche Kontrollsituation am Bielefelder Bahnhof erlebt. Vielen, vielen Dank! Ich hoffe, beim nächsten Mal habe ich den Mut, der Polizei meine Meinung zu sagen.« »Ich finde es unmöglich, dass eine Behörde mit dem Slogan ›Dein Freund und Helfer‹ sich so menschenverachtend verhält. Da zweifelt man die Sicherheitsherstellung durch die Polizei stark an.«

Updates

2014: *Vereinte Nationen kritisieren »Racial Profiling«* / Antidiskriminierungsstelle: Unabhängige Anlaufstelle bei der deutschen Polizei überfällig.[12]

2015: *Thomas Hahn: Gegen den Korpsgeist* (zur Einrichtung einer internen Sonderbeschwerdestelle der Bundespolizei).[13]

2016: *Bundesregierung zur Voraussetzung für Kontrolle und Befragung von Personen*
1. Fahndungsmethoden, die »nur und ausschließlich an die äußere Erscheinung von Personen anknüpfen, ohne dass weitere verdichtende Erkenntnisse hinzukommen«, sind laut Bundesregierung rechtswidrig und »werden daher innerhalb der Bundespolizei weder gelehrt oder vorgegeben noch praktiziert«. Voraussetzungen für eine Befragung beziehungsweise eine daran anschließende Identitätsfeststellung nach Paragraf 22 Abs. 1 a beziehungsweise Paragraf 23 Abs. 1 Nr. 3 des Bundespoli-

---

12   www.antidiskriminierungsstelle.de, 16.6.2014
13   sueddeutsche.de, 25.5.2015

zeigesetzes seien entsprechende Lageerkenntnisse oder grenz-
polizeiliche Erfahrungen, führt die Regierung in ihrer Antwort
(BT-Drucksache 18/8037) auf eine Kleine Anfrage der Fraktion
Die Linke (BT-Drucksache 18/7958) ferner aus. Danach stützen sich die zugrunde liegenden Lageerkenntnisse auf konkrete
Zahlen, Daten und Fakten sowie Tendenzen und Entwicklungen. Darüber hinaus fließen der Antwort zufolge Erkenntnisse
zu Verkehrswegen, Migrationsrouten, möglichen Tatorten, Zeit-
räumen, Altersstrukturen, Geschlecht und entsprechenden äu-
ßerlichen Verhaltensweisen in die Lagebewertung mit ein. Auch
das äußere Erscheinungsbild einer Person – zum Beispiel die
Kleidung, das mitgeführte Gepäck sowie weitere äußere Erschei-
nungsmerkmale – könne ein »Anknüpfungspunkt an polizeiliche Erkenntnisse und daraus folgende polizeiliche Maßnahmen
sein«.[14]

2. Dazu auch: Antwort der Bundesregierung auf Parlamentarische
Anfrage der Linksfraktion im Deutschen Bundestag zur »Pro-
blematik des ›racial profiling‹ und anlasslosen Kontrollen der
Bundespolizei im Jahr 2015«.[15]

3. Urteil des Oberverwaltungsgerichts (OVG) Rheinland-Pfalz
vom 21.4.2016 (Az. 7 A 11108/14.OVG): Kontrolle im Zug /
Kontrolle einer dunkelhäutigen Familie war rechtswidrig.[16]

2018: *Oberverwaltungsgericht NRW/Münster zur Ausweiskontrolle wegen Hautfarbe*: Rechtswidriges Racial Profiling am Bochumer
Hauptbahnhof.[17]

---

14 Aus dem Newsletter des Bundestages ›HIB – Heute im Bundestag‹ vom
    19.4.2016

15 BT-Drucksache 18/8037, 6.4.2016, dip21.bundestag.de

16 Dokumentiert unter Legal Tribune Online, www.lto.de, vgl. auch: Rassismus
    bei der Bundespolizei: Nichts hören, nichts sehen, nichts sagen, proasyl.de,
    3.6.2015

17 Rechtswidriges Racial Profiling am Bochumer Hauptbahnhof, Legal Tribune
    Online, 7.8.2018, www.lto.de

2020: *Die Germanistin und Rassismusforscherin Clara Ervedosa rich-*
tet sich an den Bundesinnenminister: »*Herr Seehofer! Es gibt Racial*
Profiling.« Und zahlreiche Belege dafür. Fundierte Studien und
Gerichtsurteile belegen: Racial Profiling ist Alltag in Deutschland.
Bundesinnenminister Horst Seehofer (CSU) bestätigt mit seinem
Verhalten, dass Deutschland ein eklatantes Wahrnehmungs- und
Sprachproblem in Sachen Rassismus hat.[18]

Tadelnde Erwähnungen

Bundesregierung – Bestandsdatenauskunft nach dem Telekom-
munikationsgesetz (TKG) / *Werner Hülsmann*
Die Bundesregierung hat mit dem »Entwurf eines Gesetzes zur Änderung des Telekommunikationsgesetzes und zur Neuregelung der
Bestandsdatenauskunft« einen Gesetzentwurf vorgelegt, der den
Sicherheitsbehörden viel zu weit gehende Auskunftsmöglichkeiten
einräumt. Das Bundesverfassungsgericht hatte eine Neuregelung
gefordert, aber der neue Gesetzentwurf entspricht in vielen Punk-
ten nicht den Anforderungen des Gerichts. Unter anderem soll die
Identifizierung von Internetnutzerinnen und -nutzern über die IP-
Adresse schon zur Ermittlung geringfügiger Ordnungswidrigkeiten
zugelassen werden. Die Verfassungsschutzbehörden des Bundes
und der Länder, der Militärische Abschirmdienst und der Bundesnachrichtendienst dürfen diese Daten laut dem bereits vom Bundestag beschlossenen Entwurf sogar ohne konkrete Verdachtsmomente
auf verfassungsfeindliche Aktivitäten abrufen.

Update: Die sogenannte Bestandsdatenauskunft, also der staatliche Zugriff auf personenbezogene Daten von Telekommunika-
tionsdiensteanbietern über ihre Kund:innen ist 2020 schon zum
zweiten Mal für verfassungswidrig erklärt worden (Urteil vom
27.5.2020).

---

18   In: MiGAZIN 16.7.2020, www.migazin.de

EU-Überwachungssystem EUROSUR / *Rolf Gössner*

»EUROSUR« ist ein »Frühwarnsystem«, das die »Überwachung, Ermittlung, Identifizierung, Nachverfolgung, Vorbeugung und das Abfangen« im Falle illegaler Grenzübertritte in die EU erleichtern soll. Mit dem Einsatz von Drohnen, Satelliten, Radarüberwachung und auch von geheimdienstlichen Mitteln zur Vorfeldaufklärung wird die EU an ihren Außengrenzen weiter zu einer elektronischen Festung ausgebaut, um Migranten und Geflüchtete abzuwehren. Mit neuen Überwachungstechnologien sollen Flüchtlingsboote aufgespürt und daran gehindert werden, das Ursprungsland überhaupt zu verlassen; falls schon geschehen, sollen solche Boote auf hoher See abgefangen werden. Damit wird das ohnehin schon eingeschränkte Asylrecht noch stärker ausgehöhlt. Der Innenausschuss des Europaparlaments hat »EUROSUR« im November 2012 beschlossen. »EUROSUR« soll die EU-Mitgliedsstaaten und ihre Grenzsicherungsagentur »FRONTEX« mit einem präventiven Grenzkontrollsystem zur Vorfeldaufklärung unterstützen.

2012

Fortschreitende Entgrenzung exekutiver Staatsgewalt: Gemeinsame Abwehrzentren und Dateien zur Terrorbekämpfung

BigBrotherAward
für Bundesinnenminister Dr. Hans-Peter Friedrich (CSU)

Der *BigBrotherAward* 2012 in der Kategorie »Politik« geht an Bundesinnenminister Dr. Hans-Peter Friedrich (CSU). Der Innenminister erhält den Preis für dreierlei:

1. für die Einrichtung eines Cyber-Abwehrzentrums ohne Legitimation durch den Bundestag,
2. für die Einrichtung eines Gemeinsamen Abwehrzentrums gegen Rechtsextremismus (GAR), ebenfalls am Parlament vorbei,
3. für die Entscheidung, eine gemeinsame zentrale Verbunddatei »gewaltbezogener Rechtsextremismus« zu errichten.

Mit der geplanten Verbunddatei und den neuen Abwehrzentren werden Polizei, Geheimdienste und teilweise das Militär auf problematische Weise verzahnt – unter Missachtung des Verfassungsgebots einer strikten Trennung dieser Sicherheitsbehörden.

Was will Bundesinnenminister Friedrich mit diesen drei Projekten bezwecken und wo liegen die Probleme?

1. Das Nationale Cyber-Abwehrzentrum (NCAZ)

ist eine Kooperationseinrichtung deutscher Sicherheitsbehörden auf Bundesebene zur Abwehr elektronischer (Hacker-)Angriffe auf

kritische IT-Infrastrukturen der Bundesrepublik und ihrer Wirtschaft. Das vernünftig klingende Ziel: Prävention, Information und
Frühwarnung vor sogenannten Cyber-Angriffen.[1] Das Abwehrzentrum wurde im Februar 2011 ohne Beteiligung des Bundestages gegründet und am 16. Juni 2011 von Bundesinnenminister Friedrich
offiziell eröffnet. Es ist beim Bundesamt für Sicherheit in der Informationstechnik (BSI) angesiedelt und hat seinen Sitz im Bonner
Stadtteil Mehlem. In dieser Cyber-Wacht am Rhein kooperieren
unter anderem das BSI, das Bundeskriminalamt (BKA), der Bundesnachrichtendienst (BND), das Bundesamt für Verfassungsschutz
(BfV), der Militärische Abschirmdienst (MAD), das Bundesamt für
Bevölkerungsschutz und Katastrophenhilfe sowie die Bundespolizei, das Zollkriminalamt – und nicht zuletzt die Bundeswehr (seit
2017 das Kommando Cyber- und Informationsraum, KdoCIR).[2]

Im Kampf gegen das Böse und Subversive müssen alle staatlichen Kräfte gebündelt werden – das ist die gängige Begründung
der Bundesregierung für solch problematische Ämterverquickung.
Operative Abwehr von Cyber-Attacken also auf »Teufel komm raus«
und ohne Rücksicht auf verfassungs- und datenschutzrechtliche
Machtbegrenzungen?

2. Das Gemeinsame Abwehrzentrum
gegen Rechtsextremismus (GAR)

ist eine Reaktion auf die bekannt gewordene Nazi-Mordserie des
NSU und auf das skandalöse Versagen der Sicherheitsbehörden.
Dem Vorbild des Gemeinsamen Terrorismus-Abwehrzentrums zur

---

1 Laut NCAZ (zur Zeit der Preisverleihung): ganzheitlicher Ansatz, »der die
  verschiedenen Gefährdungen im Cyber-Raum zusammenführt: Cyber-Spio-
  nage, Cyber-Ausspähung, Cyber-Terrorismus und Cyber-Crime. Das Ziel:
  Schneller Informationsaustausch, schnelle Bewertungen und daraus abgelei-
  tete konkrete Handlungsempfehlungen.« Auf der Website des Bundesamts für
  Sicherheit in der Informationstechnik (BSI, bsi.bund.de) findet sich Näheres
  zum Nationalen Cyber-Abwehrzentrum – so wie es sich heute selber charak-
  terisiert.
2 Vgl. BBA-Verleihung 2017

Bekämpfung des »islamistischen Terrorismus« in Berlin-Treptow folgend arbeiten im GAR die Bundes- und Landeskriminalämter, die Verfassungsschutzbehörden des Bundes und der Länder, BND und MAD sowie die Bundesanwaltschaft und Europol zusammen – insgesamt 40 Behörden mit bis zu 140 Behördenvertretern, davon jeweils mindestens 50 Kräfte vom BKA und »Verfassungsschutz«.

Das GAR soll die Kooperation und Koordination der Sicherheitsbehörden bei der Bekämpfung von Rechtsextremismus und -terrorismus verbessern sowie den Informationsaustausch zwischen den polizeilichen und nachrichtendienstlichen Sicherheitsstellen aus Bund und Ländern bündeln. Die so gewonnenen und zusammengeführten Informationen sollen »schnell und ausgerichtet auf die Umsetzung von operativen Maßnahmen« aufbereitet werden, so das Bundesinnenministerium.[3] Das bedeutet, dass dann auf dieser Grundlage gegen Verdächtige mit geheimdienstlichen oder polizeilich-repressiven Maßnahmen vorgegangen werden kann. Damit soll ein »permanenter Fahndungs- und Verfolgungsdruck auf die rechtsextreme Szene« ausgeübt werden, so der damalige BKA-Chef Jörg Ziercke.[4]

3. Eine gemeinsame zentrale Verbunddatei »gewaltbezogener Rechtsextremismus«

von Polizei und »Verfassungsschutz« soll demnächst eingerichtet werden – parallel zu der bereits seit 2007 bestehenden gemeinsamen Antiterror-Verbunddatei »islamistischer Terrorismus«, gegen die aktuell (2012) eine Verfassungsbeschwerde läuft und für die bereits 2006 die Innenministerkonferenz einen präventiv verliehenen *BigBrotherAward* erhalten hatte. Die neue Verbunddatei soll von allen bundesdeutschen Polizeien und Geheimdiensten des Bundes – mit Ausnahme des BND – und der Länder bestückt und genutzt werden.

---

3   BMI, 6.2.2012

4   taz, 17./18.12.2011

Bundesjustizministerin Sabine Leutheusser-Schnarrenberger
(FDP) – für bürgerrechtliche Auswirkungen solcher Instrumente
durchaus sensibel[5] – hat die geplante Verbunddatei gegen den Vorwurf verteidigt, es handele sich um eine Gesinnungsdatei – schließlich würden dort lediglich »Rechtsextremisten« eingetragen, die
einen klaren Gewaltbezug aufweisen. In der Datei werden allerdings
nicht etwa nur rechtskräftig verurteilte Gewalttäter gespeichert,
sondern auch mutmaßlich Rechtsextreme, die lediglich aufgrund
geheimdienstlicher Vorfelderkenntnisse als gewalttätig oder gewalt-
bereit eingestuft werden. Es handelt sich also im Kern um eine Präventivdatei mit Daten von Verdächtigen. Erfasst werden sollen dabei
auch Kontaktpersonen, die (nicht nur flüchtige) Kontakte zu gewalt-
bereiten Nazis halten. Insgesamt sollen etwa 10.000 Datenprofile zusammengeführt und in die Verbunddatei eingestellt werden.[6]

Staatsgewaltige Entgrenzung

Mit all diesen neuen Instrumenten erfährt die exekutive Staatsgewalt eine weitere problematische Entgrenzung. Polizeiliche und
geheimdienstliche Kompetenzen werden zentralisiert und zusammengeführt. Beim Cyber-Abwehrzentrum kommt sogar noch die
unmittelbare Kooperation von Sicherheitsbehörden und Militär
hinzu (bei räumlicher Trennung) und damit eine Verwischung der
Grenzen zwischen innerer und äußerer Sicherheit.

Was aber ist so problematisch an dieser verstärkten Ämterverquickung und an gemeinsamen Datenpools von Polizei und Geheimdiensten? Eine solche Zusammenführung bedeutet – trotz
anderslautender Beteuerungen, trotz eingebauter Hürden: die

---

5   Siehe auch Gastbeitrag von Sabine Leutheusser-Schnarrenberger in diesem
     Buch Seite 94 ff. mit biografischen Angaben auch zu ihrem vorbildlichen Ver-
     halten als Bundesjustizministerin.
6   Deutscher Bundestag, 18. Wahlperiode, Drucksache 18/8060, 7.4.2016: Evaluie-
     rung des Rechtsextremismus-Datei-Gesetzes nach Artikel 3 Abs. 2 des Gesetzes
     zur Verbesserung der Bekämpfung des Rechtsextremismus vom 20.8.2012 im
     Auftrag des Bundesministeriums des Innern (Nov. 2015), dip21.bundestag.de

Durchlöcherung, ja teilweise sogar Aufhebung der verfassungsgemäßen Trennung von Polizei und Geheimdiensten.[7] Immerhin handelt es sich bei diesem Trennungsgebot um eine historisch bedeutsame Konsequenz aus den bitteren Erfahrungen mit Reichssicherheitshauptamt und Gestapo der Nazizeit, die sowohl geheimdienstlich als auch exekutiv-vollziehend tätig waren. Mit der Trennung sollten ursprünglich in Westdeutschland eine unkontrollierbare und damit undemokratische Machtkonzentration der Sicherheitsapparate sowie eine neue Geheimpolizei verhindert werden.[8] Mit den neuen Abwehrzentren und der Verbunddatei entsteht die Gefahr, dass Geheimdienste tendenziell zum verlängerten nachrichtendienstlichen Arm der Polizei mutieren und diese zum verlängerten Exekutiv-Arm der Geheimdienste.

Aufrüstungs- und Überwachungsreflexe

Gerade im Fall der NSU-Mordserie und der offensichtlichen Nichtermittlung ihres rassistischen Hintergrunds durch die Sicherheitsbehörden kann man – nach allem, was man (2012) weiß – nicht etwa von Unfähigkeit, Pannen oder Konfusion des polizeilichen Staats- und geheimdienstlichen Verfassungsschutzes sprechen, vielmehr in hohem Maße von ideologischen Scheuklappen der Sicherheitsorgane, von Ignoranz und systematischer Verharmlosung des nazistischen Spektrums – begünstigt auch durch eine jahrzehntelang einseitig ausgerichtete Politik der »Inneren Sicherheit« auf den sogenannten Linksextremismus und Islamismus. Jedenfalls wurde im Fall der Nazi-Mordserie der rassistische Hintergrund allzu lange Zeit nicht ernsthaft ausgeleuchtet.

---

7   Dazu grundsätzlich: Michael L. Fremuth, Wächst zusammen, was zusammengehört? Das Trennungsgebot zwischen Polizeibehörden und Nachrichtendiensten im Lichte der Reform der deutschen Sicherheitsarchitektur, Archiv des öffentlichen Rechts, Vol. 139, No. 1 (März 2014), S. 32-79; Rolf Gössner, Sicherheitspolitische Wiedervereinigung, SoZ – Sozialistische Zeitung 1/2015

8   Wikipedia: Trennungsgebot zwischen Polizei und Nachrichtendiensten

Es ist absurd, wie selbst dieses ideologisch bedingte Versagen der Staats- und Verfassungsschutzbehörden von Sicherheitspolitikern wie Bundesinnenminister Friedrich, der bislang nicht als Hardliner aufgefallen war, reflexartig und populistisch dazu genutzt wird, weitere sicherheitsstaatliche Nachrüstungsmaßnahmen für die Versagerbehörden durchzusetzen – und damit auch noch im Kampf gegen Rechts demokratie-unverträgliche Strukturen auszubauen, die aufgrund der Erfahrungen mit der Nazizeit hierzulande gerade verhindert werden sollten.

Bundesinnenminister Friedrich suggeriert mit seinen negativ-preiswürdigen Projekten, dass die skandalöse Nichtermittlung des rassistischen Hintergrundes der Mordserie an fehlenden Befugnissen gelegen habe, die man den Sicherheitsorganen jetzt endlich zugestehen müsse. Doch Befugnisse, Ermittlungs- und Kooperationsmöglichkeiten gab es bislang schon mehr als genug – nach jahrelanger Aufrüstung im Zuge staatlicher »Terrorismusbekämpfung« und etwa im Rahmen der Gewalttäter-Verbunddatei »Rechts«, der Zentraldatei »rechtsextremistische Kameradschaften« sowie der »Informationsgruppe zur Beobachtung und Bekämpfung rechtsextremistischer/-terroristischer, insbesondere fremdenfeindlicher Gewaltakte« (IGR). Ja, solche ressortübergreifenden Kooperationsprojekte gibt es bereits seit Beginn der 1990er Jahre – und wir fragen uns, was diese eigentlich die ganze Zeit mit welchen Resultaten getrieben haben.[9]

Der tödlichen Bedrohung durch Nazis kann auch mit weiterer technischer Aufrüstung und institutioneller Verquickung kaum wirksam begegnet werden, solange die Sicherheitsbehörden des Bundes und der Länder ihre ideologischen Scheuklappen nicht ablegen, das nazistische Spektrum verharmlosen und den rassistischen Hintergrund von schweren Straftaten nicht zur Kenntnis nehmen wollen; solange der »Verfassungsschutz« bundesweit mit seinem dubiosen und kriminellen V-Leute-System heillos in Naziszenen

---

9   Vgl. Mitteilungen der Humanistischen Union. Zeitschrift für Aufklärung und
     Bürgerrechte, Mai 2012, S. 1 ff. (3)

Foto: Bernd Sieker

verstrickt ist, sie mitfinanziert und Erkenntnisse über mögliche Verbrechen für sich behält; und solange die Tatsache ignoriert wird,
dass Rassismus und Fremdenfeindlichkeit weit in die Mitte der Gesellschaft reichen und eben auch teilweise weit hinein in staatliche
Institutionen wie Polizei und »Verfassungsschutz« (was sich später
deutlich herausgestellt hat).

Nicht alternativlos:

Mehr Demokratie, mehr Offenheit, mehr Humanität

Mit den Gemeinsamen Abwehrzentren der Polizei, Geheimdienste und (teilweise) des Militärs und mit den Verbunddateien wächst weiter zusammen, was nicht zusammengehört, wird eine wichtige demokratische Lehre aus der deutschen Geschichte weitgehend entsorgt, werden rechtsstaatliche Begrenzungen letztlich einer grenzenlosen Prävention geopfert – mit der Folge einer fatalen Machtkonzentration der Sicherheitsbehörden, die sich immer schwerer demokratisch kontrollieren lassen.

Herzlichen Glückwunsch zu diesem wohlverdienten *BigBrother-Award*, Herr Bundesinnenminister, und lassen Sie sich abschließend sagen: Ihre gefährliche Symbolpolitik ist keineswegs alternativlos. Es war der frühere norwegische Ministerpräsident Jens Stoltenberg, der in seiner bemerkenswerten Trauerrede für die 77 Todesopfer des rassistischen Massakers in Oslo und Utøya 2011 die weitsichtige Antwort auf die entsetzlichen Taten des fremdenfeindlichen Mörders fand: »Wir sind erschüttert von dem, was uns getroffen hat. Aber wir geben nie unsere Werte auf. Unsere Antwort ist mehr Demokratie, mehr Offenheit und mehr Humanität.«[10]

(Inwieweit sich das mit Stoltenbergs 2014 angetretener Position und Politik als NATO-Generalsekretär verträgt, sei hier dahingestellt …, R. G., 2021)

Updates

1. *Das Nationale Cyber-Abwehrzentrum (Cyber-AZ)* hatte sich im Laufe der Jahre mit IT-Sicherheit, Cyber- und Hackerangriffen auf öffentliche Netzinfrastrukturen zu beschäftigen. Zur laufenden

---

10   »Unsere Antwort ist mehr Demokratie und mehr Humanität«, in: Göttinger Tageblatt, 24.7.2011, goettinger-tageblatt.de

Arbeit des Cyber-AZ hat netzpolitik.org eine Übersichtsseite mit jeweils aktuellen Artikeln erstellt.[11]

Seit 2011/12 hat sich das Cyber-AZ weiterentwickelt: »So wie die Gefährdungslage sich seit 2011 verändert hat, hat sich auch das Cyber-AZ gewandelt. Es entwickelte sich von einer reinen Informationsdrehscheibe hin zur zentralen Kooperationsplattform der IT-Sicherheitsbehörden«, so das Bundesamt für Sicherheit in der Informationstechnik (BSI).[12] Neues Vorbild für dieses Zentrum sind das »Gemeinsame Terrorabwehrzentrum« (GTAZ) und das »Gemeinsame Extremismus- und Terrorismusabwehrzentrum« (GETZ) zur Terrorbekämpfung, in denen jeweils Polizeien und Geheimdienste des Bundes und der Länder unmittelbar zusammenarbeiten. Folgerichtig wurde die Koordinierung, die zunächst beim BSI lag, dem BKA übertragen.[13]

Der Bundesrechnungshof kritisierte 2014 in einem vertraulichen Bericht die Arbeit des Nationalen Cyber-Abwehrzentrums. Er bemängelt insbesondere, dass der Hauptzweck, die Kompetenzen der beteiligten Behörden zu bündeln, nicht erfüllt werde und es keine klare Arbeitsstruktur gebe und keinen nachvollziehbaren Output.[14]

Zur Cyber-Sicherheitsstrategie der Bundesregierung siehe die Antwort der Bundesregierung auf Anfrage der Linksfraktion, BT-Drucksache 18/10839 vom 16.1.2017.[15]

Nach einem großangelegten Datendiebstahlsangriff auf Politi-

---

11   netzpolitik.org/tag/cyber-abwehrzentrum/

12   Zitat Ende März 2021 noch hier nachweisbar: wikizero.com/index.php/de/
     Bundesamt_für_Sicherheit_in_der_Informationstechnik; Aktuelle Darstellungen zum Cyber-AZ z. B. unter bsi.bund.de oder auf der Website des Bundesministeriums der Verteidigung bmvg.de

13   www.secupedia.info/wiki/Nationales_Cyber-Abwehrzentrum

14   Vgl. John Goetz/Hans Leyendecker, Rechnungsprüfer halten Cyber-Abwehrzentrum für »nicht gerechtfertigt«, sueddeutsche.de, 7.6.2014

15   Deutscher Bundestag, 18. Wahlperiode, Drucksache 18/10839, 16.1.2017, Antwort der Bundesregierung auf die Kleine Anfrage der Abgeordneten Jan Korte, Frank Tempel, Dr. André Hahn, weiterer Abgeordneter der Fraktion DIE LINKE, dip21.bundestag.de

ker:innen (2018) kündigte das Bundesinnenministerium an, das Cyber-AZ zu einem »Cyber-Abwehrzentrum plus« weiterzuentwickeln.

Um digitale Sicherheit kümmern sich zahlreiche Behörden-
mitarbeiter:innen in vielen Dienststellen. Außerdem gibt es neben
dem Nationalen Cyber-Abwehrzentrum auch noch das gemeinsame Internet-Zentrum, das Bundesamt für Sicherheit in der Informationstechnik, die Zentralstelle für Informationstechnik und den
Nationalen Cyber-Sicherheitsrat.[16]

Dazu kommen noch die IT-Fachdienststellen in den 16 Landes-
kriminalämtern und die Cyber-Cops beim Bundeskriminalamt sowie das Kommando Cyber- und Informationsraum der Bundeswehr.
Und die Cyber-Analysten des Bundesnachrichtendienstes. Auch im
Bundesamt für Verfassungsschutz beschäftigen sich mehrere Abtei-
lungen mit »Cyber-Sicherheit«. In zahlreichen Bundesländern gibt
es inzwischen auch Länder-Cyber-Abwehrzentren.

2. *Die Arbeit des »Gemeinsamen Abwehrzentrums gegen Rechtsex-
tremismus/-terrorismus« (GAR)* wird seit Ende 2012 im Rahmen
des »Gemeinsamen Extremismus- und Terrorismusabwehrzent-
rums« (GETZ) fortgeführt.[17] Mit der Aufnahme des Wirkbetriebs
des GETZ am 15. November 2012 sei neben dem »Gemeinsamen
Terrorismusabwehrzentrum« (GTAZ) eine weitere »behördenüber-
greifende Kommunikationsplattform« für die Phänomenbereiche
Rechtsextremismus / Rechtsterrorismus, Linksextremismus / Links-
terrorismus, Ausländerextremismus / Ausländerterrorismus und
Spionage / Proliferation geschaffen worden.[18]

---

16 Peter Welchering, Bundes-Cyberagentur: Konzertierte Hilflosigkeit, zdf heute
    3.7.2019, www.zdf.de

17 Deutscher Bundestag, 17. Wahlperiode, Drucksache 17/11857, 12.12.2012,
    Antwort der Bundesregierung auf eine Kleine Anfrage der Abgeordneten Ulla
    Jelpke, Petra Pau, Jens Petermann, weiterer Abgeordneter und der Fraktion
    DIE LINKE, dip21.bundestag.de

18 Im Bundestag notiert: Gemeinsames Abwehrzentrum gegen Rechtsextremis-
    mus/-terrorismus, 24.1.2013, HIB – Heute im Bundestag, bundestag.de/web-
    archiv

An dem Gemeinsamen Abwehrzentrum beteiligt sind insbesondere das BKA und das Bundesamt für Verfassungsschutz, der BND,
die Bundespolizei, der Generalbundesanwalt, das Zollkriminalamt
und der MAD. Sitz des GETZ sind die Standorte von Bundesamt für
Verfassungsschutz in Köln und Bundeskriminalamt in Meckenheim
bei Bonn (Hauptsitz Wiesbaden).

3. *Die Bundeswehr-Organisation für Cyber-Angelegenheiten:* das
»Kommando Strategische Aufklärung« ist das militärische Pendant
zum Cyber-AZ. Die hierfür zuständige militärische Organisation
ist das 2017 in Dienst gestellte »Kommando Cyber- und Informationsraum« (KdoCIR), für das die Bundeswehr und die damalige
Bundesverteidigungsministerin Ursula von der Leyen mit dem *Big-
BrotherAward* 2017 ausgezeichnet wurden.

4. *Dr. Hans-Peter Friedrich* (CSU) war nach seiner Zeit als Bundesinnenminister ab 2013 Bundesminister für Ernährung und
Landwirtschaft in der Großen Koalition und erklärte 2014 seinen
Rücktritt (wegen Vorwurfs des Verrats von Dienstgeheimnissen in
Zeiten als Bundesinnenminister). Nach der Bundestagswahl 2017
wurde Friedrich zum Vizepräsidenten des Deutschen Bundestages
gewählt.

Weitere *BigBrotherAwards*
Kurzbegründungen

Kategorie Behörden & Verwaltung:
Sächsischer Innenminister Markus Ulbig, Dresden
Laudator: Sönke Hilbrans
Der *BigBrotherAward* 2012 in der Kategorie »Behörden und Ver-
waltung« geht an den sächsischen Staatsminister des Innern, Herrn
Markus Ulbig, für Funkzellenabfragen im Raum Dresden. Nachdem
am 19. Februar 2011 in Dresden 20.000 Menschen gegen einen Nazi-

aufmarsch demonstriert hatten, forderten das Landeskriminalamt und die Polizei in Dresden die Telekommunikationsverbindungsdaten für 28 Funkzellen an, die Masse davon aus dem örtlichen Bereich des Versammlungsgeschehens. Bald tauchten die erhobenen Daten in Strafverfahren auf, für die man sicher keine Funkzellenabfrage genehmigt bekommen hätte. Der Preisträger verteidigt den ausgelösten Daten-Tsunami von über einer Million Datensätze zu inzwischen mehr als 55.000 identifizierten Anschlussinhaber:innen als rechtmäßig.

Kategorie Kommunikation: **Cloud**
Laudatorin: Rena Tangens
Der *BigBrotherAward* in der Kategorie »Kommunikation« geht an die Cloud als Trend, Nutzer:innen die Kontrolle über ihre Daten zu entziehen. Wer Adressbücher und Fotos – und damit die Daten anderer Menschen – oder Archive, Vertriebsinfos und Firmeninterna unverschlüsselt in den undurchsichtigen Nebel der Cloud verlagert, handelt mindestens fahrlässig. Fast alle Cloud-Anbieter sind US-Firmen – und die sind laut Foreign Intelligence Surveillance Act verpflichtet, US-Behörden Zugriff auf alle Daten in der Cloud zu geben, auch wenn sich die Rechnerparks auf europäischem Boden befinden. Das 2008 vom Bundesverfassungsgericht postulierte Grundrecht auf Gewährleistung der Vertraulichkeit und Integrität informationstechnischer Systeme wird damit eklatant verletzt.

Kategorie Technik: **Gamma International**, München
Laudator: Frank Rosengart
Den *BigBrotherAward* in der Kategorie »Technik« erhält die Gamma Group, in Deutschland vertreten durch die Gamma International in München, für ihre Software »FinFisher«. Gamma wirbt damit, dass Sicherheitslücken in iTunes und Skype genutzt werden, um z. B. per gefälschten Updates Spionagesoftware auf andere Rechner einzuschleusen und über ihre Software »FinSpy Mobile« auch auf Blackberrys (eine Früh- bzw. Vorform der heutigen Smartphones)

zugreifen zu können. Gamma-Software wird an Geheimdienste und
staatliche Institutionen im In- und Ausland verkauft. Gefunden
wurde sie zum Beispiel bei der Erstürmung der Kairoer Zentrale des
ägyptischen Geheimdienstes durch Bürgerrechtler.

Tadelnde Erwähnung

Hamburger Polizei nutzt Personendaten aus verdachtsunabhängigen Polizeikontrollen für »Gefährder-Ansprachen« / *Rolf Gössner*
Um Autobrandstiftungen in Hamburg unter Kontrolle zu bringen,
nutzte die dortige Polizei im großen Stil Daten von Personen, die
in eine nächtliche verdachtsunabhängige Polizeikontrolle geraten
sind. Allein die Tatsache einer solchen zufälligen Ausweiskontrolle
reichte dabei offenbar aus, dass Polizist:innen betroffene Personen –
zumeist Heranwachsende und Jugendliche – heimsuchen und sich
Zutritt zu deren Wohnungen verschaffen. Das Ziel: Über sogenannte »Gefährder-Ansprachen« sollen die rund 6.000 Betroffenen ausgehorcht und über den Verbrechenscharakter von Brandstiftungen
aufgeklärt werden. Reinhard Chedor, Chef des Hamburger Landeskriminalamts, erklärt die polizeiliche Einschüchterungsstrategie
seinerzeit so: »Unsere Botschaft lautet: Wir haben euch auf dem
Schirm, Freunde, seht euch vor. Wir beobachten euch ganz genau.«
Eine Rechtsgrundlage gibt es weder für die massenhafte Speicherung und Auswertung von Kontrolldaten Unverdächtiger noch
für »Gefährder-Ansprachen« mit Drohcharakter, die auf simplen
Routine-Kontrollen ohne Anfangsverdacht und ohne weitere Erkenntnisse basieren. Es handelt sich dabei um gravierende Eingriffe
in Persönlichkeitsrechte, besonders in das Grundrecht auf Informationelle Selbstbestimmung.[19]

---

19   Vgl. Bruno Schrep, »Irgendwann gibt es Tote«, Spiegel online, 25.8.2011

2011

Big Brother lässt Drohnen fliegen

BigBrotherAward an Niedersachsens Innenminister
Uwe Schünemann (CDU) wegen der Ausspähung
von Demonstrant:innen im Wendland

Der *BigBrotherAward* 2011 in der Kategorie »Politik« geht an den niedersächsischen Innenminister Uwe Schünemann (CDU) für den ersten nachgewiesenen polizeilichen Einsatz einer Mini-Überwachungsdrohne zur heimlichen Ausspähung der Demonstrationen und Protestaktionen gegen den Castortransport im Wendland.[1] Betroffen waren unzählige Demonstrationsteilnehmer:innen, die im November 2010 zu Abertausenden gegen den radioaktiven Atommüll und die unverantwortliche Atompolitik der Bundesregierung protestierten.

Schünemanns »fliegendes Auge«

Sie sind klein, leise und unauffällig – und sie werden nicht nur zu militärischen Zwecken eingesetzt. Also nicht nur zur tödlichen Jagd auf Taliban und mutmaßliche Terroristen am fernen Hindukusch, sondern in ziviler Mission auch zur polizeilichen Überwachung von Demonstrant:innen im heimischen Wendland. Nahezu unbemerkt, nicht viel lauter als ein Schwarm Stubenfliegen schwebte das unbemannte und ferngesteuerte Flugobjekt, bestückt mit Videokamera,

---

1   Heimlicher Bewacher der Castor-Gegner, Süddeutsche Zeitung, 17.11.2010, sueddeutsche.de

im November 2010 über den Köpfen der Demonstrant:innen; dabei wurde unbemerkt gefilmt, was den fernbedienbaren Kameras vor die Linse kam. Die gestochen scharfen Bilder vom Protestgeschehen wurden zur Aufzeichnung per Funk an die Bodenstation der Polizei gesendet, wo sie ausgewertet werden konnten.

Schünemanns »fliegendes Auge« sollte den Massenprotest heimlich ausspähen. Ein solcher Demonstrationseinsatz von Polizeidrohnen ist rechtlich hoch umstritten, nicht zuletzt, weil er einschüchternde und abschreckende Wirkung auf die Versammlungsteilnehmenden haben kann. Mit seinem Mini-BigBrother der Lüfte hat der Minister den zahlreichen Einschränkungen der Versammlungsfreiheit hinterrücks eine weitere hinzugefügt und so ein elementares, ohnehin schon ernsthaft bedrohtes Grundrecht noch weiter ausgehöhlt.

Die Bürgerinitiative Umweltschutz Lüchow-Dannenberg protestierte gegen den Einsatz der neuartigen Überwachungstechnik, weil dieser das Persönlichkeitsrecht der Betroffenen und den Verfassungsgrundsatz der Verhältnismäßigkeit verletze.[2] Der Drohneneinsatz im Wendland war offenbar so geheim, dass die rechtzeitige datenschutzrechtliche Überprüfung durch den niedersächsischen Landesdatenschutzbeauftragten unterblieb und selbst der zuständige Polizei-Einsatzleiter nicht rechtzeitig informiert worden war.

Der Innenminister sprach zunächst von harmlosen Übersichtsaufnahmen, die über das Protestgeschehen gemacht worden seien.[3] Doch diese Behauptung steht im Widerspruch zu der Polizeiaussage, die Aufnahmen hätten auch der Beweissicherung und nachträglichen Aufklärung von Straftaten gedient. Zu diesem Zweck mussten Bildausschnitte aus den Videoaufzeichnungen vergrößert werden,

---

2   Erstmals ferngesteuerte Polizei-Drohne bei Castor-Protesten eingesetzt? Pressemitteilung der Bürgerinitiative Umweltschutz Lüchow-Dannenberg e. V., 16.11.2010, www.bi-luechow-dannenberg.de

3   Peter-Michael Ziegler, Niedersächsisches Innenministerium verteidigt Drohneneinsatz bei Castor-Transport, heise.de, 17.11.2010

um Gesichter identifizieren zu können – was technisch ohne Weiteres möglich ist. Damit wird allerdings in das Persönlichkeitsrecht der Betroffenen eingegriffen.

Ohne spezifische Rechtsgrundlage

Obwohl also der Einsatz von Polizeidrohnen zur Verletzung von Persönlichkeitsrechten und auch des Versammlungsrechts führen kann, gibt es dafür keine ausdrücklichen oder speziellen gesetzlichen Regelungen. Zwar ist die herkömmliche Videoüberwachung von Versammlungen im großen Stil längst gängige Polizeipraxis. Doch hat das Bundesverfassungsgericht inzwischen die anlasslose Aufzeichnung des gesamten Versammlungsgeschehens prinzipiell als unzulässigen Eingriff in das Grundrecht der Versammlungsfreiheit gewertet (Az. 1 R 2492/08). Und das Verwaltungsgericht Berlin hat 2010 die Videoüberwachung einer Demonstration auch im konkreten Fall für rechtswidrig erklärt (Az. VG 1 K 905.09). Selbst bloße Übersichtsaufnahmen für die Einsatzplanung, auch wenn diese nicht aufgezeichnet werden, so das Gericht, seien unzulässig, weil ein gezieltes Heranzoomen einzelner Personen jederzeit möglich sei. Die Videoüberwachung könnte insgesamt dazu führen, dass die Teilnehmer:innen »durch das Gefühl des Beobachtetseins eingeschüchtert« oder von der Teilnahme abgehalten werden. »Dies würde nicht nur die individuellen Entfaltungschancen des Einzelnen beeinträchtigen, sondern auch das Gemeinwohl«. Ebenso urteilte das Oberverwaltungsgericht Nordrhein-Westfalen in einem ähnlich gelagerten Fall.[4]

Diese Rechtsprechung muss selbstverständlich auch für die Videoüberwachung von Versammlungen durch Polizeidrohnen gelten – doch im Wendland ist sie missachtet worden. Denn das Wissen um solch heimlich operierende Luftspione kann Menschen in besonderem Maße davon abhalten, ihr Grundrecht auf Versammlung auszuüben.

---

4 Beschluss vom 23.11.2010, Az. OVG Münster 5 A 228/09

Vielfältige Einsatzmöglichkeiten für polizeiliche Minidrohnen
Bei der Polizeidrohne im Wendlandeinsatz handelte es sich um
ein Fluggerät vom Typ MD4-200 der Kreuztaler Firma Microdro-
nes.[5] Das niedersächsische Innenministerium hatte das etwa 50.000
Euro teure Fluggerät Ende 2008 angeschafft. Der nur knapp über
600 Gramm leichte und etwa 90 Zentimeter lange Senkrechtstarter
mit vier geräuscharmen elektrogetriebenen Rotoren, auch Quadro-
kopter oder Drehflügler genannt, kann bis zu 200 Gramm schwere
Tageslicht-, Dämmerungs- oder Wärmebildkameras mit sich führen. Er kann ferngesteuert werden, aber auch vorprogrammiert
oder per GPS autonom fliegen.

Unbemannte Luftfahrzeuge haben in den letzten Jahren stark an
Bedeutung zugenommen, seit die 2007 eingerichtete Bund-Länder-
Projektgruppe »Drohnen« ihre Arbeit aufgenommen hat. Auch bei
der Bundespolizei und in Hessen, Nordrhein-Westfalen und Sachsen werden Polizeidrohnen zunehmend in realen Einsätzen genutzt
– so etwa bei Fußballspielen zur Identifizierung von (»Hooligan-«)
Gruppen und vermeintlichen Gewalttätern. Auch bei den Demonstrationen und Blockaden gegen einen Naziaufmarsch in Dresden im
Februar 2011 ist zumindest eine Polizeidrohne gesichtet worden.[6]

Innenminister Schünemann und die bundesdeutsche Polizei
insgesamt sehen vielfältige Einsatzmöglichkeiten für Minidrohnen:
so bei Großdemonstrationen, zur Verkehrskontrolle, bei Entführungen und Geiselnahmen, zur Verfolgung von Raub, Suche nach
Vermissten, Beweissicherung und Einsatzführung, Umwelt- und
Drogenfahndung, Überwachung von Bahnanlagen und Grenzen,
bei Katastrophen etc. Denkbar wäre künftig auch die Ausrüstung
der Flugobjekte mit Nebelgranaten, Pfefferspray, Tränengas oder
Elektroschockern; vorstellbar wären auch ganze Drohnengeschwa-
der, um Versammlungen oder bestimmte Stadtteile mit intelligenter

---

5   Produktbeschreibung und -bewerbung unter www.microdrones.com/de/
    drohnen/md4-200/

6   Wikipedia: Polizeidrohne

Software selbst steuernd zu kontrollieren und einzelnen verdächtigen Gruppen und Personen nachzuspüren.

Folgt man etwa dem EU-Überwachungs- und Forschungsprojekt INDECT,[7] so sollen Polizisten künftig mit handlichen Drohnen auf Streife gehen – um damit Verdächtige ausfindig zu machen und sie zu verfolgen: Die mit hochauflösenden Spezialkameras ausgerüsteten Drohnen sollen die Verdächtigen unter anderem mit Hilfe von Gesichtserkennungsprogrammen automatisch observieren und den Polizeibeamt:innen am Boden sämtliche Informationen für einen Zugriff oder eine Festnahme liefern; zugleich sollen Beweise für ein späteres Gerichtsverfahren gesichert werden. Solche mobilen Observationssysteme werden auch für die Bekämpfung künftiger Aufstände im urbanen Raum entwickelt.[8] Während der Fußball-EM 2012 in Polen und der Ukraine sollen einzelne INDECT-Systeme bereits unter Alltagsbedingungen zur Überwachung von Sportstätten getestet werden.[9] Dabei sollen mutmaßlich gewaltorientierte Personen identifiziert und auffälliges Verhalten frühzeitig erkannt werden – etwa indem Fan-Gesänge aufgezeichnet und von einer Software auf bedrohliche Stimmlagen analysiert werden.

In einem Forschungsprojekt der europäischen Grenzschutzagentur FRONTEX werden Drohnen speziell zur Kontrolle der Außengrenzen sowie zur »Terrorismusbekämpfung« entwickelt (und wurden inzwischen – 2020 – beim Rüstungskonzern Airbus bestellt).[10]

---

7   INDECT – Totalüberwachung des öffentlichen Raums, dr-datenschutz.de, 30.7.2012; Stefan Inführ, Drohnen für die Heimatfront. INDECT-Programm: EU unterstützt Hochtechnologieforschung für Überwachung europäischer Städte, junge Welt, 19.2.2010

8   Vgl. u. a. Jörg Diehl, Himmelfahrtskommando für die Schönwetterspäher, Spiegel online, 22.6.2010

9   Claudia Frickel, Video-Drohnen sollen Städte überwachen, Focus online, 13.11.2013

10 Matthias Monroy, EU weitet Meeresüberwachung mit Drohnen aus, netzpolitik.org, 27.9.2019; Ders., Italien und Frontex überwachen das Mittelmeer jetzt mit Drohnen, netzpolitik.org, 26.10.2020

Innenminister Schünemann als »Wiederholungstäter«

Zurück zum unserem Negativpreisträger: Innenminister Schünemann ist »Wiederholungstäter«. Bereits 2003 wurde er mit dem *Big-
BrotherAward* »abgestraft« – unter anderem für die präventive Telekommunikationsüberwachung (kurz: TKÜ) im Niedersächsischen
Polizeigesetz. Allerdings musste er sich diesen Preis, anders als heute, noch mit seinen Innenministerkollegen in Bayern, Rheinland-
Pfalz und Thüringen teilen. Da er die Preisverleihung geschwänzt
und die künstlerische Preistrophäe verschmäht hatte, nutzte ich drei
Jahre später die Gelegenheit, diese Prozedur vor großem Publikum
nachzuholen. Es geschah anlässlich eines Fernsehtermins im Mor-
genmagazin »Weckup« von SAT.1 am 5. November 2006:[11] Als Früh-
stücksgäste geladen waren Schünemann, BKA-Präsident Ziercke
und ich zum Thema: »Sicherheit oder Überwachung?« Den Überfall
auf Schünemann hatte ich mit der Regie vorab klammheimlich geplant: Kurz vor Sendeschluss zauberte ich ein gerahmtes Foto vom
BigBrotherAward hervor und geißelte in einer Kurzlaudatio Schünemanns präventive TKÜ, die mittlerweile auch vom Bundesverfassungsgericht für verfassungswidrig erklärt worden war: »Hätten Sie
damals den *BigBrotherAward* 2003 entgegen und die Warnung ernst
genommen, dann hätten Sie sich eine solche Pleite vor dem Bundesverfassungsgericht ersparen können – das wäre wohlverstande-
ne Prävention gewesen.« Schünemann stand instinktiv, fast feierlich
auf, ergriff das Foto, bedankte sich artig vor laufender Kamera und
rechtfertigte sich noch.

Uwe Schünemann hat sich weder diesen Negativpreis noch das
Urteil des Bundesverfassungsgerichts, das Mitte 2005 die präventive
Telekommunikationsüberwachung für verfassungswidrig erklärte
(Az. 1 BvR 668/04), zur Warnung dienen lassen, sondern stattdes-
sen weitere Bürgerrechtsverstöße und Datenfreveleien begangen:
So fährt der »sicherheitspolitische Überzeugungstäter«, wie ihn der

---

11 Weckup, SAT.1, 5.11.2006, ein Ausschnitt dieser Sendung ist auch auf dem
    Video zur Laudatio 2011 (unter bigbrotherawards.de) zu sehen; dort auch die
    betreffende Szene, etwa ab Minute 11:00

frühere niedersächsische Landesdatenschutzbeauftragte Burckhard Nedden bezeichnete,[12] einen erbarmungslosen Abschiebekurs, betreibt die Ausweitung der Videoüberwachung, fordert elektronische Fußfesseln für »gefährliche Ausländer« und »gewaltbereite Islamisten« ohne richterlichen Beschluss, des Weiteren die heimliche Durchsuchung von Wohnungen, die Zensur im Internet zur Bekämpfung von Kinder- und Jugendpornografie sowie die erneute verdachtslose Vorratsspeicherung aller Telekommunikationsdaten.[13]

Deshalb soll den uneinsichtigen Innenminister dieses Jahr anlässlich der Polizeidrohnen-Premiere im Wendland der *BigBrother-Award* ungeteilt und in seiner ganzen Wucht und Härte treffen. Herzlichen Glückwunsch, Herr Schünemann.

Update

Zwar hat der *BigBrotherAward* an Uwe Schünemann nicht den Publikumspreis gewonnen, sondern »Facebook« in der Kategorie »Kommunikation«. Dennoch hat das Publikum der Verleihungsfeier seine Meinung deutlich zu Papier gebracht. Hier Auszüge: »Es ist absolut richtig, dass solchen Politikern ihre Grenzen aufgezeigt werden. Danke.« »Es ist die Spitze des Eisberges (INDECT).« »Dass Innenminister Grundrechte einschränken wollen, ist der Hammer!« »Gefährlich sind alle BBA-Kandidaten, aber am meisten bedroht fühle ich mich durch die Drohne, der ich mich nicht entziehen kann.« »Herr Schünemann ist ein Beispiel für die Ignoranz von Politikern gegenüber den Bürgern!« »Die Polizeidrohne zeigt exemplarisch, wie weit der Staat bei der Überwachung seiner Bürger:innen geht!«

---

12 Zit. nach: Marco Seng, Nedden warnt vor Handel mit Privatdaten, NWZ online, 1.2.2006

13 Wikipedia: Uwe Schünemann

Mittlerweile sind Polizeidrohnen auch in anderen Bundesländern angeschafft worden und im Einsatz. Während der Corona-Pandemie sind Polizeidrohnen 2020 etwa in Hessen und
Nordrhein-Westfalen eingesetzt worden, um die Einhaltung von
Corona-Kontaktregeln aus der Luft zu überwachen und Menschen
im öffentlichen Raum per Lautsprecher von oben zu ermahnen.

Und was ist aus dem damaligen niedersächsischen Innenminister Uwe Schünemann geworden? Nach der niedersächsischen
Landtagswahl 2013 verlor er nach 18 Jahren sein Mandat im Niedersächsischen Landtag und wegen des damaligen Regierungswechsels
auch sein Ministeramt. 2014 rückte Schünemann wieder in den
Niedersächsischen Landtag nach. Nach der Landtagswahl 2017 zog
er aufs Neue in den Landtag ein und wurde zum stellvertretenden
Vorsitzenden der CDU-Fraktion gewählt; sein Zuständigkeitsgebiet
umfasst weiterhin Innen- und Rechtspolitik. Er ist innenpolitischer
»Hardliner« geblieben.

Weitere *BigBrotherAwards*
Kurzbegründungen

Kategorie Arbeitswelt: **Deutscher Zoll**
Laudator: Prof. Dr. Peter Wedde
Ein *BigBrotherAward* 2011 in der Kategorie »Arbeitswelt« geht an
den Deutschen Zoll. Dieser lässt sich vom russischen Staat instru-
mentalisieren, indem er von deutschen Unternehmen verlangt, ihre
Beschäftigten mit russischen Antiterrorlisten abzugleichen. Diese
Listen werden auf der Grundlage eines vertraulichen russischen Gesetzes vom Geheimdienst FSB (ehemals KGB) erstellt. Im Ergebnis
werden etwa Energieunternehmen, die ihre Mitarbeiter nach den
Vorgaben des Deutschen Zolls überprüfen, von GAZPROM bei der
Lieferung von Energie bevorzugt. Die Liste der deutschen Unternehmen, die am Verfahren teilnehmen, weist inzwischen mehrere
hundert Namen auf.

April, April: Nein, nicht die GAZPROM ist es, die Kunden bevorzugt, sondern europäische und US-amerikanische Firmen. Hier werden im Zuge von Handelserleichterungen Firmen zu freiwilligen Sicherheitsüberprüfungen aufgefordert. Dabei werden auch Daten von Mitarbeiter:innen mit EU- und teilweise auch mit US-Antiterrorlisten abgeglichen – obgleich dies in Deutschland datenschutzrechtlich unzulässig ist.

Update: Das Internetportal heise.de berichtete am 22.8.2012, dass der Bundesfinanzhof die umstrittene Praxis des Antiterror-Screenings der deutschen Zollverwaltung für rechtmäßig erklärt hat. Begründet wurde dies mit dem Argument der gemeinsamen Außen- und Sicherheitspolitik in der EU, in welcher entsprechende Verordnungen zur Bekämpfung von Terrorismus verankert sind. Die Mitarbeiterprüfungen verstoßen nach Meinung des Bundesfinanzhofes nicht gegen datenschutzrechtliche Bestimmungen.

Kategorie Behörden & Verwaltung: **Zensus**
Laudator: Werner Hülsmann
Der *BigBrotherAward* 2011 in der Kategorie »Behörden und Verwaltung« geht an den Vorsitzenden der Zensuskommission Herrn Prof. Dr. Gert G. Wagner für die als »Zensus2011« bezeichnete Vollerfassung der Bevölkerung Deutschlands. Er erhält diesen Negativpreis stellvertretend für alle Beteiligten. Mit der aktuellen Volkszählung werden sensible Persönlichkeitsprofile von über 80 Millionen Menschen erstellt, die bis zu vier Jahre nach dem Stichtag am 9. Mai 2011 personenbezogen verfügbar sind. Dabei werden Daten aus Melderegistern, von der Bundesagentur für Arbeit und bundesbehördlicher Arbeitgeber zweckentfremdet, ohne dass die Betroffenen rechtzeitig und ausreichend darüber informiert werden oder dem widersprechen könnten.

2009[1]

Stakkato grundrechtssprengender Denkanschläge. Oder: Visionen vom präventiv-autoritären Sicherheitsstaat

BigBrother-Lifetime-Award
für Bundesinnenminister Dr. Wolfgang Schäuble (CDU)

Der *BigBrotherAward* 2009 in der Kategorie »Lifetime« geht an Bundesinnenminister Dr. Wolfgang Schäuble (CDU; für seine Amtszeit 2005 bis 2009). In der Jury bestand große Einigkeit, dass Wolfgang Schäuble 2009, zum (mutmaßlichen) Ende seiner politischen Karriere als Bundesinnenminister, der *BigBrother-Lifetime-Award* für langjährige »Verdienste« gebührt – wohl wissend, dass wir im Rahmen der Verleihung dieses Negativpreises einer solchen Persönlichkeit wie dem (damals) 67-jährigen konservativen Innenpolitiker und seiner bisherigen Lebensleistung bei Weitem nicht gerecht werden können.

Der »Traumkandidat«

Bereits im Jahr 2007 hatte sich der Preisträger als Traumkandidat für den *BigBrotherAward* geradezu aufgedrängt. Und dennoch musste er damals leer ausgehen – zur Verwunderung und Enttäuschung mancher Beobachter:innen. Denn ihrer Ansicht nach hätte er den Preis für seinen obsessiven Antiterrorkampf Jahr für Jahr verdient

---

1   Im Jahr 2010 fand keine Verleihung der *BigBrotherAwards* statt – wegen der Verlegung des Verleihungstermins vom Herbst aufs Frühjahr.

– überqualifiziert wie seinerzeit nur sein Vorgänger im Amt, Otto Schily (SPD).

Damals, im Jahr 2007, hatten wir ihm den Preis aus zwei Gründen verweigert: Zum einen hielten wir es für falsch, sich zu sehr auf Schäuble zu konzentrieren, ihn zu dämonisieren und die Terrordebatte auf diese Weise zu verengen. Tatsächlich sehen wir »Schäuble« nur als Metapher für die verhängnisvolle (weltweite) Tendenz einer »Terrorismusbekämpfung« auf Kosten der Bürgerrechte und für eine Systemveränderung zu Lasten des demokratischen Rechtsstaats. Zweitens hatten wir die Befürchtung, Schäuble könne die Verleihung als besonderen Ansporn verstehen, seine Bestrebungen noch zu verstärken, um seiner mutmaßlichen Vision vom präventiven Sicherheits- und Überwachungsstaat näher zu kommen.

Doch da hatten wir Herrn Schäuble gründlich unterschätzt – er tat dies auch ganz ohne diesen Ansporn und blieb sich beängstigend treu. Vor einer auch und gerade von ihm stark überzeichneten Bedrohungskulisse versuchte sich Schäuble als Retter in der Not – mit einem wahren Stakkato grundrechtssprengender Denkanschläge, die er als Minister fast täglich verübte. In seinem Eifer schreckte der Preisträger selbst vor Ideen aus dem Arsenal von Diktaturen nicht zurück:[2] Internierung islamistischer »Gefährder«, denen keine Straftat nachzuweisen ist, Nutzung erfolterter Aussagen durch bundesdeutsche Sicherheitsorgane oder gezielte Tötung von Top-Terroristen – Denkansätze eines Sicherheitsministers im Ausnahmezustand, dem offenbar jegliche Verhältnismäßigkeit, aber auch der Realitätsbezug abhanden gekommen sind. Das zeigte auch sein kläglich gescheiterter Vorstoß, die Altersgrenze für Besitzer großkalibriger Waffen von 21 auf 18 Jahre abzusenken.[3]

---

2   Schon Schäuble plädierte für Internierung von Gefährdern, Abschnitt in: Dietmar Neuerer, CSU will Gotteskrieger inhaftieren, Handelsblatt, 12.1.2015, handelsblatt.com; Christian Rath, Schäuble will Bin Laden töten, taz, 9.7.2007: taz.de; Schäuble will Foltergeständnisse nutzen, Spiegel online, 16.12.2005.

3   Schäuble rudert nach Kritik zurück, t-online.de, 3.9.2007

Gefährliche Enttabuisierung – der Mensch als Sicherheitsrisiko
Was der Jurist mit seinen autoritären Gedankenspielereien und
Vorschlägen erreichte, ist eine gefährliche Enttabuisierung, die an
die Grundfesten des demokratischen Rechtsstaates rührt und einer
weiteren Entfesselung staatlicher Gewalten den Weg ebnet. Das zeigen seine Überlegungen, Terroristen als Feinde der Rechtsordnung
teilweise rechtlos zu stellen; das zeigt aber auch seine provokante
Äußerung, bei der Terrorabwehr gebe es nun mal keine Unschuldsvermutung[4] – womit er in diesem Bereich eine der wichtigsten
rechtsstaatlichen Errungenschaften für weitgehend erledigt erklärt. In Schäubles präventiver Sicherheitskonzeption mutieren der
Mensch zum Sicherheitsrisiko und die »Sicherheit« zum Supergrundrecht, das alle Bürgerrechte – als Abwehrrechte gegen grundrechtswidrige Eingriffe des Staates – praktisch in den Schatten stellt.

Abgesehen von einer ganzen Reihe von Gesetzesverschärfungen
gilt Schäubles größte Leidenschaft einer neuen – vernetzten und in-
tegrierten – Sicherheitsarchitektur und damit einem radikalen Umbau des demokratischen Rechtsstaats. Im Kern geht es ihm um zwei
Strukturveränderungen, die man getrost auch als Tabubrüche be-
zeichnen kann, weil sie nicht zuletzt auf dem Hintergrund deutscher
Geschichte von Bedeutung sind:

Erstens: Wolfgang Schäuble hat sich in besonderem Maße die
Zentralisierung, Vernetzung und Verzahnung von Polizei und Geheimdiensten zum Ziel gesetzt, dem er mit drei Projekten entscheidend näher gerückt ist:

• Zunächst mit dem brisanten Projekt einer Antiterrordatei, die sowohl von allen Polizeien des Bundes und der Länder als auch von
  allen Geheimdiensten bestückt und genutzt wird und in der personenbezogene Daten von etwa 15.000 Betroffenen erfasst sind –
  mutmaßliche Terroristen, aber auch bloß Verdächtige und deren
  Kontaktpersonen (vgl. dazu: *BigBrotherAwards* 2006, 2012);

---

4   Wolfgang Schäuble. Im Zweifel gegen den Angeklagten?, Stern, Heft 17/2007,
    19.4.2007, stern.de

- dann mit dem Umbau des Bundeskriminalamtes zu einem zentralen deutschen FBI, dem nun auch geheimpolizeiliche Befugnisse zur präventiven Vorfeldausforschung zustehen – inklusive Großem Spähangriff in und aus Wohnungen sowie heimlicher Online-Durchsuchung von Computern,[5]
- und nicht zuletzt mit der neuen Bundesabhörzentrale für alle Sicherheitsbehörden, die vor Kurzem beim Bundesverwaltungsamt in Köln ohne gesetzliche Grundlage eingerichtet wurde.[6]

Mit dieser Strukturentwicklung wächst praktisch zusammen, was nicht zusammengehört. Das ist ein Verstoß gegen das machtbegrenzende Gebot der Trennung von Geheimdiensten und Polizei. Dieser Verschmelzungsprozess im Staatsgefüge lässt die staatliche Machtfülle wachsen und deren Kontrollierbarkeit schwinden – mit schwerwiegenden Auswirkungen auf die Wirksamkeit des Bürgerrechts und Datenschutzes.

Militarisierung der »Inneren Sicherheit«
Zweitens: Seit Jahren erleben wir eine Militarisierung der »Inneren Sicherheit«, in deren Mittelpunkt der Bundeswehreinsatz im Inland steht – obwohl hierzulande Polizei und Militär schon aus historischen Gründen sowie nach der Verfassung strikt zu trennen sind. Und auch für diese Entwicklung steht unser Preisträger in besonderem Maße: Schäuble will die Bundeswehr nicht nur im Spannungs- und Notstandsfall, sondern regulär als nationale Sicherheitsreserve zur Unterstützung der Polizei im Inland einsetzen können – auch im »Quasi-Verteidigungsfall«,[7] als dessen Erfinder er gilt, im Zweifel auch mit militärischen Mitteln und nach Kriegs-

---

5   Obwohl es sich dabei um kaum kontrollierbare Maßnahmen mit höchster Eingriffsintensität in den Kernbereich privater Lebensführung handelt, die auch Unverdächtige nicht verschont (Schäuble: »Ich bin anständig, mir muss das BKA keine Trojaner schicken«, taz-Interview vom 8.2.2007).

6   Helmut Lorscheid, Neue Abhörzentrale in Köln, Telepolis, 15.5.2009; Großer Bruder in Köln, Hannoversche Allgemeine 4.8.2009, haz.de

7   Dazu u. a. Heribert Prantl, Schäubles Krieg, Süddeutsche Zeitung 2.1.2007

recht und damit ohne die lästigen Fesseln des Rechtsstaats. Zu diesem Zweck holt er immer wieder zum Schlag gegen die Verfassung aus und trachtet – zusammen mit Verteidigungsminister Franz Josef Jung (CDU) – danach, die verfassungsmäßige Trennung zwischen äußerer und innerer Sicherheit, zwischen Militär und Polizei zu schleifen.

Bereits in den letzten Jahren ist die Bundeswehr so dreist und selbstverständlich für präventiv-polizeiliche Aufgaben im Innern eingesetzt worden, als hätte das Grundgesetz schon lange ausgedient. An solche heimischen Militäreinsätze soll sich die Bevölkerung offenbar gewöhnen – und bereits die Fußball-WM 2006 und besonders der G8-Gipfel 2007, aber auch der NATO-Gipfel 2009 dienten Schäuble und (dem damaligen) Verteidigungsminister Franz Josef Jung als willkommenes Exerzierfeld, um diesem Paradigmenwechsel jede Anstößigkeit zu nehmen. Es mache doch keinen Sinn, so Schäuble, »dass die Bundeswehr überall auf der Welt vielfältige Aufgaben wahrnehmen kann, nur nicht in dem Land, in dem das Grundgesetz gilt«.[8]

Nach Ausbruch der Finanz- und Bankenkrise 2008 wurde es gelegentlich ein wenig stiller um unseren rastlosen Preisträger, der einst in einen beispiellosen Skandal verstrickt war, der als CDU-Spendenaffäre in die Annalen eingegangen ist.[9] Und manche glaubten, ja hofften nun, seine Rezepte seien nicht mehr so sehr gefragt, seit viele Menschen ihre Anlageberater mehr fürchteten als Bin Laden – wie es der Kabarettist Urban Priol ausdrückte. Doch welch ein Irrtum. Schäuble ließ selbst zu Ende seiner Ministerzeit nicht locker, wie eine giftige Hinterlassenschaft seines Ministeriums beweist: Eine sicherheitspolitische Horrorliste sollte der neuen Regierungskoalition als Agenda dienen, auf der all jene Instrumente und Grausamkeiten stehen, die Schäuble in der Großen Koalition nicht durchsetzen konnte – vom erweiterten Bundeswehreinsatz im

---

8   Zit. nach: Der Tagesspiegel, 5.1.2007

9   Wikipedia: CDU-Spendenaffäre

Innern bis zur »Fortentwicklung des Verfassungsschutzes« in Richtung einer neuen Geheimpolizei.[10]

Erschreckendes Verfassungsbewusstsein

Wo soll das alles enden? Wo doch schon angesichts der bisherigen Sicherheitsgesetze das Bundesverfassungsgericht kaum noch nachkommt, etliche davon ganz oder teilweise für verfassungswidrig zu erklären. Tatsächlich manifestiert die hohe Anzahl grundrechtswidriger Antiterrorgesetze und -maßnahmen der letzten Jahre ein katastrophales Verfassungsbewusstsein in der politischen Klasse und in mancher Sicherheitsbehörde. Das Verfassungsgericht rügt in zahlreichen Fällen eindrücklich die besorgniserregende Tatsache, dass Regierungen und Parlamente Grund- und Bürgerrechte, die Menschenwürde und den Kern privater Lebensgestaltung einer vermeintlichen Sicherheit geopfert haben. Eine höchst beunruhigende Entwicklung – zumal verantwortliche Politiker mitunter unverhohlene Verachtung gegenüber solchen Gerichtsentscheidungen zeigen und gar öffentlich ankündigen, die Urteile nicht beachten oder mit Grundgesetzänderungen unterlaufen zu wollen.[11]

Bundesinnenminister Wolfgang Schäuble ist ein herausragendes Beispiel für diesen Politikertypus. Er geißelt schon seit Längerem den »Expansionismus des Verfassungsrechts« und die »fortschreitende Konstitutionalisierung der Tagespolitik«, die zu einer »Entmachtung des demokratisch legitimierten Gesetzgebers« führe. So beklagte er sich schon 1996 in einem FAZ-Artikel mit dem Titel »Weniger Demokratie wagen?« darüber, dass gewöhnliche politische Entscheidungen »schon fast gewohnheitsmäßig« zu Verfas-

---

10   Süddeutsche Zeitung, 25.9.2009; »Horrorliste« Schäubles entzweit Union und FDP, Handelsblatt, 25.9.2009; weitere Forderungen: abermalige Verschärfung des Terrorismusstrafrechts, Freigabe der LKW-Mautdaten zu Fahndungszwecken, Genetischer Fingerabdruck als erkennungsdienstliche Standardmaßnahme, Verdeckte Ermittler sollen straflos milieutypische Straftaten begehen dürfen etc.

11   Z.B.: Terror – Ihr Urteil. Die politische Debatte um Urteil des BVerfG zum Luftsicherheitsgesetz, daserste.de, 2006

sungsfragen hochstilisiert würden.[12] Mit dem Hinweis auf die Verfassung würden Tabuzonen gegen politisch gewollte Veränderungen
geschaffen und damit politische Gestaltung »stranguliert« und
zum bloßen »Verfassungsvollzug« degradiert. Deshalb bezeichnet
Schäuble die Verfassung auch als – so wörtlich – »Kette, die den Be-
wegungsspielraum der Politik lahm legt«.

Die in solchen Sätzen anklingende Verfassungsdistanz hat sich
Schäuble auch als Bundesinnenminister bewahrt, der zwar de jure
auch die Funktion des Verfassungsministers innehat, mit der er
aber längst gescheitert ist. So fordert er weiterhin unverdrossen, den
Abschuss entführter Passagierflugzeuge zur Abwehr von Terroran-
griffen per Grundgesetzänderung zu erlauben – obwohl das Bundesverfassungsgericht Anfang 2006 eine solche Lizenz zur gezielten
Tötung unschuldiger Passagiere im Luftsicherheitsgesetz unmissverständlich für verfassungswidrig erklärt hatte, weil sie gegen die
Menschenwürde verstößt.[13]

Als der Präsident des Bundesverfassungsgerichts, Hans-Jürgen
Papier, dieses Urteil mit strengem Blick auf Schäuble bekräftigte,[14]
verbat sich dieser solche »Belehrungen und Ratschläge« kategorisch:
Verfassungsrichter seien nicht demokratisch legitimiert, insoweit
auch nicht, Ratschläge zu erteilen. »Alle grundrechtlich geschützten
Bereiche«, verkündet Schäuble ungerührt, »enden irgendwo« – und
nimmt davon auch die Menschenwürde nicht explizit aus. Es sei allein »Sache des Gesetzgebers«, die Grenzen der Grundrechte festzule-
gen.[15] Verfassungsrichter sollten gefälligst damit aufhören, der Politik
bei der »Durchsetzung des Rechts« ständig in den Arm zu fallen.

Wer das Prüfungsrecht des Verfassungsgerichts so in Frage stelle, könne dieses gleich abschaffen, reagierte CSU-Mitglied Papier

---

12   Frankfurter Allgemeine Zeitung, 13.9.1996, S. 12 ff.

13   Schäuble will Abschuss von Passagierjets bei Terrorgefahr erlauben, Spiegel
     online, 1.1.2007; Verfassungsrichter stellt sich gegen Schäuble, Süddeutsche
     Zeitung, 17.5.2010, www.sueddeutsche.de

14   Frankfurter Allgemeine Zeitung, 13.12.2007, S. 35

15   Schäuble, Interview in Die Welt, 20.1.2008; Frankfurter Rundschau 21.1.2008

daraufhin gereizt. Wer einen »Primat der Politik« fordere, rüttle
an den Grundstrukturen des Verfassungsstaats.[16] Der Verfassungsrichter steht mit seiner Kritik nicht allein: Sein ebenfalls konservativer Kollege Udo di Fabio warnte – auch mit Blick auf Schäuble
– vor einem »präventionstechnischen Überbietungswettbewerb« im
Kampf gegen den Terror und vor der »intellektuellen Lust am anti-
zipierten Ausnahmezustand«.[17] Wer weiter so ungezügelt rede, setze
»das zivilisatorische Niveau des Westens aufs Spiel«.[18]

Und di Fabio fügte hinzu: Die Sprache der »Sicherheitsapologe-
ten in Berlin« erinnere »nicht zufällig an den scharfsinnigen Geistes-
verwirrer Carl Schmitt« – jenen umstrittenen Staatsrechtler, der
als furchtbarer »Kronjurist des Naziregimes« gilt. Und tatsächlich
stützt sich unser Preisträger auf Verfassungsrechtler, die das geistige
Erbe Schmitts angetreten haben und die, wie Schäuble selbst, bereit
sind, Verfassungstabus zu brechen. So wie der Kölner Professor für
Staatsphilosophie und Rechtspolitik, Otto Depenheuer, dessen teils
verfassungsfeindlich klingende Streitschrift »Selbstbehauptung des
Rechtsstaats« Schäuble offen zur Lektüre empfiehlt:[19] Darin fordert
Depenheuer im Kampf gegen den Terror »Bürgeropfer« und rechtfertigt das Foltersystem Guantánamo als »verfassungstheoretisch
mögliche Antwort im Kampf der rechtsstaatlichen Zivilisation gegen
die Barbarei des Terrorismus«. Schäubles Härte in punkto Nicht-
Aufnahme von ehemaligen Gefangenen, die in Guantánamo gefoltert wurden, dürfte auf solch feindrechtlicher Gesinnung beruhen.

Architekt eines präventiv-autoritären Sicherheitsstaates
Alles in allem: Unser Lifetime-Preisträger, der auch als durchaus
umstrittener »Architekt der Deutschen Einheit« gilt, hat sich in
seiner Amtszeit auch als Architekt eines präventiv-autoritären Si-

---

16   taz, 17.3.2009
17   Die Zeit, 15.11.2007; Süddeutsche Zeitung, 8.11.2007
18   Der Spiegel, 9/2008, S. 58
19   Lt. Die Zeit, 22.11.2007; Der Spiegel, 46/2007, S. 119

cherheitsstaates betätigt. Damit hat er als oberster Verfassungs- und
Datenschützer, der er als Bundesinnenminister war, genauso grandios versagt wie weiland Otto Schily (SPD) im selben Ministeramt.
Er ist dabei nicht nur seiner vornehmsten Aufgabe in keiner Weise
gerecht geworden, sondern entwickelte sich selbst zu einem Sicherheitsrisiko – oder in seiner eigenen Diktion: zum »Gefährder« von
Demokratie, Grundrechten und Datenschutz.

Viele Menschen stellen sich die Frage, ob der damals auffällige
Sicherheitsfanatismus des Herrn Schäuble – der von sich sagt, er sei
kein »blindwütiger« Sicherheitsfanatiker[20] – und seine zwanghafte
Angst vor einem Kontrollverlust möglicherweise mit dem Attentat
zu tun haben könnten, das er 1990 schwer verletzt und mit tragi-
schen Langzeitfolgen überlebte. Die durchaus interessante Frage, ob
Schäuble nicht nur an den körperlichen Folgen leidet, sondern auch
an einer traumatisierten Psyche, die seine Wahrnehmung trübt,
ist Thema vieler Diskussionen und auch psychologischer Erörte-
rungen. Zwar ist bekannt, dass sich eine Posttraumatische Belas-
tungsstörung auf die Fähigkeit auswirken kann, Gefahrensituatio-
nen richtig einzuschätzen und angemessen auf sie zu reagieren.[21]
Dennoch halten wir eine Psychologisierung der Sicherheitspolitik
des Preisträgers für eher problematisch und spekulativ. Wir gehen
davon aus, dass Schäuble schon früher ein konservativer Politiker
war, der einem starken Sicherheitsstaat im Kampf gegen das Böse
frönte. Im Übrigen sind die Grundlagen der von ihm forcierten
Entwicklung längst schon früher gelegt worden – zuletzt mit den
berühmt-berüchtigten »Otto-Katalogen« seines staatsautoritären
Vorgängers Otto Schily, dem keine »posttraumatischen Störungen«
nachgesagt werden.

Auch wenn die Freiheit schäubleweise zu sterben droht – so
möchten wir doch an diesem Ehrentag auch positiv denken. Denn

20   Schäuble: »Ich bin kein blindwütiger Sicherheitsfanatiker«. Interview mit der
     FAZ, 22.4.2007 – wohlgemerkt: kein »blindwütiger«
21   Siehe dazu u. a. Peter Mühlbauer, Schäubles Symptome, Telepolis, 10.4.2007

der Bundesinnenminister hat sich parallel – ganz nebenbei und durchaus unfreiwillig – beachtliche Verdienste um das Datenschutzbewusstsein der Bürgerinnen und Bürger erworben: Ziehen diese doch inzwischen zu Zehntausenden vor das Bundesverfassungsgericht, um gegen die Vorratsdatenspeicherung zu klagen – die bis dahin größte – und, wie sich später zeigte, auch erfolgreiche – Massenbeschwerde in der bundesdeutschen Rechtsgeschichte (die Schäuble zu dem unerhörten Hitler-Vergleich inspirierte: »Wir hatten den ›größten Feldherrn aller Zeiten‹, den GröFaZ, und jetzt kommt die größte Verfassungsbeschwerde aller Zeiten«).[22] Zehntausende von Menschen gehen inzwischen auch Jahr für Jahr unter dem Motto »Freiheit statt Angst – Stoppt den Überwachungswahn!« auf die Straße, um gegen Schäubles Politik und Überwachungsprojekte zu protestieren.[23] Und unser Preisträger immer mittendrin und tausendfach präsent: als »Stasi-2.0-Schäublone« auf Transparenten, Fahnen, T-Shirts und bunten Luftballons – was er, wohl nicht ganz zu Unrecht, als »Beleidigung« empfindet. Die Regieverantwortung für »Das Leben der Anderen – Teil 2« möchte er ganz offenbar nicht übernehmen.

Und auch wir erwarten zum Abschluss seiner Karriere als Sicherheitsminister kein entschuldigendes oder anbiederndes »Ich liebe Euch doch alle!« Obwohl wir davon ausgehen, dass auch unser Preisträger mit seiner fürsorglichen Belagerung nur unser »Bestes« wollte – das wir aber, so weit es geht, behalten wollen: Privatheit, Freiheit und Demokratie.

Ich möchte mit einem nachdenklichen Aphorismus des Juristen und Schriftstellers Wolfgang Bittner schließen, den ich in der Zweiwochenschrift »Ossietzky« entdeckt habe und der einen Teil meiner Laudatio auf Wolfgang Schäuble so zuzuspitzen vermag:

---

22   Stefan Krempl, Schäuble brüskiert Gegner der Vorratsdatenspeicherung, heise.de, 9.11.2007

23   Schäuble: »Nicht der Staat bedroht Freiheit und Sicherheit, sondern die Rechtsbrecher. Wer was anderes sagt, ist verrückt.« Rede auf CSU-Wahlkampfveranstaltung am 6.1.2008, vgl. zitate.tagesspiegel.de/autoren/wolfgang-schauble/

»Geplanter Anschlag
Keine konkreten Hinweise –
Doch der Innenminister warnt vor neuen Terroranschlägen.
Wer weiß, was er plant.«

In diesem Sinne, herzlichen Glückwunsch, Herr Dr. Schäuble, zum *BigBrother-Lifetime-Award.*

Wolfgang Schäuble (CDU) war 2005-2009 Bundesminister des Innern (Kabinett Merkel I), 2009-2017 Bundesminister der Finanzen (Kabinette Merkel II und III); seit 2017 Präsident des Deutschen Bundestages.

Publikumspreis

Mit gut einem Drittel der abgegebenen Stimmen entschied das Publikum, dass Wolfgang Schäuble nicht nur den Preis in der Kategorie »Lebenswerk«, sondern auch den Publikumspreis redlich verdient hat. Hier eine Auswahl der Kommentare, die das Publikum auf den Wahlzetteln hinterlassen hat: »Es wurde Zeit – er ist einfach unerreicht. Und wird hoffentlich unerreichbar bleiben.« »Hervorragende Laudatio, die uns die Psychologie des Sicherheitswahns näherbringt.« »Es kann nicht sein, dass Politiker unsere Grundrechte einschränken.« »Art. 1 GG: Die Würde des Menschen ist unantastbar.« »So viel Konsequenz muss belohnt werden!«

Update

2009: *Rede von Rolf Gössner während der Kundgebung »Freiheit statt Angst – Stoppt den Überwachungswahn!« 2009 auf dem Potsdamer* Platz in Berlin vor etwa 25.000 Menschen.[24]

---

24   Video unter youtube.com/watch?v=UeHioai5CMI; Redetext und Nachlese
     unter www.ilmr.de/2009

Grußwort von Gerhart Baum, Bundesinnenminister a. D.,
der zum 10. Jubiläum des *BigBrotherAwards* gratulierte und betonte:
»Sie haben in den vergangenen zehn Jahren Pionierarbeit geleistet.«
Mit den *BigBrotherAwards* sei es gelungen, die Gefährdungen der
Grundrechte sichtbar zu machen (…)»60 Jahre Grundgesetz: Das
ist nicht nur Anlass zum Feiern, sondern zwingt auch dazu, die Gefährdungen der Grundrechte sichtbar zu machen, wie Sie das unter
anderem mit den *BigBrotherAwards* so erfolgreich tun. Es lohnt sich,
für die Freiheit zu kämpfen!«[25]

10 Jahre *BigBrotherAwards* – eine Erfolgsgeschichte
von Rena Tangens
In den 1990er Jahren war Datenschutz kein Thema, mit dem jemand
hinter dem Ofen hervorzulocken war. Wenn heute dagegen Daten-
schutzskandale in der Wirtschaft hohe Wellen schlagen und Großdemonstrationen gegen Überwachungsgesetze stattfinden, dann ist
das unter anderem ein Verdienst dieser Preisverleihung, die zur Institution geworden ist: Die *BigBrotherAwards* (…)[26]

Weitere *BigBrotherAwards*
Kurzbegründungen

Kategorie Sport: **Berliner Organisationskomitee der Leichtathletik-
WM** / *Laudator: Dr. Fredrik Roggan*
Der *BigBrotherAward* 2009 in der Kategorie »Sport« geht an das
Berliner Organisationskomitee der Leichtathletik-Weltmeister-
schaft. Es wird ausgezeichnet für sein Verlangen gegenüber Journa-
listen, dass diese Zustimmung geben zu einer umfassenden Über-
prüfung ihrer persönlichen Daten durch die Sicherheitsbehörden.
Damit hat es unter einem nur schlecht getarnten Deckmäntelchen

---

25   Ganzes Grußwort unter: bigbrotherawards.de/2009/grusswort-gerhart-baum

26   Gesamter Text unter: bigbrotherawards.de/2009/10-jahre-bba

namens Sicherheit ein erhebliches Vergehen an einem Grundwert eines freiheitlichen Staatswesens, nämlich der Pressefreiheit, begangen.

Kategorie Politik: **Dr. Ursula von der Leyen**
Laudator: Alvar Freude
Der *BigBrotherAward* 2009 in der Kategorie »Politik« geht an Dr. Ursula von der Leyen, Bundesministerin für Familie, Senioren, Frauen und Jugend. Sie hat innerhalb des letzten Jahres ein System zur Inhaltskontrolle im Internet vorangetrieben, das zu einer Technik von orwellschen Ausmaßen heranwachsen kann. Dazu und für ihren persönlichen Wahlkampf benutzte sie das Leid sexuell missbrauchter Kinder, ohne tatsächlich irgendetwas gegen Missbrauch zu unternehmen (später als »Zensursula« tituliert).[27]

Kategorie Wirtschaft: **Überwachungstechnik**
Laudator: Frank Rosengart
Den *BigBrotherAward* 2009 in der Kategorie »Wirtschaft« erhalten eine Handvoll deutscher Firmen, die Überwachungstechnik für Internet und Telefon anbieten und damit gutes Geld verdienen, aber am liebsten im Verborgenen bleiben möchten. Es handelt sich u. a. um die Firmen Quante Netzwerke GmbH, Utimaco Safeware, Datakom, Syborg, Digi-Task, secunet, Cisco, Nokia Siemens Networks.

---

27 Ole Reißmann / Christian Stöcker, Netzgemeinde gegen »Zensursula«, Spiegel online, 2.6.2010

2008

Existenzvernichtung per Willkürakt

BigBrotherAward geht an
den EU-Ministerrat für dessen EU-Terrorliste

Der deutsche *BigBrotherAward 2008* in der Kategorie »Europa/ EU« geht an den Rat der Europäischen Union (EU-Ministerrat) in Brüssel, vertreten durch Ratspräsident Bernard Kouchner und Generalsekretär Javier Solana. Der EU-Ministerrat erhält den *BigBrotherAward* für die von ihm verantwortete EU-Terrorliste.[1] Darin werden zahlreiche Organisationen und Einzelpersonen als »terroristisch« eingestuft und gravierenden Sanktionen unterworfen, die zwangsläufig zu schweren Menschenrechtsverletzungen führen. Diese Datensammlung ist weder demokratisch legitimiert noch unterliegt sie einer demokratischen Kontrolle. Lange Zeit ist den Betroffenen noch nicht einmal rechtliches Gehör gewährt, geschweige denn Rechtsschutz gegen die amtliche Stigmatisierung zugestanden worden.

EU-Terrorliste: undemokratisch und rechtsstaatswidrig

Als Reaktion auf die Anschläge vom 11.9.2001 in den USA erließ die EU eine Verordnung (Nr. 2580 / 2001), nach der allen Mitgliedsstaaten, ihren öffentlichen und privaten Institutionen sowie allen Bewohner:innen untersagt wird, Terrorismusverdächtigen und deren

---

1   Europäischer Rat / Rat der Europäischen Union, EU-Terroristenliste, www. consilium.europa.eu/de

Organisationen Gelder und sonstige Finanzmittel zur Verfügung
zu stellen oder mit ihnen Geschäftskontakte zu knüpfen. Seitdem
werden durch Beschlüsse des EU-Ministerrates Terrorverdächtige
oder mutmaßliche Unterstützer in eine »Schwarze Liste« aufgenommen, die immer wieder aktualisiert wird.[2] In ihr sind im Laufe der
Jahre zwischen 35 und 46 Einzelpersonen aufgelistet worden sowie
zwischen 30 und knapp 50 Organisationen:[3] Dazu gehören die bas-
kische Untergrundorganisation ETA und ihr zugerechnete Einzelpersonen, die radikalislamische Hamas, die arabischen Al-Aqsa-
Brigaden, die linksgerichtete türkische DHKP-C oder die kurdische
Arbeiterpartei PKK – aber auch deren Nachfolgeorganisationen
KADEK und KONGRA-GEL und zwar ungeachtet der Tatsache,
dass diese in Europa immer wieder friedenspolitische Aktivitäten
entfaltet haben; außerdem zählt dazu die iranische Widerstandsor-
ganisation der Volksmudjahedin, obwohl diese in Europa keine Gewaltakte begeht, sich weitgehend friedlich und legal verhält.[4]

Aber auch Einzelpersonen sind betroffen – so etwa der philip-
pinische Professor José Maria Sison. Der Schriftsteller und Grün-
dungsvorsitzende der philippinischen Kommunistischen Partei saß
von 1977 bis 1986 unter dem philippinischen Diktator Marcos in
Folterhaft und floh Ende der 1980er Jahre vor der andauernden Ver-

---

2   Vgl. Council Decision of 15 July 2008, und Concil Common Position
    2008/586/CFSP of 15 July 2009, in: Official Journal of the European Union
    v. 16.7.2008, L 188/21 und L 188/71. Ergänzend hierzu listet die Verordnung
    (EG) Nr. 881/2002/EG bestimmte Personen auf, die mit Osama bin Laden,
    dem »Al-Qaida«-Netzwerk und den Taliban in Verbindung stehen.

3   Stand 16.7.2008: 46 Personen und 48 Gruppen und Stiftungen; vgl. European
    Union – Factsheet: The EU List of persons, groups and entities subject to spe-
    cific measures to combat terrorism, 15 July 2008; aktuellerer Stand unter eur-
    lex.europa.eu/legal-content/DE/TXT/?uri=CELEX:32017D1426

4   Die Qualifizierung der letztgenannten Organisationen als europaweit weit-
    gehend gewaltfrei und friedlich sagt nichts über deren, auch kritikwürdige,
    politische Ausrichtung und Aktivitäten. Im Mai 2008 hat das britische Beru-
    fungsgericht entschieden, die Volksmudjahedin von der britischen Terrorliste
    zu streichen, weil sie seit 2001 keine Gewalttaten verübt und der Gewalt ab-
    geschworen hätten, vgl. neues deutschland, 9.5.2008

folgung in die Niederlande, wo er seitdem als anerkannter politischer Flüchtling lebt. Der EU-Ministerrat setzte ihn am 28. Oktober 2002 als angeblich verantwortlichen Führer der militanten philippinischen Befreiungsbewegung New People's Army auf die Terrorliste. Diese Entscheidung ist dem Betroffenen damals nicht offiziell mitgeteilt worden.

Die EU-Terrorliste wird von einem geheim tagenden Gremium des Ministerrates erstellt. Die Entscheidungen erfolgen im Konsens, wobei die für eine Listung vorgebrachten Verdachtsmomente und Indizien zumeist auf dubiosen, schwer überprüfbaren Geheimdienstinformationen einzelner Mitgliedsstaaten beruhen. Eine unabhängige Beurteilung der Fälle auf Grundlage von gesicherten Beweisen findet jedenfalls nicht statt – weshalb der seinerzeit vom Europarat beauftragte Sonderermittler, Dick Marty, mit Entsetzen feststellt: Er habe selten »etwas so Ungerechtes erlebt, wie die Aufstellung dieser Listen«, deren Verfahren er als »pervers« bezeichnet.[5]

Dick Marty, der durch die Untersuchungen zu den illegalen CIA-Geheimflügen und -Gefängnissen bekannt geworden ist, hält das Listungsverfahren für höchst fehleranfällig: So reichten schon einfache Verdächtigungen aus oder es komme zu Namensverwechslungen, so dass auch völlig Unbeteiligte auf die Liste geraten können; in solchen Fällen müssen die Betroffenen unter widrigsten Umständen ihre Unschuld nachweisen.[6] Bei Organisationen ist die Einschätzung oft schwierig, ob es sich um eine Terrorgruppe oder um berechtigten Widerstand gegen Diktaturen oder um eine legitime Befreiungsbewegung handelt – nicht selten hängt die Einstufung von politischen (Vor-)Urteilen, internationalen Beziehungen, geopolitischen und ökonomisch-militärischen Interessen ab. So galt etwa der Befreiungskampf des militanten ANC gegen das südafrikanische Apartheidsystem im Westen lange Zeit als »terroristisch«

---

5   Schwarze Listen des UNO-Sicherheitsrats – Bericht von Dick Marty, humanrights.ch, 31.1.2008; Europarat kritisiert Terrorlisten, Deutsche Welle, 23.1.2008, www.dw.com

6   Birgit Kruse, »Zivile Todesstrafe«, Süddeutsche Zeitung, 12.5.2010

– und Nelson Mandela landete als »Terrorist« auf der Terrorliste der
USA, von der er erst 2008, kurz vor seinem 90. Geburtstag, wieder
gestrichen wurde.

»Zivile Todesstrafe«

Hinsichtlich der verhängten Sanktionen spricht Marty von »ziviler
Todesstrafe« und schildert Ende 2007 in einem Bericht sehr anschaulich,[7] was eine Aufnahme in die EU- oder auch in die UN-
Terrorliste für Betroffene bislang bedeutete:[8] Sie wurden nicht
verständigt, sondern erfuhren davon, wenn sie etwa eine Grenze
überschreiten oder über ihr Bankkonto verfügen wollten. Es gab
keine Anklage, keine offizielle Benachrichtigung, kein rechtliches
Gehör, keine zeitliche Begrenzung und keine Rechtsmittel gegen
diese Maßnahme. Wer einmal auf der Liste steht, hat kaum mehr
eine Chance auf ein normales Leben. Er ist quasi vogelfrei, wird
politisch geächtet, wirtschaftlich ruiniert und sozial isoliert. Das
gesamte Vermögen wird eingefroren, alle Konten und Kreditkarten
werden gesperrt, Barmittel beschlagnahmt, Arbeits- und Geschäfts-
verträge faktisch aufhoben; weder Arbeitsentgelt noch staatliche
Sozialleistungen dürfen noch ausbezahlt werden; hinzu kommen
Passentzug und Ausreisesperre sowie geheimdienstliche Überwa-
chungs- und polizeiliche Fahndungsmaßnahmen. Mit dem Verweis
auf die Terrorliste werden Vereins- und Wohnungsdurchsuchungen, Beschlagnahmungen, Festnahmen oder erkennungsdienstliche
Maßnahmen begründet und auch härtere Strafen gegen Aktivisten
gelisteter Vereinigungen verhängt. Zu den Fernwirkungen zählen
die Verweigerung von Einbürgerungen und Asylanerkennungen so-

---

7   Martys Bericht vom November 2007 trägt die Doc. Nr. 11454, Europarat (engl.
      Council of Europe, CoE), assembly.coe.int/Documents

8   Ebd.; die Sanktionen, die aus der UN-Terrorliste resultieren, werden aufgrund
      völkerrechtlicher Verpflichtung auch in der EU, zumeist kritiklos, vollzogen
      – ohne Beweise gegen die Beschuldigten und bis dato ohne Rechtsschutz. Die-
      ser Rechtlosstellung hat der Europäische Gerichtshof inzwischen einen Riegel
      vorgeschoben: vgl. Pressemitteilung Nr. 60/08; Urteil des EuGH vom 3.9.08,
      Az. C-402/05 P und C-415/05 P

wie der Widerruf des Asylstatus von Mitgliedern oder Anhängern gelisteter Gruppen – was hierzulande, unter Berufung auf die EU-Terrorliste, in zahlreichen Fällen geschehen ist.[9]

Alle EU-Staaten, alle Banken, Geschäftspartner:innen und Arbeitgeber:innen, letztlich alle EU-Bürger:innen sind rechtlich verpflichtet, die drastischen Sanktionen gegen die Betroffenen durchzusetzen, ansonsten machen sie sich strafbar.[10] Um dies zu vermeiden, setzen zahlreiche Behörden und Unternehmen teure Spezialsoftware ein, um die personenbezogenen Daten ihrer Kunden, Lieferanten und ihres Personals mit der Terrorliste in der jeweils aktuellen Fassung abzugleichen.[11]

Als José Maria Sison auf die EU-Terrorliste gesetzt worden war, ist seine bürgerliche Existenz von einem Tag auf den anderen praktisch ausgelöscht worden. Die niederländische Regierung strich ihm die monatliche Sozialhilfe. Seine Konten wurden gesperrt. Allen Finanzdienstleistern, auch der Krankenversicherung, sowie anderen Handelspartnern ist bei Strafe untersagt, Verträge mit ihm abzuschließen oder Leistungen an ihn auszuzahlen. Er sollte sogar

---

9   Siehe dazu Rolf Gössner, »Abschiebungsreife auf Vorrat« und Existenzvernichtung per Willkürakt, in: ders., Menschenrechte in Zeiten des Terrors, Hamburg 2007, S. 176 ff., 186 ff. In Deutschland wurde in mehreren Einbürgerungs-, Aufenthalts- und Asylentscheidungsfällen von Behörden und Gerichten auf die Listen Bezug genommen, mit negativen Konsequenzen für die Betroffenen.

10   In Deutschland nach dem Außenwirtschaftsgesetz (§ 34 Abs. 4). Danach macht sich strafbar, wer »einem im Bundesanzeiger veröffentlichten, unmittelbar geltenden Ausfuhr-, Einfuhr-, Durchfuhr-, Verbringungs-, Verkaufs-, Liefer-, Bereitstellungs-, Weitergabe-, Dienstleistungs-, Investitions-, Unterstützungs- oder Umgehungsverbot eines Rechtsaktes der Europäischen Gemeinschaften zuwiderhandelt, der der Durchführung einer vom Rat der Europäischen Union im Bereich der Gemeinsamen Außen- und Sicherheitspolitik beschlossenen wirtschaftlichen Sanktionsmaßnahme dient.«

11   Siehe dazu ausführlich mit zahlreichen Beispielen: Frank Meyer / Julia Macke, Rechtliche Auswirkungen der Terroristenlisten im deutschen Recht, HRRS Dez. 2007, S. 445 ff., www.hrr-strafrecht.de; zur Datenbank der EU-Kommission: Antiterrormaßnahmen-Umsetzung im Unternehmen, IHK Hannover, hannover.ihk.de

aus dem Haus ausziehen, in dem er und seine Familie eine Sozial-
wohnung bewohnen – aus rein humanitären Gründen durfte er dort
wohnen bleiben. Seine Anwälte kämpfen seit Oktober 2002 gegen
die Entscheidung des Ministerrates. Sie erhielten keine Einsicht in
die Akten, weil diese der Geheimhaltung unterliegen. Eher zufällig
erfuhren sie aus seiner »Ausländerakte«, dass Geheimdienstinformationen vorlägen, wonach der Professor Chef der im Untergrund
kämpfenden New People's Army auf den Philippinen sei – obwohl
er doch nachweislich seit fast zwei Jahrzehnten in den Niederlanden lebt und zuvor zehn Jahre entweder in Haft gesessen oder unter
Überwachung des philippinischen Staates gestanden hatte.

Dieser Fall ist vielleicht der drastischste. Aber auch die Folgen
für andere gelistete Personen und Organisationen sind gravierend
– mit unmittelbaren Auswirkungen auf deren Familien und An-
hänger, deren soziale und wirtschaftliche Existenz damit in höchstem Maße beeinträchtigt und beschädigt wird. Manches Mal eilen
Freunde und Bekannte den Geächteten zu Hilfe – was einem Akt
zivilen und humanitären Ungehorsams gleichkommt, denn sie setzen sich dem schweren Verdacht der Terroristenunterstützung aus
oder machen sich gar strafbar.

Ohne Rechtsschutz: rechtswidrig und nichtig
Die EU greift mit ihrer Terrorliste im »Kampf gegen den Terror«
gewissermaßen selbst zu einem Terrorinstrument aus dem Arsenal
des sogenannten Feindstrafrechts – eines menschenrechtswidrigen
Sonderrechts gegen angebliche »Staatsfeinde«, die praktisch rechtlos gestellt und gesellschaftlich ausgegrenzt werden. Ihre drakoni-
sche Bestrafung erfolgt vorsorglich und wird im rechtsfreien Raum
exekutiert – ohne Gesetz, ohne fairen Prozess, ohne Beweise, ohne
Urteil und ohne Rechtsschutz. Ein Serienkiller habe mehr Rechte,
so Dick Marty, als ein Mensch, der auf einer Terrorliste steht.[12] Das
haben inzwischen auch die Parlamentarische Versammlung des

---

12   Zit. nach Birgit Kruse, a. a. O.

Europarates und der Generalanwalt am Europäischen Gerichtshof erkannt.

Trotz der systematischen Entrechtung der Gelisteten sind beim Europäischen Gerichtshof in Luxemburg einige Klagen von Betroffenen eingegangen.[13] Und auch Urteile gibt es inzwischen, mit denen die Aufnahme bestimmter Personen und Organisationen auf die Terrorliste und das Einfrieren ihrer Gelder für rechtswidrig und nichtig erklärt werden. Ihr Anspruch auf rechtliches Gehör und effektive Verteidigung, so die Richter, sei grob missachtet worden.

So ist mittlerweile die Aufnahme der iranischen Volksmudjahedin, der kurdischen PKK und der niederländischen Stiftung Al-Aqsa in die EU-Terrorliste ebenso für rechtswidrig und nichtig erklärt worden wie die von José Maria Sison. Zwar musste daraufhin das Listungsverfahren geändert werden und die Betroffenen sind inzwischen pro forma benachrichtigt und angehört worden – doch konkrete Abhilfe geschaffen wurde nicht (Stand: Sept./Okt. 2008; weitere Entwicklung s. Updates): Weder wurden sie von der Liste gestrichen noch die eingefrorenen Mittel wieder freigegeben oder die Sanktionen aufgehoben. Und so blieb auch Professor Sison weiterhin auf der Terrorliste, nunmehr im sechsten Jahr (2008).[14] Das heißt: Die Geheimgremien des EU-Ministerrats sind in ihrem nach wie vor undemokratischen Listungsverfahren – ohne Anflug von Unrechtsbewusstsein – stur bei ihren ursprünglichen Beurteilungen geblieben. Die Verfemten blieben also verfemt – mit allen freiheitsberaubenden Konsequenzen, unter Verstoß gegen die Unschuldsvermutung und die Europäische Menschenrechtskonvention.[15] Und

---

13 Rolf Gössner, »Abschiebungsreife auf Vorrat«, a.a.O., S. 194 ff. m.w.N.

14 Sison hatte 2007 erstmals vor Gericht Erfolg. Das Europäische Gericht erster Instanz (EuG) strich ihn von der Terrorliste, weil die Maßnahme nicht ausreichend begründet wurde. Noch vor dem Urteil wurde Sison aber erneut auf die Terrorliste gesetzt. Wie das EuG 2009 feststellte, ist auch die erneute Listung nichtig, weil sie nicht den Anforderungen der EU-Richtlinie genügt, vgl. Christian Rath, Kommunist kommt wieder an Geld, taz.de, 1.10.2009

15 Ulrich Finckh, In Verruf geraten, in: Grundrechte-Report 2008, Frankfurt/M. 2008, S. 168 ff.

ohne Aussicht auf Entschädigung, selbst wenn sich die Sanktionen im Nachhinein als ungerechtfertigt herausstellen.

»Herzlichen Glückwunsch« für diese anti-terroristische Meisterleistung.

Publikumspreis

Den Publikumspreis der deutschen *BigBrotherAwards* 2008, eine Live-Abstimmung aller Besucher:innen der Preisverleihung in Bielefeld, gewann der EU-Ministerrat mit deutlichem Abstand. Aufgerufen, den Preisträger zu nennen, der besonders auffiel oder verstörte, entschied sich die Mehrheit für die EU-Terrorliste. »Nachhaltig beeindruckte die Laudatio von Rolf Gössner. Er schilderte, wie die Aufnahme in die Terrorliste dem Ausradieren der bürgerlichen Existenz eines Verdächtigen gleichkommt« (Heise online, 25.10.2008).

Kommentare: »Die Gefahr, falsch beurteilt zu werden, und die schlimme ›Schwarze Liste‹, machen die Wahl einfach. Staatsfeind Nr. 1 ist der passende Film« »Es ist ein widerlicher Angriff auf die Menschenwürde« »Während die anderen Datenkraken unangenehm, schlimm und ekelhaft sind, vernichtet die Terrorliste Existenzen.« »Weil die Persönlichkeitsrechte am meisten verletzt bzw. genommen werden und man als Betroffener machtlos ist.« »Es ist unverantwortlich, dass eine Organisation eines Staatenverbundes, dessen Aufgabe es ist, das Wohl der europäischen Bürger zu vertreten, eine solche Liste erstellt und sich damit über die Grundrechte der Bürger, deren Vertreter sie sind, hinwegsetzt.« »Es ist Guantánamo im Geiste. Erinnert mich an den Zauberlehrling. Als Demokratin bin ich zutiefst erschüttert!« »Empfinde dies als das Schlimmste, weil es so extrem vernichtend für die Betroffenen ist.« »Weil die Stigmatisierung und ›Entrechtung‹ der betroffenen Menschen selbst nach anderslautenden Gerichtsurteilen nicht endet.« »Eine undemokratisch ausgestaltete Liste für sogenannte Terroristen ist höchst gefährlich, da bisher keine genaue Definition von ›Terror‹ vorliegt.«

»In jedem Jahr denkt man, man hätte den Gipfel der Datenverstöße erreicht. Dann stellt man fest, dass es nur ein Hügel mit dem Blick auf ein mächtiges Gebirge ist.«

Update

Die EU-Terrorliste gibt es nach wie vor. Verschiedene gelistete Organisationen wie etwa die iranischen Volksmujahedin, die kurdische PKK und ihre (mutmaßlichen) Nachfolgeorganisationen sowie der in den Niederlanden lebende exil-philippinische Kommunist José Maria Sison setzten sich vor europäischen Gerichten zur Wehr. Vor dem Europäischen Gericht der ersten Instanz und dem Gerichtshof der Europäischen Gemeinschaft klagten sie grundlegende (aber bislang verweigerte) Rechte ein – wie das Recht auf Akteneinsicht, mindestens eine Einsicht in die Begründungen der Listungen sowie das Recht auf rechtliches Gehör. Im Fall der iranischen Volksmujahedin führten – nach dem ersten, eher formalen Sieg – zwei (weitere) Gerichtsentscheidungen vom Oktober und Dezember 2008 nach langjährigem Prozessieren dazu, dass die Organisation endgültig von der EU-Terrorliste gestrichen wurde. Auch der juristische Kampf von Professor José Maria Sison dauerte über sieben Jahre. In seinem Falle bedurfte es ebenfalls mehrerer Urteile europäischer Gerichte, bis er schließlich im Dezember 2009 von der Liste genommen wurde.[16]

Und es gibt inzwischen weitere Gerichtsurteile, die die Listung von bestimmten Gruppen und Personen für rechtswidrig erklären. Mittlerweile ist auch die Aufnahme der kurdischen Arbeiterpartei PKK/KADEK in die Terrorliste wegen Verfahrensfehlern für rechtswidrig erklärt worden – zumindest für die Zeit von 2014 bis 2017, wie das EU-Gericht Ende 2018 festgestellt hat. So seien Gründe und

---

16   Wolfgang Kaleck, Terrorismuslisten: Definitionsmacht und politische Gewalt der Exekutive, Kritische Justiz 1/2011, S. 63 ff. (67), www.kj.nomos.de

Vorfälle, die zur Listung der PKK geführt hatten, nicht ausreichend belegt worden; außerdem sei weder der zeitweise Friedens- und Verhandlungsprozess zwischen Kurd:innen und türkischer Regierung noch der Transformationsprozess und die neue Rolle der PKK im Nahen Osten – etwa im Kampf gegen den IS – berücksichtigt worden. Wie überhaupt die PKK seit Jahren keine Gewalttaten in Europa verübt, sich sogar für frühere Gewalt in Europa entschuldigt hat, sich darüber hinaus für Waffenstillstand und Friedensverhandlungen in der Türkei einsetzt.

Doch diese Gerichtsentscheidung des EU-Gerichts vom Ende 2018 gilt nur für die Listung der PKK bis Ende 2017. Da sie auch nach 2017 bis heute wiederum gelistet wurde, musste nun auch noch dagegen geklagt werden. Ein Urteil für diesen Zeitraum steht noch aus.

Weiterer *BigBrotherAward*

Kategorie Verbraucher: **Mehrheit der Mitglieder des 16. Deutschen Bundestag** / *Laudator: Alvar Freude*
Der *BigBrotherAward* 2008 in der Kategorie »Verbraucher« geht an die Mitglieder des 16. Deutschen Bundestages, vertreten durch Dr. Norbert Lammert, Präsident des Deutschen Bundestages, für das Durchwinken mehrerer Gesetze, die eine Erhebung, langfristige Speicherung und Weitergabe von detaillierten Daten über Reisende erzwingen.

Tadelnde Erwähnungen

Bundesinnenministerium: Gemeinsames Informationszentrum (Abhörzentrale) beim Bundesverwaltungsamt / *Rolf Gössner*
Das Bundesinnenministerium plant eine zentrale Abhöranlage für alle Sicherheitsbehörden des Bundes und der Länder beim Bundes-

verwaltungsamt (BVA) in Köln unter Verletzung des Föderalismus-
prinzips und des verfassungskräftigen Gebots der Trennung von
Polizei und Geheimdiensten. Das BVA wird dadurch zur technischen Zentralstelle der bundesdeutschen Telekommunikationsüberwachung und zu einer weiteren Schnittstelle zwischen Polizeien und
Geheimdiensten ausgebaut. Mit dieser Zentralisierung und der informationellen Vernetzung, die seit Längerem auf unterschiedlichen
Ebenen betrieben wird, droht eine weitere Machtkonzentration der
Sicherheitsapparate, die öffentlich kaum noch kontrollierbar sind.[17]

**Bundeskriminalamt Wiesbaden: Als Besucher der BKA-Websites
bereits verdächtig** / *Florian Glatzner*
Auf seiner Internetseite informierte das Bundeskriminalamt in
Wiesbaden (BKA) über die linksextremistische Organisation »militante gruppe« und speicherte dann die IP-Adressen der Website-
Besucher:innen. Doch damit nicht genug: Die Behörde versuchte in
417 Fällen, die Identität dieser Website-Besucher:innen zu ermitteln. Damit erhoffte man sich Hinweise zur Identifizierung von Mitgliedern der »militanten gruppe«, so das BKA. Willkürlich geraten
unverdächtige Menschen in ein Raster und müssen unangenehme
polizeiliche Ermittlungen über sich ergehen lassen – und dies, weil
sie auf der Website einer Bundesbehörde surften! Kann man sich als
Bürger:in überhaupt noch unverdächtig verhalten, wenn so etwas
ausreicht, um polizeiliche Ermittlungen zu rechtfertigen?

Trends

Ausweiskopien für jeden Zweck / *Florian Glatzner*
Es ist ganz normal, dass man sich durch die Vorlage seines Personalausweises identifiziert, beispielsweise in Videotheken, bei der

---

17 Rechnungshof kritisiert Schäubles Abhörpläne, Spiegel online, 27.9.2008; Helmut Lorscheid, Neue Abhörzentrale in Köln, Telepolis, 15.5.2009

Erstellung von Nachschlüsseln, bei der Anmeldung in Online-Communities oder am Check-in-Schalter von Fluggesellschaften. In den letzten Jahren zeigt sich aber der Trend, dass die Ausweise nicht nur zu Identifikationszwecken geprüft, sondern gleich auch kopiert werden. Was mit diesen Kopien geschieht, wie, wo und wie lange sie aufbewahrt werden, ist in den meisten Fällen unklar. Diese Kopien enthalten wesentlich mehr Daten als zur Feststellung der Identität oder der Adresse erforderlich sind. Es ist in der Regel völlig ausreichend, wenn die entsprechende Stelle Namen und Anschrift aufnimmt und vermerkt, dass man sich ausgewiesen hat. Deshalb: Wehren Sie sich, wenn jemand ohne Ihre ausdrückliche Einwilligung Ihren Ausweis kopieren möchte.

Schwelle zur Veröffentlichung von Aufnahmen aus Videoüberwachungsanlagen sinkt / *Frank Rosengart*

Die Polizei in Brandenburg fahndete öffentlich mit Ausschnitten aus der Videoüberwachung einer Straßenbahn nach offensichtlich Minderjährigen, die einem Mitschüler den Schulrucksack entwendet haben sollen. Musste vor einiger Zeit noch eine schwere Straftat vorliegen, bevor eine Öffentlichkeitsfahndung in Betracht kam, so scheint mittlerweile die Hemmschwelle beunruhigend gesunken zu sein.

2007

Besonders fragwürdige Ermittlungsmethoden

BigBrotherAward an Generalbundesanwältin Monika Harms

Der *BigBrotherAward* 2007 in der Kategorie »Behörden/Verwaltung« geht an die Generalbundesanwältin Monika Harms (Karlsruhe). Die Generalbundesanwältin – die sich als oberste Ermittlungs- und Anklagebehörde immer noch »Der Generalbundesanwalt« (GBA) nennt[1] – erhält den *BigBrotherAward* für ihre Maßnahmen gegen Gegner:innen des G8-Gipfels in Heiligendamm im Mai 2007. Die Jury hält dabei zwei Aspekte für besonders frag- und damit auszeichnungswürdig:[2]

- Zum einen hat Frau Harms beim Ermittlungsrichter des Bundesgerichtshofs (BGH) beantragt, auf der Suche nach Bekennerschreiben militanter G8-Gegner:innen systematische Briefkontrollen in Hamburg durchführen zu lassen.
- Zweitens hat Frau Harms angeordnet, von G8-Gipfelgegner:innen, die der Militanz verdächtigt wurden, Körpergeruchsproben aufzunehmen und zu konservieren. Dabei haben die Ermittler:innen stark in die Intimsphäre und die Persönlichkeitsrechte der Betroffenen eingegriffen.

---

1   Damaliger Internetauftritt Bundesanwaltschaft: generalbundesanwalt.de, dort in der Rubrik »Über uns« auch Näheres zu Monika Harms, die vom 1.6.2006 bis zum 30.9.2011 Generalbundesanwältin war.

2   Polizei soll systematisch Post von G8-Kritikern filzen, Spiegel online, 24.5.2007

Beide Maßnahmen sind im Rahmen von Terrorismusermittlun-
gen und Razzien gegen Globalisierungskritiker:innen durchgeführt
worden, die sich damit bereits im Vorfeld des G8-Gipfels unter Terrorverdacht gestellt sahen. Diese Ermittlungen und Durchsuchungen von 40 Wohnungen, Büros, Kulturzentren und Internetservern
haben bislang (2007) zu keinen Anklagen geführt, dafür aber zu
umfangreichen Vorfeld-Ausforschungen per Datenerfassung und
-verarbeitung, die dazu geeignet sind, Soziogramme des G8-Protest-
und Widerstandspotentials zu erstellen, die auch bei künftigen Ereignissen Verwendung finden können.

Postkontrollen: Präventivschlag gegen das Briefgeheimnis
Nach einem Brandanschlag in Hamburg am 22. Mai 2007 hatte der
BGH-Ermittlungsrichter auf Antrag der GBA noch am gleichen
Tag eine umfangreiche Postkontrolle angeordnet. Überprüft wur-
den alle in der Zeit von 22. bis 24. Mai 2007 bei der Deutschen Post
AG, Briefzentrum 20 in Hamburg, aufgegebenen Postsendungen
auf der Suche nach Briefen, die an bestimmte Zeitungsredaktionen
adressiert waren. Dies geschah im Rahmen eines Ermittlungsverfahrens wegen des »Verdachts der Gründung einer terroristischen
Vereinigung« gemäß § 129a StGB gegen drei Beschuldigte, die einer
»Militanten Kampagne zum Weltwirtschaftsgipfel (G8) 2007 in Heiligendamm« verdächtigt worden sind. Gesucht wurde nach Briefen,
deren äußeres Erscheinungsbild – u. a. ohne Absender, Verwendung
von Adressaufklebern – darauf schließen ließ, dass es sich bei ihrem
Inhalt um Selbstbezichtigungsschreiben zu besagtem Brandanschlag handeln könnte. Im Trefferfall sollte per Spurensuche – etwa
Fingerabdrücke oder Geruchsspuren – herausgefunden werden,
wer Urheber:in der aufgefundenen Schreiben und ggf. für den Anschlag verantwortlich war.

Zwar sei – so die Bundesanwaltschaft – nur ein Brief unter Mitwirkung einer Staatsanwältin geöffnet worden. Doch sämtliche in
den Zustellungsbezirken des Briefzentrums aufgegebenen Sendun-
gen – und das waren Tausende – sind auf der Suche nach den Ver-

dachtskriterien rund um die Uhr in Augenschein genommen und
überprüft worden. Der Hamburger Datenschutzbeauftragte sah dadurch »ganze Stadtteile unter Generalverdacht« gestellt.

Die Postkontrolle haben Ermittler:innen des Hamburger Lan-
deskriminalamtes und des federführenden Bundeskriminalamtes
(BKA) vollzogen – obwohl diese Aufgabe ausschließlich Angehörigen des Postdienst-Unternehmens obliegt. Weder Staatsanwaltschaft noch ihre polizeilichen Hilfskräfte sind hierzu befugt, weil ein
Eindringen von Ermittlungsorganen in Postgebäude das Briefgeheimnis über den gesetzlichen Rahmen hinaus beeinträchtigt. Das
ist einhellige juristische Auffassung.[3] Denn die betreffenden Beamten erhalten Einblick in den Postbetrieb und Kenntnis von anderen,
nicht unter die angeordnete Beschlagnahme fallenden Briefsendun-
gen. So konnten die Strafverfolgungsbehörden Kenntnis auch über
die Korrespondenz von Berufsgeheimnisträgern wie Anwälten oder
Journalisten mit ihren Mandanten oder Informanten erlangen. Das
ist ein Eingriff in das gesetzlich geschützte Berufsgeheimnis und in
das Grundrecht des Brief- und Postgeheimnisses – das sich nicht
allein auf den Inhalt einer Briefsendung erstreckt, sondern auf die
gesamten Kommunikationsvorgänge, also auch auf die Tatsache, ob
überhaupt ein Briefverkehr zwischen bestimmten Personen stattfin-
det.[4]

Auch wenn es mit einer Ausnahme zu keiner gezielten Datenerfassung gekommen ist, so können doch die im Rahmen perso-
neller Kontrollen miterfassten Kommunikationsvorgänge nicht spu-
renlos ausgesondert werden: Denn sie bleiben – anders als bei einer
maschinell-elektronischen Kontrolle – nach bewussten Bewer-
tungsvorgängen in den Gedächtnissen der Ermittler:innen haften.
Die so erhobenen Informationen können u. U. als Zufallsfunde nach
dem Legalitätsprinzip weiter verwertet werden. Die Gewissheit un-

---

3   Vgl. Meyer-Gossner, StPO, 2007, § 100 Rdnr. 8 m. w. N.
4   Dazu auch: Gusy, in: Mangoldt / Klein / Starck, GG I, 1999, Art. 10 Rdnr. 30;
    BVerfGE 85, 386 ff, 396.

beobachteten Postverkehrs ist nicht mehr gegeben. Neben einer Beeinträchtigung des Briefgeheimnisses dürfte die Kontrollaktion auch
gegen den Verfassungsgrundsatz der Verhältnismäßigkeit verstoßen
haben. Hierfür ist ursächlich die Generalbundesanwältin verantwortlich, die den Beschlagnahme-Antrag beim BGH gestellt hatte.

Geruchsproben: der Duft des Terrors
In den genannten Ermittlungsverfahren sind auf Betreiben der GBA
während der 129a-Razzien am 9. Mai 2007 bei mindestens fünf verdächtigen G8-Gipfelgegnern Körpergeruchsproben aufgenommen
und konserviert worden. Solche intimen Daten dienen der Identifizierung mit Hilfe speziell abgerichteter Polizeispürhunde, die herausfinden sollen, ob eine verdächtigte Person an einem bestimmten Tatort war oder ein Tatwerkzeug oder Bekennerschreiben berührt hatte.
Es ging bei diesen Ermittlungen um diverse Farb- und Brandanschlä-
ge, samt und sonders Sachbeschädigungen. Die GBA bezeichnet diese
archaisch anmutende Schnüffelmethode inmitten einer digitalen und
vernetzten Fahndungswelt als »ganz normal«, um nicht zu sagen
»stinknormal« – wenn sie auch nur noch selten angewandt werde.[5]

Auch wenn die fünf Geruchsproben im Rahmen einer Erkennungsdienstlichen Behandlung zur Strafverfolgung erhoben worden
sind, so können sie unter gewissen Voraussetzungen auch präventiv
zur Gefahrenabwehr Verwendung finden oder an Geheimdienste
übermittelt werden – zumal die Grenzen zwischen Prävention und
Repression im Laufe der Entwicklung der inneren »Sicherheitspolitik« immer durchlässiger geworden sind. Der Bundesinnenminister
hat den präventiven Charakter bestätigt, als er diese Maßnahmen in
einen unmittelbaren Zusammenhang mit dem Schutz des bevorste-
henden G8-Gipfels brachte.

Der kriminaltechnische Wert dieser Methode ist recht zweifel-
haft, weshalb sie selbst nach Ansicht der GBA allenfalls als Indiz in

---

5   Streit um »Stasi-Methoden« zum G8-Gipfel, Deutsche Welle, 23.5.2007,
     dw.com; Schäuble verteidigt Geruchsproben, Focus online, 12.11.2013

einer Gesamtwürdigung eine Rolle spielen dürfte und vor Gericht keinesfalls Beweiswert im klassischen Sinn erlangt. Geruchsproben sind also kein kriminaltechnischer Fortschritt, sondern ein anrüchiges und unverhältnismäßiges Verfahren mit hoher Fehlerquote, das schon zu Kaisers Zeiten als »konservierte Verbrecherwitterung« Anwendung gefunden hatte. Nach der Nazizeit ist diese Methode in der Bundesrepublik aus grundsätzlichen und rechtlichen Vorbehalten nicht mehr praktiziert worden. Anders in der DDR, wo die Geruchsprobe regelrecht Karriere machte – weshalb sie auch so stark nach perfider Stasi-Methode riecht und ehemalige DDR-Bürgerrechtler:innen sich an überwunden geglaubte Zeiten erinnert fühlen. Die Einmachgläser mit den heimlich erfassten Geruchsproben von Dissidenten sind noch heute als abschreckende Ausstellungsstücke eines übergriffigen Staatsapparates im MfS-Museum zu Leipzig und im Bonner Haus der Geschichte zu bestaunen.

Heute geht es allerdings moderner zu: Die als unverwechselbar geltenden Körpergerüche, sogenannte olfaktorische Spuren, werden »Aroma-Asservate« genannt und in wissenschaftlich standardisierten Verfahren verarbeitet.[6] Waren es zu DDR-Zeiten biedere gelbe Baumwoll-Lappen, mit denen die Proben oft heimlich eingefangen und in Tausenden von zweckentfremdeten Weckgläsern des MfS konserviert wurden, so werden Verdächtige heutzutage veranlasst, einige Minuten lang ein steriles Edelstahlröhrchen in der Hand zu halten, das dann in einem gasdichten Glasbehälter aufbewahrt wird. Schließlich bekommen drei abgerichtete Polizei-Schnüffelhunde mit »ausgeprägtem Beutetrieb«, im Amtsdeutsch »Geruchsspuren-vergleichshunde«, das duftende Röhrchen unter die Nasen gehalten, um das Duftbild mit einer am Tatort gefunden Geruchsspur zu vergleichen. Eine Übereinstimmung in den genannten Fällen hat sich nach Aussagen der Generalbundesanwältin jedoch nicht ergeben.

Auch wenn (die damalige) Bundesjustizministerin Brigitte Zy-

---

6   Matthias Monroy, Olfaktorische Ermittlungen und Gefahrenabwehr: Technische Sensoren sollen Einsatz von Hunden überflüssig machen, netzpolitik.org, 28.10.2014

pries (SPD) versichert, dass erfasste Duftmarken nach Gebrauch generell beseitigt würden – was im vorliegenden Fall auch geschehen sein soll – und Sammlungen zur olfaktorischen Wahrheitssuche nicht angelegt würden, so weiß man, was von solchen Beschwichtigungen zu halten ist. Erinnert sei nur an die Gen- oder die Mautdaten und ihre immer weitergehende Verwendung. US-Wissenschaftler sind dem »Duft des Terrors« bereits auf neue Art und Weise auf der Spur: Sie arbeiten intensiv an einer Digitalisierung des Geruchsverfahrens, von dem man wohl auch hierzulande noch mehr hören wird. Denn die Generalbundesanwältin will es in geeigneten Fällen weiterhin anwenden – obwohl diese Methode stark in Persönlichkeitsrechte und Intimsphäre von Betroffenen eingreift und obwohl deren Vereinbarkeit mit der Menschenwürde von etlichen Verfassungsrechtlern und Politikern fast aller Fraktionen bezweifelt wird.

Auch wir warnen mit der Vergabe des *BigBrotherAwards* und schließen mit einem Satz des SPD-Sicherheitsexperten Dieter Wiefelspütz an die Adresse der Generalbundesanwältin: »Sie ist auf den Hund gekommen und sollte so schnell wie möglich davon wieder runterkommen.«[7]

In diesem Sinne: herzlichen Glückwunsch, Frau »Generalbundesanwalt« Monika Harms.

Publikumspreis

Zum zweiten Mal konnte das Publikum bei den *BigBrotherAwards* entscheiden, welche/r der Preisträgerinnen und Preisträger den Publikumspreis erhalten soll. Das Ergebnis der Publikumswahl verteilte sich sehr gleichmäßig. Den Publikumspreis gewann mit knappem Vorsprung Generalbundesanwältin Monika Harms – für ihre Antiterrormaßnahmen gegen Gegner:innen des G8-Gipfels im Mai 2007.

---

7   Zit. nach: taz, 25.5.2007, taz.de

Updates

1. Vor dem G8-Gipfel in Heiligendamm 2007 gab es erhebliche Panikmache in Politik und Medien. Es kam zu widerrechtlichen Inhaftierungen von Demonstrant:innen. Die Rostocker Staatsanwaltschaft bearbeitete nach dem Gipfel knapp 1.600 Strafanzeigen: Schwerer Landfriedensbruch, Körperverletzung, Beleidigung etc. Letztlich wurden aber nur 86 Personen zu Geld- oder Freiheitsstrafen verurteilt, die allermeisten Verfahren wurden bis Ende 2007 eingestellt.

2. »Vorwürfe gab es derweil auch gegen die Polizei. Einige Beamte hätten sich als gewalttätige Provokateure unter Demonstranten geschleust, andere seien übergriffig geworden. Das meiste verlief im Sand«, so der »Deutschlandfunk«. »Doch 2011 verurteilte der Europäische Gerichtshof für Menschenrechte das Land Mecklenburg-Vorpommern wegen Verletzung der Freiheits- und Versammlungsrechte, weil die Polizei zwei G8-Aktivisten sechs Tage lang vorbeugend in Gewahrsam genommen hatte.«[8]

3. Die Abnahme und Verwendung von »Duftmarken« zu Ermittlungszwecken war parteiübergreifend auf Kritik gestoßen. »Eine solche Praxis erinnert mich an Stasi-Methoden«, sagte der damalige Bundestags-Vizepräsident Wolfgang Thierse (SPD) der »Leipziger Volkszeitung«. Thierse warnte die Behörden »vor Hysterie, die zu Polizeistaats-Methoden à la DDR führen« könnte.[9]

Außer Konkurrenz

Der Nicht-Preisträger des Jahres 2007: **Bundesinnenminister Dr. Wolfgang Schäuble (CDU)** / *Nicht-Laudator: Rolf Gössner*[10]

---

8   Silke Hasselmann, G8-Gipfel 2007: Heiligendamm damals und heute, Deutschlandfunk Kultur, 20.5.2015, deutschlandfunkkultur.de

9   Schäuble verteidigt Geruchsproben, Focus Online, 12.11.2013

10   Text unter bigbrotherawards.de/2007; Schäuble erhielt später doch noch einen *BigBrotherAward* – und zwar den *BigBrother-Lifetime-Award* 2009.

Weitere *BigBrotherAwards*
Kurzbegründungen

Kategorie Regional: **Behörde für Bildung und Sport der Freien und Hansestadt Hamburg** / *Laudator: Alvar C. Freude*
Der *BigBrotherAward* 2007 in der Kategorie »Regional« geht an die Behörde für Bildung und Sport der Freien und Hansestadt Hamburg, vertreten durch Alexandra Dinges-Dierig, Senatorin für Bildung und Sport, für die Einrichtung eines Schülerzentralregisters mit dem (Neben-)Zweck, ausländische Familien ohne Aufenthaltserlaubnis aufzuspüren.

Kategorie Kommunikation: **Bundesministerin der Justiz, Brigitte Zypries (SPD)** / *Laudator: Dr. Fredrik Roggan*
Der *BigBrotherAward* 2007 in der Kategorie »Kommunikation« geht an Bundesjustizministerin Brigitte Zypries für den Gesetzentwurf zur Vorratsdatenspeicherung. Mit diesem Gesetzentwurf soll in Deutschland die Vorratsdatenspeicherung von Telekommunikationsverbindungsdaten eingeführt werden. Die Justizministerin ignoriert damit bewusst die Rechtsprechung des Bundesverfassungsgerichts, das bereits 1983 im Volkszählungsurteil festgelegt hatte, dass die Sammlung von nicht anonymisierten Daten zu unbestimmten oder noch nicht bestimmbaren Zwecken mit dem Grundgesetz unvereinbar ist.[11]

Trend

Biometrische Erfassung / *Florian Glatzner*
Ein besorgniserregender Trend ist die zunehmende biometrische Erfassung, sowohl durch öffentliche als auch durch private Stellen.

---

11   Das Bundesverfassungsgericht hat später – 2. März 2010 – aufgrund einer Massen-Verfassungsbeschwerde die Vorratsdatenspeicherung tatsächlich für weitgehend verfassungswidrig und nichtig erklärt (Verstoß u.a. gegen Fernmeldegeheimnis Art. 10 GG), Az. 1 BvR 256/08

Im Mai 2007 wurde durch den Bundestag eine Änderung des Passgesetzes beschlossen. Darin wurde festgelegt, dass ab dem 1. November 2007 neben den Gesichtsbildern nun auch Fingerabdrücke als zweites biometrisches Merkmal in die elektronischen Reisepässe aufgenommen werden. Die Aufnahme der Fingerabdrücke in die Reisepässe birgt viele Gefahren. So sind beispielsweise Fragen der Datensicherheit, wie die Möglichkeit, den Funkchip im Pass unbefugt auszulesen, nicht ausreichend geklärt. Drittländer können damit ohne Weiteres personenbezogene Biometriedatenbanken ihrer Besucher aufbauen. Die entziehen sich dann komplett den Kontroll- und Einflussmöglichkeit bundesdeutscher Stellen (…, *weiter unter: bigbrotherawards.de/2007/trends*)

2006

Da wächst zusammen,
was nicht zusammengehört

BigBrotherAward für die Innenministerkonferenz
wegen einer gemeinsamen »Antiterrordatei«
als Baustein einer neuen Sicherheitsarchitektur

Der *BigBrotherAward* 2006 in der Kategorie »Politik« geht an die
Ständige Konferenz der Innenminister und -senatoren der Länder
(Innenministerkonferenz), vertreten durch deren Vorsitzenden
Dr. Günther Beckstein (CSU), Innenminister des Freistaates Bayern. Die Innenministerkonferenz (IMK) erhält den Preis für ihren
Beschluss vom 4. September 2006, eine gemeinsame Antiterrordatei
einzurichten, die von allen bundesdeutschen Polizeien und allen
19 Geheimdiensten des Bundes und der Länder bestückt und genutzt werden soll.[1] Diese Vernetzung führt zu einer verstärkten Verzahnung von Polizei und Geheimdiensten – unter Missachtung des
verfassungskräftigen Gebots einer strikten Trennung dieser beiden
Arten von Sicherheitsbehörden.

   Die IMK hat damit den Weg freigemacht für eine fatale sicherheitspolitische Wiedervereinigung. Sie formulierte die Eckpunk-
te der Vernetzung, die Bundesinnenminister Wolfgang Schäuble

---

1   Anti-Terror-Datei soll 2007 stehen, Spiegel online, 4.9.2006; Bundeszent-
    rale für politische Bildung, Innenminister beschließen Anti-Terror-Datei,
    4.9.2006, www.bpb.de

(CDU) mit seinem Entwurf eines »Gemeinsame-Dateien-Gesetzes«
inzwischen weitgehend übernahm.[2]

Die IMK begründete die Notwendigkeit einer zentralen Antiterrordatei – ursprünglich als »Islamistendatei« geplant – nicht zuletzt
mit den Anschlagsversuchen in Koblenz und Dortmund – wohl wissend, dass die beiden mutmaßlichen Täter vorher in keiner Weise
auffällig geworden waren, weder geheimdienstlich noch polizeilich.
Deshalb wären sie in einer solchen Datei überhaupt nicht erfasst
worden.

Präventivdatei mit Verdächtigen und Kontaktpersonen

Die IMK spricht von einer notwendigen »Verbesserung der Zusammenarbeit von Polizeien und Nachrichtendiensten gerade im Hinblick auf den Austausch von Daten über Terroristen«. Diese Formu-
lierung vertuscht, dass es sich nicht etwa um eine Datei rechtkräftig
verurteilter Terroristen bzw. Straftäter handeln soll, sondern im
Kern um eine Präventivdatei mit Daten von Verdächtigen – darunter
auch nicht-terroristische, potentiell aber gewaltbereite oder gewalt-
geneigte »Islamisten«, etwa »Hassprediger« oder »Extremisten«
und deren mögliche Unterstützer. »Tatsächliche Anhaltspunkte«,
was immer darunter zu verstehen sein mag, sollen für einen solchen Verdacht ausreichen. Aber auch die personenbezogenen Daten
mutmaßlicher »Kontaktpersonen« von Verdächtigen sollen in der
neuen Datei gespeichert werden. Gerade dies birgt die Gefahr, dass
auch das soziale Umfeld der bloß Verdächtigen systematisch in
der Datei erfasst wird, also Familien, Kinder, Arbeitskollegen, Ge-
schäftspartner, Anwälte, Vermieter, Sportsfreunde etc. Damit gera-

---

2 Gesetz zur Errichtung gemeinsamer Dateien von Polizeibehörden und Nachrichtendiensten des Bundes und der Länder (Gemeinsame-Dateien-Gesetz
vom 22.12.2006, BGBl. I S. 3409 (Nr. 66). Die Einrichtung der Antiterrordatei soll über 15 Millionen Euro kosten und jährlich über 6 Millionen Euro
laufende Kosten verursachen (BR-Drucksache 672/06 vom 22.9.2006). Nach
Angaben des Bundesinnenministeriums ist ein erster Probebetrieb bereits
für Ende des Jahres 2006 geplant; die Betriebsaufnahme soll im März 2007
erfolgen.

ten auch Menschen in einen gravierenden Terrorverdacht, die sich bislang nichts haben zu schulden kommen lassen. Die Erfassung in einer Terrordatei wegen eines bloßen Verdachts oder als angebliche »Kontaktperson« ist extrem stigmatisierend und kann schwerwiegende Folgen haben.

Die Antiterrordatei wird beim Bundeskriminalamt (BKA) geführt. Eingabe- und zugriffsberechtigt sollen außerdem fast vierzig Sicherheitsbehörden sein: Bundespolizei (Ex-BGS), Zollkriminalamt, Bundesnachrichtendienst (BND), Militärischer Abschirmdienst (MAD), Bundesamt für Verfassungsschutz (BfV), die Verfassungsschutzbehörden der Länder, die Landeskriminalämter (LKÄ); in begründeten Fällen auch andere Polizeidienststellen. Alle angeschlossenen Sicherheitsbehörden haben eine Einspeicherungspflicht – nur im Einzelfall kann diese aus Geheimhaltungs- oder Quellenschutzgründen ganz oder teilweise entfallen oder mithilfe verdeckter Speicherungen vor Zugriffen geschützt werden.

Die Antiterrordatei soll als erweiterte Indexdatei ausgestaltet werden, genauer: als eine Kombination aus Index- und Volltextdatei. Das heißt: Die beteiligten Behörden können online unmittelbar erkennen, ob zu einer verdächtigen Person, Gruppe, Firma oder Stiftung bei einer anderen Behörde etwas vorliegt. Sie sehen dabei zunächst nur die Grunddaten, also Personalien des Verdächtigen und dessen Identifizierungsmerkmale (etwa »besondere körperliche Merkmale, Sprachen, Dialekte, Lichtbilder ...«) sowie die Fundstellen der Erkenntnisse und Vorgänge (= Index). In einem zweiten Schritt fordert die abfragende Stelle bei der entsprechenden Behörde die Freigabe eines erweiterten Datensatzes an, der in einem verdeckten Bereich der Datei gespeichert ist und der auch sensible personenbezogene Daten über Verdächtige und gewisse Kontaktpersonen enthält – wie etwa Telekommunikationskontakte und Bankverbindungen, Schul- und Berufsausbildung, Arbeitsstellen, Fahr- und Flugerlaubnisse, »terrorismusrelevante« Fähigkeiten, Aufenthaltsorte und Reisebewegungen, selbst Angaben über Volks- und Religionszugehörigkeit.

Dieser Datenkatalog soll, so heißt es im IMK-Beschluss, »eine zuverlässige Gefährdungseinschätzung durch die Sicherheitsbehörden ermöglichen«. Darüber hinaus sollen auch »besondere Bemerkungen, ergänzende Hinweise und Bewertungen« der beteiligten Behörden aufgenommen werden. Damit ist der Weg in Richtung einer Volltextdatei beschritten, die durch diese Öffnungsklausel jederzeit erweitert werden kann. Neben der ständigen Einrichtung der Antiterrordatei sollen auch gemeinsame personenbezogene »Projektdateien« legalisiert werden, die von Polizeien oder Geheimdiensten anlassbezogen und bis zu vier Jahre lang angelegt und gemeinsam genutzt werden dürfen.

Es ist zu befürchten, dass in all diese Dateien auch »giftige Früchte der Folter« Eingang finden könnten – hält es doch Bundesinnenminister Wolfgang Schäuble (CDU) mit menschenrechtlichen Grundsätzen für vereinbar, dass deutsche Sicherheitsbehörden, etwa in Kooperation mit der CIA, von unmenschlichen Haftbedingungen und Verhörsituationen in anderen Ländern profitieren, ja möglicherweise unter Folter zustande gekommene Geständnisse und Erkenntnisse für die Gefahrenabwehr verwenden.[3] Längst ist im Zuge des weltweiten »Antiterrorkampfes« das absolute Folterverbot des Verfassungs- und Völkerrechts relativiert worden – so auch von bundesdeutschen Geheimdiensten, die sich Terrorverdächtige in Foltergefängnissen und -lagern wie Guantánamo und anderswo vorführen ließen und verhört haben.[4]

Einsicht in den zunächst verdeckten Datenbereich der Antiterrordatei sollen die anfragenden Behörden recht problemlos im Online-Verfahren bekommen, »soweit dies zur Erfüllung der jeweiligen Aufgaben zur Aufklärung oder Bekämpfung des internationalen Terrorismus erforderlich ist«: Im Falle eines Treffers wird die Freigabe auf Nachfrage, so heißt es im IMK-Beschluss wörtlich,

---

3   Schäuble: Durch Folter erpresste Infos nutzen, Der Tagesspiegel, 28.4.2007,
    tagesspiegel.de

4   Christoph Marischka, Demokratie im Ausnahmezustand, Informationsstelle
    Militarisierung, IMI-Magazin, Februar 2007, S. 3 ff. (6), imi-online.de

»umgehend erteilt« – das soll wohl heißen: vollautomatisch und
ohne inhaltlich-rechtliche Prüfung des Einzelfalls. Im geplanten
Gesetz ist die Rede von einer Entscheidung nach den geltenden
Übermittlungsregelungen. Das bedeutet, dass jede speichernde Stelle ein Ersuchen nach den für sie geltenden gesetzlichen Vorgaben
zu beantworten hat. Der gewährte Zugriff erfolgt dann im Online-
Verfahren. In Eilfällen, etwa zur Verhinderung eines womöglich unmittelbar drohenden Anschlags, erfolgt der Zugriff dagegen ohne
vorherige Freigabe – das Bundesinnenministerium spricht insoweit
von einer sekundenschnellen Datenübertragung auf Knopfdruck.
Wie schnell solche Eilfälle eintreten können, zeigen die zahlreichen
Terrorfehlalarme und -fehleinschätzungen.

Mit der Antiterrordatei können also alle Polizeien des Bundes
und der Länder im vereinfachten Online-Verfahren geheimdienstliche, also auch nicht faktengesicherte Vorfeldinformationen online
nutzen und umgekehrt bekommen alle Geheimdienste hochsensible
polizeiliche Verdachtsdaten geliefert.

Neue Sicherheitsarchitektur mit Entgrenzungstendenz
Was ist nun so problematisch an einem gemeinsamen Datenpool?
Eine solche Vernetzung bedeutet die partielle Aufhebung des verfassungsmäßigen Gebots der Trennung von Polizei und Geheimdiensten – wie bereits erwähnt, eine historisch bedeutsame Konsequenz
aus den Erfahrungen mit der Gestapo der Nazizeit (vgl. BBA-Laudatio 2012). Mit dem Trennungsgebot, das sich aus dem Rechtsstaatsprinzip des Grundgesetzes ableitet und nach überwiegender
Ansicht Verfassungsrang hat, sollte in Westdeutschland eine unkontrollierbare und damit undemokratische Machtkonzentration der
Sicherheitsapparate und eine neue politische Geheimpolizei verhindert werden.

Die nicht allein organisatorisch-funktional zu verstehende Trennung hat auch unmittelbare Auswirkungen auf die informationelle Zusammenarbeit zwischen den Sicherheitsorganen und auf ihre
Grenzen. Dieses Trennungsgebot ist zwar im Laufe der Jahrzehnte

schon gehörig strapaziert worden, wird aber mit einem Online-Informationsaustausch zwischen Polizei und Geheimdiensten, wie ihn die IMK und die Bundesregierung beschlossen haben, auf elektronischem Wege praktisch ausgehebelt. Die Gefahr besteht, dass Geheimdienste tendenziell zum verlängerten nachrichtendienstlichen Arm der Polizei mutieren und diese zum verlängerten Exekutiv-Arm der Geheimdienste. Und dass diese Gefahr recht real ist, zeigt sich an mehreren Projekten, die im Laufe der Jahrzehnte geplant und auch umgesetzt worden sind (vgl. auch BBA 2009 und 2012). Eine behördeninterne Einzelfallprüfung bei der Datenübermittlung, wie sie bislang unter Berücksichtigung des Trennungsgebots und der Informationellen Selbstbestimmung weitgehend üblich war, findet jedenfalls nur noch eingeschränkt statt. Eine effektive Kontrolle der Datenströme wird damit schier aussichtslos – auch wenn jeder Zugriff auf die Datei protokolliert werden soll und die Datenschutzbeauftragten datenschutzrechtliche Kontrollen durchführen können.

Der sächsische Datenschutzbeauftragte hat bereits das Land Sachsen davor gewarnt, sich an der gemeinsamen »Antiterrordatei« zu beteiligen. Denn sonst würde das sächsische Verfassungsgebot einer möglichst weitgehenden Trennung von Polizei und Verfassungsschutz auf informationellem Wege unterlaufen – und das wäre, so der Datenschützer, »ein Bruch der Sächsischen Verfassung«.[5] Deren Artikel 83 Abs. 3 sei eine bedeutende Konsequenz, die der Verfassungsgeber aus den negativen historischen Erfahrungen mit dem Staatssicherheitsdienst der DDR gezogen habe, der Geheimdienst und -polizei in einem war.

Wir haben es bei der Errichtung einer Antiterrordatei diesen Zuschnitts mit einer fatalen Strukturveränderung zu tun – oder anders ausgedrückt: mit dem Element einer neuen Sicherheitsarchitektur, mit der insgesamt das Ziel verfolgt wird, staatliche Macht mehr und mehr zu entgrenzen. Dieser Umbau des liberal-demokratischen

---

5   Der sächsische Datenschutzbeauftragte, Presseerklärung vom 5.9.2006 zu sächsischer Beteiligung an »Antiterrordatei« und zu verstärkter Videoüberwachung, www.saechsdsb.de

Rechtsstaats ist schon seit Längerem im Gange. Dabei geht es im Kern um einen Tabubruch, der auf dem Hintergrund deutscher Geschichte von besonderer Bedeutung ist: die schon erwähnte verstärkte Vernetzung und Verzahnung von Polizei und Geheimdiensten. Für diese Entwicklung steht neben dem Projekt einer gemeinsamen Antiterrordatei unter anderem auch das »Gemeinsame Terrorismusabwehrzentrum« (GTAZ) in Berlin und das »Gemeinsame Analyse- und Strategiezentrum illegale Migration« (GASiM), in denen Polizei und Geheimdienste seit 2005/06 unmittelbar zusammenarbeiten; auch in einzelnen Bundesländern entstanden und entstehen solche übergreifenden Zentren – etwa in Hessen und Niedersachsen.

Preisverleihung als Maßnahme der Gefahrenabwehr

Die Antiterrordatei ist darüber hinaus auf dem Hintergrund der seit dem 11. September 2001 erlassenen Antiterrorgesetze (»Otto-Kataloge«, für die Ex-Bundesinnenminister Otto Schily bereits zweimal mit dem *BigBrotherAward* ausgezeichnet worden ist) zu sehen, mit denen Aufgaben und Befugnisse von Geheimdiensten und Polizei drastisch ausgeweitet wurden und die die Kontrolldichte in Staat und Gesellschaft beträchtlich erhöht haben. Die Antiterrordatei ist auch im Zusammenhang zu sehen mit dem geplanten »Terrorismusbekämpfungsergänzungsgesetz«, das die Große Regierungskoalition in den Bundestag eingebracht hat und mit dem die befristeten Antiterrorbefugnisse von 2002 nicht nur um weitere fünf Jahre verlängert, sondern auch noch ausgeweitet werden sollen – ohne zuvor eine unabhängige, kritische Bilanzierung und Evaluierung der bisherigen Antiterrorgesetze und ihrer Wirkungen vorzulegen. Aus geheimdienstlichen Antiterrorinstrumenten mit Ausnahmecharakter werden so Regelbefugnisse des Alltags. (2020 sind diese Antiterrorgesetze entfristet worden und gelten somit weiter.)

Fazit

Mit einer Antiterrordatei als Kernstück eines neuen Antiterrornetzwerks wächst zumindest partiell zusammen, was nicht zusammengehört, wird eine wichtige demokratische Lehre aus der deutschen Geschichte weitgehend entsorgt, werden rechtsstaatliche Begrenzungen letztlich einer grenzenlosen Prävention geopfert. Möglicherweise landet auch die Antiterrordatei deswegen vor dem Bundesverfassungsgericht, das in den letzten Jahren schon mehrfach Gesetze und Maßnahmen für verfassungswidrig erklären musste (…).

Der *BigBrotherAward* 2006 an die Innenminister des Bundes und der Länder wird von der Jury bewusst präventiv vergeben, also schon bevor ihr Beschluss in die Tat umgesetzt wird. Nun hat der Bundestag das letzte Wort, nur er könnte dieses Projekt noch stoppen, bevor es in Kraft gesetzt wird. Wir betrachten diese Preisverleihung als Maßnahme der Gefahrenabwehr und als Versuch, das Bundesverfassungsgericht damit zu entlasten.

Herzlichen Glückwunsch, Herr Vorsitzender Beckstein, herzlichen Glückwunsch an die verantwortlichen Mitglieder der Innenministerkonferenz.

Publikumspreis

Erstmalig konnte das Publikum bei den *BigBrotherAwards* 2006 entscheiden, welche/r der Preisträgerinnen und Preisträger einen Publikumspreis erhalten soll. Fast die Hälfte der rund fünfhundert anwesenden Zuschauerinnen und Zuschauer hatten einen Stimmzettel abgegeben. Nach der Auszählung ist klar: 32 Prozent der abgegebenen Stimmen entschieden sich für den Preisträger aus der Kategorie »Verbraucherschutz«, für den Gesamtverband der Deutschen Versicherungswirtschaft e. V. (GDV) wegen der Warn- und Hinweisdateien der Versicherungswirtschaft, mit denen Versicherungen umfangreiche Daten von Millionen von Bürgerinnen und Bürgern austauschen – nach geheim gehaltenen Kriterien, ohne ausreichende rechtliche Grundlage und ohne Wissen der Betroffenen. (Laudatorin: Rena Tangens)

Updates

2006 f.: Die Antiterrordatei ist aufgrund des »Antiterrordateigeset-
zes« (ATDG) von 2006 tatsächlich im Jahr 2007 eingerichtet worden
und existiert nach wie vor. Es handelt sich um eine beim Bundeskriminalamt (BKA) von den beteiligten Sicherheitsbehörden geführte
gemeinsame zentrale Verbunddatei – zur Aufklärung und Bekämpfung des internationalen Terrorismus mit Bezug zur Bundesrepublik Deutschland (Einstufung: »Geheim«). Rechtsgrundlage ist das
Antiterrordateigesetz (ATDG) vom 22. Dezember 2006. Die Einführung der Datei wurde mit den Stimmen der Großen Koalition
(CDU/CSU und SPD) beschlossen; alle Oppositionsparteien (Grüne, FDP, Linkspartei.PDS) stimmten dagegen. Beteiligt an der Verbunddatei sind das BKA, die Bundespolizei, die Landeskriminalämter, die Verfassungsschutzbehörden des Bundes und der Länder, der
Bundesnachrichtendienst (BND), der Militärische Abschirmdienst
(MAD) und das Zollkriminalamt – also insgesamt knapp 40 Sicherheitsbehörden des Bundes und der Länder.

2013 f.: Aufgrund einer Verfassungsbeschwerde gegen das ATDG
urteilte das Bundesverfassungsgericht am 24. April 2013, dass die
Errichtung einer Antiterrordatei als Verbunddatei verschiedener Sicherheitsbehörden in ihrer Grundstruktur zwar mit der Verfassung
vereinbar sei.[6] Allerdings genüge die Regelung dem informationellen Trennungsprinzip, das den Austausch von Daten der Polizeibehörden und Nachrichtendienste nur ausnahmsweise zulasse, nicht
vollständig, verletze Grundrechte und müsse daher nachgebessert
werden – was bis Ende 2014 auf der Grundlage des Urteils gesetzlich
umgesetzt wurde.[7]

---

6   BVerfG-Urteil vom 24.4.2013 – 1 BvR 1215/07 – zum ATDG

7   Gesetz vom 18.12.2014; Bericht des Bundesministeriums des Innern zu den
     Auswirkungen des Urteils des Bundesverfassungsgerichts vom 24.4.2013,
     1 BvR – 1215/07 (ATDG), auf die Zusammenarbeit und den Austausch von
     personenbezogenen Daten zwischen der Polizei und dem Verfassungsschutz,

2020: Aufgrund einer weiteren Verfassungsbeschwerde gegen § 6a des ATDG in der Fassung vom Dezember 2014 erging am 10. November 2020 ein erneuter Beschluss des Bundesverfassungsgerichts: § 6a Abs. 2 S. 1 des Gesetzes zur Errichtung einer zentralen Antiterrordatei von Polizeibehörden und Nachrichtendiensten von Bund und Ländern (Antiterrordateigesetz – ATDG) vom 22.12.2006 in der Fassung vom 18.12.2014 verstößt gegen das Grundrecht auf Informationelle Selbstbestimmung (aus Artikel 2 Abs. 1 GG) und gegen die Menschenwürde (nach Artikel 1 Abs. 1 GG) und ist damit nichtig.[8] Ein bloßer Anfangsverdacht auf terroristische Straftaten reiche nicht aus für einen erweiterten Datenzugriff und für die Zusammenführung von Dateien der Polizei und der Geheimdienste; dies sei unverhältnismäßig. Also müsse die Schwelle erhöht werden: künftig müsse eine konkrete Gefahr oder ein begründeter Verdacht vorliegen.[9]

Weiterer *BigBrotherAward*
Kurzbegründung

Kategorie Politik II: **Mehrheit des 4. Landtags von Mecklenburg-Vorpommern** / *Laudator: Alvar C. H. Freude*
Die Mitglieder des 4. Landtags von Mecklenburg-Vorpommern erhalten den Preis für die gesetzliche Erlaubnis zur verdachtsunabhängigen Tonaufzeichnung in öffentlichen Gebäuden und auf öffentlichen Plätzen in ihrer Umgebung sowie in öffentlichen Verkehrsmitteln. Die Ordnungsbehörden können diese Überwa-

---

24.10.2013, innenministerkonferenz.de; Bundestag beschließt Änderungen an Anti-Terror-Datei, Spiegel online, 17.10.2014; Fredrik Roggan, Jetzt wächst weiter zusammen, was nicht zusammengehört, in: Grundrechte-Report 2015, Frankfurt/M. 2015, S. 29 ff.

8 BVerfGE vom 10.11.2020, Az. 1 BvR 3214/15

9 Ursula Knapp, Nur ein Terrorverdacht reicht nicht, Frankfurter Rundschau, 12./13.12.2020.

chungsmaßnahmen anordnen, sobald »Tatsachen die Annahme rechtfertigen, dass Straftaten begangen werden sollen« – es gibt also quasi keine Hürde und keine Definition für eine solche Anordnung. Genau wie die allgegenwärtige Videoüberwachung (BBA 2004 und 2005) wird das Risiko, belauscht werden zu können, Menschen in der Ausübung ihrer demokratischen Grundrechte Meinungsfreiheit und Entfaltung ihrer Persönlichkeit behindern.

Tadelnde Erwähnungen

Inquisitorischer Gesinnungstest für Muslime: Diskriminierende Einbürgerungspraxis in Baden-Württemberg / *Rolf Gössner*
Anfang 2006 verschärfte Baden-Württemberg seine Einbürgerungspraxis und führte einen Gesprächsleitfaden mit 30 Fragen ein. Es handelt sich um einen Test, mit dem die »innere Einstellung« von Einbürgerungswilligen zur »freiheitlich-demokratischen Grundordnung« ergründet werden soll. Ziel: die Einbürgerung von »Islamisten« verhindern.

Der Leitfaden wird obligatorisch nur bei (mutmaßlichen) Muslimen eingesetzt. Mit den meisten Fragen des speziell auf sie zugeschnittenen Katalogs wird unterstellt, Muslime seien tendenziell demokratiefern und verfassungsfeindlich, gewaltgeneigt bis terroristisch, Frauen unterdrückend und tyrannisch, antiemanzipativ und antisemitisch sowie homophob und bigamistisch. Sie werden des religiösen Fundamentalismus verdächtigt und faktisch unter Generalverdacht gestellt.

Bei etlichen der Fragen geht es um mögliches politisch »inkorrektes«, unemanzipiertes oder aber kriminelles Verhalten und um persönliche Einstellungen – nicht aber um das innere Verhältnis zu Verfassung und Demokratie. So haben etwa Fragen nach homosexuellen Söhnen und Politikern nichts mit Verfassungskonformität oder -feindlichkeit zu tun. Andere Fragen betreffen die Intimsphäre und den Kernbereich privater Lebensgestaltung – so nach familiären Verhaltensweisen und Reaktionen auf sexuelle Orientierungen; sie zielen auf subjektive Befindlichkeiten und Einstellungen ab. Solche Fragen verletzen den Schutzbereich der Privat- und Intimsphäre und damit das Persönlichkeitsrecht (Art. 2 Abs. 1 GG) sowie die Meinungsfreiheit (Art. 5 Abs. 1). Antworten auf solche Fragen gehen den Staat prinzipiell nichts an, wie ihn überhaupt Gesinnung und Lebensführung seiner Bürger:innen prinzipiell nichts angehen – es sei denn, es geht dabei um strafbare Handlungen.

Dieser »Muslim-Test« ist eine »inquisitorische« Gesinnungsüberprüfung. Da die Antworten mitsamt den Gesinnungs- und Intimdaten in Akten und Dateien festgehalten werden, sind mit diesem Test insgesamt gravierende Eingriffe in das Grundrecht auf Informationelle Selbstbestimmung der Antragsteller verbunden. Im Zweifel können davon – im Wege der Datenübermittlung – auch andere Stellen, etwa Geheimdienste, profitieren. Ausgerechnet für die Prüfung der Verfassungstreue wird ein Fragebogen eingesetzt und eine Prozedur gewählt, die dem Geist der Verfassung widersprechen.[10]

»Freiwilligkeit« bei DNA-Reihenuntersuchungen

Von Freiwilligkeit ist die Rede in Zusammenhang mit DNA-Reihenuntersuchungen, den sogenannten Massen-Gentests. Sie erfreuen sich als Ermittlungsinstrument einer stetig steigenden Beliebtheit. Eine große Fahndungsaktion fand im Juli 2006 in Coswig bei Dresden statt. Nach zwei Sexualstraftaten waren dort – auf richterlichen Beschluss – zunächst 3.000 Männer zur freiwilligen Speichelprobe gebeten worden – erfolglos. Daraufhin sollen nun bis zu 100.000 Einwohner von Dresden und Umgebung zum Speicheltest gebeten werden. Die BBA-Jury meint: Auch die Verweigerung der Mit-

---

10   Rolf Gössner, Rechtspolitisch-gutachterliche Stellungnahme zum Gesprächsleitfaden für Einbürgerungsbehörden in Baden-Württemberg (u. a. im Auftrag des Zentralrats der Muslime in Deutschland) vom 12. Januar 2006 m. w. N., www.rolf-goessner.de; Patrick Bahners, Die Panikmacher. Die deutsche Angst vor dem Islam, München 2011

wirkung kann keinen Tatverdacht gegen eine Person rechtfertigen. Deswegen ist es mehr als bedenklich, wenn die »Verweigerer« damit rechnen müssen, dass ihre Alibis überprüft oder gar Ermittlungen am Arbeitsplatz durchgeführt werden.

Zuverlässigkeitsprüfung für Fluglizenzen

Ferner sei auf die wohl zweitgrößte Durchleuchtungsmaßnahme seit der Fußball-WM 2006 hingewiesen: Nicht nur Berufs-, sondern auch Hobbyflieger und jede/r, der oder die »nicht nur gelegentlich« Zutritt zu Flughafenbereichen hat, muss sich seit Januar 2005 ausforschen lassen. Mit der Änderung des Luftsicherheitsgesetzes (das ursprünglich auch die Möglichkeit zum Abschuss von entführten Passagiermaschinen enthielt) wurde zu Beginn vorigen Jahres (2005) eine Zuverlässigkeitsprüfung eingeführt, deren Bestehen zum Erwerb oder Erhalt einer Fluglizenz notwendig ist. Diese Überprüfung umfasst zahlreiche Abfragen bei Polizei und Geheimdiensten. Antragsteller:innen müssen nicht nur die jährlichen Abfragen selbst veranlassen, sondern auch bezahlen. Ein verbindlicher Regelkatalog, in dem bestimmte Tatsachen verzeichnet sind, die einer Zuverlässigkeit abträglich sind, ist nicht bekannt. Pilot:innen müssen seitdem befürchten, dass zum Beispiel bestimmte Auslandskontakte ihre Fluglizenz in Frage stellen können.

Verfassungsrechtliche Vorgabe
»Kernbereich privater Lebensgestaltung« nicht erfüllt

Das Bundesverfassungsgericht legt, das wissen wir spätestens seit der Entscheidung zum Großen Lauschangriff vom 3. März 2004, großen Wert darauf, dass der Kernbereich privater Lebensgestaltung, also z. B. Telefonate mit Ehepartnern und -partnerinnen, besonders geschützt werden. Am selben Tage erklärten die Karlsruher Richter auch eine Befugnis zur Überwachung der Telekommunikation durch den Zoll für verfassungswidrig und forderten den Gesetzgeber gleichzeitig auf, die Intimsphäre auch dort zu schützen. Dabei setzten sie dem Bundestag eine Frist bis Ende 2004. Bis zu diesem

Zeitpunkt nahmen die Parlamentarier:innen zwar die verfassungswidrige Regelung aus dem Außenwirtschaftsgesetz heraus, fügten
sie aber mit einigen Änderungen in das Zollfahndungsdienstgesetz
wieder ein. Dabei fehlten die vom Bundesverfassungsgericht verlangten kernbereichsschützenden Regelungen noch immer. Es galt
also weiter eine Rechtslage, die mit den Vorgaben aus Karlsruhe
nicht vereinbar war. Immerhin, das neue Gesetz war wiederum befristet und wäre zum 31.12.2005 ausgelaufen, hätte der Bundestag
nicht die offensichtlich verfassungswidrige Regelung um ein weiteres Jahr verlängert. Damit lässt sich festhalten: Der Deutsche Bundestag verweigert dem Bundesverfassungsgericht die Gefolgschaft.
Ein klarer Tadel der BBA-Jury!

2005

»Er hat die Sicherheit zum Grundrecht gekürt«

BigBrother-Lifetime-Award
für Bundesinnenminister Otto Schily (SPD)
wegen des Ausbaus des deutschen und europäischen
Überwachungssystems auf Kosten der Bürgerrechte

Der *BigBrotherAward* 2005 in der Kategorie »Lifetime« geht an Bundesinnenminister Otto Schily (SPD).[1] Otto Schily erhielt 2005 mit Abstand die meisten Nominierungen – wie übrigens schon im Jahr 2001, als er für seine »Otto-Kataloge« den *BigBrotherAward* in der Kategorie »Politik« verliehen bekam. In der Jury bestand große Einigkeit, dass Schily nun zum mutmaßlichen Ende seiner politischen Karriere der *Lifetime-Award* für langjährige »Verdienste« gebührt – wohl wissend, dass wir mit unserer Würdigung im Rahmen der Verleihung eines Negativpreises einer so schillernden Persönlichkeit wie Otto Schily und seiner gesamten Lebensleistung bei Weitem nicht gerecht werden können. Leider können wir hier und heute nur eine Auswahl aus der Fülle seiner beeindruckendsten Projekte, Initiativen und Gedanken würdigen.

---

1   Otto Schily war in den Kabinetten von Bundeskanzler Gerhard Schröder von 1998 bis 2005 Bundesminister der Innern. 1980 Mitgründer der Partei Die Grünen, wechselte er 1989 zur SPD; bis 2005 betrieb er eine Rechtsanwaltskanzlei, ab 2007 eine Unternehmensberatung; Näheres bei Wikipedia: Otto Schily.

Otto Schily erhält den *BigBrother-Lifetime-Award* 2005

- für die übereilte Einführung des biometrischen ePasses mit bis dato unausgereifter Technologie und ohne parlamentarische Legitimation,
- darüber hinaus für seine »Verdienste« um den Ausbau des deutschen und europäischen Überwachungssystems auf Kosten der Bürger- und Freiheitsrechte,
- für seine hartnäckigen Bemühungen um die Aushöhlung des Datenschutzes und der Informationellen Selbstbestimmung unter dem Deckmantel von Sicherheit und Terrorbekämpfung – Stichwort: »Antiterror«-Gesetze, verharmlosend auch »Otto-Kataloge« genannt,
- für seine maßgebliche Mitwirkung am Großen Lauschangriff
- sowie für seine Angriffe auf die Unabhängigkeit des Bundesdatenschutzbeauftragten.

Biometrische Obsession: der neue ePass

Zu den großen Obsessionen unseres Preisträgers gehört die digitale Erfassung von biometrischen Merkmalen in Ausweispapieren. Schon ab 1. November 2005 ist in der Bundesrepublik als erstem EU-Land der Reisepass mit solchen Merkmalen ausgerüstet worden. Auf einem kontaktlos per Funk auslesbaren RFID-Mikrochip wird neben den Personalien zunächst ein digitalisiertes Gesichtsbild gespeichert, ab 2007 kommen zwei digitale Fingerabdrücke hinzu. Auch die Speicherung weiterer Merkmale, etwa Iris-Scan oder genetischer Fingerabdruck, wäre möglich. Der nächste Schritt soll die Einführung des biometrischen Personalausweises sein.

Unter souveräner Umgehung von Parlamenten und Datenschützer:innen und ohne gesellschaftliche Debatte boxte Schily sein Lieblingsprojekt auf EU-Ebene durch – am Bundestag vorbei, also ohne demokratische Legitimation. Statt das Parlament über die Folgen für Datenschutz und Bürgerrechte entscheiden zu lassen, forcierte er eine EU-Verordnung, die unmittelbare Rechtswir-

kung in allen EU-Ländern entfaltet.[2] So brachte es Schily fertig,
das Passgesetz (§ 4) zu umgehen, das zur Einführung biometrischer Daten ein neues, vom Bundestag zu beschließendes Gesetz
fordert.[3]

Nicht nur wir halten Schilys selbstherrlichen Akt für zutiefst undemokratisch. Als der Bundesdatenschutzbeauftragte Peter Schaar
(Bündnis '90 / Die Grünen) diese übereilte Einführung des ePasses
durch die europäische Hintertür kritisierte und ein umfassendes
sicherheitstechnisches Konzept zum Schutz der Daten forderte,
bezichtigte ihn Otto Schily des Amtsmissbrauchs. Es liege nicht in
Schaars Kompetenz, über Sinn und Zeitpunkt der Einführung biometrischer Merkmale zu befinden, wies ihn Schily via »Deutschlandfunk« zurecht und empfahl ihm gebieterisch »mehr Zurückhaltung«.[4]

Mit diesem selbstgerechten Angriff auf die Unabhängigkeit des
Datenschutzbeauftragten wollte der beratungsresistente Schily offenbar einen fachkundigen Kritiker in seinem eigenen Verantwortungsbereich zum Schweigen bringen. Doch es gehört zu den Pflichten eines Datenschutzbeauftragten, die betroffene Bevölkerung
darauf aufmerksam zu machen, dass bis dahin keine transparente
Risikoanalyse existierte, um Missbrauch und Systemanfälligkeiten
der Digital-Biometrie in Ausweisen überhaupt einschätzen zu können. Nach einer Studie des Bundesamtes für Sicherheit in der Informationstechnik (BSI) ist die neue Technologie weder praxistauglich
noch ausgereift.[5] So ist die Gesichtserkennung stark fehlerbehaf-

---

2   Verordnung (EG) Nr. 2252/2004 des EU-Rates vom 13.12.2004 über Normen
     für Sicherheitsmerkmale und biometrische Daten in von den Mitgliedstaaten
     ausgestellten Pässen und Reisedokumenten

3   Inzwischen hat die EU-Verordnung in § 4 Passgesetz Eingang gefunden.

4   Dieter Brors, Datenschutzbeauftragter Schaar weist Schily-Kritik vehement
     zurück, heise.de, 18.6.2005

5   ChaosComputerClub, Biometrie, www.ccc.de; Der Bundesbeauftragte für den
     Datenschutz und die Informationsfreiheit, Biometrische Merkmale in Aus-
     weisdokumenten, bfdi.bund.de

tet, allein schon, weil sich Gesichter im Laufe der Jahre erheblich verändern. Es steht zu befürchten, dass täglich Tausende Menschen an Flughäfen zurückgewiesen und in ihrer Reisefreiheit beschränkt werden, weil ihre digitalen Fotos oder Fingerabdrücke von der Software nicht akzeptiert werden oder einem Vergleich mit dem leibhaftigen Original nicht Stand halten. Solche Personen kommen in Rechtfertigungszwang, schlimmstenfalls geraten sie in einen bösen Verdacht.

Elektronische Ausweise sind zudem missbrauchsanfällig: Die biometrischen Daten können an allen Kontrollstellen im In- und Ausland ausgelesen und in Datenbanken gespeichert werden – ohne dass die Betroffenen wissen, wer auf die sensiblen Daten Zugriff hat und was anschließend mit ihnen passiert. Selbst das kontaktlose und daher unbemerkte Auslesen der RFID-Chips per Funk ist nicht wirklich auszuschließen, so dass nicht nur Grenzkontrollstellen, sondern auch unbefugte Dritte Bewegungsprofile von arglosen Passinhabern anfertigen könnten.

Zwar konnten die Grünen im Bundestag Schilys ursprünglichen Plan, alle biometrischen Daten in einer Zentraldatei zu speichern, noch verhindern. Doch auch dezentrale Speicherungen können Risiken bergen: Mit geringem Mehraufwand könnten biometrische Passdaten aus dezentralen Dateien automatisch mit Fahndungsdateien und Fingerabdrücken von Straftätern und Verdächtigen abgeglichen werden, aber auch mit Fingerabdrücken, die an Tatorten gefunden werden. Und die digitalisierten Gesichtsbilder könnten etwa mit Videoaufnahmen aus dem öffentlichen Raum abgeglichen werden, um eine verdächtige oder gesuchte Person herauszufiltern. Ein weiterer Schritt hin zum Generalverdacht gegen alle Bürgerinnen und Bürger dieses Landes – oder gleich ganz Europas, denn auf EU-Ebene gibt es (2005) bereits Pläne für eine biometrische Zentraldatei.[6]

---

6 Die Auseinandersetzung um Ausweise mit digitalisierten biometrischen Merkmalen, heise.de, 8.11.2005

Im Zusammenhang mit elektronischen Ausweispapieren wird eine milliardenteure Überwachungsinfrastruktur mit hohem Missbrauchspotential aufgebaut. Für die Bürger steigen die Kosten für einen Reisepass um mehr als das Doppelte von 26 auf 59 Euro – wie hoch die Infrastrukturkosten liegen, wagen wir nicht zu schätzen. Doch der riesige Kostenaufwand steht in keinem vernünftigen Verhältnis zum angeblichen Sicherheitsgewinn. Denn auch der ePass mit seinen biometrischen Merkmalen kann manipuliert werden. Im Übrigen galten die bisherigen bundesdeutschen Ausweispapiere schon als die fälschungssichersten der Welt.

Gleichwohl verkaufte Otto Schily sein biometrisches Projekt als großen Fortschritt für die Sicherheit und als wichtigen Baustein im Kampf gegen Organisierte Kriminalität und internationalen Terrorismus. Mit dieser Behauptung nährt Schily allenfalls eine riskante Sicherheitsillusion, denn der ePass führt keineswegs automatisch zu mehr Sicherheit. Weder die Anschläge in New York noch diejenigen von Madrid oder London oder anderswo hätten mit der neuen Technologie verhindert werden können. Schließlich gibt es kein biometrisches Merkmal, das signalisiert: »Dieser Pass gehört einem potentiellen Terroristen – bitte vor jedem Anschlagsversuch kontrollieren.«

Otto Schily nötigte uns den ePass nicht nur als vermeintliches Sicherheitsinstrument auf, sondern auch als Innovationsprojekt zur Sicherung nationaler Standortvorteile: Die rasche Einführung der biometrischen Verfahren vor allen anderen EU-Staaten »liege im ureigenen deutschen Interesse«. Damit »bringen wir den Beweis«, so Schily am 1. Juni 2005 vor der Presse in Berlin, »wie rasch sich deutsche Firmen auf die neue Sicherheitstechnik und auf den zukunftsorientierten Wachstumsmarkt der Biometrie eingestellt haben«.[7] Deutschland nehme so in Sachen Sicherheit eine Führungsrolle in der EU ein. Wir sehen darin allerdings eine verdeckte

---

7   Bundesinnenministerium 2005, zit. n. Richard Sietmann, Der Biometrie-Pass kommt, heise.de, 13.5.2005; Inga Klein, Zwischen Sicherheit und Risiko, Münster 2012, S. 82 f.

Wirtschaftsförderung, etwa zugunsten der Bundesdruckerei GmbH
und der Chip-Hersteller Philips und Infineon, aber auch voraus-
eilenden Gehorsam gegenüber den USA, die in Sachen Biometrie
auf die europäischen Regierungen massiven Druck ausgeübt hatten.

Die biometrisch-digitale Erfassung der gesamten Bevölkerung
ist nicht nur ein unverhältnismäßiger Eingriff in die Informationelle Selbstbestimmung, sondern auch eine Misstrauenserklärung
an die Bevölkerung. Sie muss sich behandeln lassen wie bislang
nur Tatverdächtige oder Kriminelle im Zuge einer Erkennungsdienstlichen Behandlung. Mit Schilys biometrischer Obsession
werden Menschen im Namen vermeintlicher Sicherheit zu bloßen
Objekten staatlicher Macht degradiert – ohne dass dies auch nur
durch »Gefahrennähe« des Einzelnen gerechtfertigt wäre. Otto
Schily kontert mit dem zynischen Argument, dass »die Würde
des Fingers« auch nicht größer sei als die des Gesichts.[8] Im Übrigen beruft er sich gerne auf spanische Ausweise, bei dessen Be-
antragung bereits Fingerabdrücke erfasst und gespeichert werden.
Allerdings verschweigt er, dass es sich dabei um ein Relikt aus fa-
schistischen Franco-Zeiten handelt.[9] Und er verschweigt, dass damit weder Anschläge der baskischen ETA noch die Anschläge von
Madrid (2004) verhindert werden konnten.

Demnächst wird hierzulande selbst den hartnäckigsten Sicher-
heitsfanatikern das Lachen vergehen, denn ein solches wird auf
den neuen Digitalfotos verboten sein – offene Münder oder blit-
zende Zähne könnten nämlich die Hightech-Lesegeräte irritieren.
Lediglich ein leichtes Grinsen mit geschlossenen Lippen und bei
ansonsten neutralem Gesichtsausdruck wird noch statthaft sein.[10]
Beim elektronischen Gesichtsabgleich werden wohl Vollbärte, dicke
Brillen, aufgespritzte Lippen oder operierte Nasen genauso zum Si-

---

8   Zit. nach Süddeutsche Zeitung, 24.8.2004
9   Ralf Bendrath, Zur Geschichte der Fingerabdrücke in Ausweisen, netzpolitik.
     org, 29.10.2007; ChaosComputerClub, Fingerabdruck im Reisepaß: Risikoex-
     periment an der Bevölkerung beginnt, 16.10.2007, www.ccc.de
10   Lachen verboten – Grinsen erlaubt, Kölnische Rundschau (dpa), 6.8.2004

cherheitsproblem, wie das unvermeidliche Älterwerden und tiefere
Falten im Gesicht.

Vom linksliberalen Strafverteidiger
zum autoritären Staats-Anwalt

Mit dem *BigBrother-Lifetime-Award* würdigen wir die Wandlung
des anthroposophisch geprägten Preisträgers Otto Schily vom links-
liberalen Anwalt über den realo-grünen Oppositionspolitiker zum
staatsautoritären SPD-Polizeiminister – eine Metamorphose, die
viele Menschen nur schwer nachvollziehen können. Vor vielen,
vielen Jahren stand Schily als herausragender Strafverteidiger der
außerparlamentarischen Linken und besonders im Stammheimer
RAF-Prozess für den Kampf gegen Deformationen des Rechtsstaates, die dieser im Zuge der damaligen Terrorismusbekämpfung erleiden musste. Es war jene Zeit, in der Schily noch die mahnenden
Worte einer Erklärung der Humanistischen Union unterschrieben
hatte: »Man bekämpft die Feinde des demokratischen Rechtsstaats
nicht mit dessen Abbau, und man verteidigt die Freiheit nicht mit
deren Einschränkung« (1978).

So ändern sich Zeiten und Auffassungen – dennoch will Schily
von biografischen Brüchen nichts wissen. Vom »Terroristenpro-
zess« in Stammheim bis zu seinen »Antiterror«-Gesetzen: kon-
tinuierlich wähnte er sich im Einsatz für den demokratischen
Rechtsstaat, wenn auch in unterschiedlichen Rollen. Doch Schily
hat nicht nur die Rollen, sondern die Seiten gewechselt – und zwar
kompromisslos: Aus dem eloquenten Strafverteidiger, der im Interesse seiner Mandant:innen rechtsstaatliche Prinzipien gegen
staatsautoritäre Übergriffe verteidigte, wurde spätestens in seiner
Funktion als Bundesinnenminister ein autoritärer Staats-Anwalt,
der die Macht des Staates zu Lasten der individuellen Freiheitsrechte ausgebaut hat. Schily machte den Staat zu seinem Mandanten, für
dessen Autorität und Stärke er sich auf geradezu fundamentalisti-
sche Weise eingesetzt hat. Schon länger hält er die Angst vor dem
Leviathan, also vor einer entfesselten Staatsmacht, für ein Problem

von vorgestern. Der Einzelne müsse heute nicht mehr vor dem Staat geschützt werden, nur noch vor Kriminalität und Terror.[11] Jedes Misstrauen gegen staatliche Maßnahmen ist im Schily-Staat demnach unangebracht, ja geradezu verwerflich, zumindest verdächtig.

Mitwirkung am Großen Lauschangriff: ein Fall für den »Verfassungsschutz«?

Schon als Oppositionspolitiker hatte der von den Grünen zur SPD konvertierte Otto Schily die spätere rot-grüne Koalition mit schweren Hypotheken belastet – so mit dem Großen Lauschangriff. Schily, der in Stammheim selbst Opfer von Lauschangriffen geworden war, hatte an der dafür nötigen Verfassungsänderung, die ohne die SPD nicht zustande gekommen wäre, maßgeblich mitgewirkt – und damit an der Aushöhlung des Grundrechts auf Unverletzlichkeit der Wohnung.[12] Als Sachverständiger im Deutschen Bundestag hatte ich zusammen mit anderen Sachverständigen während einer Anhörung zu dem Gesetzesentwurf die Abgeordneten noch vor einer Verfassungswidrigkeit der Regelung gewarnt – vergeblich.[13] Erst Jahre später hat das Bundesverfassungsgericht dieses Machwerk tatsächlich für weitgehend verfassungswidrig erklärt.[14] Diese verfassungswidrige Betätigung der Betreiber dieser Gesetzesreform schadete ihnen offenbar nicht – im Fall Schily war es eine höchst paradoxe Empfehlung für den Posten des Innenministers, der schließlich auch als Verfassungs(schutz)minister fungiert.

---

11 Brigitte Baetz / Reinhold Michels: Otto Schily. Eine Biographie, Deutschlandfunk, 19.11.2001; Stefan Reinecke, Otto Schily. Vom RAF-Anwalt zum Innenminister, Hamburg 2003

12 Schilys Vorstoß: Großer Lauschangriff auf Ärzte, Anwälte, Journalisten, Spiegel online, 8.7.2004

13 Rolf Gössner, BigBrother & Co. Der moderne Überwachungsstaat in der Informationsgesellschaft, Hamburg 2001, S. 55 ff.

14 Am 3.3.2004 entschied das Bundesverfassungsgericht, dass große Teile des Gesetzes zur Bekämpfung der Organisierten Kriminalität gegen Menschenwürde und Grundrechte verstoßen und deshalb verfassungswidrig sind (Az. 1 BvR 2378/98 – 1 BvR 1084/99).

Als Geburtshelfer des Großen Lauschangriffs hatte Schily ursprünglich sogar für eine noch weit schärfere Fassung gefochten:
Wäre es nach ihm gegangen, wären elektronische Wanzen auch gegen
Berufsgeheimnisträger wie Journalisten oder Ärzte einsetzbar gewesen.[15] Seit jener Zeit sind zumindest erhebliche Zweifel an seiner
Verfassungstreue angebracht, zumal er zuvor schon die faktische Ab-
schaffung des Asylgrundrechts (Art. 16a GG) betrieben hatte. Man
muss sich seitdem fragen: Ist Schily bereit, jederzeit für die freiheitlich-
demokratische Grundordnung einzutreten, wie es von jedem Beamten gefordert wird, oder neigt er dazu, diese immer wieder zugunsten
der Staatsräson und zu Lasten der Bürgerrechte einzuschränken?

»Otto-Kataloge«: Angriff auf die Freiheitsrechte

Unser Preisträger hat mit seiner Law-and-Order-Politik einen ge-
hörigen Beitrag dazu geleistet, dass bürgerrechtliche Grundwerte
in der herrschenden Sicherheitspolitik mehr und mehr verdrängt
worden sind – ganz besonders nach den Terroranschlägen vom
11. September 2001 in den USA. Damals verkündete Schily als Bundesinnenminister, die rot-grüne Koalition werde »alle polizeilichen
und militärischen Mittel aufbieten, über die die freiheitlich-demo-
kratische Staatsordnung, die wehrhafte Demokratie verfügt«.[16] Mit
dieser martialischen Androhung trat Schily einen fatalen Gesetzes-
aktionismus los, bediente das ohnehin schier grenzenlose Sicher-
heitsverlangen vieler Bürger:innen und nutzte es zur Legitimierung
lang gehegter Nachrüstungspläne, ließ sie aus den Schubladen der
Macht kramen, zu voluminösen »Otto-Katalogen« schnüren und
mit Antiterror-Etiketten bekleben. Anstatt der Bevölkerung die
Wahrheit über Unsicherheitsfaktoren in einer Risikogesellschaft zu-
zumuten und deutlich zu machen, dass absolute Sicherheit leider
nicht und nirgendwo zu erreichen ist, machen Schily und andere

---

15 Schilys Vorstoß: Großer Lauschangriff auf Ärzte, Anwälte, Journalisten,
    spiegel.de 8.7.2004; sueddeutsche.de, 19.5.2010
16 Rede im Bundestag am 19.9.2001, bundesregierung.de

Regierungspolitiker mit symbolischer Politik bis heute unhaltbare Sicherheitsversprechen.

Mit den sogenannten Antiterrorgesetzen, für die Otto Schily wie kein anderer steht, haben Polizei und Geheimdienste erweiterte Aufgaben und Befugnisse erhalten. Damit wurde die ohnehin hohe Kontrolldichte in Staat und Gesellschaft noch weiter erhöht. Vermehrt können Beschäftigte in sogenannten lebens- oder verteidigungswichtigen Einrichtungen geheimdienstlichen Sicherheitsüberprüfungen unterzogen werden – mitunter auch ihre Lebenspartner:innen und ihr soziales Umfeld. Betroffen sind Einrichtungen und sicherheitsempfindliche Stellen, so heißt es im Gesetz wörtlich, »die für das Funktionieren des Gemeinwesens unverzichtbar sind und deren Beeinträchtigung erhebliche Unruhe in großen Teilen der Bevölkerung entstehen lassen würde«. Gemeint sind Einrichtungen, die der Versorgung der Bevölkerung dienen, wie Energieunternehmen, Krankenhäuser, Chemieanlagen, Bahn, Post, Banken, Telekommunikationsbetriebe, aber auch Rundfunk- und Fernsehanstalten können betroffen sein.

Migrantinnen und Migranten, unter ihnen besonders Muslime, werden praktisch per Gesetz unter Generalverdacht gestellt, zu gesteigerten Sicherheitsrisiken erklärt und einem rigiden Überwachungssystem unterworfen – denken wir nur an die biometrische Erfassung von Fingerabdrücken, an polizeiliche Racial-Profiling-Kontrollen, an geheimdienstliche Regelanfragen, an erleichterte Auslieferungen und Abschiebungen. Ohne wirklichen Nachweis, dass von ihnen mehr Terror ausgehe als von Deutschen, werden Migrant:innen – unter Verletzung des Gleichheitsgrundsatzes – oft einer entwürdigenden Sonderbehandlung unterzogen, die für viele existentielle Folgen haben kann.

Die Antiterrorgesetze bewirken eine verhängnisvolle Lockerung des Datenschutzes, ganz im Sinne Otto Schilys, der den Datenschutz ohnehin für »übertrieben« hielt – gerade so, als könnten (selbstmörderische) Terroranschläge mit weniger Datenschutz und mehr Eingriffen in die Privatsphäre der Bürger:innen verhindert werden.

Doch die meisten dieser Gesetzesverschärfungen taugen nur wenig zur Bekämpfung eines religiös aufgeladenen, selbstmörderischen Terrors; sie schaffen kaum mehr Sicherheit, gefährden aber die Freiheitsrechte umso mehr. Etliche der Antiterrormaßnahmen sind unverhältnismäßig, ja maßlos – sie zeigen Merkmale eines nicht erklärten Ausnahmezustands und eines autoritären Präventionsstaates, in dem letztlich Rechtssicherheit und Vertrauen verloren gehen. Die Unschuldsvermutung, eine der wichtigsten rechtsstaatlichen Errungenschaften, verliert in dieser Sicherheitskonzeption ihre machtbegrenzende Funktion. Der Mensch wird zum potentiellen Sicherheitsrisiko, der seine Harmlosigkeit und Unschuld nachweisen muss – während Otto Schily die vermeintliche Sicherheit zum Supergrundrecht erklärt, das die wirklichen Grundrechte der Bürger:innen – als Abwehrrechte gegen Eingriffe des Staates – in den Schatten stellt.

Obrigkeitsstaatliche Interpretation des Rechtsstaats

In seinem missionarischen Eifer als Staatsschützer schreckte der Preisträger selbst vor Forderungen aus dem Arsenal autoritärer Staaten nicht zurück: So würde er allzu gerne »gefährliche« Personen ohne konkreten Verdacht in präventive Sicherungshaft nehmen lassen (mit den Polizeirechtsverschärfungen von 2018/19 inzwischen möglich). Otto Schilys zuweilen obrigkeitsstaatliche Interpretation des Rechtsstaats zeigt sich auch in folgenden Staatsschutzprojekten:

So hat er mit einem gemeinsamen Antiterror-Lagezentrum und mit dem Plan einer zentralen »Islamistendatei« Grundsteine für einen Datenverbund aller Geheimdienste und des Bundeskriminalamts gelegt.[17] Eine noch engere Vernetzung würde die Aufhebung des verfassungsmäßigen Gebots der Trennung von Polizei und Geheimdiensten bedeuten. Damit nimmt Schily eine Machtkonzentration in Kauf, die kaum noch wirksam kontrollierbar sein wird.

---

17 Inzwischen realisiert als Antiterror-Lagezentrum und als zentrale Antiterror-Verbunddatei, an denen unterschiedliche – polizeiliche wie geheimdienstliche, teils auch militärische – Sicherheitsbehörden partizipieren.

Schily hat sich mit Vehemenz dafür eingesetzt, dass alle Telekommunikationskontakte – ob per Telefon, SMS, E-Mail oder Internet – zur Terror- und Kriminalitätsbekämpfung deutschland- und europaweit für mindestens zwölf Monate auf Vorrat gespeichert werden (»Vorratsdatenspeicherung«). Also: Wer hat mit wem, wann, wie oft und wie lange von wo nach wo fernmündlich oder schriftlich kommuniziert, welche SMS- oder Internet-Verbindungen genutzt, welche Suchmaschinen mit welchen Begriffen benutzt, welche Websites besucht und mit welchen E-Mail-Empfängern kommuniziert? Mit dieser beispiellosen Vorratsdatensammlung ließe sich das Kommunikations- und Konsumverhalten einzelner Telekommunikationsnutzer:innen heimlich ablesen – Verhaltens- und Kontaktprofile inklusive (s. u., Updates).

Auch die Pressefreiheit ist vor Otto Schily keineswegs sicher: So rechtfertigte er undifferenziert und hartnäckig die höchst umstrittene Durchsuchung der Redaktionsräume des Monatsmagazins »Cicero« und der Privatwohnung eines Journalisten durch das Bundeskriminalamt (BKA), zu der Schily die Ermächtigung erteilt hatte. Der Journalist hatte zulässigerweise aus einem geheimen BKA-Dossier zitiert. Weil die undichte Stelle im BKA, also der Lieferant des Geheimdossiers, nicht zu finden war, wurde gegen den Journalisten wegen »Beihilfe zum Geheimnisverrat« ermittelt – stundenlange Razzien und kistenweise Beschlagnahme von Recherchematerial inklusive. Das gesuchte Dokument wurde nicht gefunden, dafür »Zufallsfunde« zuhauf, die mit dem Durchsuchungsanlass nicht das Geringste zu tun hatten, aber zu weiteren Ermittlungsverfahren führten. Mit dieser Verdächtigung, als Journalist am Verrat von Dienstgeheimnissen selbst beteiligt gewesen zu sein, lassen sich Informantenschutz und Zeugnisverweigerungsrecht praktisch aushebeln – und damit das hohe Gut der Pressefreiheit. Solche Praktiken können letztlich dazu führen, kritische Journalist:innen einzuschüchtern und von investigativen Recherchen abzuhalten.[18]

---

18 Das zuständige Amtsgericht lehnte es ab, das Verfahren wegen Beihilfe zum

Letztlich hat das Bundesverfassungsgericht diese Durchsuchung »als nicht gerechtfertigten Eingriff in die Pressefreiheit für grundrechtswidrig erklärt.

So sehen also die fatalen Folgen aus, wenn man, wie der Preisträger, die Sicherheit zum Grundrecht kürt, wenn man die Staatsräson zum Verfassungsgrundsatz erhebt, die alles andere dominiert: Dann herrscht partielle Willkür, dann werden Bürgerrechte zur Makulatur. Angesichts überzogener Antiterrormaßnahmen und einer eskalierenden Sicherheitsdebatte warnte der frühere Datenschutzbeauftragte und Vorsitzende des Nationalen Ethikrates, Spiros Simitis, eindringlich: »Jetzt ist der Punkt erreicht, wo wir am Grundbestand unserer verfassungsrechtlichen Vorgaben angelangt sind – der Übergang in eine totalitäre Gesellschaft ist fließend«.[19] Und der Soziologe Ulrich Beck sieht mit der »Risikogesellschaft«, in der wir leben, ohnehin eine »Tendenz zu einem ›legitimen‹ Totalitarismus der Gefahrenabwehr« verbunden: Ausgestattet mit »dem Recht, das Schlimmste zu verhindern«, schaffe sie in »nur allzu bekannter Manier das andere Noch-Schlimmere«.[20] Anstatt dieser fatalen Tendenz wirksam entgegenzutreten, betätigte sich Otto Schily als ihr missionarischer Vollstrecker. Selbst sein Ministerkollege Wolfgang Clement fand deutliche Worte für Otto Schilys freiheitsbegrenzendes Wirken, als er seine Zeit nach dem Ausstieg aus der Bundesregierung so skizzierte: »Ich bin ein freier Mensch und werde jetzt von

Geheimnisverrat gegen den Cicero-Journalisten zu eröffnen. Wegen der Durchsuchung ihrer Redaktionsräume hat die Zeitschrift das Bundesverfassungsgericht angerufen, nachdem das Potsdamer Landgericht die Durchsuchungen für rechtens erklärt hatte. Das Bundesverfassungsgericht brandmarkte die Durchsuchung der Cicero-Redaktion als »nicht gerechtfertigten Eingriff in die Pressefreiheit«, vgl. Reaktionen auf die Cicero-Affäre, cicero. de

19 Andreas Wilkens, Ethikrat kritisiert sicherheitspolitische Forderungen. Der Vorsitzende des Nationalen Ethikrates, Spiros Simitis, warnt vor einem Abdriften in eine »totalitäre Gesellschaft«, heise.de, 25.3.2004

20 Ulrich Beck, Risikogesellschaft. Auf dem Weg in eine andere Moderne, Frankfurt/M. 1986, S. 106

meinen Freiheitsrechten Gebrauch machen – und zwar ausgiebig –,
natürlich nur in dem Rahmen, den Otto Schily mir noch zur Verfügung stellt …«[21]

Updates

2005-2016: *Die von Otto Schily anvisierte anlasslose Vorratsspeicherung von Telekommunikationsdaten der gesamten Bevölkerung* ist
wenig später unter anderem durch einen Beschluss des Europäischen Parlaments vom 14.12.2005 und einer entsprechenden bundesdeutschen Umsetzung realisiert worden. Aufgrund einer Verfassungsbeschwerde von fast 35.000 Menschen, darunter auch von
Digitalcourage und vom Laudator als Erstbeschwerdeführendem,
ist die gesetzliche Grundlage für Vorratsdatenspeicherung durch
das Bundesverfassungsgericht 2010 für weitgehend verfassungswidrig erklärt worden. Deshalb mussten die Unmengen bereits auf Vorrat gespeicherter Kommunikationsdaten von den Providern wieder
gelöscht werden. Doch 2015 ist – mit Verweis auf die damaligen
Terroranschläge in Paris – die Vorratsdatenspeicherung in der Bundesrepublik abgewandelt wieder gesetzlich eingeführt geworden
– gegen die 2016 ebenfalls eine Massenverfassungsbeschwerde eingereicht worden ist (bei Redaktionsschluss Anfang 2021 noch nicht
entschieden).

2020: *Entfristung der »Antiterrorgesetze«* im November 2020: Mit
den Stimmen der Großen Regierungskoalition aus CDU/CSU und
SPD sind die seit 2002 geltenden Terrorismusbekämpfungs- und
Überwachungsgesetze, also Otto Schilys »Otto-Kataloge«, entfristet
worden.[22] Es handelt sich im Kern um Regelungen im Bundesver-

---

21   WDR 10.10.2005; vgl. auch gutezitate.com oder joachim-breitner.de, beide
      Websites eingesehen am 23.2.2021

22   Deutscher Bundestag, Entfristung der Vorschriften zur Terrorismusbekämp-
      fung beschlossen, 5.11.2020, bundestag.de

fassungsschutzgesetz, MAD-Gesetz und im Gesetz über den Bundesnachrichtendienst, die bislang befristet waren. Der Gesetzgeber sah ursprünglich vor, die Gesetzesverschärfungen zu evaluieren und auf fünf Jahre zu befristen. Das ist insgesamt drei Mal geschehen (2007, 2011 und 2015). Mit der Entfristung im November 2020 sind sie nun dauerhaft verankert – trotz verfassungsrechtlicher Bedenken und obwohl zuvor keine wirklich unabhängige Evaluation durchgeführt wurde. Die Evaluation hat das »hauseigene« Deutsche Forschungsinstitut für öffentliche Verwaltung (FÖV) in Speyer bewerkstelligt, das von Bund und Ländern gemeinsam als nationales deutsches Verwaltungsinstitut getragen wird[23] – also alles andere als unabhängig ist.

2021: *Ab dem 2. August 2021 sollen Abdrücke des linken und rechten Zeigefingers auch auf dem Chip jedes bundesdeutschen (maschinenlesbaren) Personalausweises gespeichert werden.* Bislang war dies freiwillig. Die Fingerabdruckpflicht basiert auf einer EU-Verordnung vom Juni 2019 zur Vereinheitlichung von Personalausweisen im EU-Raum. Damit sollen Missbrauch und Fälschungen von Ausweisen erschwert werden. Der Verein Digitalcourage e. V. sieht damit »alle Bürgerinnen und Bürger (...) wie potenzielle Tatverdächtige und Verbrecher behandelt«. Dies bedeute eine »lebenslange Kontrolle«, tauge aber nicht als wirksames Mittel gegen Terrorismus.[24]

Otto Schily, der Schöpfer der nun dauerhaft verankerten »Otto-Kataloge« und der Wegbereiter der Einführung biometrischer Ausweise, betätigte sich nach seiner Zeit als Bundesinnenminister und Bundestagsabgeordneter als Aufsichtsratsmitglied bei Byometric Systems AG (bis 2007) sowie als Aufsichtsratsmitglied und Anteils-

---

23 Pressemitteilung der Humanistischen Union vom 4.11.2020

24 Pressemitteilung von Digitalcourage vom 26.10.2020; Christina Focken, Fingerabdruckpflicht im Ausweise kehrt die Unschuldsvermutung um, taz 5./6.9.2020; Fingerabdrücke in Ausweisen werden Pflicht, Frankfurter Rundschau, 28./29.11.2020

eigner bei Safe ID Solutions AG. Beide Unternehmen stellen bzw. stellten biometrische Anwendungen und Lösungen zur Personalisierung von Ausweisdokumenten her.[25]

Weitere *BigBrotherAwards*
Kurzbegründungen

Kategorie Behörden & Verwaltung: **Landesregierung Niedersachsen, Ministerpräsident Christian Wulff (CDU)**
Laudator: Werner Hülsmann
Die Regierung des Landes Niedersachsen, vertreten durch den Ministerpräsidenten Christian Wulff, erhält einen *BigBrotherAward* für die Zerschlagung der Datenschutzaufsicht in Niedersachsen. Die Aufsicht über den Datenschutz in der Wirtschaft soll ab 1.1.2006 dem niedersächsischen Innenministerium zugeordnet werden. Dies konterkariert das jüngst von der EU-Kommission gegen Deutschland eingeleitete Vertragsverletzungsverfahren wegen Missachtung der EU-Datenschutzrichtlinie. Die EU-Richtlinie fordert völlige Unabhängigkeit der Datenschutzaufsicht.

Kategorie Kommunikation: **Generalstaatsanwalt Schleswig-Holstein, Erhard Rex** / *Laudator: Alvar C. H. Freude*
Die Generalstaatsanwaltschaft des Landes Schleswig-Holstein, vertreten durch Erhard Rex, erhält einen *BigBrotherAward* für die großflächige Fahndung nach Zeugen (die wie Verdächtige behandelt wurden) mittels Handy-Ortung. Es handelt sich um die erste Funkzellen-Massenabfrage; Mobilfunkunternehmen wurden zur Herausgabe sämtlicher Verbindungsdaten einer Region gezwungen. Die Einsicht in die zugehörigen Akten wurde den Datenschützern des Landes Schleswig-Holstein, die den Fall prüfen wollten, verweigert.

---

25 Peter-Michael Ziegler, Ex-Innenminister Schily berät künftig Biometrie-Firmen, heise.de, 10.8.2006; taz, 22.1.2008

Kategorie Technik: **Videoüberwachung** / *Laudatorin: Karin Schuler*
Der *BigBrotherAward* 2005 in der Kategorie »Technik« geht stellvertretend an einige ganz eifrige Überwachungsfetischisten für die schleichende Degradierung von Menschen zu überwachten Objekten und die Verharmlosung der Folgen von flächendeckender Überwachung.

Kategorie Politik: **Innenminister des Landes Hessen,**
Volker Bouffier (CDU) / *Laudator: Dr. Fredrik Roggan*
Der hessische Minister des Innern, Volker Bouffier, bekommt einen *BigBrotherAward* für das »präventive« Orten und Abhören von Mobiltelefonen; für die DNA-Analyse bei (strafunmündigen) Kindern unter 14 Jahren, die eine Straftat begangen haben, zu deren zukünftiger Strafverfolgung; für die Befugnis der hessischen Polizei, Kfz-Kennzeichen auch ohne Straftatverdacht zu scannen; sowie für den Einsatz von Videoüberwachung bei Personenkontrollen.

2004

Gläserne Leistungsempfänger:innen

BigBrotherAward an die Bundesagentur für Arbeit

Die »Bundesagentur für Arbeit«, vertreten durch ihren Vorstandsvorsitzenden Frank Jürgen Weise, erhält den *BigBrotherAward* 2004 in der Kategorie »Behörden und Verwaltung« für die Ausgabe eines 16-seitigen Antragsformulars an Langzeitarbeitslose, mit dem hochsensible Daten teils unzulässig abgefragt werden und Informationen auch unbefugten Stellen zugänglich werden können. Damit verstößt die Bundesagentur massiv gegen den Sozialdatenschutz, das Grundrecht auf Informationelle Selbstbestimmung und den Grundsatz der Datensparsamkeit.

Mit Überwachungsmaßnahmen und Fragebögen
zum Arbeitslosengeld II werden die Persönlichkeitsrechte
von Millionen Menschen ausgehöhlt
»Haben (…) die mit Ihnen im Haushalt lebenden Angehörigen Vermögen? Bank- und Sparguthaben, Bargeld (…), Kraftfahrzeug, Wertpapiere (…), Kapitallebensversicherungen, Bausparverträge (…), Wertsachen, Gemälde?« oder *»Kann [Ihr Angehöriger] (…) Ihrer Einschätzung nach mindestens drei Stunden täglich einer Erwerbstätigkeit (…) nachgehen?«*
 Dies sind nur zwei Zitate aus dem umfangreichen Antragsbogen für das (kommende) Arbeitslosengeld II (ALG II; Stand: 2004). Die Antragsteller müssen auf diesen Formularen entblö-

ßende Auskünfte über Einkommens-, Vermögens-, Wohn- und
Familienverhältnisse offenbaren. Das betrifft Millionen Arbeitslo-
se, denen seit Juli 2004 entsprechende Formulare zugesandt worden sind.

Auch wenn Hartz IV und ALG II insgesamt gesehen als General-
angriff auf den Sozialstaat gewertet werden können, so sind allein
schon die datenschutzrechtlichen Probleme einen *BigBrotherAward*
wert. Mit dem Antragsbogen sind gravierende Eingriffe in die Informationelle Selbstbestimmung, die Persönlichkeitsrechte, die Privat-
und Intimsphäre der Antragsteller verbunden.

Fünf Beispiele:

1. Offenlegung der Lebensverhältnisse Dritter: In den Erfassungsbögen müssen nicht nur die Antragsteller Angaben zu ihren
   Einkommens-, Vermögens-, Familien- und Wohnverhältnissen
   machen und durch entsprechende Nachweise belegen. Sie sehen
   sich auch gezwungen, sensible Daten über andere Personen anzugeben, insbesondere über ihre Kinder, Ehe- und Lebenspart-
   ner:innen, andere Angehörige oder Mitbewohner:innen in sogenannten Bedarfsgemeinschaften. Diese wissen im Zweifel noch
   nicht mal von der Weitergabe und Verarbeitung ihrer personenbezogenen Daten.

2. Mangelhafte Eingrenzung der Fragen: Darüber hinaus wird in
   den Antragsbögen an vielen Stellen nicht unterschieden zwischen
   einerseits der »Bedarfsgemeinschaft«, zu der Eltern und Kinder
   gehören, und andererseits einer »Haushaltsgemeinschaft«, also
   der bloßen Wohngemeinschaft, auch wenn es sich bei dem Mit-
   bewohner um einen Onkel handelt. Zu reinen Haushaltsgemein-
   schaften müssen zumeist keine Angaben gemacht werden, aber
   dieser Hinweis fehlt in den Antragsformularen. Auf diese Weise
   werden Antragsteller:innen hinters Licht geführt und zu Informationen verleitet, die sie weder machen müssen, noch eigentlich machen dürfen.

3. Einsicht Unbefugter in geschützte Daten: Von Antragsteller:in-
   nen sowie von deren erwerbstätigen Angehörigen und Mitbe-

wohner:innen wird verlangt, Verdienstbescheinigungen von den jeweiligen Arbeitgebern beizubringen. Dafür ist das sogenannte Zusatzblatt 2 (»Einkommenserklärung/Verdienstbescheinigung«) vorgesehen – und zwar die Rückseite. Auf der Vorderseite finden Arbeitgeber:innen oder bearbeitende Kolleg:innen aus der Personalabteilung die eigentlich zu schützenden Daten ihrer Mitarbeiter:innen und der Antragsteller:innen. Normalerweise braucht aber niemand dem oder der Arbeitgeber/in zu offenbaren, was er sonst noch für Einnahmen hat, dass er ALG II beantragen muss oder dass er mit einem ALG-II-Empfänger zusammenlebt. Das wäre mit dem Sozialgeheimnis und dem Persönlichkeitsrecht nicht vereinbar und könnte sich im Einzelfall nachteilig auswirken.

4. Die Antragsteller:innen werden aufgefordert, auch Namen, Anschriften und Bankverbindungen von Vermieter:innen anzugeben. Über diese Angaben könnten Vermieter:innen erfahren, dass der oder die Antragsteller:in Bezieher:in von ALG II ist, was zu Nachteilen führen kann. So wird die Bankverbindung ohne Einschränkung abgefragt, obwohl eine Pflicht zur Beantwortung nicht besteht. Schließlich darf eine direkte Überweisung der Unterkunftskosten an Vermieter nur dann erfolgen, wenn der oder die Antragsteller:in zuvor schriftlich eingewilligt hat. Mit den erhobenen Daten könnte illegalerweise die bundesweit größte Vermieterdatenbank mit mehreren Millionen Datensätzen entstehen – ob da ein bloßes Versprechen der Bundesregierung ausreicht, dass »Vermieterdaten nicht bundesweit automatisiert gespeichert« werden, ist fraglich.

5. Angaben zur Unterbringung in einer stationären Einrichtung können das Arztgeheimnis aushebeln, zumal entsprechende Unterlagen verlangt werden, um die Unterbringung zu belegen. Das gleiche gilt für die Ärztliche Bescheinigung zur Anerkennung eines Mehrbedarfs für kostenaufwändige Ernährung, in der die Art der Erkrankung/Diagnose, die Krankenkost und das Körpergewicht angegeben werden müssen.

Angesichts der massiven Kritik an den Antragsbögen lud der damalige Bundeswirtschaftsminister Wolfgang Clement (SPD) Arbeits-
lose ein, sich doch an ihn persönlich zu wenden, falls Probleme
beim Ausfüllen auftreten sollten: »Wer nicht zurecht kommt, soll
mich anrufen«, lautete sein saloppes Angebot. Das Ausfüllen dauere
höchstens eine halbe bis dreiviertel Stunde. Ein – vielleicht willkom-
mener – Nebeneffekt des flotten Ausfüllens ist: Wer so schnell aus-
füllt, übersieht am ehesten die Tücken, auch die datenschutzrechtlichen. Dieser Beschwichtigungsversuch ist also so populistisch wie
zynisch – denn die gravierenden Mängel der Fragebögen sind auch
nach berechtigter Fachkritik allzu lange Zeit nicht behoben worden.

Seit Juli 2004 wurden die Antragsbögen verschickt, im August
2004 gab es ein dringendes Gespräch mit dem Bundesbeauftragten
für Datenschutz, Peter Schaar (Bündnis '90 / Die Grünen), wegen erheblicher rechtlicher Bedenken. Das Ergebnis: Die Bundesagentur
für Arbeit hat die Kritik weitgehend eingesehen. Zukünftig sollen
datenschutzgerechte Antragsbögen verwendet werden. Das ist die
gute Nachricht – und die schlechte: Vor Februar 2005 seien diese
neuen Bögen aber nicht einsetzbar. Millionen von Menschen müssen also, wenn sie im Januar 2005 Geld zum Leben erhalten wollen,
die alten, datenschutzwidrigen Formulare verwenden. Zwar hat die
Bundesagentur im September 2004 neue Ausfüllhinweise (Stand:
16.9.2004) herausgegeben und darin etliche Fehler eingestanden
und zu korrigieren versucht; aber die kamen für manche Antrag-
steller:innen zu spät, sind vielen noch immer nicht bekannt.

Mit den Melde- und Nachweispflichten werden zukünftige Em-
pfänger:innen von Arbeitslosengeld praktisch unter den Generalverdacht des potentiellen Leistungsmissbrauchs gestellt – Bundeskanzler Gerhard Schröder (SPD) hat es klar und deutlich ausgedrückt,
als er von der »Mitnahme-Mentalität« bei staatlichen Sozialleistungen bis weit in die Mittelschicht hinein gesprochen hat.[1] Auch nach

---

1   Sozialstaatsdebatte: Schröder prangert »Mitnahme-Mentalität« an, Frankfurter
    Allgemeine Zeitung, 17.9.2004, faz.net; später kam es zu einer regelrechten So-
    zialmissbrauchskampagne und zu noch weiter verschärften Überwachungsme-

Antragstellung müssen Leistungsempfänger damit rechnen, weiter durchleuchtet zu werden. Außerdem sind ihre personenbezogenen Daten nicht ausreichend geschützt.

Hierfür drei Beispiele:

1. *Fehlerhafte Software:* Die (seinerzeit, 2004, noch) geplante automatische Verarbeitung der mit den Antragsformularen erhobenen Daten stößt auf erhebliche datenschutzrechtliche Bedenken – zumal inzwischen bekannt geworden ist, dass die Software mit systematischen Fehlern behaftet ist. Bisher weist alles darauf hin, dass es bei dem bundesweiten Datenverarbeitungssystem keine Zugriffsbeschränkungen gibt. Dies bedeutet, dass nicht nur die örtliche Sachbearbeiter:in, sondern sämtliche Sachbearbeiter:innen aller Arbeitsagenturen bundesweit auf sämtliche hochsensiblen Daten aller Arbeitslosen Zugriff erhalten, ohne dass wirksame Missbrauchsvorkehrungen getroffen wären. Wir fragen uns, ob das ein Fehler in der Software ist oder ein gewünschter Effekt.

2. *Geplanter Datenabgleich:* Die Bundesagentur hat angekündigt, im Falle von »Ungereimtheiten« (z. B. Diskrepanzen zu früheren Angaben, widersprüchliche Angaben aus der Bedarfsgemeinschaft etc.) die Auskünfte der Betroffenen mit den Daten anderer Behörden, etwa der Finanzämter oder Rentenversicherungsträger, abzugleichen.[2] Um die Kontrolle zu perfektionieren, lässt sich sogar auf »Antiterror«-Gesetze zurückgreifen: Danach müssen alle Geldinstitute über eine Computer-Schnittstelle jederzeit Informationen über sämtliche Konten und Depots von allen Bankkunden zum Abruf für die Bundesanstalt für Finanzdienstleistungsaufsicht (BaFin) bereithalten (§ 24c KWG – Kreditwesengesetz) – ohne dass die Banken oder ihre

---

thoden, mit denen regierungsamtlich zur Jagd auf angebliche »Abzocker« und »Parasiten« geblasen wurde. Hartz IV wurde 2006 entsprechend verschärft.

2   Diese Abgleiche sind später durchgeführt worden.

Kund:innen von den Online-Abfragen etwas merken. Den Arbeitsagenturen stehen ab 2005 solche Finanzdaten der Leistungsempfänger:innen sowie der Kinder, Ehepartner:innen, Lebensgefährten und Mitbewohner:innen innerhalb einer Bedarfsgemeinschaft zur Verfügung, »wenn eigene Ermittlungen«, etwa Nachfragen beim Betroffenen oder bei Mitgliedern der Bedarfsgemeinschaft durch die Arbeitsagenturen, »keinen Erfolg versprechen«.[3]

3. *Hausbesuche:* Die Bundesagentur für Arbeit hat bereits angekündigt, dass zur Überprüfung von Vermögensangaben und Wohnverhältnissen auch Hausbesuche stattfinden könnten.[4] Solche Heimsuchungen und Schnüffelmethoden stellen einen schweren Eingriff in die Privatsphäre der Betroffenen dar und verletzen das Grundrecht auf Unverletzlichkeit der Wohnung. Kontrollen in privaten Wohnräumen, um die Lebensverhältnisse der Antragsteller zu inspizieren, darf es ohne Einwilligung der Betroffenen nicht geben. Dabei stellt sich aber die Frage, welche Konsequenzen es haben kann, wenn jemand seine Einwilligung verweigert. Nach momentaner Rechtslage verletzt er damit seine Mitwirkungspflicht und macht sich erheblich verdächtig. Von Freiwilligkeit kann hier wohl kaum die Rede sein.

Fazit

Der Umgang der Bundesagentur mit sensiblen personenbezogenen Daten ist erschreckend. Die behördliche Neugier macht vor kaum einem Lebensbereich der Millionen von Betroffenen halt. Mit den Erfassungsbögen und der weiteren Datenverarbeitung werden die Persönlichkeitsrechte von Langzeitarbeitslosen ausgehöhlt, sie mutieren zu gläsernen Leistungsempfänger:innen. Die Datenerhebung ist in weiten Teilen rechtlich unzulässig, weil mehr personenbezoge-

---

3   § 93 Abs. 8 AO

4   Solche Hausbesuche werden mitunter durchgeführt; zusätzlich werden über Call-Center Langzeitarbeitslose telefonisch ausgeforscht.

ne Daten abgefragt werden, als für die Feststellung des Leistungsanspruchs unabdingbar sind. Zwar versicherte die Bundesregierung, nur die erforderlichen Daten würden gespeichert und überflüssige gelöscht.[5] Doch sie hat nicht mitgeteilt, wie sie dafür sorgen will, dass die unzulässig erhobenen Informationen aus den Hunderttausenden von Akten und Dateien wieder entfernt werden sollen.

Herzlichen Glückwunsch zu diesem datenschutzrechtlichen Desaster der Bundesagentur für Arbeit!

Updates

2007: Wie der damalige Bundesdatenschutzbeauftragte Peter Schaar im September 2007 mitteilte, seien einige der gröbsten Datenschutzmängel bei dem Programm »A2LL«, welches zur Berechnung von Arbeitslosengeld II verwendet wird, behoben. Zu dem Ergebnis kam der Datenschützer, nachdem er der Dienststelle der Bundesagentur für Arbeit in Nürnberg einen Kontrollbesuch abgestattet hatte. Laut Schaar verfüge die Software nun endlich über die von ihm angemahnten, längst fälligen datenschutzrechtlichen Mindeststandards. Besonders die klar definierte, abgestufte Zugriffsberechtigung, welche er besonders anmahnte, sei endlich umgesetzt worden.[6]

2008: Seit der Preisverleihung 2004 haben sich Einstellung und Praxis der Bundesagentur für Arbeit nicht wirklich geändert (Stand: 2008). Geld oder Persönlichkeitsrechte – vor diese Alternative sehen sich Hartz-IV-Empfänger:innen nach wie vor gestellt. Wer auf Geld vom Staat angewiesen ist, muss sich im schlimmsten Fall Wohnungskontrollen, anonyme Denunziation und monatelange Beobachtung gefallen lassen. Da können Betroffene noch froh sein, wenn

---

5 Pressemitteilung der Bundesregierung vom 24.8.2004

6 Die gröbsten Datenschutzmängel bei Berechnung von ALG-II beseitigt, sozialleistungen.info, 5.9.2007

die Bundesagentur für Arbeit ihre Daten »nur« zur Durchführung einer Befragung an ein Markt- und Sozialforschungsinstitut übermittelt oder ohne Abwägung der Erforderlichkeit umfangreiche Kontoauskünfte verlangt (Karin Schuler, 2008).[7]

2016 ff.: Haushalte von Hartz-IV-Empfänger:innen sollen in Zukunft stärker überwacht werden.[8] Die Bundesagentur für Arbeit hat alle Jobcenter in Deutschland angewiesen, Bezieher:innen des ALG II noch genauer im Hinblick auf mögliche Einkünfte und Vermögen zu kontrollieren. Dafür sollen nun auch Daten von Personen überprüft werden, die mit Hartz-IV-Empfänger:innen in den gleichen Haushalten leben – aber selbst keine Leistungen beziehen.[9]

Weiterer *BigBrotherAward*
Kurzbegründung

Kategorie Politik: **Bundesministerin der Justiz Brigitte Zypries (SPD)** / *Laudator: Dr. Fredrik Roggan*
Bundesjustizministerin Brigitte Zypries erhält den *BigBrotherAward* in der Kategorie »Politik«. Anstatt das Urteil des Bundesverfassungsgerichts vom 3. März 2004 zum Anlass zu nehmen, auf den Großen Lauschangriff (akustische und optische Wohnraumüberwachung) als Ermittlungsmethode zu verzichten, hält sie weiter an ihm fest. Tatsächlich besteht durch die bloße Existenz eines solchen Instruments die Gefahr der Einschüchterung von Menschen, wie übrigens auch das Bundesverfassungsgericht in seinem Urteil festgestellt hat.

---

7 bigbrotherawards.de/2008/trends-tadel-rueckblicke-2008; Jobcenter dürfen private Wohnungen kontrollieren, welt.de, 1.10.2014

8 Jobcenter beschattete Mutter: Was sich Hartz-IV-Empfänger gefallen lassen müssen, Focus online, 11.7.2018; www.hartz4.org/kontrolle

9 Arbeitslosengeldempfänger sollen stärker überprüft werden, Zeit online, 20.8.2016

Tadelnde Erwähnung

Verfolgung Unschuldiger – ein Rest von Makel bleibt
Landeskriminalamt Niedersachsen fördert Denunziation
durch anonyme Anzeigemöglichkeit per Internet / Rolf Gössner
Seit Ende 2003 läuft beim niedersächsischen Landeskriminalamt
(LKA) ein bis dahin bundesweit einmaliges Projekt, das der Korruptionsbekämpfung dienen soll.[10] Per Internet können Bürger:innen
anonym Tipps geben, wer angeblich wen wo schmiert oder welche
öffentlichen Leistungen erschleicht. In zehn Monaten gab es bereits
15.000 Zugriffe auf dieses »*Business Keeper Monitoring System*«.[11]
456 Verdachtsmeldungen sind eingegangen, davon 269 mit angeblich strafrechtlicher Relevanz. Die Denunziationsquote soll laut
LKA bei nur 5 Prozent liegen; das ergibt etwa 23 Fälle – 23 Fälle zu
viel. Die Dunkelziffer dürfte höher sein.

Das LKA stellte mit diesem System eine vereinfachte Möglichkeit für Abertausende Internetnutzer:innen zur Verfügung, Mit-
menschen vollkommen anonym anzeigen und verdächtigen zu können – nicht nur wegen Korruptionsverdachts, sondern etwa auch
Bezieher:innen von Sozialhilfe, die angeblich nebenher jobben, zu
viel Vermögen oder verdächtig große Wohnungen haben. In Zeiten
von Hartz IV ein weites Betätigungsfeld für rachsüchtige Informanten und gemeine Denunzianten.

Denunziation heißt, jemanden aus persönlichen, niedrigen Be-
weggründen anzeigen oder anschwärzen. Diese hinter einer anonymen Anzeige stehende Motivation – etwa Missgunst oder Rache
– dürfte das LKA kaum in allen Fällen herausfinden können. Da
dürfte auch die Möglichkeit, den Anonymus per Internet weiter
zu befragen, nicht allzu viel helfen, schließlich läuft dieser Prozess
ebenfalls anonym ab. Im Übrigen gibt es ja eine gehörige Differenz

10   Rüdiger Butte, Das Business-Keeper-Monitoring-System, Die Kriminalpolizei
     – Zeitschrift der Gewerkschaft der Polizei, 2005, kriminalpolizei.de
11   www.business-keeper.com; Zahlen nach Angaben des LKA, vgl. Hannover-
     sche Allgemeine Zeitung, 8.10.2004; Weser-Kurier, 13.9.2004

zwischen den Verdachtsmeldungen und den strafrechtlich relevanten Sachverhalten. Da fragt man sich doch, was wohl alles in diesen
etwa 185 Fällen der Polizei zugetragen worden ist.

Datenschutz wird im Übrigen nur dem oder der anonym blei-
benden Tippgeber:in garantiert – und eben keinesfalls den ange-
zeigten oder angeschwärzten Personen, deren personenbezogene,
teils intimen Daten erfasst und durchaus auch längere Zeit gespeichert werden. Gegen diese Personen wird dann auf dieser Datengrundlage polizeilich ermittelt – mit allen möglichen unangeneh-
men Konsequenzen, die sich daraus ergeben können.

Ein aktuelles Beispiel: Der renommierte Leichtbau-Betrieb für
Hydraulikzylinder Lingk + Sturzebecher in Stuhr und sein Geschäftsführer, Diplom-Kaufmann Dr. Carsten M., sind über das
Internet-System des LKA anonym wegen Subventionsbetrügereien
angezeigt worden. Daraufhin durchsuchten 15 LKA-Beamt:innen
den Betrieb, beschlagnahmten Akten und Dateiträger. Monatelange
Ermittlungen folgten. Erst Monate nach der Durchsuchung bestätigt
der zuständige Staatsanwalt, dass sich die anonymen Beschuldigun-
gen als haltlos und als bösartige Verleumdungen erwiesen hätten.[12]
Gleiches gelte für entsprechende Vorwürfe gegen leitende Mitarbei-
ter:innen des Wasser- und Schifffahrtsamtes Nürnberg sowie der
Bezirksregierung in Hannover. Auch bei ihnen hatten Haus- und
Bürodurchsuchungen stattgefunden.

Die monatelangen Ermittlungen gingen nicht spurlos an den
Betroffenen vorüber: Sie erlitten erhebliche seelische und gesundheitliche Blessuren. Der Diplom-Ingenieur Rolf K., das Nürnberger
Denunziationsopfer, spricht von wahrem Horror, wenn er an jene
Ermittlungsphase zurückdenkt. »Ein Rest von Makel bleibt immer
zurück«, befürchtet der Betroffene Manfred K. vom Dezernat Wirtschaftsförderung der Bezirksregierung Hannover. Abgesehen von
der Rufschädigung entstand dem Stuhrer Unternehmen durch die

---

12   Rolf Gössner, Wir bitten um Ihre Mithilfe, der Freitag, 5.11.2004; ders., Im
     Schutz der Anonymität – LKA Niedersachsen fördert Denunziation, Bürger-
     rechte & Polizei / CILIP 79, 30.12.2004, cilip.de

aufwendigen Ermittlungsmaßnahmen darüber hinaus ein Schaden in sechsstelliger Höhe. Den Denunzianten, die wohl aus Rache handelten, dürfte die anonyme Falschbeschuldigung kaum nachzuweisen sein.

Das LKA Hannover hatte in der Öffentlichkeit ausgerechnet diesen Fall zu einem Ermittlungserfolg hochstilisiert, um seine neue Internet-Plattform – ermittlungsintern auch als »Denunzianten-Forum« bezeichnet – auf Teufel komm' raus ins rechte Licht zu rücken und sich so auf Kosten anderer zu profilieren – nachzulesen seinerzeit auf der Website des LKA. Der Rest war eine einzige Ermittlungspanne, bei der die verfassungsrechtlich garantierte Unschuldsvermutung der Betroffenen schleifen ging und der werbewirksame Übereifer der Ermittler zur Verfolgung Unschuldiger führte.[13]

Anstatt niederschwellige und missbrauchsanfällige Internet-Anreize zum verantwortungslosen anonymen Anschwärzen von Mitbürger:innen oder Mitbewerber:innen zu schaffen, sollte Korruption verstärkt dort bekämpft werden, wo die Strukturen in Verwaltung und Wirtschaft diese Art von Kriminalität begünstigen – also ursachenorientierte Korruptionsprävention und mehr Transparenz, etwa bei der Auftragsvergabe, anstatt die Bürger:innen zu Hilfspolizisten heranzuziehen, wie das seit geraumer Zeit verstärkt geschieht. Erinnert sei an das SMS-Fahndungsprojekt, mit dem Handy-Besitzer:innen zu Hobby-Fahnder:innen gekürt und dazu animiert werden, ihre Beobachtungen an die Polizei zu übermitteln. Das ist nicht zuletzt auch eine Frage des politischen Klimas und der politischen Kultur, in der wir leben wollen. Der Zweck sollte eben auch hier nicht jedes realisierbare Mittel heiligen, sonst könnte sich nach und nach ein veritables und digitales Denunziationssystem entwickeln, das gerade in Krisenzeiten fatale Auswirkungen zeitigen kann.

---

13 »Ein weites Feld für Informanten und Denunzianten«. Bremer Anwalt Rolf Gössner kritisiert Korruptionsbekämpfung per Internet als höchst problematisch, Weser-Kurier, 13.9.2004

Update 2008:
Anonyme Anzeigemöglichkeiten im Internet fördern Denunziation
Anonyme Anzeigen bei sogenannten Online- oder Internet-Wachen
der Polizei führen immer wieder zu Polizeimaßnahmen gegen unbescholtene Bürger:innen und damit auch zu Grundrechtseingriffen.
Seit der Installation eines Internet-Portals des niedersächsischen
Landeskriminalamts zum anonymen Anschwärzen, das anlässlich
der *BigBrotherAward*-Verleihung 2004 tadelnd erwähnt wurde, sind
solche vereinfachten Online-Anzeigemöglichkeiten bundesweit
ausgebaut worden, obwohl sie in höchstem Maße missbrauchsanfällig sind und Denunziationen fördern.

Hamburger Senat
Der Hamburger Senat möchte, dass Hamburg die sicherste Groß-
stadt Europas wird. Dafür soll flächendeckende Videoüberwachung
an Kriminalitätsschwerpunkten installiert werden, Verdächtige sollen ohne richterlichen Beschluss bis zu 14 Tage in polizeilichen Gewahrsam genommen werden können. Rasterfahndung? Klar, auch
ohne unmittelbare Gefahr. Und selbstverständlich soll die elektronische Erkennung von Kfz-Kennzeichen forciert werden etc. Alles
Pläne im Jahr 2004.

2003

Präventiv-polizeiliche Überwachung der Telekommunikation im uferlosen Vorfeld des Verdachts

BigBrotherAward an die Regierungen und Innenminister der Bundesländer Bayern, Niedersachsen, Rheinland-Pfalz und Thüringen

Vorbemerkung: Die Innenminister und Regierungen der genannten Bundesländer betreiben im Windschatten der Terrorismusbekämpfung die Verschärfung ihrer Landespolizeigesetze und damit drastische Einschnitte in elementare Grund- und Freiheitsrechte einer Vielzahl unverdächtiger Personen. Bedroht sind insbesondere das Brief- und Fernmeldegeheimnis, das Grundrecht auf Informationelle Selbstbestimmung und damit das Recht auf freie Kommunikation ohne Angst vor Repressalien.

Harter Kern der Attacken auf die Intim- und Privatsphäre bildet die vorsorgliche Telekommunikationsüberwachung ohne Vorliegen eines Straftatverdachts. Diese Präventivbefugnisse eröffnen der Polizei Handlungsmöglichkeiten im fast uferlosen Vorfeld des Verdachts, die den Verfassungsgrundsätzen der Unschuldsvermutung und der Verhältnismäßigkeit Hohn sprechen. In dieser Präventionslogik mutiert der Mensch praktisch zum Sicherheitsrisiko.

Im Folgenden sollen nur einige der gravierenden Einschnitte aufgezeigt werden, die mit den Polizeirechtsverschärfungen geplant sind.

1. »Vorverdächtigte« Personen im Visier

In allen genannten Bundesländern soll die präventive Telekommunikationsüberwachung (TKÜ) durch die Polizei legalisiert werden –
also das vorsorgliche Abhören von Telefonen und Handys sowie das
vorsorgliche Mitlesen von Faxen, SMS und E-Mails, ohne dass eine
Straftat oder ein Anfangsverdacht vorliegen muss. Zur Begründung
heißt es: Beim Abhören könnte sich ja der Verdacht auf eine Straftat ergeben, die dann verhindert werden könne, so die Logik der Ge-
setzesbetreiber. Dabei sollen schon vage Anhaltspunkte ausreichen,
um potentielle Gefährder, Störer oder Straftäter »zur Abwehr einer
gegenwärtigen Gefahr für Leib, Leben oder Freiheit einer Person oder
bedeutende Sach- und Vermögenswerte« belauschen zu können; oder
aber um Personen zu überwachen, »bei denen tatsächliche Anhaltspunkte die Annahme rechtfertigen, dass sie zukünftig schwerwiegende Straftaten begehen« (die Formulierungen der Entwürfe variieren).

Mit einer solchen Befugnis, wie sie zuvor nur in Thüringen legalisiert worden war,[1] kann die Polizei die Telekommunikation von
»vorverdächtigten« Personen im Vorfeld eines Anfangsverdachts
vorsorglich überwachen – selbst wenn rein zufällige und unverdächtige Kommunikationspartner:innen wie Verwandte, Nachbarn,
Arbeitskolleg:innen und sonstige Bekannte von den Lauschaktionen
betroffen werden. Zum Teil soll sogar die Kommunikation mit unverdächtigen Kontakt- und Vertrauenspersonen wie Rechtsanwälten, Abgeordneten, Ärzten, Journalisten, Psychotherapeuten oder
Seelsorgern überwacht werden können – und zwar ungeachtet der
besonderen Schweigepflichten, denen solche Personen unterliegen.
Auf diese Weise wird das gesetzlich verankerte Zeugnisverweigerungsrecht von Berufsgeheimnisträger:innen ausgehebelt, ebenso
wie wesentliche Elemente der Pressefreiheit: nämlich der Schutz
von Informant:innen und das Redaktionsgeheimnis.

---

1   Diesem Vorbild ist dann u. a. auch Niedersachsen gefolgt. 2005 ist die prä-
     ventive TKÜ vom Bundesverfassungsgericht für weitgehend verfassungs-
     widrig erklärt worden und damit für nichtig (BVerfGE 1 BvR 668/08 vom
     27.7.2005).

Dass die Maßnahme von einem Amtsrichter oder einer Amts-
richterin angeordnet werden muss, ist kein ausreichender Schutz,
wie die ausufernde Praxis der Telefonüberwachung zur Strafverfolgung zeigt. Denn es gibt bis heute keine Ermittlungskompetenz der
Richter:innen und keine gerichtliche Verlaufs- und Erfolgskontrolle
solcher Überwachungsmaßnahmen. Schon jetzt (2002/2003) gehört
die Bundesrepublik allein im Bereich der Strafverfolgung mit jährlich über 15.000 abgehörten Telefonanschlüssen und Abertausenden
von Betroffenen zu den weltweiten Spitzenreitern im Abhören – ein
trauriger Rekord,[2] der den ehemaligen Bundesverfassungsrichter
Jürgen Kühling dazu brachte, das Brief- und Fernmeldegeheimnis
als »Totalverlust« abzuschreiben.[3] Das Recht auf freie Kommunikation ohne Angst vor Überwachung und Repressalien ist jedenfalls so
nicht mehr garantiert.

2. »Entwertung des Fernmeldegeheimnisses«

Die präventive Überwachung der Telekommunikation schließt
neben der Inhaltskontrolle auch die näheren Umstände der Telekommunikation ein: die Erfassung und Speicherung von Verbindungsdaten. Wer geschäftsmäßig Telekommunikationsdienst-
leistungen erbringt oder auch nur daran mitwirkt, wird gesetzlich
verpflichtet, der Polizei die Überwachung und Aufzeichnung der
Telekommunikation zu ermöglichen: Zu diesem Zweck müssen die
TK-Dienstleitungsunternehmen die notwendigen technischen Voraussetzungen schaffen, um damit Unmengen von Überwachungsdaten auf Verdacht und Vorrat erfassen und speichern zu können.
Die Diensteanbieter/Provider müssen der Polizei jederzeit Auskünfte über die näheren Umstände und Verbindungen früherer, aktu-
eller und künftiger Telekommunikationsprozesse erteilen: Wer hat

---

2   Seit 2003 ist die Zahl der Telefonüberwachungen zur Strafverfolgung weiter-
    hin exorbitant gestiegen. 2004 gab es fast 35.000 gerichtliche Telefonabhör-
    anordnungen, 2005 schon über 42.000, jeweils mit Millionen von Betroffenen.

3   Jürgen Kühling, Das Ende der Privatheit, Grundrechte-Report 2003, Frank-
    furt/M., S. 15 ff.

mit wem, wann und wie lange von wo nach wo fernmündlich oder schriftlich kommuniziert, welche SMS- oder Internetverbindungen genutzt.

Schon jetzt beklagt die Deutsche Telekom eine massive »Entwertung des Fernmeldegeheimnisses« durch die Ermittlungsbehörden. Im Bereich der Strafverfolgung habe ihr Hunger nach Verbindungsdaten stark zugenommen und längst verfassungswidrige Ausmaße angenommen.[4] Um etwa die häufig verlangten Kontakte zu ausländischen Handy-Nutzer:innen an die Ermittlungsbehörden herausgeben zu können, müssten alle drei Monate alle TK-Dienstleitstungsunternehmen alle T-Mobile-Kund:innen komplett durchgerastert werden. Hinzu kämen täglich Tausende Abfragen von Verbindungsdaten, selbst wenn es nur um Straftaten mittlerer Schwere gehe. Nicht selten werden der Telekom lediglich »Formblatt-Anordnungen« oder Richterbeschlüsse ohne individuelle Begründungen zugeschickt, um Überwachungsmaßnahmen und damit massive Grundrechtseingriffe zu veranlassen. Weigere sich die Telekom deshalb im Einzelfall, die Maßnahmen durchzuführen oder Daten herauszugeben, werde sie mit dem Vorwurf der Strafvereitelung »rüde« unter Druck gesetzt.

3. IMSI-Catcher zur vorsorglichen Standortfeststellung

Auch die vorsorgliche Standortfeststellung von Telekommunikationsteilnehmer:innen mit Hilfe sogenannter IMSI-Catcher[5] ist geplant (und in der Folgezeit in etlichen Polizeigesetzen legalisiert worden). Einerseits können mit diesen Geräten die individuellen Kennungen und Gerätenummern von Handys ausgeforscht werden. Aufgrund dieser Identifikation kann die Polizei dann Verbindungsdaten der Mobilfunkteilnehmer:innen beim jeweiligen Telekommunikationsunternehmen abfragen. Andererseits können zur

---

4   Andreas Wilkens, Telekom beklagt massive Entwertung des Fernmeldegeheimnisses, heise.de, 17.10.2003

5   IMSI steht für International Mobile Subscriber Identity.

genauen Standortbestimmung Handys elektronisch geortet werden, auch wenn diese nur »stand-by« geschaltet sind. Dadurch wird der Polizei die Möglichkeit eröffnet, Bewegungsbilder ihrer Besitzer- und Nutzer:innen zu erstellen – nicht etwa zur Verfolgung von Straftäter:innen, nein: zur Verfolgung von Personen, denen künftig Straftaten zugetraut werden – also zur Verfolgung von prinzipiell Unverdächtigen. Eine Modellvariante des IMSI-Catchers (GA 900) erlaubt es auch, Handy-Telefonate mitzuhören.

Die Bürgerrechtsorganisation Humanistische Union hat im Juli 2003 vor dem Bundesverfassungsgericht Verfassungsbeschwerde gegen den Einsatz des IMSI-Catchers zum Zwecke der Strafverfolgung erhoben, der Anfang 2003 in der Strafprozessordnung legalisiert worden ist. Der IMSI-Catcher-Einsatz führe zur unterschiedslosen Erfassung gänzlich unverdächtiger Personen und verstoße deshalb gegen das Fernmeldegeheimnis des Art. 10 Grundgesetz, das auf diese Weise undifferenzierten Ermittlungsmethoden geopfert werde.[6]

4. Präventiver Großer Lausch- und Spähangriff in und aus Wohnungen geplant

In Rheinland-Pfalz ist der Einsatz von elektronischen Wanzen und Videokameras zum präventiven Großen Lausch- und Spähangriff in und aus Wohnungen geplant, wie er bereits in Thüringen (und Baden-Württemberg) legalisiert worden ist. Zur Installation der Lausch- und Spähwanzen soll die Polizei die auszuforschende Wohnung unerkannt betreten können. Damit kann das Grundrecht auf Unverletzlichkeit der Wohnung bereits im Vorfeld, ohne Vorliegen eines Straftatverdachts gegen die Eigentümer-, Mieter-, Mitbewohner- oder Besucher:innen ausgehebelt werden.

Der richterliche Beschluss zur Anordnung dieser Maßnahme ist

---

6   Das Bundesverfassungsgericht hat mit Beschluss vom 22.8.2006 entschieden, dass die Ermittlung von Mobilfunkdaten zur Strafverfolgung mithilfe von IMSI-Catchern nicht gegen Grundrechte verstoße und damit verfassungsgemäß sei (Az. 2 BvR 1345/03).

nach jeweils dreimonatiger Aktion zu erneuern, ohne dass eine zeitliche Obergrenze vorgesehen ist. Bei Gefahr im Verzug soll – trotz der Schwere des Eingriffs – eine Anordnung durch den polizeilichen Behördenleiter ausreichen. Die besonderen Berufsgeheimnisse von zeugnisverweigerungsberechtigten Personen sind keineswegs ausreichend geschützt.

Nachdem inzwischen selbst die eigenen vier Wände objektiv nicht mehr vor Lauschangriffen sicher seien, so der frühere Bundesverfassungsrichter Jürgen Kühling, drohe »ein Zivilisationsverlust, der unsere Demokratie verändern wird«.[7]

5. Automatische Erfassung und Abgleich von Autokennzeichen
In Bayern ist zusätzlich die automatische Erfassung von Autokennzeichen und deren Abgleich mit Polizeidateien (Fahndungs- und sonstigem Datenbestand) geplant.[8] Ergibt sich bei diesem Datenabgleich ein Verdacht, so wird das betreffende Fahrzeug verfolgt. Die bayerische Polizei testet bereits ohne jegliche Rechtsgrundlage entsprechende Systeme. Ob mit diesem Massenscreening nur Autokennzeichen oder auch andere, etwa biometrische Kennzeichen zum Zwecke der Gesichtserkennung erfasst und abgeglichen werden sollen, ist ebenso ungeklärt wie die Frage, was mit den erfassten Daten geschieht, ob sie etwa zur Erstellung von Bewegungsbildern und Reiseprofilen bestimmter Personen genutzt werden können.

Außer an den bayerischen Grenzen soll der automatische Kennzeichenabgleich auch an sogenannten gefährdeten Orten wie Flughäfen, Bahnhöfen und militärischen Einrichtungen erfolgen, darüber hinaus zur Überwachung von Straßen, Autobahnen, Ein-

---

7   Kühling, a. a. O., S. 20

8   Inzwischen in mehreren Bundesländern legalisiert und praktiziert – später mit verfassungsgerichtlichen Einschränkungen. Das Bundesverfassungsgericht hat mit Urteil vom 11.3.2008 (Az. 1 BvR 2074/05) die entsprechenden hessischen und schleswig-holsteinischen Vorschriften zur automatisierten Erfassung von Kfz-Kennzeichen für nichtig erklärt, da sie das allgemeine Persönlichkeitsrecht der Beschwerdeführer in seiner Ausprägung als Grundrecht auf Informationelle Selbstbestimmung verletzen.

kaufszentren oder Parkplätzen. Vor Demonstrationen sollen auf diese Weise »bekannte Störer« ausgefiltert werden.

Fazit

Solche präventiven Regelungen sind tendenziell uferlos, kaum kontrollierbar und daher unverhältnismäßig. Das mit diesen vorsorglichen Maßnahmen sichtbar werdende Präventionskonzept neigt zur Maßlosigkeit, weil damit immer mehr unverdächtige Menschen polizeipflichtig gemacht, in Ermittlungsmaßnahmen involviert und so in ihren Grundrechten verletzt werden. Da es sich in der Regel um verdeckte Maßnahmen handelt, merken die zahlreichen Betroffenen in aller Regel nichts von den intensiven Eingriffen. Es handelt sich um landesrechtliche Ergänzungen der umstrittenen »Antiterror«-Gesetze, die 2002 ff. als Reaktion auf 9/11 in Kraft gesetzt wurden.

Wo die Prävention zur vorherrschenden Polizeilogik erhoben wird, da verkehren sich allmählich die Beziehungen zwischen Bürger:innen und Staat, da verliert eine der wichtigsten rechtsstaatlichen Errungenschaften, nämlich die Unschuldsvermutung, unter der Hand ihre machtbegrenzende Funktion. Der Mensch mutiert zum (potentiellen) Sicherheitsrisiko – ein generalisiertes Misstrauensvotum, wie es schon bei der verdachtsunabhängigen Schleier- und Rasterfahndung sowie bei der ausufernden Videoüberwachung im öffentlichen Raum zum Ausdruck kommt, in die alle Passant:innen einbezogen werden, ohne zu wissen, was mit den Aufzeichnungen in einer vernetzten Welt anschließend geschieht.

Die neuen Instrumente machen einem präventiven Überwachungsstaat alle Ehre – einem Sicherheitsstaat, in dem Rechtssicherheit und Vertrauen allmählich verloren gehen, Verunsicherung und Verängstigung gedeihen. Angesichts einer solchen Entwicklung gibt die ehemalige Präsidentin des Bundesverfassungsgerichts Jutta Limbach zu bedenken:

»Eine demokratische politische Kultur lebt von der Meinungsfreude und dem Engagement der Bürger. Diese dürften allmählich verloren gehen, wenn der Staat seine Bürger biometrisch vermisst, datenmäßig durchrastert und seine Lebensregungen elektronisch verfolgt« (Rede auf dem Anwaltstag 2002).[9]

Im seinerzeit CDU-regierten Thüringen ist der Frontalangriff auf elementare Freiheitsrechte bereits im Juni 2002 umgesetzt worden. Insofern erhält die Thüringer Landesregierung den *BigBrother-Award* für eine vollendete Tat. Diesem Pilotprojekt wollen die Landesregierungen in Bayern (CSU), Niedersachsen (CDU/FDP) und Rheinland-Pfalz (SPD/FDP) folgen. Deshalb erhalten die dafür Verantwortlichen den Preis präventiv – sozusagen als Maßnahme zur Gefahrenabwehr.

Updates

1. Leider haben die preisgekrönten Innenminister und die Regierungsfraktionen der Landesparlamente der präventiven Gefahrenabwehr in eigener Sache nicht entsprochen und mussten erst später vom Bundesverfassungsgericht mehrfach der Verfassungswidrigkeit überführt werden – zumindest was die präventive Telekommunikationsüberwachung (BVerfG-Urteil vom 27.7.2005) und die Kfz-Kennzeichenerfassung (BVerfG-Urteil vom 18.12.2018) anbelangt. Danach sind die Bundesländer nicht befugt, ihre Polizeien zu ermächtigen, die Telekommunikation, so wie gesetzlich verankert, präventiv zu überwachen.[10] Die polizeirechtlichen Regelungen in Niedersachsen, um die es speziell ging, sind wegen Verstoßes gegen das Fernmeldegeheimnis verfassungswidrig und nichtig; sie werden dem Bestimmtheitsgebot und den Anforderungen der Verhältnismäßigkeit nicht gerecht und bedrohen den absolut geschützten

---

9   Anwaltsblatt 8/9-2002, S. 457

10   Die präventive TKÜ hat das Bundesverfassungsgericht in einer Grundsatzentscheidung Mitte 2005 für weitgehend verfassungswidrig erklärt (bzgl. Niedersächsisches Sicherheits- und Ordnungsgesetz: BVerfGE vom 27.7.2005 (1 BvR 668/04).

Kernbereich privater Lebensgestaltung. Auch die verdeckte Erfassung von Autokennzeichen und der anschließende Abgleich mit Fahndungsdaten durch die Polizei geht in mindestens drei Bundesländern (Hessen, Bayern und Baden-Württemberg) zu weit, so das Bundesverfassungsgericht 2018.[11]

2. Noch im Jahr 2020 haben der Innenminister des Landes Brandenburg, Michael Stübgen, und sein Vorgänger, Karl-Heinz Schröter, für die dauerhafte Speicherung von Autokennzeichen den *BigBrotherAward* zuerkannt bekommen. Seit vielen Jahren schon werden in Brandenburg Fahrzeuginformationen in über 40 Millionen Datensätzen im sogenannten »Aufzeichnungsmodus« des Kennzeichen-Erfassungssystems KESY dauerhaft gespeichert, obwohl das Bundesverfassungsgericht bereits 2018 diesbezüglich klare Grenzen gezogen hat (s. BBA-Laudatio 2020 von Frank Rosengart).

Weitere *BigBrotherAwards*
Kurzbegründungen

Kategorie Regional: **Innensenator von Berlin, Dr. Ehrhart Körting**
Laudator: Dr. Fredrik Roggan
Der Regional-Preis geht an den Innensenator von Berlin, Dr. Ehrhart Körting für seine mehr als fragwürdige Rechtfertigung des Einsatzes der sogenannten »Stillen SMS« durch die Berliner Polizei. Er hatte eingeräumt, dass die Bedenken der Datenschützer gegen eine solche Praxis erheblich seien. Man müsse sich aber entscheiden, »ob man die Täter oder die Opfer schützen« wolle (vgl. LT-Drucksache

---

11 BVerfG-Beschl. vom 18.12.2018, Az. 1 BvR 142/15; Beschl. vom 18.12.2018, Az. 1 BvR 3187/10. Dazu: Ursula Knapp, Verdecktes Erfassen von Autokennzeichen ist verfassungswidrig, Frankfurter Rundschau online, 5.2.2019; BVerfG, Beschluss in Sachen IMSI-Catcher vom 22.8.2006 – Az. 2 BvR 1345/03: IMSI-Catcher und Handy-Ortung zur Strafverfolgung verstoßen nicht gegen Grundrechte und Grundgesetz.

15/1834). Er setzt sich damit absichtsvoll über die geltende Rechtslage hinweg, die das Versenden solcher »Stiller SMS« zur Ortung von Tatverdächtigen eben nicht vorsieht.[12]

Kategorie Behörden & Verwaltung: **Regierung der Vereinigten Staaten von Amerika** / *Laudator: Werner Hülsmann*
Diesen Preis erhält die Regierung der Vereinigten Staaten von Amerika für die Nötigung europäischer und insbesondere auch deutscher Fluglinien, diversen US-Behörden den Zugriff auf die umfangreichen Buchungsdaten aller Passagiere zu gewähren, die in die USA einreisen oder durch die USA durchreisen wollen (...)

---

12 Stille SMS werden inzwischen von vielen Länderpolizeien und der Bundespolizei (und auch vom Verfassungsschutz) zur Handyortung eingesetzt, vgl. Matthias Monroy, Deutlich mehr »Stille SMS« auch in Bundesländern, netzpolitik.org, 26.2.2019

2002

Präventive »Gewalttäterdateien«: LIMO, REMO und AUMO

BigBrotherAward an das Bundeskriminalamt (BKA)

Der *BigBrotherAward* der Kategorie »Behörden und Verwaltung« wird im Jahr 2002 an das Bundeskriminalamt (BKA) in Wiesbaden, vertreten durch den damaligen BKA-Präsidenten Dr. Klaus Ulrich Kersten, verliehen, weil das Amt seit 2001 im Zusammenhang mit drei neu eingerichteten Präventivdateien gegen das Informationelle Selbstbestimmungsrecht der darin erfassten Personen verstößt.

Es handelt sich um folgende Verbunddateien im polizeilichen Informationssystem INPOL mit den bemerkenswert verharmlosenden Kürzeln LIMO, REMO und AUMO:

- um die sogenannte Gewalttäter-Links-Datei zur »Verhinderung politisch linksmotivierter Straftaten«, kurz: LIMO,
- die sogenannte Gewalttäter-Rechts-Datei zur »Erfassung rechtsorientiert politisch motivierter Straftäter«, kurz: REMO, und
- die Datei »Straftäter politisch motivierter Ausländerkriminalität«, kurz: AUMO.

Die BKA-Dateien LIMO, REMO und AUMO werden gemeinsam von Bund und Ländern genutzt und sind jederzeit von allen Dienststellen der Polizei und des Bundesgrenzschutzes (später Bundespolizei) abrufbar. Bereits weit über tausend Menschen sind darin als »potentielle Gewalttäter« erfasst (Stand: 2002), obwohl viele von ihnen noch nie als gewalttätig aufgefallen sind.[1]

Am Beispiel der »Gewalttäter-Links«-Datei lassen sich die verfassungs- bzw. datenschutzrechtlichen Verstöße verdeutlichen:

Vorsorgliche Erfassung möglicher »Unruhestifter«

Diese Datei ist auf Beschluss der Innenministerkonferenz durch das BKA im Wege einer »Sofortanordnung« errichtet worden – ohne vorherige Anhörung des Bundesdatenschutzbeauftragten und wegen nicht näher begründeter »Eilbedürftigkeit«.

Erst viel später wurde eine amtliche Errichtungsanordnung erlassen. Danach werden in dieser Datei nicht nur Gewalttäter:innen und Gewalttaten im engeren Sinne erfasst, sondern »Erkenntnisse« im Zusammenhang mit insgesamt 20 Straftatbeständen – von Delikten gegen Leib und Leben oder fremde Sachen bis hin zur »Störung öffentlicher Betriebe«, die der Versorgung dienen (§ 316b StGB) oder Straftaten nach dem Versammlungsgesetz.

Wer nun allerdings denkt, dass sich in dieser »Gewalttäter«-Datei nur rechtskräftig verurteilte Gewalttäter:innen wiederfinden oder solche Personen, bei denen Waffen sichergestellt wurden, irrt sich gewaltig. Denn Aufnahme finden auch bloß Verdächtige sowie Personen, gegen die in der Vergangenheit lediglich Personalienfeststellungen, Platzverweise oder Präventivhaft angeordnet wurden.

Das bedeutet: Wer mit der Polizei bei Versammlungen auch nur in Berührung kommt und dabei erfasst wird, ohne jemals Gewalt ausgeübt zu haben, kann sich leicht als potentieller Gewalttäter in einer der »Gewalttäter«-Dateien des BKA wiederfinden.

Einzige Voraussetzung für diese »vorsorgliche Erfassung möglicher Unruhestifter« (»Die Zeit«):[2] Es müssen »bestimmte Tatsachen die Annahme rechtfertigen, dass die Personen zukünftig Straftaten

---

1   Petra Schmittner, LIMO, AUMO, REMO – »Gewalttäter«-Dateien des BKA, Bürgerrechte & Polizei / CILIP 70, 8.12.2001, cilip.de

2   Jochen Bittner / Toralf Staud, Vorsicht, Sammelwut, Die Zeit, 6.9.2001, S. 4 f.

von erheblicher Bedeutung begehen werden«. Doch auch solche
Personen können gespeichert werden, bei denen »die Persönlichkeit des Betroffenen oder sonstige Erkenntnisse« Grund zu der Annahme geben, dass künftig Strafverfahren gegen sie zu führen sein
werden.

Auch bloße »Kontakt- und Begleitpersonen« von Verdächtigen
können gespeichert werden, »soweit dies zur Verhütung oder zur
Vorsorge für die künftige Verfolgung einer Straftat mit erheblicher
Bedeutung erforderlich ist«.

Es handelt sich bei diesen Voraussetzungen letztlich um reine
Prognoseentscheidungen, die allein der Polizei überlassen bleiben.
Insofern sind diese Dateien weitere Bausteine in einer längst einge-
leiteten Präventionsstrategie, die immer weiter im Vorfeld von strafbaren Handlungen und des Verdachts ansetzt. Damit geraten immer
mehr Menschen – auch vollkommen unbescholtene Personen – in
polizeiliche Maßnahmen, die tief in die Persönlichkeitsrechte eingreifen.

Entsprechend »auffällig« gewordene Erwachsene und Jugendliche werden grundsätzlich drei bzw. fünf Jahre lang, Kinder (!), die
das 14. Lebensjahr noch nicht vollendet haben, zwei Jahre lang gespeichert. Da drängt sich unwillkürlich die Frage auf, was Kinder in
einer polizeilichen Präventivdatei zu suchen haben. Im Übrigen ist
eine Verlängerung der Speicherzeit ohne Weiteres möglich. Andererseits führt die Einstellung eines Ermittlungsverfahrens oder ein
Freispruch – trotz genereller Berichtigungspflicht des BKA – in der
Praxis noch lange nicht zu einer Löschung der Daten.

Fragwürdige Präventivdaten als Basis für Reiseverbote
Diese »Gewalttäter«-Dateien sind nicht allein wegen der möglichen Verletzung des Rechts auf Informationelle Selbstbestimmung
bürgerrechtsschädigend – denn die Präventivspeicherungen können noch weitere gravierende Grundrechtsbeschränkungen für die
Betroffenen nach sich ziehen: So kann es passieren, dass sich sol-
chermaßen erfasste Personen bei Kontrollen und Grenzübertritten

repressiven Polizeimaßnahmen ausgesetzt sehen – bis hin zu polizeilichen Meldeauflagen, Passentzug und Ausreiseverboten.

Das bekamen in den Jahren 2001 und 2002 insbesondere Globa-
lisierungskritiker:innen zu spüren, die an Demonstrationen im Ausland teilnehmen wollten. So steht etwa der umstrittene G8-Gipfel in
Genua 2001 nicht nur für Ausschreitungen und polizeilich-militä-
rische Eskalation, sondern auch für ein dunkles bundesdeutsches
Kapitel in Sachen Bewegungs- und Reisefreiheit – man kann auch
sagen: für eine neue Qualität der präventiven Intoleranz:

Zahlreichen Menschen wurde an der Grenze die Ausreise verwehrt, obwohl sie weder mit Haftbefehl noch sonst polizeilich gesucht
wurden. Sie durften nicht nach Genua reisen, nur weil sie früher schon
mal polizeilich erfasst worden waren – etwa anlässlich einer Polizeikontrolle am Rande einer Demonstration (Personalienfeststellung)
oder eines Platzverweises. Obwohl gegen sie keine Verfahren eingeleitet, keine Anklagen erhoben worden waren, galten sie als potentielle
»Gewalttäter«, die in der »Gewalttäter-Links«-Datei gespeichert sind
und denen auf dieser »Erkenntnis«-Grundlage die Ausreise verwehrt
wurde. Sie waren über diese Verdatung nicht informiert worden, so
dass sie sich dagegen auch nicht rechtlich zur Wehr setzen konnten.[3]

Als Rechtsgrundlage für Ausreiseverbote dient das Passgesetz,
das erst im Jahr 2000 entsprechend verschärft worden ist. Danach
können Reisebeschränkungen in die Pässe von »Gewalttätern« eingetragen und Ausreiseverbote von der Polizei verhängt werden,
sofern »Tatsachen die Annahme rechtfertigen«, die Betroffenen
gefährdeten »die innere und äußere Sicherheit« oder »sonstige
erhebliche Belange« der Bundesrepublik – auch wenn ihnen aktuell nichts vorgeworfen werden kann. Wer dennoch auszureisen
versucht, kann mit Freiheitsstrafe von bis zu einem Jahr oder mit
Geldstrafe bestraft werden.

Auch Menschen, die es trotz der verschärften Polizei- und Grenzkontrollen bis Genua geschafft hatten, wurden von ihrem Daten-

---

3   Rolf Gössner, Reisefreiheit 2001, Ossietzky 15/2001 S. 505 ff.

schatten eingeholt. Denn bereits im Vorfeld des Genua-Gipfels hatte das BKA Auszüge aus der »Gewalttäter-Links«-Datei in einer »lista tedesca« an die italienische Polizei weitergegeben. Dabei zeigte sich: Wenn gespeicherte Verdachtsmomente, also ungesicherte Präventivdaten über verdächtige Personen oder »Risikogruppen« im Wege des polizeilichen Datenaustauschs an ausländische Sicherheitsbehörden weitergegeben werden, kann das für die Betroffenen fatale Folgen haben.[4] Manche konnten tatsächlich anhand der Liste als »polizeibekannt« aussortiert werden und sahen sich daraufhin Haftverlängerungen, Schikanen sowie folterähnlichen Praktiken der italienischen Polizei ausgesetzt.[5]

Fazit: Verletzung verfassungsrechtlicher Prinzipien

Die Kombination von fragwürdigen Präventivdateien, verschärftem Passgesetz, exekutiven Reiseverboten und schikanösen Polizeipraktiken kann leicht zur Verletzung der Grundrechte auf Freizügigkeit, der Handlungs-, Meinungs- und Versammlungsfreiheit führen und selbst die körperliche Integrität der Betroffenen verletzen.

Es ist ein Skandal, dass solche gravierenden Exekutiv-Eingriffe allein auf ungesicherte präventive Polizeidaten in »Gewalttäter«-Dateien gestützt werden können – weitere Erkenntnisse müssen jedenfalls nicht hinzukommen. Diese Vorratsdatenspeicherungen stempeln die Betroffenen zu »polizeibekannten reisenden Gewalttätern«.[6]

---

4   Bericht: Entzug von G20-Akkreditierungen beruhte auf falschen Dateien, fuldainfo.de, 10.8.2017

5   Polizeigewalt bei G8 in Genua 2001: Europa-Gericht verurteilt Italien, taz, 7.4.2015, taz.de

6   Das gilt auch für die »Datei Gewalttäter Sport« (»Hooligan-Datei«), die als Vorbild für LIMO diente und nach vergleichbaren Kriterien betrieben wird. Diese Datei ist in großem Stil während der Fußball-Weltmeisterschaft 2006 zum Einsatz gekommen. Waren in dieser Datei 2002 noch ca. 2.500 Personen gespeichert, so sind es 2006 bereits 7.500. Errichtungsanordnung vom 13.6.2013: fragdenstaat.de/anfrage/errichtungsanordnung-zur-datei-gewalttater-sport-v-13062013/37685/anhang/bka_ea_gewalttaeter_sport.pdf

Die vagen Kriterien für die Aufnahme in die »Gewalttäter«-
Dateien, die Speicherdauer von drei bis fünf Jahren, die Erfassung
von Kindern und die Nichtbenachrichtigung der Betroffenen widersprechen datenschutzrechtlichen Prinzipien. Sie verletzen das Recht
auf Informationelle Selbstbestimmung, die Unschuldsvermutung
und den Grundsatz der Verhältnismäßigkeit.

Updates

2003: »Ich wünsche mir ein BKA, das den Korpsgeist mit seinen
Gründungsvätern für überholt erklärt. Ich sehne mich nach einem
BKA, das Betroffenheit zeigt, wenn ihm der *BigBrotherAward* ver-
liehen wird. Ich habe den Traum, dass BKA-Beamte nicht von einer
Dienstreise aus einem Folterstaat zurückkehren, um gute Zusam-
menarbeit und Gastfreundschaft zu loben« (Zitat aus der Rede von
Dieter Schenk – Publizist, Polizeiexperte und selbst Ex-BKA-Krimi-
naldirektor – aus Anlass der Verleihung des Fritz-Bauer-Preises der
Humanistischen Union an ihn im Juli 2003).

2008-2010: Das Niedersächsische Oberverwaltungsgericht (OVG)
stellte 2008 fest, dass es im Fall der Datei »Gewalttäter Sport« keine
zureichende Rechtsgrundlage gibt und daher die Speicherung der
inzwischen mehr als zehntausend Betroffenen rechtswidrig ist.[7]
   Allerdings ist dieses Urteil vom Bundesverwaltungsgericht
2010 wieder revidiert worden: Die Datei sei doch rechtmäßig.[8]
»Das Urteil des Bundesverwaltungsgerichts vom 9. Juni 2010 dürfte als beklagenswerte Niederlage des Grundrechtsschutzes in die

---

7   Niedersächsisches OVG-Urteil, Az. 11 LC 229/08; Ronny Blaschke, Gericht
    hält BKA-Datei für rechtswidrig, Spiegel online, 15.1.2009; Christian Rath,
    Hooligan-Datei findet keine Fans, taz, 28.4.2009, S. 7

8   BVerwG-Urteil vom 9.6.2010, Az. 6 C 5.09; Alice Bachmann, Heikles Thema
    ›Gewalttäter Sport‹, neues deutschland, 15.8.2013; Nina Willborn, Grüne kri-
    tisieren Gewalttäter-Datei, Weser-Kurier, 23.4.2018

Geschichte der Auseinandersetzung um die Gewalttäter-Dateien des Bundeskriminalamts eingehen (...) So bleiben Gewalttäter-Dateien, die weder Gewalt noch Tat voraussetzen, ein fortdauerndes Grundrechte-Problem mit hohen Wachstumsraten«, so der Rechtsanwalt Sönke Hilbrans, Vorstandsmitglied der Deutschen Vereinigung für Datenschutz (DVD) und zeitweise *BigBrother-Award*-Jurymitglied, in: Grundrechte-Report 2011 (In der Abseitsfalle, S. 37 ff.).

Weitere *BigBrotherAwards*
Kurzbegründungen

Kategorie Regionalpreis: **Innenminister von Nordrhein-Westfalen, Fritz Behrens (SPD)** / *Laudatoren: Rena Tangens und padeluun*
Für seinen Versuch, auf undurchsichtige Weise eine Novelle des Polizeigesetzes des Landes NRW zu lancieren, mit der die video- bzw. kameragestützte Überwachung öffentlicher Plätze im Bundesland möglich werden soll.

Kategorie Politik: **Hessischer Innenminister, Volker Bouffier (CDU)**
Laudator: Dr. Fredrik Roggan
Ausgezeichnet wird der hessische Innenminister Volker Bouffier wegen der Wiederbelebung der gerichtlich gerügten Rasterfahndung. Das Innenministerium des Landes Hessen hat unter der Leitung von Herrn Bouffier eine Polizeirechtsnovelle zu verantworten, mit der die Voraussetzungen zur Rasterfahndung erheblich herabgesetzt wurden. Auf diese Weise wurde gleichsam eine Entscheidung des Oberlandesgerichts Frankfurt/Main konterkariert. Volker Bouffier erhält den Preis stellvertretend für die Innenminister anderer Bundesländer, die nach dem 11. September 2001 ihre Polizeigesetze ad hoc verschärften und dabei die Schwellen für eine Rasterfahndung – im Vergleich zu anderen Bundesländern – wesentlich herabsetzten.

Kategorie Kommunikation: **Deutscher Bundesrat**
Laudator: Dr. Thilo Weichert
Der Bundesrat, vertreten durch seinen Vorsitzenden Klaus Wowe-
reit (SPD), beschloss, Telekommunikations(dienste)anbieter/Provi-
der zu verpflichten, die Verbindungsdaten von Nutzenden für eine
nicht festgelegte Dauer für Zwecke von Polizei und Geheimdiensten
auf Vorrat zu speichern.

Kategorie Technik: **Toll Collect GmbH** / *Laudator: Frank Rosengart*
Für die (Weiter-)Entwicklung von satellitengestützter Erhebung
und zentraler Verarbeitung der Bewegungsdaten von Kraftfahr-
zeugen im Verkehrswesen erhält die Toll Collect GmbH den *Big-
BrotherAward*. Damit wird eine neue Dimension der Beobachtung
von Verkehrsteilnehmer:innen möglich.

    Update 2006: Nun soll Big Brother also doch seinen sicheren
Platz auf der Autobahn erhalten. Und das kam so: Nach einer Mordserie an Frauen, jeweils begangen in der Nähe von Autobahnen,
fiel der Verdacht auf einen LKW-Fahrer. Damit war gleichzeitig die
Idee geboren, die eigentlich ausschließlich zu Abrechnungszwecken
erhobenen Mautdaten für Fahndungszwecke zu nutzen. Das aber
lässt die geltende Rechtslage – wie wir meinen: aus gutem Grund
– nicht zu. Nun kursiert in den Ministerien ein Gesetzentwurf aus
dem Hause von Bundesinnenminister Wolfgang Schäuble, der die
Aufhebung der strengen Zweckbindung zum Gegenstand hat.[9] Das
Versprechen des Gesetzgebers, dass die Mautinfrastruktur keinesfalls zu einer Überwachungsinfrastruktur werden dürfe, wird also
demnächst gebrochen. Davor hatte übrigens die Laudatio anlässlich
des BBA 2002 an die Betreiberfirma TollCollect bereits gewarnt.

    2014: Die Daten bei der Kontrolle der PKW-Maut werden laut
Bundesverkehrsminister Alexander Dobrindt (CSU) auf keinen
Fall für Fahndungen verwendet werden. Die Mautdaten würden

---

9   Vorstoß von Schäuble: Mautdaten für Fahndungszwecke?, Frankfurter Allge-
    meine Zeitung, 28.11.2005, faz.net

ausschließlich für die Mautentrichtung aufgenommen und unter keinen Umständen anderen Zwecken zur Verfügung gestellt, auch nicht den Sicherheitsbehörden, sagte der CSU-Minister der »Süddeutschen Zeitung«. BKA-Präsident Jörg Ziercke hatte in der »Welt am Sonntag« dafür geworben, Mautdaten in besonderen Ausnahmefällen der Schwerstkriminalität für die Fahndung zu nutzen.[10]

2020: Das Autobahnmautgesetz enthält immer noch die eindeutige Bestimmung, dass die LKW-Fahrdaten nur für die Mautberechnung benutzt werden dürfen. Die Freigabe der Daten für die Fahndung bei Schwerverbrechen hätte gravierende Konsequenzen für das Mautsystem. Doch die Diskussion um diese »Freigabe« ebbt nicht ab und wird unter dem Motto »Datenschutz wird zum Täterschutz« immer wieder geführt.[11]

---

10 Dobrindt stellt klar: Keine Maut-Daten für Fahndungszwecke, n-tv.de, 2.11.2014; Kennzeichenerkennung zu Fahndungszwecken soll ausgeweitet werden, posteo.de, 28.10.2020

11 André Meister, Justizministerin Lambrecht will Auto-Rasterfahndung ausweiten, netzpolitik.org, 26.10.2020; dazu auch die BBA-Laudatio 2020 von Frank Rosengart: bigbrotherawards.de/2020/behoerden-verwaltung-brandenburg-innenminister

2001

»Antiterror-Gesetzespakete«

**Präventive Auszeichnung von Bundesinnenminister
Otto Schily (SPD) mit dem *BigBrotherAward* für
geplante Datenschutz- und Verfassungsverstöße**

Der *BigBrotherAward* in der Kategorie »Politik« und zugleich der
Hauptpreis wird im Jahr 2001 dem Bundesminister des Innern, Otto
Schily (SPD), verliehen. Ausgezeichnet wird er für seine Bestrebungen zu Lasten von Bürgerrechten, Datenschutz und Informationeller Selbstbestimmung:

- Verstärkt seit dem 11. September 2001 (Anschlag auf die Twin
  Towers des World Trade Centers in New York und das Pentagon) setzt er sich für neue Ermittlungsbefugnisse der Polizei
  und der Geheimdienste ein, ohne die damit tangierten verfassungsmäßig garantierten Grund- und Bürgerrechte gebührend
  zu schützen.

- In besonderer Weise können seine innenpolitischen Vorstöße
  das Recht auf Informationelle Selbstbestimmung von ausländischen Bürgerinnen und Bürgern beeinträchtigen.

Otto Schily hat sich geradezu überqualifiziert – und so erhielt er mit
Abstand die meisten Nominierungen für die Preisverleihung 2001.
Von allen bundesdeutschen Politikern, die seit den terroristischen
Anschlägen in den USA am 11. September 2001 den Datenschutz
in Frage stellen, hat sich Otto Schily am deutlichsten hervorgetan.
Schily plädierte dafür, dass der Datenschutz »neu definiert« werden

müsse, dass »Sicherheitsinteressen nicht durch Datenschutzbestim-
mungen behindert werden dürfen«. Schily stellte die Frage, ob der
Datenschutz nicht oft »übertrieben« worden sei.[1] Und so ließ er
öffentlich mahnen, der Datenschutz dürfe nicht zum »Terroristen-
schutz« werden.[2]

Schily ist nicht irgendein Politiker. Er ist der Minister, der für
die Bundesregierung die Vorschläge zur öffentlichen Sicherheit aus-
arbeitet, dessen nachgeordnete Behörden diese Vorschläge umset-
zen und der für den Schutz der Verfassung, zu der vorrangig die
Grund- und Bürgerrechte gehören, verantwortlich zeichnet. In
dieser Eigenschaft obliegt ihm insbesondere auch der Schutz des
Grundrechts auf Informationelle Selbstbestimmung.

Stattdessen versucht Innenminister Schily, mit immer neuen
Vorschlägen fälschlich den Eindruck zu vermitteln, durch zusätzliche und gegen die Informationelle Selbstbestimmung großer
Bevölkerungsgruppen gerichtete staatliche Überwachungsmaßnahmen könne ein Mehr an Sicherheit für die Bevölkerung gegen
den Terrorismus erreicht werden. Schily steht an erster Stelle
jener Politiker in Deutschland, die die schrecklichen Terroranschläge in den USA als Anlass und Legitimation zur Durchsetzung freiheitsbeschneidender Gesetze sehen, oder besser: instru-
mentalisieren.

· Otto Schily forderte schon wenige Tage nach den Anschlägen,
  Fingerabdrücke in Pässe und Personalausweise aufzunehmen.
  Die Folge könnte eine bundesweite daktyloskopische Erfassung[3]
  der bundesdeutschen Bevölkerung sein und damit eine verfas-

---

1   Hat Innenminister Otto Schily Recht mit seiner These, Deutschland habe
    beim Datenschutz übertrieben?, computerwoche.de, 5.10.2001
2   Spiros Simitis kritisiert Otto Schily: »Die Behauptung, Datenschutz sei Terro-
    ristenschutz, ist falsch und Unsinn!«, Die Zeit, Nr. 41, 2.10.2001, presseportal.
    de/pm/9377/287678
3   Fingerabdruckverfahren zur Identifizierung von Personen, das auf der biolo-
    gischen Unterscheidbarkeit menschlicher Papillarlinien an Händen bzw. Fin-
    gern beruht (biometrisches Verfahren)

sungsrechtlich kaum zu rechtfertigende Vorratsdatenspeicherung.[4] Und es gab Planungen, weitere biometrische Daten wie
Gesichtsgeometrie oder Irismerkmale auf Ausweispapieren zu
speichern, mit der Folge, dass sich die ganze Bevölkerung biometrisch vermessen lassen müsste.[5]

- Schily will, dass Telekommunikationsunternehmen und Internet-Provider verpflichtet werden, Telekommunikationsnut-
zungs- und -verbindungsdaten mindestens sechs Monate
lang zu speichern. Diese ausschließlich für Zwecke der Strafverfolgung initiierten Maßnahmen im Rahmen einer solchen
Vorratsdatenspeicherung würden die gesamte Bevölkerung
pauschal einem Generalverdacht als potentiell Kriminelle
unterwerfen.[6]

- Schily setzt sich außerdem ein für die Schaffung eines Datenver-
bundes aller deutschen Geheimdienste und des Bundeskriminalamtes, für verdachtsunabhängige Ermittlungskompetenzen
des BKA sowie für eine umfassendere Kronzeugenregelung.[7]

Mit solchen Plänen und Gesetzen werden die Vorverlegung polizei-
licher Maßnahmen ins weite Vorfeld von Straftaten oder konkreten
Gefahren sowie die Aufhebung der Trennung zwischen Polizei und
Geheimdiensten betrieben.

Das Hauptgewicht der vorgeschlagenen Überwachungsmaßnahmen richtet sich dabei gegen Ausländerinnen und Ausländer,
die ohnehin schon zu der am meisten überwachten Bevölkerungs-
gruppe zählen. So könnte Schilys sicherheitspolitisches Streben
auch Angst, Abwehr und Aggressionen gegen »Fremde« schüren
helfen.

---

4   Holger Dambeck, Datenschützer warnt vor zentraler Biometrie-Datei, heise.
    de, 1.11.2001

5   Mareike Zoll, Der Körper als Ausweis, Spiegel online, 23.10.2001

6   Deutscher Bundestag, Historische Debatten (14): Kampf gegen den Terror
    [Dezember 2001], bundestag.de

7   Dominik Cziesche / Cordula Meyer / Holger Stark / Andreas Ulrich, Der Traum
    vom deutschen FBI, Spiegel online, 8.11.2004

- Mit der Einführung eines neuen § 129b ins Strafgesetzbuch (ist 2002 erfolgt), der die Mitgliedschaft auch in ausländischen bzw. internationalen »terroristischen Vereinigungen« unter Strafe stellen soll, wird nicht etwa ein wirksames Instrument zur Zerschlagung derartiger Organisationen geschaffen, sondern vor allem ein Ermittlungsparagraf, der eben auch zur strafrechtlichen Verfolgung legitimen politischen Widerstands gegen Unterdrückung und Ungerechtigkeit in armen und diktatorischen Ländern genutzt werden könnte.[8]

- Anstatt das Ausländerzentralregister (AZR) auf ein verfassungskonformes Maß zurechtzustutzen, sollen nach dem Wunsch von Schily die Kontroll- und Überwachungsmöglichkeiten des AZR noch ausgebaut werden[9] – etwa durch zusätzliche Speicherung personenbezogener Merkmale (wie etwa Religionszugehörigkeit), durch erweiterte Online-Zugriffsmöglichkeiten oder durch die Neueinführung einer Nutzungsbefugnis für Sozialbehörden. Schon im vorigen Jahr (2000) hat das Ausländerzentralregister wegen seiner jahrzehntelangen Förderung der Diskriminierung von Ausländer:innen, wegen seines Beitrags zur Schwächung der Grundrechte einen *BigBrotherAward* erhalten (zu Recht, wie sich später aufgrund eines Bundesverfassungsgerichtsurteils herausstellen sollte).

- Durch zusätzliche Maßnahmen soll der Überwachungsdruck auf Ausländerinnen und Ausländer weiter erhöht werden, z. B. durch das Erfassen von Fingerabdrücken bei der Visa-Beantragung, durch die Einführung der Regelanfrage bei Geheimdiensten im Fall von Einbürgerungen und der Erteilung von Aufenthaltsgenehmigungen, mit der Durchführung von Rasterfahndungsmaßnahmen, durch die Einführung bundesweiter Islamismusdateien oder einer Warndatei zur Bekämpfung von Visa-Erschleichung und Schlepperkriminalität.

---

8   Kritisch dazu: Helmut Lorscheid, Der Paragraph 129 b und die Rechtsstaatlichkeit, Telepolis, 4.9.2012

9   Jochen Bittner, Pakete voller Sicherheit, Spiegel online, 25.10.2001; Dominik Cziesche u. a., »Nur Gut und Böse«, Spiegel online, 29.10.2001

- Mit der Forderung nach einem verstärkten Austausch zwischen Asylbehörden und Geheimdiensten, die allzu häufig ihrerseits einen Datenaustausch mit Geheimdiensten in den Herkunfts- bzw. Verfolgerstaaten pflegen, würde faktisch das im Asylrecht zugestandene Recht auf Schutz vor Verfolgung untergraben.

Sicherheitspolitischer Aktionismus

Die umfangreiche Erfassung zusätzlicher personenbezogener Daten und die von Schily geforderte Vernetzung bzw. der Abgleich unterschiedlicher Datenbanken von AZR, Polizei, Einwohnermeldeamt und anderen Behörden vergrößert und erleichtert die Gefahr von Datenmissbrauch oder Fehlinterpretationen.

All diesen Maßnahmen ist gemein, dass sie nicht geeignet sind, terroristische Gefahren wirksam abzuwehren oder terroristische Taten aufzuklären, dass sie aber dazu beitragen, ein Klima der Intoleranz zu fördern, in dem Rassismus und Hass gedeihen. Dieses Klima könnte den Nährboden für weitere terroristische Aktionen bilden. Teilweise haben die Vorschläge nicht einmal im Ansatz einen Bezug zur Terrorismusbekämpfung. Vieles ist nichts anderes als das Wiederaufkochen von datenschutzfeindlichen Ladenhütern, die früher selbst unter einer schwarz-gelben Regierung aus guten Gründen nicht realisiert worden sind.

Schilys Vorschläge ignorieren, dass die bestehenden Regelungen bereits ein umfassendes und ausdifferenziertes Instrumentarium zur effektiven Bekämpfung terroristischer Straftaten zur Verfügung stellen, die ggf. nachjustiert werden könnten. Die Vorschläge lenken ab von Vollzugsdefiziten bei den Sicherheitsbehörden, von irrigen Lagebeurteilungen und von der Tatsache, dass es keinen sicheren Schutz vor Terrorismus geben kann, schon gar nicht vor Selbstmordattentaten. Terrorismusrisiken lassen sich nicht mit der technischen Überwachung ganzer Bevölkerungsgruppen minimieren, sondern durch die minutiöse und zielgenaue Aufklärung der Taten und der sich dabei zeigenden terroristischen Strukturen sowie durch Prävention, sowohl durch gesellschaftliche und soziale Prävention (interkultureller Austausch, Integration/Inklusion) als auch durch den technischen Schutz potentieller Angriffsziele.

Otto Schily treibt im Übrigen – trotz Bedenken auch in der rot-grünen Bundesregierung – den weiteren Ausbau von Europol voran, etwa durch die Zulassung neuer operativer, »exekutiver« und informationeller Befugnisse, durch die Festlegung neuer Zuständigkeiten oder den Aufbau neuer Ermittlungseinheiten und Dateien – ohne dabei auch nur eine Maßnahme zu initiieren, mit der die demokratischen und rechtsstaatlichen Defizite dieser europäischen Polizeibehörde abgebaut werden könnten.[10] Bis dato agiert Europol nämlich ohne jegliche parlamentarische Verantwortlichkeit und Kontrolle, und ohne dass betroffene Bürger:innen gerichtlichen Rechtsschutz erlangen können. Damit könnte Schily zu einem der Hauptverantwortlichen für die Weiterentwicklung von Europol zu einer gesamteuropäischen Überwachungsstruktur werden – mit erheblichem Missbrauchspotential.

Der sicherheitspolitische Aktionismus Schilys nach den Terroranschlägen von 2001 ist die Zuspitzung einer von ihm bereits seit drei Jahren forcierten bürgerrechtsgefährdenden Sicherheitspolitik. Er zeichnet dafür verantwortlich, dass im Bundeskriminalamt sogenannte Gewalttäterdateien mit verharmlosenden Namen wie »REMO«, »AUMO« oder »LIMO« eingerichtet wurden,[11] deren Speicherungen u.a. dazu führten, dass nicht vorbestrafte Bürgerinnen und Bürger, die gegen den Weltwirtschaftsgipfel in Genua demonstrieren wollten, an der Ausreise aus der Bundesrepublik gehindert oder über lange Zeit ohne Nachweis eines strafbaren Tuns in Italien inhaftiert wurden. Das vom Grundgesetz garantierte Recht auf Handlungs- und Bewegungsfreiheit wurde so zeitweise außer Kraft gesetzt.

Otto Schily und sein Ministerium sind den Nachweis schuldig geblieben, dass »der Datenschutz« die Kriminalitäts- oder Terroris-

10 EU will Kampf gegen Terrorismus verschärfen, Handelsblatt, 20.9.2001
11 Mit dem *BigBrotherAward* 2002 ausgezeichnet.

musbekämpfung behindert hätte. Datenschutzrechtliche Regelungen und ihre Beachtung sind Grundvoraussetzungen dafür, dass die Bevölkerung der Arbeit der Sicherheitsbehörden Vertrauen entgegenbringen können. Mit seiner Sicherheitskampagne trägt er dazu bei, dass die Grundlagen des demokratischen und freiheitlichen Systems, die es gegen den Terrorismus zu verteidigen gilt, nach und nach untergraben werden.

(Informationen, Hintergründe und Dokumente zu Otto Schily unter: bigbrotherawards.de/otto-schily-hintergruende)

Updates

In der Bundesrepublik bescherte uns seit 9/11 ein ausufernder Antiterrorkampf mit den »Otto-Katalogen« (I bis IV, 2002 ff.) die umfangreichsten Sicherheitsgesetze, die in der bundesdeutschen Rechtsgeschichte jemals auf einen Streich verabschiedet worden sind (jeweils befristet und danach immer wieder verlängert). Und seitdem folgten mehrere »Terrorismusbekämpfungsergänzungsgesetze«.

2005: Zum 1. November 2005 wurde der biometrische Reisepass unter Missachtung aller Einwände eingeführt – und zwar auf Grundlage der Verordnung (EG) Nr. 2252/2004 des Rates vom 13. Dezember 2004. Der ePass enthält seitdem einen Chip, in dem zunächst ein digitales Foto mit den Gesichtsmerkmalen des Passinhabers gespeichert wird. Dafür wird ein biometrisches Passbild benötigt. Hinzu kommen seit November 2007 auch zwei Fingerabdrücke. Diese biometrische Daten werden verwendet, um die Identität einer/s Reisenden feststellen zu können.

Otto Schily erhielt im Jahr 2005 noch einmal einen *BigBrother-Award*, diesmal für sein »Lebenswerk« in Sachen »Innere Sicherheit«. Alles Weitere über seine »Verdienste« und die Langzeitfolgen ist dort nachzulesen.

2020: Im November 2020 sind die immer wieder befristeten Antiterrorgesetze Otto Schilys (»Otto-Kataloge«) – mit Sonderbefugnis-
sen insbesondere für die Geheimdienste, BKA und Bundespolizei
– entfristet und damit verstetigt worden.[12] Otto Schilys Werk hat
also Langzeitwirkung und belastet Bürgerrechte und Rechtsstaat bis
heute und darüber hinaus.

2021: Die Fingerabdrücke müssen ab August 2021 auch in Personalausweise verpflichtend übernommen werden (bis dahin noch freiwillig).[13]

Weiterer *BigBrotherAward*
Kurzbegründung

Kategorie Kommunikation: **Bundesminister für Wirtschaft und
Technologie, Dr. Werner Müller** / *Laudator: Patrick Goltzsch*
Ausgezeichnet wird Werner Müller, Bundesminister für Wirtschaft und Technologie, für die Telekommunikationsüberwa-
chungsverordnung (TKÜV). Mit der TKÜV werden Betreiber von
Telekommunikationsanlagen verpflichtet, auf eigene Kosten Vor-
kehrungen zur Überwachung der Kommunikation der Teilneh-
mer:innen zu treffen. Zudem sollen die Betreiber quasi auf Zuruf
der ermächtigten Behörden Überwachungsmaßnahmen in Gang
setzen. Mit der TKÜV fordert der Staat die Infrastruktur für eine
Überwachung auf Knopfdruck. Den Strafverfolgungsbehörden sollen dann unverzüglich sowohl die Inhalte von Mitteilungen als auch
die Verkehrsdaten, also wer wann mit wem wie lange kommuniziert
hat, zur Verfügung gestellt werden.

---

12 So sie zwischenzeitlich nicht für verfassungswidrig erklärt worden waren; vgl.
    dazu: Kai Biermann, Das Wasser kocht schon, Zeit online, 6.11.2020
13 Entsprechend EU-Verordnung 2019/1157 vom 20.6.2019, eur-lex.europa.eu

2000

Ausweitung polizeilicher Telekommunikationsüberwachung

BigBrotherAward für den
Berliner Innensenator Dr. Eckart Werthebach (CDU)

Die Verleihung des *BigBrotherAward* 2000 an den Berliner Innensenator erfolgt exemplarisch für die Bestrebungen in vielen
Bundesländern, die Möglichkeiten der polizeilichen Telekommunikationsüberwachung (TKÜ) massiv auszubauen.[1] Anfang September 2000 beantragte der Senator für Inneres die Beschaffung
weiterer Gerätetechnik für die Telefonüberwachung. Bis 1999 waren hierfür Investitionen in Höhe von 3 Mio. DM erfolgt – mit
einer Erneuerung und Erweiterung auf 75 Aufzeichnungsgeräte
und 55 Auswertungsgeräte. Bis 2003 sollen weitere 4,7 Mio. DM
hierfür ausgegeben werden. Außerdem wird die Genehmigung
von einer halben Million DM für die Mobilfunküberwachung
(IMSI-Catcher) gefordert. Dabei wird die Telefonüberwachung
als ein »absolut unverzichtbares polizeitaktisches Mittel zur In-
formationsgewinnung im Bereich der Schwerstkriminalität« bezeichnet.

---

1   Vgl. Themenheft zur Telekommunikationsüberwachung: Bürgerrechte &
    Polizei / CILIP 71 (1/2002); grundsätzlich dazu: Rolf Gössner, Abhören und
    Lauschen. Zur Entwicklung der akustischen Überwachung, in: Gerhard
    Paul / Ralph Schock, Sound der Zeit. Geräusche, Töne, Stimmen – 1889 bis
    heute, Göttingen 2014, S. 513 ff.

Weltmeister im Abhören

Es soll von der *BigBrotherAward*-Jury nicht bestritten werden, dass Telefonüberwachungsmaßnahmen zur Aufklärung von Straftaten notwendig und wirksam sein können. Die undifferenzierte Forderung nach immer mehr Telefonüberwachung stellt aber eine massive Gefährdung für das Fernmeldegeheimnis dar. Vorhandene Überwachungstechnik wird (dies ist eine praktische Erfahrung) im Interesse optimaler Ausnutzung von Ressourcen auch genutzt. Dadurch werden auch immer mehr unschuldige Menschen, als »Falsch-Verdächtigte« oder als Kontaktpersonen von Verdächtigen, durch Telefonüberwachungen erfasst und ausgehorcht. Seit Jahren ist Deutschland Weltmeister im Abhören. 1999 erreichte die Zahl der Überwachungen in 3.066 Strafverfahren und mit 6.646 Anschlussinhaber:innen und seit Jahren anhaltend zweistelligen Zuwachsraten einen neuen Höchststand.[2]

Weit höher ist die offiziell nicht bekannte Zahl betroffener Einzelanschlüsse, Telefongespräche sowie der überwachten Beteiligten und ihrer Kontaktpersonen. Auch öffentliche Fernsprecher wie Telefonzellen können abgehört werden. Rund 40 Prozent der Abhörmaßnahmen richteten sich 1999 gegen unverdächtige Anschlussinhaber:innen. Automatisch und undifferenziert betroffen sind auch Vertrauenspersonen wie Ärzt:innen oder Rechtsanwält:innen.

Berlins Innensenator Dr. Werthebach fordert mehr Telekommunikationsüberwachung, ohne deren Effektivität nachweisen und ohne deren Grundrechtsrisiken einschätzen zu können. Eine von den Datenschutzbeauftragten seit Jahren geforderte Evaluation wurde weder in Berlin noch in anderen Ländern vorgenommen (Stand: 2000). Ebenso wenig ist neben dem gerichtlichen Genehmigungsverfahren eine nachträgliche richterliche bzw. unabhängige Kontrolle vorgesehen. Dessen ungeachtet bauen die Innenverwaltungen den europa- und weltweiten Spitzenplatz bei der Telefonüberwa-

---

2   Seit 1999 ist die Zahl der (polizeilichen) Telefonüberwachungen zur Strafverfolgung weiterhin stark gestiegen.

chung weiter aus – auf Kosten des Fernmeldegeheimnisses. Aufgerüstet wird nicht nur quantitativ, sondern auch qualitativ.

Dies gilt etwa für die Nutzung des Telefons als Wanze, für den
Einsatz von Stimmerkennungssystemen oder – wie von Dr. Werthebach gefordert – durch die Beschaffung von IMSI-Catchern. Damit
werden nicht nur die Handynummern von eventuellen Verdächtigen »gecatcht«, sondern auch die von völlig Unbeteiligten. Um festzustellen, dass diese tatsächlich an kriminellen Akten unbeteiligt
sind, muss zunächst gegen sie ermittelt werden. Der IMSI-Catcher-
Einsatz, dessen Legalisierung 1997 vom Bundesgesetzgeber noch
abgelehnt worden war, verursacht zugleich eine Störung des Mo-
bilfunkverkehrs. Mit ihm kann grundsätzlich auch der Gesprächs-
inhalt abgehört werden. Dies wäre nach den Worten des Bundesbeauftragten für den Datenschutz ein »eklatanter Verstoß gegen das
Recht auf unbeobachtete Kommunikation«.

Updates

IMSI-Catcher: Nach der BBA-Verleihung 2000 verschwanden die
IMSI-Catcher zunächst von der Anschaffungsliste des Berliner Senats für die Polizei als Gefahrenabwehrbehörde. Seit 2003 jedoch ist
der IMSI-Catcher-Einsatz nach der Strafprozessordnung zur Strafverfolgung durch die Polizei legalisiert (§ 100i StPO).[3] Auch Bundespolizei und Bundeskriminalamt sowie manche Landespolizei-
behörden können inzwischen solche Geräte legal einsetzen. Berlin
plant in einem neuen Polizeigesetz (2020), den Einsatz von IMSI-
Catchern zu legalisieren.

Dr. Eckart Werthebach war Berliner Innensenator von November 1998 bis Juni 2001. Zuvor war er von 1991 bis 1995 Präsident

---

3   In einem Beschluss vom 22. August 2006 bestätigte das Bundesverfassungsge-
      richt die Vereinbarkeit des Einsatzes von IMSI-Catchern zur Strafverfolgung
      mit dem Grundgesetz.

des Bundesamtes für Verfassungsschutz. In dieser Position gab Werthebach Ende 1991 Informationen seines Dienstes über den Datenschützer Dr. Thilo Weichert an eine brandenburgische FDP-Landtagsabgeordnete weiter, die die damalige Kandidatur Weicherts um das Amt des Landesdatenschutzbeauftragten in Brandenburg verhindern wollte. Weichert wurde tatsächlich nicht zum Datenschutzbeauftragten gewählt – nach Auffassung der Bundestagsfraktion von Bündnis '90 / Die Grünen vereitelt durch die Informationsweitergabe aus dem Bundesamt für Verfassungsschutz. Durch die Unterlagen sei Weichert in eine »linksextremistische« Ecke gestellt worden.[4] Gegen Werthebach sind daraufhin Ermittlungen wegen des Verdachts des Geheimnisverrats eingeleitet worden, die 1995 endgültig eingestellt wurden.[5] Thilo Weichert, ehemaliger Datenschutzbeauftragter des Landes Schleswig-Holstein, war und ist Mitglied der BBA-Jury; er pausierte während seiner Tätigkeit als Landesdatenschutzbeauftragter in Schleswig-Holstein 2004 bis 2015.

Weiterer *BigBrotherAward*
Kurzbegründung

Kategorie Lebenswerk: **Bundesverwaltungsamt (Köln) / Ausländerzentralregister (AZR)** / *Laudator: Dr. Thilo Weichert*
Die Auszeichnung geht an das Bundesverwaltungsamt, Köln, für sein Ausländerzentralregister. Die Datenbank mit den Angaben zu mehr als 10 Millionen Personen (Stand: 2000) dient vor allem der

---

4   Das von Thilo Weichert angerufene Verwaltungsgericht Köln bewertete die Aktion des Bundesamts für Verfassungsschutz als rechtswidrig und als erheblichen Eingriff in Weicherts Grundrechte und in die parlamentarische Willensbildung (nach Berufung vor dem OLG NRW rechtskräftig). Zum Fall Weichert: Udo Kauß, Verfassungsschutz durch Rechtsbruch (II) – Der Fall Weichert gegen Werthebach, in: Bürgerrechte & Polizei / CILIP 51 (2/1995), S. 69 ff.

5   Wikipedia: Eckart Werthebach

Überwachung von Ausländerinnen und Ausländern, um diese im Zweifel außer Landes schaffen zu können.[6]

Update 2008: Diskriminierendes Ausländerzentralregister
Bereits im Jahr 2000 ist das Bundesverwaltungsamt in Köln für das Ausländerzentralregister mit dem *BigBrotherAward* (Lebenswerk) ausgezeichnet worden – wegen institutionalisierter Diskriminierung von hier lebenden nichtdeutschen Bürger:innen. Acht Jahre später hat der Europäische Gerichtshof mit Urteil vom 16. Dezember 2008 festgestellt, dass das AZR tatsächlich gegen das Diskriminierungsverbot verstößt, weil es in Deutschland lebende Bürger:innen aus anderen EU-Staaten gegenüber Deutschen benachteiligt (Az. C-524/06). Ein zentrales Ausländerregister darf danach nur solche personenbezogenen Daten enthalten, die zur Anwendung aufenthaltsrechtlicher Vorschriften unbedingt erforderlich sind. Die Speicherung der seinerzeit ca. 2,3 Millionen EU-Bürger:innen im AZR ist in Teilen rechtswidrig, insbesondere soweit ihre teils darüber hinaus gehenden personenbezogenen Daten der Kriminalitätsbekämpfung und statistischen Zwecken in Deutschland dienen. Der Schutz vor diskriminierender Erfassung und Verwendung von AZR-Daten sollte künftig auch auf Nicht-EU-Bürger:innen ausgedehnt werden.

Update 2019: Mit der umstrittenen Datenverknüpfungs- und Analysesoftware »Hessen-Data« der US-Firma Palantir, die in Hessen angeschafft wurde und zum Polizeieinsatz kommt, werden unterschiedliche Polizeidatenbanken, aber auch die Verkehrs- und Inhaltsdaten aus Telekommunikationsüberwachungen zusammengeführt und durchforstet sowie Daten aus unterschiedlichen Informationssystemen anderer Behörden wie etwa des Melde- und auch des Ausländerzentralregisters (s. BBA-Laudatio 2019).[7] Diese Datenverknüpfung widerspricht dem datenschutzrechtlichen Zweckbindungsprinzip.

---

6   Literaturhinweis: Thilo Weichert, AZRG – Kommentar zum Ausländerzentralregistergesetz, Neuwied / Kriftel 1998

7   Tobias Singelnstein, Big Data bei der Polizei: Hessen sucht mit US-Software nach Gefährdern, in: Grundrechte-Report 2019, Frankfurt/M. 2019, S. 27 ff.

Update 2020: Das AZR enthält 26 Millionen personenbezogene Datensätze (darunter ca. 4,5 Millionen EU-Bürger:innen), auf die zahlreiche Behörden und Institutionen zugreifen können. »Das Ausländerzentralregister dient dabei mehr als 14.000 Partnerbehörden und Organisationen mit weit über 100.000 Nutzerinnen und Nutzern als konstante und innovative Informationsquelle« (Bundesverwaltungsamt). Gespeichert sind dort Daten von Ausländer:innen, die einen Aufenthaltstitel haben oder hatten sowie von solchen, die Asyl begehren, begehrt hatten oder anerkannte Asylbewerber:innen sind. Dabei werden Grundpersonalien, Alias-Personalien, Fingerabdrücke, Bearbeitungsvermerke (wie zuständige Ausländerbehörde und Aktenzeichen), Ausweisungen, Abschiebungen, Zurückweisungen, Auflagen, Beschränkungen, Visa usw. gespeichert.[8]

---

8   Rechtsgrundlage für das AZR ist das AZR-Gesetz (BGBl. I, S. 2265) vom 2.9.1994. Ferner gilt u. a. die Verordnung zur Durchführung des Gesetzes über das Ausländerzentralregister (AZRG-DV) vom 17.5.1995 (BGBl. I 1995, S. 695) und das am 5.2.2016 in Kraft getretene Datenaustauschverbesserungsgesetz (BGBl. I, S. 130).

Zweiter Teil

Auf dem Weg in den präventiv-autoritären Sicherheits- und Überwachungsstaat

Die den *BigBrotherAward*-»Lobreden« aus dem ersten Teil des Buches zugrunde liegenden Szenarien, Gesetze oder staatlichen Maßnahmen haben fast durchgängig mit der Verhütung, Abwehr und Ahndung von Kriminalität, Gewalt und Terror zu tun. Das jedenfalls waren die üblichen Begründungen für staatliche Nach- und Aufrüstungsmaßnahmen der letzten 20 Jahre, deren überschießende Anteile den Weg in einen präventiv-autoritären Sicherheits- und Überwachungsstaat maßgeblich pflastern und prägen. Deshalb wird im folgenden ersten Abschnitt dieses zweiten Teils auch besonders auf diese Problematik und Agenda Bezug genommen. Es ist der Versuch, die verschiedenen Meilensteine besser, übersichtlicher und verständlicher in ein – wenn auch widersprüchliches und unvollkommenes – Gesamtbild einzuordnen. Es geht dabei insbesondere darum, angesichts der Fülle problematischer Gesetze und Maßnahmen den Überblick nicht zu verlieren und die dahinter steckenden Entwicklungslinien und Strukturen deutlich zu machen. Und es geht auch darum, die Probleme reiner Symptombehandlung mitsamt ihren bürgerrechtlichen Gefährdungen und Schäden herauszuarbeiten und den Blick stattdessen auf Ursachen und Bedingungen von Kriminalität, Gewalt und Terror zu lenken. Denn nur ein solcher Blick zeigt, dass ohne grundlegende und lange überfällige

Veränderungen des geopolitischen, gesellschaftlichen, sozio-ökonomischen und rechtlichen Status quo die daraus resultierenden Probleme nicht zu lösen sein werden.

Im zweiten Kapitel wechseln wir das Szenario, denn seit 2020 ist eine neue, andersartige »Sicherheitsdebatte« entstanden, die das gesamte öffentliche und private Leben dominiert: die »Corona-Krise«, die staatlichen Abwehr- und Schutzmaßnahmen samt ihrer verfassungsrechtlichen und gesellschaftlichen Folgen. In diesem Zusammenhang soll eine Frage wieder aufgegriffen werden, die sich bereits in der Einführung des Buches findet: Entwickeln sich hier neue Meilensteine auf dem Weg in den präventiv-autoritären Sicherheits- und Überwachungsstaat – oder haben sie sich schon entwickelt? Zumindest ausschnitt- und skizzenhaft möchte ich zum Abschluss dieses Buches versuchen, eine vorläufige Antwort hierauf zu finden – wohl wissend, dass sich die Corona-Lage und die weitere -Entwicklung, die Kenntnisse über dieses Virus und seine Ausbreitung sowie die Erkenntnisse über Wirksamkeit, Verhältnis- und Verfassungsmäßigkeit exekutiv verordneter Eindämmungsmaßnahmen ständig wandeln können.

I.
Zur herrschenden Sicherheits- und Antiterrorpolitik, ihren bürgerrechtlichen, rechtsstaatlichen und strukturellen Folgen[1]

Der »islamistische Terror« ist bekanntlich längst in Europa angekommen. Neben Frankreich, Belgien, England, Schweden, Finnland und Österreich ist auch Deutschland von solchen Terrorattacken betroffen: so in Hannover, Essen, Würzburg, Ansbach, Hamburg und durch den furchtbaren Anschlag auf dem Weihnachtsmarkt in Berlin, der Ende 2016 zwölf Menschenleben und zahlreiche Verletzte forderte.[2] Diese Art von Terror bestimmt bereits seit 9/11 die Sicherheitsagenda und -debatte der Bundesrepublik Deutschland – weit mehr als etwa der nazistische Terror, dessen ganzes Ausmaß wir erst in den letzten Jahren erheblich deutlicher wahrnehmen. Auch gewaltbereiter Rechtsextremismus und Naziterror rücken mehr in den Fokus der öffentlichen und politischen Sicherheitsdebatte; sie dienen inzwischen auch als weitere Treibsätze in Sachen innerer Nach- und Aufrüstung, staatlicher Überwachung und Infiltration. *(Näheres dazu unter 6./7.)*

Zurück zum islamistisch motivierten Terror: Angesichts der schon vor Jahren weit verbreiteten Einschätzung, nach den brutalen Anschlägen in Paris, Nizza, Brüssel, London und Berlin – inzwischen kamen noch viele weitere betroffene Städte hinzu – habe sich die Sicherheitslage dramatisch verändert, sei also alles anders geworden, habe auch ich mich nach jedem Anschlag oder Anschlagsversuch verunsichert gefragt: Muss ich etwa Manches widerrufen oder abschwächen, zumindest in Frage stellen, was ich in den vergangenen Jahren enthüllt, kritisiert und publiziert habe? Etwa über un-

---

1   Dieser Textteil dieses zweiten Buchteils basiert auf publizistischen Beiträgen und Referaten, die der Autor zwischen 2015 und 2020 in mehreren bundesdeutschen Städten gehalten bzw. in unterschiedlichen Publikationen veröffentlicht hat.

2   Wikipedia: Liste von Terroranschlägen in Deutschland

kontrollierbare Geheimdienste, überzogene Sicherheitspolitik oder Menschenrechtsverletzungen im Namen des staatlichen Antiterrorkampfes? Doch jedes Mal komme ich nach gewissenhafter Überprüfung zu der Überzeugung: Meine Kritik an dieser Art von Antiterror- und Sicherheitspolitik, wie sie in der Bundesrepublik schon lange betrieben wird, ist nach wie vor begründet, bleibt berechtigt und notwendig. Warum? Weil im Spannungsverhältnis Freiheit und Sicherheit auch die zugrunde liegenden multiplen Probleme und Ursachen, die medialen und sicherheitspolitischen Reaktionsmuster sowie die fatalen Auswirkungen auf Bürgerrechte und demokratischen Rechtsstaat im Kern immer wieder gleichartig oder zumindest recht ähnlich geblieben sind – unabhängig von Art und Dimension der grauenvollen Attentate und Massaker, trotz aller Betroffenheit und Trauer.

1. Angstgesteuerte Sicherheitspolitik?
Aufrüstungsreflexe im Antiterrorkampf

Tatsächlich erleben wir fortwährend die altbekannten medialen und sicherheitspolitischen Reflexe auf diese Art von Terror: Neben der Beschwörung »unserer westlichen Werte« und »unserer Art zu leben« erschallt der immer gleiche, letztlich hilflose Schrei nach abermaligen Gesetzesverschärfungen, Militäreinsätzen im In- und Ausland, nach weiterer Polizei- und Geheimdienst-Aufrüstung, nach Internetzensur, nach noch mehr Überwachung und Erfassung der Bevölkerung, nach Einschränkungen im Asylrecht und zügiger Abschiebung, selbst in Krisen- und Kriegsgebiete – bis hin zu Forderungen, die Polizei mit Kriegswaffen auszurüsten, eine Art Nationalgarde mit Reservisten aufzustellen und Lebensmittelvorräte für Notfälle zu bunkern.[3] Und seit einiger Zeit erhalten ausgerechnet Geheimdienste

---

3   Siehe u.a. Neun-Punkte-Plan der Bundesregierung 2016; Berliner Erklärung der Innenminister und -senatoren zu Sicherheit und Zusammenhalt in Deutschland vom 19.8.2016; Steven Geyer über das neue Konzept zur Zivilverteidigung, Frankfurter Rundschau, 22.8.2016; Tobias Schulze, Vorrat für den Fall der Fälle, taz, 23.8.2016, S. 4

wieder enormen Auftrieb im Abwehrkampf gegen den Terror und inzwischen auch im Kampf gegen Rechtsextremismus – trotz ihrer Rie-
senskandale und Ineffizienz, trotz ihrer strukturellen Kontrolldefizite.

Insgesamt eine fatale Aufrüstungsdynamik mit zumeist über-
schießenden Reaktionen und unkalkulierbaren Risiken. Doch auch
diese permanente innere Aufrüstung wird das immer wieder an-
geschlagene Sicherheitsgefühl der Bevölkerung allenfalls kurzzeitig
besänftigen. Sage und schreibe 70 bis über 80 Prozent der befragten
Bewohner:innen sowohl Frankreichs als auch Deutschlands befür-
worteten nach den schweren Anschlägen in Frankreich, Belgien und
hierzulande in der Zeit 2016/17 verschärfte Sicherheitsmaßnahmen
im Inland[4] – wären also im Zweifel bereit, abermals eigene Bürger-
und Freiheitsrechte für vermeintlich mehr Sicherheit zu opfern.[5]

1.1. Auch wenn sich die Terror-Angstkurve allmählich wieder ab-
geflacht hat, so ist deren Verlauf sehr anfällig und verständlicherweise direkt abhängig von terroristischen Ereignissen. Doch die
oben skizzierte Sicherheitspolitik ändert sich kaum – obwohl die
Erkenntnisse aus den staatlichen Reaktionen auf die Anschläge in
den USA vom 11. September 2001 uns eigentlich etwas anderes lehren müssten: Diese Reaktionen des Westens auf 9/11 haben weltweit eine Gewaltwelle ausgelöst, die zu Krieg und Terror, Folter und
Elend führte – also zu gravierenden Menschen- und Völkerrechts-
verletzungen. Und zwar nicht allein und nicht so sehr durch die
zahllosen Terrorakte, die wir seitdem erlebten, sondern – so eigen-
tümlich es klingen mag – in weit größerem Maße durch die Art
und Weise der Terror*bekämpfung*. Mit einem katastrophalen »Krieg
gegen den Terror«, der zu teils dramatischen Einschränkungen der

---

4   Lt. ARD-Umfragen Ende 2015 ff.; »Die Ängste der Deutschen« im Langzeit-
     vergleich. R+V-Langzeitstudie, www.ruv.de

5   Anfang Januar 2017 fühlten sich 73 Prozent der Bevölkerung in der Bundes-
     republik alles in allem »eher sicher« und 57 Prozent glaubten, dass Deutschland
     gut geschützt ist gegen terroristische Angriffe (Die Welt, 6.1.2017); siehe hierzu
     die Digitalcourage-Sicherheitstheater-Kampagne, digitalcourage.de

Bürger- und Freiheitsrechte in westlichen Demokratien führte und zu wahren Verwüstungen im Nahen und Mittleren Osten.

Welche Exzesse dieser gewaltaffine, mitunter seinerseits terroristische Antiterrorkampf gebiert, das zeigen etwa der völkerrechtswidrige Angriffskrieg gegen Irak, in den auch die Bundesrepublik logistisch verwickelt war, sowie der mörderische US-Drohnenkrieg, der über die Bundesrepublik abgewickelt wird (US-Airbase Ramstein; vgl. BBA-Laudatio 2020). Das zeigen auch das Folterprogramm der CIA und das Foltercamp Guantánamo sowie die illegale globale Massenüberwachung durch den US-Geheimdienst NSA unter Beteiligung des Bundesnachrichtendienstes BND und anderer Geheimdienste (dazu unter 5. und die BBA-Laudationes 2014 und 2015).

1.2. Und in Deutschland bescherte uns seit 9/11 ein ausufernder Antiterrorkampf die umfangreichsten »Sicherheitsgesetze«, die in der bundesdeutschen Rechtsgeschichte jemals auf einen Streich verabschiedet worden sind – die sogenannten Otto-Kataloge 2002 ff., benannt nach dem damaligen Bundesinnenminister Otto Schily, SPD (vgl. BBA-Laudationes 2001 und 2005; die Gesetze wurden entfristet im Jahr 2020).[6] Allesamt erlassen im Namen der Sicherheit, doch in weiten Teilen mit Sicherheit auf Kosten der Freiheit. Straf- und Strafprozessrecht, präventive Polizei- und Geheimdienstbefugnisse wurden stark ausgeweitet und verschärft, biometrische Daten in Ausweispapieren auf auslesbaren Funkchips gespeichert und Migrant:innen, besonders Muslime unter ihnen, zeitweise unter Generalverdacht gestellt und einer noch intensiveren Überwachung unterzogen. Tausende von Beschäftigten in »lebens- oder verteidigungswichtigen« Betrieben, die sicherheitsempfindliche Stellen etwa in Energieunternehmen, Krankenhäusern, pharmazeutischen Firmen, Bahn, Telekommunikationsbetrieben anstreben oder innehaben, werden geheimdienstlichen Sicherheitsüberprü-

---

6   Deutscher Bundestag, Entfristung der Vorschriften zur Terrorismusbekämpfung beschlossen, 5.11.2020, bundestag.de

fungen unterzogen und ausgeforscht. Und zum Teil nicht nur sie, sondern – je nach Sicherheitsstufe – auch ihre Lebenspartner:innen und ihr soziales Umfeld.

Und nach diesen Gesetzesverschärfungen gab es kein Halten mehr: Mehrere »Terrorismusbekämpfungsergänzungsgesetze« folgten mit verdachtsloser Vorratsspeicherung von Telekommunikations- und Standortdaten der gesamten Bevölkerung, Online-Durchsuchung von Computern mit heimlich eingeschleusten Staatstrojanern, Antiterrorzentren und -dateien, die von Polizei und Geheimdiensten gemeinsam genutzt werden usw.

1.3. Angesichts dieser Aufzählung problematischer Gesetze und Maßnahmen sollte auch erwähnt werden, dass nicht alles, was an sicherheitspolitischen Gesetzesneuerungen eingeführt worden ist, unter verfassungs- und bürgerrechtlichen Gesichtspunkten auch als problematisch oder überzogen einzustufen ist. Selbstverständlich sind Sicherheitspolitik und Sicherheitsbehörden verpflichtet, Attentäter und Hintermänner von (versuchten) Anschlägen konsequent und gezielt zu ermitteln und mit geeigneten – aber eben auch mit angemessenen und verfassungsgemäßen – Maßnahmen für die Sicherheit der Bevölkerung und der Gesellschaft zu sorgen. Selbstverständlich gehört es auch zu ihren Aufgaben, geeignete Mittel und Methoden bereitzustellen, um konkrete Gefahren zu erfassen und möglichst zu verhindern. Gesetze mit tiefgreifenden Eingriffsbefugnissen gibt es dafür jedoch längst mehr als genug – Vollzugsdefizite und Unzulänglichkeiten leider auch, zumal die Polizei in Bund und etlichen Bundesländern angesichts von Sparmaßnahmen und Personalmangel längst überfordert ist mit den ihr aufgebürdeten immer neuen und erweiterten Antiterrorbefugnissen, die sie ja letztlich vollziehen muss. Und so kommt es, dass Ermittlungen in anderen Deliktsbereichen nicht selten vernachlässigt oder vorschnell eingestellt werden.[7]

---

7   Vgl. u. a. Ulrich Kraetzer, Berliner Polizei kämpft gegen den Terror – andere Fälle bleiben liegen, Berliner Morgenpost, 25.6.2017

1.4. Sicherheit ist ein wichtiges Anliegen – unbestritten. Doch das Sicherheitsbedürfnis der Bevölkerung scheint tendenziell unersättlich, wobei kollektive Angst- und Unsicherheitsgefühle auf der einen und reale Sicherheitslage auf der anderen Seite gerade hierzulande weit auseinander fallen. Denn Deutschland zählt insoweit immer noch zu den sichersten Ländern der Welt.[8] Die Wahrscheinlichkeit, von einem Terroranschlag betroffen zu werden, ist jedenfalls sehr gering, gegenüber etlichen anderen Lebensrisiken und -gefahren ohnehin. Doch sicherheitspolitische Hardliner haben schon in früheren Jahrzehnten eine recht populistische und auch teils irrationale Sicherheitspolitik, oder besser: Verunsicherungspolitik betrieben – eine Politik, die nicht nur die auch massenmedial verstärkten Ängste bediente, sondern mitunter gleich auch die passenden Feindbilder und Sündenböcke präsentierte – autoritäre »Lösungen« ohnehin.

1.5. Verständlicherweise ist auch und gerade im Zusammenhang mit der Corona-Pandemie 2020/21 angesichts eines unbekannten, als gefährlich und höchst ansteckend geltenden Virus viel Angst in der Bevölkerung zu verzeichnen – aber eben auch mediale und staatliche Angstpolitik und Angstverstärkung.[9] Mit dem durchaus beabsichtigten Effekt, die Bevölkerung wachsam und für scharfe Eingriffe in ihr Leben bereit zu machen. Auch wenn es sich dabei um ein vollkommen andersartiges Szenario als im Fall terroristischer Bedrohungen handelt, so zeigt sich doch auch hier die altbekannte Weisheit: Verunsicherung und Angst sind als Herrschaftsinstrumente nutzbar und die Sehnsucht nach paternalistischem Führungsstil und autoritären »Lösungen«, nach klaren Ansagen und Anordnungen erlebt gerade in Zeiten von Terror, Corona, starken Krisen und Umbrüchen erheblichen Auftrieb.

---

8   Siehe u. a. zur Sicherheitslage unter: bmi.bund.de

9   Dazu: Rolf Gössner, Menschenrechte und Demokratie im Ausnahmezustand. Gedanken und Thesen zum Corona-Lockdown, zu ›neuer Normalität‹ und den Folgen, hg. von der Vereinigung Demokratischer Juristinnen und Juristen e. V., Dähre (Oktober) 2020, S. 6 ff.

1.6. Angstpolitik im Zusammenhang mit realen oder teils auch ideologisch überhöhten Sicherheitsproblemen hat eine lange Tradition in der Bundesrepublik. Waren es früher Kommunist:innen und die Gefahr aus dem Osten, später Linksextremist:innen, Terrorist:innen und ihre Sympathisant:innen, so galten seit den 1990er Jahren als Bedrohungspotentiale vor allem »Organisierte Kriminelle« und »kriminelle Ausländer« – aber auch »Asylanten«, Sinti und Roma, Menschen arabischer Herkunft (»Clan-Kriminalität«), Drogenabhängige und »aggressive Bettler«, nicht selten einfach Fremde, sozial Ausgegrenzte und unliebsame Minderheiten, denen nicht unbeachtliche Teile der Bevölkerung ohnehin mit Argwohn, mitunter offener Feindschaft begegnen. Inzwischen, nach 9/11, dominieren »islamistische Extremisten« und der »internationale Terrorismus« bis heute die Bedrohungslage, die von Teilen der Bevölkerung und der Politik schlicht mit »dem Islam« und Muslimen oder generell mit Geflüchteten und der »Flüchtlingskrise« assoziiert wird.

Solche gruppenspezifischen Zuschreibungen und Gefahrenpotentiale, die durchaus einen realen, aber auch rassistischen Kern haben können, werden regelmäßig als populistische Legitimationen für weitere Grundrechtseingriffe und Nachrüstungsmaßnahmen genutzt. Dass in angsterfüllten Zeiten des Terrors und der – zumeist auch sozialen – Unsicherheit offenbar nur eine Minderheit nach dem hohen Preis weiterer staatlicher Aufrüstung fragt, das ist zwar streckenweise nachvollziehbar – aber ziemlich kurzsichtig. Denn mit einer solchen Aufrüstungspolitik werden oft gerade jene viel beschworenen »westlichen Werte« beschädigt, die doch eigentlich geschützt werden sollten: Demokratie, Rechtsstaat und Bürgerrechte, Freiheit, Offenheit und Rechtssicherheit.

Außerdem gerät in Vergessenheit, dass es weder in einer hoch technisierten Risikogesellschaft innerhalb einer globalisierten Welt, in der wir ja leben, noch in einer offenen, freien und liberalen Demokratie absoluten Schutz vor Gefahren und Gewalt geben kann.

2. Neuere Antiterror-Gesetzespakete und -pläne 2016 bis 2020

Die skizzierte Art von »Sicherheitspolitik« mit dem Fokus auf Terrorbekämpfung ging und geht ungebremst weiter: so etwa mit dem Antiterror-Gesetzespaket, das der Bundestag im Sommer 2016 im Eiltempo mit den Stimmen der Großen Koalition aus CDU/CSU und SPD verabschiedete und mit dem u. a. sowohl die Befugnisse des »Verfassungsschutzes« als auch die der Bundespolizei abermals erweitert und verschärft worden sind.[10]

2.1. Nur drei Beispiele aus diesem Antiterror-Gesetzespaket 2016: Dem *Inlandsgeheimdienst »Verfassungsschutz«* wird seitdem ein enger Datenaustausch mit ausländischen Sicherheits- und Geheimdienstbehörden – insbesondere der EU- und NATO-Staaten sowie Israels – über mutmaßliche islamistische Terrorverdächtige gesetzlich gestattet, und damit auch über deren mögliche Kontakt- oder Begleitpersonen; außerdem die Einrichtung gemeinsamer Dateien und Datenpools, wenn ein »erhebliches Sicherheitsinteresse« für die Bundesrepublik und die jeweils teilnehmenden Staaten besteht. Mit der so legalisierten grenzenlosen und kaum kontrollierbaren Geheimdienst-Kooperation ist eine neue Eingriffsqualität verbunden – und zwar mit weitreichenden Folgen für das Informationelle Selbstbestimmungsrecht betroffener Personen, über die auf diese Weise grenzüberschreitende Personen-, Bewegungs- und Kontaktprofile erstellt und genutzt werden können.

　　Hochproblematisch wird die Sache, wenn die Daten von einzelnen ausländischen Partnerdiensten, etwa des NATO-Mitglieds Türkei, menschenrechtswidrig erfoltert worden sind, oder wie in USA oder Großbritannien aus verfassungswidriger Massenüberwachung stammen; oder wenn die vom »Verfassungsschutz« übermittelten Daten etwa von den USA zu mörderischen Drohnenangriffen oder

10　Gesetzentwurf der Fraktionen der CDU/CSU und SPD zum besseren Informationsaustausch bei der Bekämpfung des internationalen Terrorismus, BT-Drucksache 18/8702 vom 7.6.2016; Ingo Dachwitz, Überwachung: Große Koalition winkt Anti-Terror-Gesetz durch (Update), netzpolitik.org, 24.6.2016

Folter missbraucht werden könnten – oder aber in der Türkei zur politischen Verfolgung missliebiger Gruppen und Personen.

Und damit nicht genug: Inzwischen ist dem »Verfassungsschutz« unter erleichterten Bedingungen die stigmatisierende Erfassung und Speicherung von Daten minderjähriger Jugendlicher bereits ab 14 Jahren – statt bisher 16 – gestattet. Innenminister Horst Seehofer (CSU) will die Speicherung von Daten auch von Unter-14-Jährigen erleichtern, um möglichen Verbindungen zu Extremisten oder Terrorverdächtigen nachzuspüren.[11]

Der *Bundespolizei*, die im Kern für die Sicherheit an den Grenzen, im Bahn- und Flugverkehr zuständig ist, wird eine der eingriffsintensivsten Datenerhebungsmethoden nun auch zur Gefahrenabwehr, also ohne konkreten Straftatverdacht, erlaubt: nämlich der Einsatz Verdeckter Ermittler. Das sind Polizeibeamt:innen, die mit fingierten Namen, Lebensläufen und Ausweisen milieuangepasst in verdächtige Szenen oder Organisationen eingeschleust werden, um diese auszuspähen. Unter gewissen Bedingungen soll diesen polizeilichen Geheim- oder Under-Cover-Agenten – auch unter Ausnutzung von Vertrauensbeziehungen – selbst das Betreten von Wohnungen gestattet sein sowie zum Zweck der Eigensicherung technische Maßnahmen zur akustischen und optischen Überwachung, sprich zu Lausch- und Spähangriffen in und aus Wohnungen. Die verfassungsrechtlich geschützte Unverletzlichkeit der Wohnung und der Privat- und Intimsphäre und damit der Schutz privater Lebensgestaltung aller hiervon betroffenen Personen – potentiell verdächtigen wie unverdächtigen – wird auf diese Weise praktisch ausgehebelt.

Um die anonyme Kommunikation zu verhindern, müssen Telekommunikationsanbieter jede Käuferin und jeden Käufer von Prepaid-Handys beziehungsweise SIM-Karten anhand des amtlichen Ausweises zweifelsfrei identifizieren und alle persönlichen Daten spei-

---

11   Verfassungsschutz speichert Daten von 820 Minderjährigen, Spiegel online, 15.4.2019

chern – anlasslos und verdachtsunabhängig.[12] Das ist nicht zuletzt ein
großes Problem für die Arbeit von Journalist:innen und Anwält:innen
im Kontakt mit schützenswerten Quellen und Mandant:innen.

2.2. Seit dem Berliner Anschlag von Ende 2016 überschlugen sich
die markigen Aufrüstungsvorschläge der Regierungsparteien in
Bund und Ländern – obwohl doch gerade in diesem Fall eklatante
Vollzugsdefizite zu Tage traten.

Exkurs: Der *Weihnachtsmarkt-Anschlag vom Dezember 2016 in
Berlin*, das schwerste »islamistische Attentat« in der Geschichte der
Bundesrepublik: Der mutmaßliche Attentäter Anis Amri, dessen
Einzeltäterschaft inzwischen bezweifelt wird,[13] war längst vor dem
Anschlag bei »Verfassungsschutz«, BND, Bundes- und Länder-
Polizeibehörden und Gemeinsamem Terrorabwehrzentrum (in dem
40 Sicherheitsbehörden des Bundes und der Länder agieren) als
stark vernetzter, hochmobiler »Gefährder« und auch Straftäter mit
diversen Straftaten und Attentatsplänen im Visier der Ermittler:in-
nen – inklusive Telekommunikationsüberwachung (TKÜ) und Ob-
servationen.[14] Der abgelehnte Asylbewerber aus Tunesien war von
polizeilichen und geheimdienstlichen V-Leuten umgeben und der
marokkanische Nachrichtendienst hatte schon vor ihm und seinen Anschlagsplänen gewarnt. Dennoch blieb Amri von Untersu-
chungs- oder Sicherungshaft, etwa zur Ermöglichung der Abschiebung, verschont, obwohl er den Behörden unter 14 verschiedenen
Identitäten bekannt war und sich im radikal islamistischen Milieu
und in Drogenszenen tummelte. Er blieb letztlich unbehelligt –
möglicherweise, um geheime Informanten, V-Leute der Polizei und

---

12   Oliver Voss, Anti-Terror-Kampf an der Ladenkasse, Der Tagesspiegel, 1.7.2017

13   Thomas Moser, Zweifel an Täterschaft Amris im Untersuchungsausschuss,
Telepolis, 16.3.2020; ders., Stand Amri bereits kurz nach dem Anschlag als
Täter fest?, Telepolis, 1.10.2019

14   BMI, BMJ und GBA, Dokumentation zum Behördenhandeln um die Person
des Attentäters vom Breitscheidplatz Anis Amri, bmi.bund.de (Stand: Februar
2017)

des »Verfassungsschutzes« in seinem Umfeld vor Enttarnung zu schützen und weitere verdeckte Ermittlungen nicht zu gefährden; diese Vermutung ist zwar reine Spekulation, doch ähnlich gelagerte Fälle gab es schon häufiger.[15]

Ein externer Sonderermittler bestätigte im Juni 2017 in seinem Zwischenbericht, dass im Berliner Landeskriminalamt Akten zu Anis Amri manipuliert worden seien, um frühe Erkenntnisse und Versäumnisse in diesem Fall nachträglich zu vertuschen oder zu bagatellisieren.[16] Denn bereits vor dem Anschlag sei im Zuge der TKÜ deutlich geworden, dass Amri mit zwei weiteren Mittätern gewerbs- und bandenmäßigen Drogenhandel betrieben hatte. Das hätte für einen Haftbefehl und für Untersuchungshaft ausgereicht, so dass der Anschlag womöglich hätte verhindert werden können.[17] Doch nichts passierte.

Im Übrigen soll eine »Top-Quelle«, ein V-Mann des Landes- kriminalamts NRW mit Deckname »Murat Cem« (VP01), die Si- cherheitsbehörden mehrfach vor Amri und seinen Attentatsplänen explizit und eindringlich gewarnt haben. Doch seine Warnungen sollen unerhört geblieben sein. Als die Polizei diesen Zuträger schließlich kaltstellen wollte, erzählte er seine Geschichte einem Journalisten-Trio.[18] Außerdem ist ein enger Vertrauter Amris, der womöglich auch Mitwisser hinsichtlich der Terrortat war, kurzer- hand nach Tunesien abgeschoben worden.[19]

---

15 Vgl. Rolf Gössner, Geheime Informanten. V-Leute des Verfassungsschutzes: Kriminelle im Dienst des Staates, München 2003, aktualisiert 2012

16 Vgl. Zwischenbericht des Sonderermittlers Bruno Jost vom 23.6.2017; Sabine am Orde, Geschlampt und vertuscht, taz, 4.7.2017. Dazu auch: Konstantin von Notz / Irene Mihalic / Hans-Christian Ströbele, Der Fall Amri und die innere Sicherheit, gruene-bundestag.de

17 Thomas Moser, Warum wurde Anis Amri im Sommer 2016 nicht in Haft ge- nommen?, Telepolis, 10.1.2019; »Ich rate jedem davon ab, V-Mann zu wer- den«, spiegel.de, 11.12.2020

18 Jörg Diehl / Roman Lehberger / Fidelius Schmid, Under Cover. Ein V-Mann packt aus, München 2020

19 Frank Jansen, Seehofer rechtfertigt Abschiebung, Weser-Kurier, 1.3.2019

Im Fall Anis Amri gab es also keine Gesetzeslücken, die die
Straftatenverhütung behinderten, sondern Vollzugsdefizite und Manipulationen, Pannen und Versagen. Zwei Parlamentarische Untersuchungsausschüsse in Nordrhein-Westfalen und Berlin mühen
sich um Aufklärung der eklatanten Ungereimtheiten, Versäumnisse
und Widersprüche sowie der Kontrolldefizite und Fehleinschätzun-
gen der Sicherheitsbehörden in Bund und Ländern vor und nach
dem Anschlag.[20]

Alles in allem: Amri hätte vor seinem Attentat mit hoher Wahrscheinlichkeit aus dem Verkehr gezogen werden können, so dass
dieser Anschlag hätte verhindert werden können. Möglichkeiten gab
es jedenfalls genug. Also ein offenkundiger Skandal und eklatantes
Staatsversagen, das auch noch mit ziemlich dreisten Aktenmanipu-
lationen vertuscht werden sollte und später als sicherheitspolitischer
Anlass für weitere Nachrüstungsmaßnahmen herhalten musste.

2.3. Statt einer überfälligen Evaluierung der bisherigen Sicherheitsgesetze und ihrer Umsetzung – und einer eventuellen Nachjustie-
rung, wo nötig – werden in einem regelrechten Überbietungswettbewerb fortlaufend unzählige weitere Verschärfungsvorschläge
lanciert und zu einem erheblichen Teil auch nach und nach umgesetzt.[21] Ein paar unvollständige Beispiele aus den letzten Jahren:

Das »*Videoüberwachungsverbesserungsgesetz*« (2017),[22] das ver-

---

20 Wobei die Kontrollarbeit der Parlamente immer wieder ausgebremst wird –
    im Februar 2021 selbst vom Bundesverfassungsgericht, das das Geheimhal-
    tungsrecht des »Verfassungsschutzes« über das Recht des Parlamentarischen
    Untersuchungsausschusses auf Vernehmung einer V-Person stellte (BVerfG-
    Beschluss vom 3.2.2021, Az. 2 BvE 4/18).

21 Vgl. u. a. Thomas de Maizière, Leitlinien für einen starken Staat, Frankfurter
    Allgemeine Zeitung, 3.1.2017; Sigmar Gabriel, Sicherheit ist soziales Bürger-
    recht, Frankfurter Allgemeine Zeitung, 9.1.2017; dazu kritisch: Sven Lüders,
    Populismus in der Sicherheitsdebatte, spw – Zeitschrift für sozialistische Politik
    und Wirtschaft, Heft 218 (1/2017); Ulla Jelpke, Starker Staat. Der Bundesinnen-
    minister denkt den permanenten Notstand, Die Rote Hilfe 1/2017, S. 27 f.

22 BT-Drucksache 18/10941 vom 23.1.2017

stärkte, auch großflächige Videoüberwachung in öffentlich zugänglichen Arealen und Räumen regelt[23] sowie Videoüberwachung mit Gesichtserkennung und -abgleich im öffentlichen Raum (z. B. als Pilotprojekt am Berliner Bahnhof Südkreuz).[24]

Auslesen und Ausspähen von Handy-, Smartphone-, Laptop- und Foto-Daten von Geflüchteten zur Überprüfung von Herkunft, Staatsangehörigkeit, Identität und Fluchtweg – unter Missachtung ihrer Privat- und Intimsphäre, des Telekommunikationsgeheimnisses und der Informationellen Selbstbestimmung der Betroffenen.[25]

Die im Rahmen des *Migrationspakets von 2019* verschärfte Abschiebepraxis in angeblich sichere Herkunftsstaaten, Ausweitung und Verlängerung der Abschiebehaft nach dem »Geordnete-Rückkehr-Gesetz« – kurz und treffender »Hau-ab-Gesetz« (Pro Asyl) genannt: So darf die Polizei ohne richterlichen Beschluss eine Wohnung oder Gemeinschaftsunterkunft zum Zweck der Abschiebung betreten (nicht durchsuchen), Abschiebe- und Sicherungshaft kann nun entgegen europarechtlichen Vorgaben in regulären Gefängnissen vollstreckt werden (obwohl Abschiebehaft keine Strafhaft ist). Das Gesetz habe zu einer »massiven Entrechtung von Geflüchteten« geführt, die gerade in Corona-Zeiten fatale Wirkungen entfalte, urteilt Pro Asyl ein Jahr nach dessen Inkrafttreten.[26]

Ab August 2021 müssen *Fingerabdrücke verpflichtend auch in Personalausweisen* gespeichert werden, so eine gesetzliche Vorschrift vom November 2020, mit der die EU-Verordnung über die Sicherheit von Personalausweisen umsetzt wird. Fingerabdrücke sind bio-

---

23 Die Piratenpartei hat im Juli 2017 gegen das neue Videoüberwachungsverbesserungsgesetz Verfassungsbeschwerde beim Bundesverfassungsgericht eingereicht, vgl. piratenpartei.de (Verfahren – Az. 1 BvR 1410/17 – wurde am 1.8.2017 für erledigt erklärt: Nichtannahme ohne Begründung)

24 Caspar von Au / Simon Hurtz, Wer sich überwachen lässt, bekommt Amazon-Gutscheine, sueddeutsche.de, 20.6.2017; digitalcourage.de, Pressemitteilung vom 23.6.2017.

25 Die Gesellschaft für Freiheitsrechte e. V. klagt seit Mai 2020 in mehreren Verfahren gegen diese Handyauslesung, siehe freiheitsrechte.org/refugee-daten/

26 Zit. nach Martina Herzog, Wenig effektiv, Weser-Kurier, 21.8.2020

metrische Merkmale, die einen Menschen ein Leben lang kontrollierbar machen. Ihre digitalisierte Verwendung in Ausweispapieren ist missbrauchsanfällig (vgl. dazu schon die BBA-Laudatio 2005).[27]

Die schwarz-rote Bundesregierung plant lebenslang gültige *Personenkennziffern bzw. Identitätsnummern* für die gesamte Bevölkerung, um die digitale Verwaltung registerübergreifend zu erleichtern und sämtliche Verwaltungsvorgänge personengenau erschließen zu können (Registermodernisierungsgesetz; dazu BBA-Laudatio 2020 »Geschichtsvergessenheit«).[28] Verwendung finden soll dabei die bereits 2003 beschlossene Steuer-ID. Die betroffenen Register erstrecken sich über die Bereiche Inneres, Justiz, Wirtschaft und Finanzen, Arbeit und Soziales, Gesundheit und Statistik – darunter die Melde- und Passregister, das Bundeszentralregister oder Datenbanken der Sozialversicherungen. Dieses Vorhaben widerspricht dem Volkszählungsurteil des Bundesverfassungsgerichts von 1983, wonach die Einführung von einheitlichen Personenkennziffern für unzulässig erklärt wurde. Auch der Bundesdatenschutzbeauftragte Ulrich Kelber lehnt die Pläne ab.[29]

Die Bundespolizei soll abermals mehr Befugnisse erhalten, so sieht es ein zwischen den Koalitionspartnern abgestimmtes Eckpunktepapier für ein *neues Bundespolizeigesetz* vor (Nov. 2020): Erstmals soll die Bundespolizei zur Verhinderung von Straftaten (mit Richtervorbehalt) Telefone, E-Mail- und SMS-Verkehr abhören oder mitlesen sowie per Quellen-Telekommunikationsüberwachung auch Nachrichten und Chats vor ihrer Verschlüsselung auslesen dürfen – letzteres nur zur Verhütung von Menschenhandel und zur Bekämpfung von Schleuserkriminalität.[30]

---

27 Kritik von Digitalcourage e. V., Union und SPD haben Fingerabdruck-Pflicht beschlossen, digitalcourage.de, 6.11.2020

28 Registermodernisierungsgesetzentwurf der Bundesregierung 2020. Stellungnahme der Humanistischen Union, vorgänge 230, Heft 2-2020

29 Christian Rath, Eine Kennziffer fürs ganze Leben, taz, 4.1.2021

30 Anne-Beatrice Clasmann, Bundespolizei darf mitlesen, Frankfurter Rundschau, 1.12.2020

Ende 2020 hat die Bundesregierung einen Gesetzentwurf beschlossen, der die *Überwachungsbefugnisse des Auslandsgeheim-
dienstes* BND (Bundesnachrichtendienst; siehe dazu BBA-Laudatio
2015) massiv ausweitet.[31] Der Entwurf ist auch eine Antwort auf
das Bundesverfassungsgerichtsurteil vom Mai 2020, wonach Teile des bisherigen BND-Gesetzes verfassungswidrig sind und eine
spezielle Kontrolle angemahnt wird. Demnach müsste der BND
eigentlich rechtsstaatlich eher gezügelt werden. Stattdessen werden
die Kompetenzen des BND noch erheblich ausgeweitet: So soll er
künftig ausländische Mobilfunkanbieter und Internetserver ganz
legal hacken und die Kommunikation ihrer Kund:innen im Ausland überwachen dürfen. Das dürfte jedenfalls schon mal mit dem
Verfassungsgerichtsurteil kollidieren, denn der Grundrechtsschutz
gilt schließlich auch für Ausländer:innen im Ausland. Schon bisher
darf der BND den Kommunikations- und Datenverkehr zwischen
Deutschland und dem Ausland über internationale Internetknoten (wie DE-CIX) und Telekommunikationsnetze nach bestimmten Suchbegriffen durchforsten und kontrollieren (»Strategische
Kontrolle«). Diese anlasslose Massenüberwachung wird jetzt – mit
Rücksicht auf das Urteil des Bundesverfassungsgerichts – zwar
gedeckelt: »Nur noch« 30 Prozent der gesamten weltweiten Telekommunikation darf er durchforsten und im Fall von »Treffern«
erfassen. Doch auch diese verbleibende Wahnsinnsmenge an Kom-
munikationsinhalten dürfte keine wirksame Beschränkung dieser
Massenüberwachung sein, wie sie das Bundesverfassungsgericht
einfordert. Der BND sammelt darüber hinaus auch riesige Mengen
von Bestands- und Verkehrsdaten, woraus sich Kontaktbilder und
Verbindungsnetzwerke erstellen lassen. Dieses BND-Gesetzeswerk
wird, falls es so vom Bundestag verabschiedet werden sollte, wohl
auch vor dem Bundesverfassungsgericht landen.

---

31 André Meister, Ausspähen unter Freunden wird legalisiert und ausgeweitet,
    netzpolitik.org, 30.11.2020, mit Dokumentation des Gesetzentwurfs vom
    25.11.2020; Christian Rath, Wer ist Journalist? Wer ist schutzwürdig?, taz,
    5.10.2020

Auf EU-Ebene gibt es ebenfalls konkrete sicherheitspolitische Überwachungspläne, die im Übrigen nach dem tödlichen Terroranschlag in Wien Anfang November 2020 erheblich forciert wurden. Künftig soll der staatliche Zugriff EU-weit auch auf verschlüsselte Daten und Kommunikation erlaubt werden, so sieht es jedenfalls ein Resolutionsentwurf des EU-Ministerrats vor.[32] Betreiber von End-zu-End-verschlüsselten Diensten wie WhatsApp sollen demnach dazu verpflichtet werden, Hintertüren einzubauen oder aber eine Art Generalschlüssel zu hinterlegen, mit dem im Bedarfsfall staatliche Sicherheitsbehörden, also Polizei und Justiz, aber auch Geheimdienste, die Verschlüsselung umgehen oder entschlüsseln können. Datenschützer:innen und zivilgesellschaftliche Organisationen warnen vehement vor einem solchen Vertrauensbruch.[33] Schließlich sei die End-zu-End-Verschlüsselung auch für Berufsgeheimnisträger wie Journalist:innen, Anwält:innen, aber auch für Whistleblower:innen und Menschenrechtsaktivist:innen unverzichtbar – gerade im internationalen Telekommunikationsverkehr. Außerdem könnten solche hinterlegten Generalschlüssel von Kriminellen relativ leicht gehackt werden und dem Missbrauch würde damit Tür und Tor geöffnet.[34] Die Vertraulichkeit der internationalen Telekommunikation und die Informationelle Selbstbestimmung stehen mit solchen Eingriffen auf dem Spiel.

3. Neue Welle von Polizeirechtsverschärfungen

In den Jahren 2017 bis 2019 erlebten wir über diese Überwachungs- und Aufrüstungsmaßnahmen und -pläne hinaus eine wahre Welle folgenschwerer Polizeirechtsverschärfungen in Bund

---

32   Maurice Arndt, EU plant Verbot von Verschlüsselung, Weser-Kurier, 12.11.2020; Daniel Kretschmar, EU-Generalschlüssel, taz, 10.11.2020; Erich Moechel, Auf den Terroranschlag folgt EU-Verschlüsselungsverbot, 8.11.2020, fm4.orf.at/tags/erichmoechel

33   U. a. die Neue Richtervereinigung (NRV), Ende-zu-Ende-Verschlüsselung nicht den Sicherheitsbehörden opfern! Pressemitteilung vom 16.12.2020

34   Vgl. privacyisnotacrime.eu/de

und Ländern. Dazu gehören folgende bereits verschärften Gesetze: das BKA-Gesetz (2017), die Strafprozessordnung (2017), die Polizeigesetze vieler Bundesländer (2018 und 2019 f.): so in Baden-Württemberg, Brandenburg, Hessen, Mecklenburg-Vorpommern, Nordrhein-Westfalen, Rheinland-Pfalz, Sachsen, Sachsen-Anhalt, dann in Niedersachsen und Hamburg – und, nicht zu vergessen, in Bayern bereits 2018 mit den wohl bislang schärfsten Regelungen. Und weitere Polizeigesetze der Bundesländer sowie das Bundespolizeigesetz werden folgen. Nur drei rot-rot-grün regierte Bundesländer bilden bisher in dieser allgemeinen Aufrüstungsdynamik rühmliche Ausnahmen: Bremen und Berlin mit relativ »moderaten« Polizeirechtsnovellierungen sowie Thüringen (Minderheitsregierung).

3.1. Im Folgenden einige der problematischsten Regelungen und Verschärfungen in etlichen Polizeigesetzen der Bundesländer und auf Bundesebene (unvollständig):

- Präventive Telekommunikationsüberwachung auch verschlüsselter Sprachnachrichten (sog. Quellen-TKÜ) und polizeiliche Online-Durchsuchung von Computern, Tablets und Smartphones mittels heimlich eingeschleuster Staatstrojaner.
- Strengere Meldeauflagen, Aufenthalts- und Kontaktverbote sowie elektronische Fußfesseln zur präventiven Aufenthaltskontrolle und Überwachung sogenannter (terroristischer) Gefährder.
- Ausweitung der polizeilichen Präventivhaft (Vorbeugehaft) für sogenannte Gefährder zur Verhütung möglicher Straftaten: so wie etwa in Niedersachsen mit richterlicher Anordnung bis zu 35 Tage; in anderen Bundesländern liegen die Höchstfristen darunter, in Bayern ist keine zeitliche Begrenzung geregelt (»Unendlichkeitsgewahrsam«). All dies auf bloßen Verdacht hin, ohne Anklage, ohne Prozess und Urteil.
- Ausweitung der präventiven (auch »intelligenten«) Video- und Audioüberwachung im öffentlichen Raum und in öffentlich zu-

gänglichen Räumen, in denen wiederholt Straftaten begangen werden – u. a. zur Verhaltenskontrolle, also zur automatischen Kontrolle und Auswertung von Verhaltensmustern, die auf die Begehung von Straftaten deuten könnten (etwa in Baden-Württemberg), inklusive Gesichtserkennung.

- Verdeckter Einsatz technischer Mittel zur Video- und Audio-überwachung in und aus Wohnungen.
- Schleierfahndungen ohne konkreten Anlass und Verdacht, obwohl diese als Einfallstor für verfassungswidrige polizeiliche Racial-Profiling-Kontrollen gelten.
- Aus- und Aufrüstung von Polizeibeamt:innen mit Bodycams und Elektroschockern/Tasern, die gefährlich, mitunter auch tödlich sind, besonders bei Menschen mit gesundheitlichen Problemen (bisher Todesfälle in Rheinland-Pfalz und Hessen).
- In Baden-Württemberg und Bayern Aufrüstung der Polizei u. a. auch mit Kriegswaffen wie Sprengmitteln/Handgranaten sowie Sturm- und Maschinengewehren – was letztlich eine Militarisierung der Polizei befördert (galt bislang nur für Polizei-Spezialeinsatzkommandos).
- Bayern geht über die Regelungen anderer Bundesländer insgesamt noch hinaus: u. a. mit gravierenden Polizeieingriffen bereits bei Vorliegen einer sogenannten drohenden Gefahr; Einsatz von Gesichtserkennungssoftware auf Demos; erweiterte DNA-Analyse zu erkennungsdienstlichen und Fahndungszwecken, zur Bestimmung von Geschlecht, Augen-, Haut- und Haarfarbe, Alter und Herkunft etc.

3.2. Insbesondere mit den neuen Überwachungsbefugnissen in Polizeigesetzen des Bundes und der meisten Bundesländer kann bereits unverhältnismäßig weit im Vorfeld eines Verdachts oder einer Gefahr tief in Grund- und Freiheitsrechte von Betroffenen und Unbeteiligten eingegriffen werden. Etliche der genannten Eingriffsbefugnisse sind in den meisten verschärften Polizeigesetzen oder Entwürfen der Bundesländer gleich oder aber vergleichbar verankert – allerdings teilweise mit variierenden Eingriffsvoraussetzungen.[35]

3.3. Mit der inzwischen in einigen Bundesländern polizeigesetzlich zulässigen Online-Durchsuchung per Staatstrojaner bricht der Staat unter relativ vagen Eingriffsvoraussetzungen massiv in Privat- und Intimsphäre, Persönlichkeitsrechte und Informationelle Selbstbestimmung der Betroffenen ein. Mithilfe heimlich eingeschleuster und installierter Staatstrojaner kann die Polizei unbemerkt auf Telekommunikation, gespeicherte Festplatteninhalte, intimste Informationen, Fotos und Filme zugreifen. Es handelt sich um einen schweren Grundrechtseingriff, einen Einbruch in alle Lebensbereiche bis hinein in Gedanken- und Gefühlswelten der Betroffenen und ihrer Kontaktpersonen, das heißt auch von unbeteiligten Dritten. Staatstrojaner öffnen darüber hinaus Missbrauch und gefährlichen Cyberattacken Krimineller Tür und Tor. Denn die Polizei nutzt vorhandene oder gekaufte Sicherheitslücken in der jeweils genutzten Software längerfristig für die heimliche Einschleusung ihrer Staatstrojaner, anstatt diese Sicherheitslücken sofort schließen zu lassen. So gerät die gesamte Infrastruktur in Gefahr zulasten der Allgemeinheit – unter Aushöhlung des »Grundrechts auf Gewährleistung der Vertraulichkeit und Integrität von IT-Systemen«.

3.4. Mit den neuen polizeilichen Präventionsbefugnissen können sogenannte Gefährder auch Aufenthalts- und Kontaktverboten unterzogen und vorsorglich in elektronische Fußfesseln gelegt werden, um deren Verhalten, Bewegungen, Aufenthalt und Kontakte

---

35   Siehe in diesem Buch: BBA-Verleihungen 2018 und 2019, besonders zu den
      neuen Befugnissen Online-Durchsuchung, Quellen-TKÜ, elektronische Fuß-
      fesseln und verlängerte Präventivhaft (Hessen); ausführlich: Rolf Gössner,
      Auf dem Weg zum Polizei- und Überwachungsstaat? Zur Verschärfung der
      Polizeigesetze in Bund und Ländern (Stand: 2019), in: Lühr Henken (Hg.), 25
      Jahre Friedensratschlag Kassel: Verunsicherungen trotzen. Kasseler Schriften
      zur Friedenspolitik, Band 25, Kassel 2019. Video des Vortrags während des
      25. Friedensratschlags 2018 in Kassel: youtu.be/d1Ho9XXMRGE

über GPS zu überwachen. So lassen sich lückenlose Bewegungsprofile erstellen und Rückschlüsse ziehen auf die persönliche Lebensführung.[36] Solche polizeilichen Vorfeldmaßnahmen können
also gegen Menschen verhängt werden, die nicht etwa straffällig
geworden sind, denen dies aber künftig polizeilicherseits zugetraut
wird – aufgrund bloßer Indizien und Annahmen, möglicher oder
unterstellter Absichten, Gesinnung oder Verhaltensweisen. Das ist
ziemlich willküranfällig und dürfte den Verfassungsgrundsatz der
Verhältnismäßigkeit verletzen. Denn die wochen- oder monatelange Rundumüberwachung schränkt die Betroffenen, die zumeist als
unschuldig zu gelten haben, in ihrer Handlungs- und Bewegungsfreiheit ein, verletzt ihre Privatsphäre, Persönlichkeitsrechte und
auch ihre Menschenwürde.

3.5. Im Übrigen: Wie die Praxis zeigt, sind auch mit elektronischer
Fußfessel, die ohnehin relativ leicht manipulierbar und entfernbar
ist, kaum Straf- oder Terrortaten zu verhindern: So trug etwa einer
der beiden Täter, die 2016 einem katholischen Pfarrer in der Normandie die Kehle durchtrennten, eine elektronische Fußfessel; und
auch das Berliner Attentat auf dem Weihnachtsmarkt im Dezember 2016 hätte damit wohl kaum verhindert werden können – wohl
aber mit anderen, längst gesetzlich erlaubten Polizeibefugnissen, die
aber, wie sich herausgestellt hat, nicht genutzt worden sind. Insofern könnte es sich weitgehend um Symbolpolitik handeln, die das
Sicherheitsgefühl der Bevölkerung mit letztlich kaum haltbaren Sicherheitsversprechen zu täuschen sucht. Überhaupt ist jetzt schon
zu bezweifeln, dass mit all den neuen Eingriffsmaßnahmen etwa
mehr Sicherheit vor Gewalt, Amok und Terror geschaffen werden
kann. Zumindest hat sich in den vergangenen Jahren und Jahrzehnten gezeigt, dass es immer wieder (Einzel-)Täter gibt, die sich von

---

36 Nach BKA-Angaben gibt es hierzulande 620 »islamistische« und »rund 70
     rechtsextremistische Gefährder« (Stand: Oktober 2020). Vgl. Markus De-
     cker, Sicherheitslage in Deutschland unverändert, Frankfurter Rundschau,
     2.11.2020

den bislang schon aufgetürmten Antiterrorgesetzen und Sicherheitsmaßnahmen, die als wirksam gepriesen wurden, nicht abschrecken und aufhalten lassen – schon gar nicht, wenn sie zu allem entschlossen sind und ihr Leben dabei zu opfern bereit sind.

3.6. *Exkurs: Zentrale Bundesbehörde ZITiS als staatliche Bundes-Trojaner- und Hacker-Dienstleistungsbehörde zur Unterstützung der Sicherheitsbehörden*

Das Bundesinnenministerium hat 2017 in München per Ministererlass eine neue zentrale Bundesbehörde namens ZITiS (»Zentrale Stelle für Informationstechnik im Sicherheitsbereich«) eingerichtet, die von dem ehemaligen »technischen Aufklärer« des Bundesnachrichtendienstes (BND), Winfried Karl, geleitet wird. In dieser Bundeszentralstelle sollen Überwachungstechniken zur Internetkontrolle sowie Programme zur Telekommunikationsüberwachung, zur Entschlüsselung verschlüsselter Telekommunikation und von Messengerdiensten wie WhatsApp erforscht und entwickelt werden. Solche Techniken für verdeckte Überwachungsmaßnahmen stellt ZITiS den Sicherheitsbehörden des Bundes zur Verfügung – also Bundeskriminalamt, Bundespolizei und Zollkriminalamt, den Geheimdiensten Bundesverfassungsschutz, Bundesnachrichtendienst und Militärischem Abschirmdienst sowie der Bundeswehr, gelegentlich auch Sicherheitsbehörden der Bundesländer. Das gehört zu den Kernaufgaben der Behörde.

Mit solcher Überwachungssoftware werden die Sicherheitsbehörden in die Lage versetzt, etwa mithilfe von Staats- bzw. Bundestrojanern verdächtige Bürger:innen, Firmen, Organisationen und Netzwerke heimlich ausspionieren zu können. Das bedeutet aber auch: staatlicher Zugriff auf erkannte oder gekaufte Sicherheitslecks, die speziell für solche Zwecke offengehalten werden und dann auch von anderen, etwa Hackern, Terroristen oder ausländischen Geheimdiensten genutzt werden können, wie oben im Zusammenhang mit den Polizeigesetzesänderungen beschrieben. Bei dieser behördenübergreifenden technologischen Ausrüstungsarbeit für Polizei,

Geheimdienste und Bundeswehr kommt es im Übrigen auch zu einer partiellen Aushebelung der verfassungsrechtlich gebotenen Trennung von Polizei und Geheimdiensten sowie von Polizei und Militär (dazu unter 8.2.).

Die ZITiS soll bis 2022 mit etwa 400 Stellen ausgestattet werden.[37] Die Zentralstelle arbeitet weitgehend geheim und deshalb auch intransparent. Bislang gibt es weder eine gesetzliche Rechtsgrundlage für die Arbeit dieser Bundesbehörde noch eine spezielle demokratisch-parlamentarische Kontrolle.[38]

4. Verfassungswidrige Sicherheits- und Antiterrorgesetze in Serie

Terror, Terrorangst und erstaunlich viele Antiterrorgesetze und -maßnahmen stärken die Staatsgewalt und entwerten Grund- und Freiheitsrechte – das hat sich seit 9/11 immer wieder deutlich gezeigt. Und auch Gerichte haben das in zahlreichen Fällen bestätigt.

4.1. Tatsächlich mussten Bundesverfassungsgericht und der Europäische Gerichtshof für Menschenrechte in den vergangenen Jahren mehrfach maßlose Antiterror- und Sicherheitsgesetze ganz oder teilweise für verfassungswidrig oder gar nichtig erklären – erinnert sei unter anderem an den Großen Lauschangriff in und aus Wohnungen, die präventive Telekommunikationsüberwachung, den Fluggastdatentransfer an US-Sicherheitsbehörden, die Befugnis im Luftsicherheitsgesetz zum präventiven Abschuss eines entführten Passagierflugzeugs durch das Militär – eine staatliche Lizenz zur ge-

---

37 Im Bundeshalt 2017 ist ZITiS mit 120 Planstellen/Stellen, 10 Mio. Euro Sachmitteln sowie Personalmitteln berücksichtigt (2020: ca. 54 Mio.). Perspektivisch soll ZITiS in der Endausbaustufe im Jahr 2022 insgesamt 400 Stellen haben (2020: ca. 200). ZITiS-Vorstellung unter bmi.bund.de.

38 Weiterführende Quellen zur »Hackerbehörde«: www.zitis.bund.de; Anna Loll, Die umstrittene »Hackerbehörde« wächst weiter, Deutschlandfunk Kultur 12.12.2020; André Meister, Hacker-Behörde bekommt 66 Millionen Euro, netzpolitik.org, 11.12.2020; Florian Flade, Mysterium ZITiS: Was macht eigentlich die »Hackerbehörde«?, tagesschau.de, 28.10.2020

zielten Tötung unschuldiger Menschen.[39] Auch die exzessiven Rasterfahndungen nach »islamistischen Schläfern« sind für weitgehend verfassungswidrig erklärt worden, ebenso präventive Terrorabwehrbefugnisse des Bundeskriminalamtes und die anlasslose Vorratsspeicherung von Telekommunikationsdaten.

4.2 In neuerer Zeit erklärte das Bundesverfassungsgericht die weltweite Massenüberwachung (strategische Auslandsaufklärung) durch den Auslandsnachrichtendienst BND für weitgehend verfassungswidrig und stärkte damit internationale Menschenrechte und Pressefreiheit (Urteil vom 19.5.2020).[40] Ende 2020 beschließt die Bundesregierung über eine zweifelhafte Anpassung des Gesetzes an diese Gerichtsentscheidung hinaus, dem BND weitere (Massen-)Überwachungskompetenzen gesetzlich einzuräumen.[41] Auch die sogenannte Bestandsdatenauskunft, also der staatliche Zugriff auf personenbezogene Daten von Telekommunikationsdienste-Anbietern über ihre Kund:innen ist schon zum zweiten Mal für verfassungswidrig erklärt worden (letztes Urteil vom 27.5.2020); und eine Norm des Antiterrordatei-Gesetzes (ATDG) verstößt, so das Bundesverfassungsgericht, gegen das Grundrecht auf Informationelle Selbstbestimmung und ist damit verfassungswidrig und nichtig (Urteil vom 10.11.2020;[42] vgl. dazu die frühen Warnungen in den BBA-Laudationes 2006 und 2012).

4.3. In Kooperation mit dem Arbeitskreis Vorratsdatenspeicherung (kurz: AK Vorrat) und mit Digitalcourage e. V. hatte ich zusammen

---

39 Siehe dazu das instruktive Theaterstück »Terror« von Ferdinand von Schirach, daserste.de/unterhaltung/film/terror-ihr-urteil

40 BVerfGE, Az. 1 BvR 2835/17

41 Der Gesetzentwurf landete im Bundestag zur Verabschiedung. André Meister, BND-Gesetz: Bundesregierung beschließt Geheimdienst-Überwachung wie zu Snowden-Zeiten, netzpolitik.org, 16.12.2020

42 BVerfGE vom 10.11.2020, Az. 1 BvR 3214/15; Ursula Knapp, Nur ein Terrorverdacht reicht nicht, Frankfurter Rundschau, 12./13.12.2020

mit anderen Erstbeschwerdeführenden Verfassungsbeschwerden vor dem Bundesverfassungsgericht eingelegt: so etwa 2018 gegen die Regelung in der Strafprozessordnung, zur Strafverfolgung heimlich Staatstrojaner in Computer einschleusen zu können, sowie bereits im Jahr 2008 gegen die Vorratsspeicherung von Telekommunikationsdaten der gesamten Bevölkerung, um sie im Bedarfsfall für die Strafverfolgung bereitzuhalten. Im letztgenannten Fall erfolgte die Verfassungsbeschwerde zusammen mit fast 35.000 Unterstützer:innen[43] – und wir haben gewonnen: Die erste gesetzliche Regelung zur Vorratsdatenspeicherung ist 2010 für weitgehend verfassungswidrig erklärt worden und die Unmengen auf Vorrat gespeicherter Kommunikationsdaten mussten gelöscht werden. 2014 folgte der Europäische Gerichtshof und hat die zugrunde liegende EU-Richtlinie ebenfalls weitgehend für rechtswidrig erklärt.[44] Eine allgemeine und unterschiedslose Speicherung und Sammlung von Kommunikationsdaten ist mit den grundlegenden Menschenrechten auf Privatsphäre, Datenschutz und Meinungsfreiheit unvereinbar. Zu den Kommunikationsdaten gehören Verkehrs-, Standort-, Teilnehmer- und alle anderen Daten einer Kommunikation, mit Ausnahme des eigentlichen Inhalts.

Doch 2015 ist – mit Verweis auf die damaligen Anschläge in Paris – die Vorratsdatenspeicherung in der Bundesrepublik abgewandelt und eingeschränkt gesetzlich wieder in Kraft gesetzt worden – ab 1. Juli 2017 sollte die Speicherpflicht der Provider gelten.[45] Nur wenige Tage zuvor stellte das Oberverwaltungsgericht (OVG) Münster / Nordrhein-Westfalen in einem Eilverfahren eines Pro-

---

43 Organisiert von AK Vorratsdatenspeicherung, vorratsdatenspeicherung.de/content/view/13/37/lang,de – zusammen mit Digitalcourage e. V. u. a.

44 Grundrechte: EuGH kippt EU-Richtlinie zur Vorratsdatenspeicherung, Spiegel online, 8.4.2014

45 Telefon- und Internetfirmen müssen 10 Wochen lang anlasslos von allen Telekommunikationsnutzern festhalten, wer wann mit wem wie lange telefoniert oder gesimst oder Internetverbindungen genutzt hat. Vier Wochen lang muss gespeichert werden, wo sich ein Mobiltelefon befindet bzw. eingeloggt hat (Standortdaten).

viders in zweiter Instanz fest, dass diese Vorratsdatenspeicherung europäisches Recht verletze.[46] Zulässig sei lediglich eine personell, zeitlich oder örtlich beschränkte Datenspeicherung. Daraufhin stellte die Bundesnetzagentur alle Telefon- und Internet-Provider von der gesetzlichen Verpflichtung zur Speicherung der Kommunikationsdaten vorläufig frei; denn letztlich könnten sie sich alle auf diesen unanfechtbaren OVG-Beschluss berufen, der über den Einzelfall hinaus Bedeutung hat. Das letzte Wort wird allerdings das Bundesverfassungsgericht sprechen, wo mehrere Verfassungsbeschwerden gegen die neue Vorratsdatenspeicherung anhängig sind, darunter auch eine von *Digitalcourage e. V.*[47]

4.4. Nach wie vor gilt konservativen Sicherheitspolitiker:innen diese unverhältnismäßige und weitgehend grundrechtswidrige Massenerfassung auf Vorrat als unverzichtbares Mittel zur Gefahrenabwehr und Strafverfolgung – obwohl doch die praktischen Erfahrungen zum Beispiel in Frankreich etwas ganz anderes lehren: Dort wird die Vorratsdatenspeicherung zwar exzessiv genutzt, doch konnte auch damit offensichtlich keines der schweren Attentate verhindert werden, die seitdem verübt worden sind; genauso wenig übrigens wie mit exzessiver Videoüberwachung in London oder aber mit der polizeilichen und geheimdienstlichen Beobachtung, unter der die späteren Täter zumeist schon vor ihren Mordtaten gestanden hatten. Wie überhaupt auffallend ist, dass die meisten Attentäter in Frankreich, Belgien, Österreich und auch hierzulande bereits zuvor polizeibekannt und wegen schwerwiegender Verdachtsmomente

---

46 OVG NRW, Az. 13 B 238/17

47 Im Oktober 2020 hat der Europäische Gerichtshof noch mal festgestellt, dass eine anlass- und verdachtslose Vorratsspeicherung von Telefon- und SMS-Verbindungsdaten sowie von Standortdaten (Mobilfunk) aller Bürger:innen grundsätzlich Grundrechte verletzt und unzulässig ist; allerdings lässt das Gericht begrenzte Ausnahmen in einer ernsthaften und akuten Bedrohungslage zu, so etwa auch die zeitlich begrenzte Vorratspeicherung von IP-Adressen zur Gefahrenabwehr und Kriminalitätsbekämpfung; vgl. Christian Rath, Das einstige Bollwerk für Datenschutz bröckelt, taz, 7.10.2020

staatlich überwacht worden waren, ohne dass dies zur Verhinderung einzelner ihrer Terrorakte geführt hätte (mit ganz wenigen Ausnahmen).

4.5. Zurück zu der Serie verfassungswidriger Sicherheits- und Antiterrorgesetze: Wie oft hatte ich im Laufe der Jahrzehnte auch als Sachverständiger in Bundestag und Landtagen die Abgeordneten vor der Verfassungswidrigkeit einzelner Sicherheitsgesetze oder Bestimmungen gewarnt! Zumeist allerdings ohne unmittelbaren Erfolg – die Verfassungswidrigkeit wurde in mehreren Fällen erst Jahre später verfassungsgerichtlich ganz oder teilweise bestätigt. Die Verfassungsgerichte rügen in all diesen Fällen, dass Regierungen und Parlamentsmehrheiten Grund- und Bürgerrechte, die Menschenwürde und den Kern privater Lebensgestaltung unhaltbaren Sicherheitsversprechen und einer vermeintlichen Sicherheit geopfert haben. Die ausgesprochen hohe Anzahl verfassungswidriger Gesetze dokumentiert meines Erachtens ein bedenklich mangelndes Verfassungsbewusstsein in der politischen Klasse und in mancher Sicherheitsbehörde – strenggenommen ein Fall für den »Verfassungsschutz« (der offenbar aber anderes zu tun hat).

Exkurs: Überwachungsgesamtrechnung[48]
»Die moderne Informationstechnik gäbe es her, alle Aktivitäten aller Bürger umfassend und vollständig zu überwachen. Die verfassungsrechtlich geforderte zivilisatorische Leistung ist es, im Interesse der Freiheit darauf zu verzichten (...)« (Prof. Dr. Alexander Roßnagel: Die »Überwachungs-Gesamtrechnung« – Das BVerfG und die Vorratsdatenspeicherung, Neue Juristische Wochenschrift 2010, 1238).[49]

Im Jahr 2010 urteilte das Bundesverfassungsgericht (BVerfG),

---

48   Dieser Abschnitt fußt auf der Materialsammlung: Überwachungsgesamtrechnung, www.digitalcourage.de

49   Alexander Roßnagel ist seit Dezember 2020 Hessischer Beauftragter für Datenschutz und Informationsfreiheit.

eine Vorratsdatenspeicherung sei »mit Art. 10 GG (Post- und Fernmeldegeheimnis; R.G.) nicht schlechthin unvereinbar« (BVerfG-
Urteil, Az. 1 BvR 256/08, Rn. 1). Voraussetzung sei jedoch, dass sie
legitimen Zwecken diene und in ihrer Ausgestaltung »dem besonderen Gewicht des hierin liegenden Eingriffs hinreichend Rechnung
trägt« (ebd.: 205). Aus diesem Urteil, das die (erste) Vorratsdatenspeicherung kippte, erwuchs der Begriff der »Überwachungsgesamtrechnung«: Alle staatlichen Maßnahmen zur Überwachung
dürfen nicht ausschließlich einzeln für sich bewertet, sondern müssen ganzheitlich in ihrer Gesamtsumme betrachtet werden. Denn
sie dürfen in ihrer Summe nicht das für eine Demokratie erträg-
liche Maß an Überwachung überschreiten; nur so lässt sich vermeiden, dass das freiheitliche demokratische Gemeinwesen allmählich
unterminiert und von innen heraus geschädigt wird.

Auf die negativen Folgen einer maßlosen Überwachung ging
das BVerfG schon 1983 im Volkszählungsurteil ein:[50] »Wer unsicher ist, ob abweichende Verhaltensweisen jederzeit notiert und als
Information dauerhaft gespeichert, verwendet oder weitergegeben
werden, wird versuchen, nicht durch solche Verhaltensweisen auf-
zufallen (...) Dies würde nicht nur die individuellen Entfaltungschancen des Einzelnen beeinträchtigen, sondern auch das Gemeinwohl, weil Selbstbestimmung eine elementare Funktionsbedingung
eines auf Handlungsfähigkeit und Mitwirkungsfähigkeit seiner
Bürger begründeten freiheitlichen demokratischen Gemeinwesens
ist. Hieraus folgt: Freie Entfaltung der Persönlichkeit setzt unter
den modernen Bedingungen der Datenverarbeitung den Schutz des
Einzelnen gegen unbegrenzte Erhebung, Speicherung, Verwendung
und Weitergabe seiner persönlichen Daten voraus.«

Staatliche Überwachungsmaßnahmen können zwar isoliert betrachtet durchaus gerechtfertigt erscheinen und harmlos wirken.
Doch im Kontext aller anderen Überwachungsbefugnisse fällt die

---

50 BVerfG-Urteil vom 15.12.1983, Az. 1 BvR 209, 269, 362, 420, 440, 484/83
    (Volkszählungsurteil)

Bewertung vollkommen anders aus: Wenn viele und immer noch mehr Einzelmaßnahmen zusammengenommen letztlich den Effekt haben, dass Menschen sich permanent beobachtet fühlen, dann verhalten, bewegen und äußern sie sich nicht mehr frei.

»Wir sind überzeugt: Die Summe der Überwachungsmaßnahmen übersteigt jetzt schon das für eine Demokratie verträgliche Maß«, so das Resümee von Digitalcourage e. V. aus ihrer Beschäftigung und Erfahrung mit jahrezehntelanger Datenschutz- und Bürgerrechtsarbeit. Deshalb müsse der Gesetzgeber vor Erlass weiterer Gesetze das Zusammenspiel der vielen unterschiedlichen Überwachungsmöglichkeiten und ihr Gesamtausmaß ermitteln (lassen), damit eine Höchstgrenze an Überwachungsmaßnahmen aus allen relevanten Bereichen nicht überschritten wird (wobei eine solche »Höchstgrenze« schwer objektiv feststellbar und ein für alle Mal festlegbar sein wird).

Was jedoch aktuell dringend geboten ist: eine unabhängige Evaluierung und Bewertung der bisherigen Überwachungsgesetze und -maßnahmen als Basis für eine Gesamtbeurteilung beziehungsweise eine Überwachungsgesamtrechnung – verbunden mit einem »Überwachungs-Moratorium«, also der Aussetzung weiterer Überwachungsgesetze, bis verlässliche Evaluierungsergebnisse vorliegen.[51]

5. Symptom- statt Ursachenbekämpfung – wie sich der Westen seine Feinde schafft[52]

Angesichts der staatlichen Auf- und Nachrüstungsmaßnahmen in Serie, die erstaunlicherweise trotz real sinkender Kriminalitätsraten betrieben werden, ohne sich um die Überwachungsgesamt-

---

51   Die Forderungen des Bundesdatenschutzbeauftragten Ulrich Kelber gehen in eine ganz ähnliche Richtung, vgl. Ingo Dachwitz, Ulrich Kelber fordert Überwachungsmoratorium, netzpolitik.org, 18.6.2020

52   Ausführlicher dazu: Rolf Gössner, Die dunkle Kehrseite unserer westlichen Werte, Gastbeitrag in: Kristina Milz / Anja Tuckermann (Hg.), Todesursache: Flucht, Berlin 2019 (2., erw. Aufl.), S. 51 ff. mit weiteren Nachweisen (m. w. N.)

rechnung zu scheren, stellt sich ohnehin die Frage: Wo soll das alles enden? Wird der liberal-demokratische Rechtsstaat im Namen der Sicherheit allmählich zu Tode gerüstet?

5.1. Nein, immer so weiter kann es nicht gehen. Wir müssen diesen ewig gleichen, reflexhaften Aktionismus herrschender »Sicherheitspolitik« endlich in Frage stellen. Wir müssen aus diesem Teufelskreis ausbrechen. Wir müssen endlich erkennen, dass der moderne Terror und die zugrunde liegende menschenfeindliche Ideologie mit solch eskalierenden Maßnahmen nicht wirksam und schon gar nicht nachhaltig bekämpft werden können. Reine Symptombehandlung mit ihren Begleitschädigungen wird jedenfalls auf Dauer nicht ausreichen. Und zwar so lange nicht, solange die Ursachen, Gründe und Bedingungen von Gewalt und Terror nicht wahrgenommen, nicht angegangen, nicht bekämpft werden. Doch davon ist leider nur selten die Rede, zumindest in der offiziellen Politik und im öffentlichen Diskurs, obwohl gerade hier dringend anzusetzen wäre.

5.2. Schließlich spielt der Westen, spielen Europa, die NATO und die USA eine desaströse Rolle gerade im Nahen und Mittleren Osten – mit Hunderttausenden toter Zivilisten allein seit 9/11. Dort wirft die »westliche Wertegemeinschaft« für ihre eigenen geopolitischen, ökonomischen und militärischen Vorherrschaftsinteressen – oft genug getarnt als Terrorbekämpfung oder »humanitäre Interventionen« – systematisch die so hoch gehaltenen eigenen Werte über Bord. Mit ihren Rohstoff sichernden Einmischungen, ausbeuterischen Handelsabkommen, verheerenden Wirtschaftssanktionen und Waffenexporten in Kriegs- und Krisenregionen, mit völkerrechtswidrigen Angriffskriegen und Kriegsverbrechen, mörderischem Drohnenbeschuss und Folter – mit all diesen postkolonialen und neoimperialen Interventionen ist der Westen, auch die EU und Deutschland, mitverantwortlich für die Zerstörung menschlicher Lebensgrundlagen, mitverantwortlich für Ausbeutung, Armut, Folter und Tod. Mitverantwortlich auch für den Zerfall ganzer Staaten,

ebenso für die Entstehung der IS-Terrormiliz – »made in USA«, wie
der Nahost-Experte Michael Lüders in seinem lesenswerten Buch
»Wer den Wind sät. Was westliche Politik im Orient anrichtet«
(2015) schreibt. Zugespitzt formuliert: Mit dem »War on Terror«,
besonders im Irak und in Afghanistan, aber auch in Somalia, Jemen,
Libyen und Syrien schuf der Westen wahre Terroristen-Rekrutie-
rungsprojekte und züchtete sich seine eigenen Feinde heran.

5.3. Bereits Ende 2015 haben Ex-Drohnenpiloten das US-Drohnen-
programm als »eine der verheerendsten Triebfedern des Terrorismus
und der Destabilisierung« bezeichnet – ein völkerrechtswidriges
Mord-Programm, das u. a. über Ramstein, also über Deutschland
abgewickelt wird, das ohnehin längst integraler Bestandteil des US-
»Kriegs gegen den Terror« geworden ist (s. dazu BBA-Laudatio 2020
auf die Bundesregierung samt Updates): Von deutschem Boden aus
– insbesondere aus Baden-Württemberg, Rheinland-Pfalz und Hessen – organisier(t)en die USA völkerrechtswidrige Kriegseinsätze,
Entführungen, Folter und extralegale Hinrichtungen von Terrorverdächtigen per Drohneneinsatz. Die Bundesrepublik hat als NATO-
Verbündeter am US-Krieg in Afghanistan teilgenommen und leiste-
te logistische Hilfe im illegalen Krieg der USA gegen den Irak – mit
mehr als einer Million Toten; sie war beteiligt an der westdominier-
ten Destabilisierung Libyens, den verheerenden Wirtschaftssanktionen gegen Syrien – einem Waren- und Personenembargo der EU,
das maßgeblich zur Verarmung des Landes und zur Aushungerung
der Zivilbevölkerung beigetragen hat.

5.4. Darüber hinaus ist die Bundesrepublik mit ihren milliarden-
schweren Rüstungsexporten maßgeblich an der massiven Waffen-
aufrüstung u. a. der autoritären Regime Ägyptens, Saudi-Arabiens,
Katars und der Türkei beteiligt. Deutschlands Rüstungsexporte,
auch in Krisen- und Kriegsgebiete und an Diktaturen, hatten sich
von 2014 auf 2015 insgesamt fast verdoppelt und waren auch 2016
bis 2018 extrem hoch. Im Fünfjahreszeitraum 2016 bis 2020 legten

deutsche Rüstungs- und Waffenexporte nach Angaben des Stockholmer Friedensforschungsinstituts SIPRI im Vergleich zu 2011 bis 2015 um weitere 21 Prozent zu.[53] Erst im Jahr 2020 sind die neuen Genehmigungen der Bundesregierung für deutsche Waffenexporte um ein Drittel gegenüber dem Vorjahr 2019 gesunken. 2019 allerdings waren Rüstungslieferungen im Wert von mehr als acht Milliarden Euro genehmigt worden, so viele wie noch nie zuvor.[54] Seit 2019/20 gelten verschärfte Rüstungsexportrichtlinien der Bundesregierung. Danach wird zumindest der Export von Kleinwaffen wie Pistolen und Gewehren grundsätzlich nur noch in EU- und NATO-Staaten genehmigt.

5.5. Mehr als die Hälfte aller Waffenexport-Bewilligungen des geheim tagenden Bundessicherheitsrates betrafen 2018/19 sogenannte Drittländer außerhalb von EU und NATO, wie etwa Ägypten, Algerien, Israel, Pakistan, Südkorea, Katar, Vereinigte Arabische Emirate und Saudi-Arabien. Davon entfielen auf die von Saudi-Arabien geführte Kriegsallianz, die im Jemen wütet, Rüstungsgüter im Wert von mehr als einer Milliarde Euro – und zwar auch noch im Jahr 2020,[55] obwohl seit der Ermordung des regimekritischen saudischen Journalisten Jamal Khashoggi im Oktober 2018 ein befristeter deutscher Waffenexportstopp in Richtung Saudi-Arabien gilt.[56]

---

53 www.sipri.org; Genehmigungen für deutsche Waffenexporte sinken um ein Drittel, Zeit online, 12.10.2020, u. a. mit Bezug auf den Rüstungsexportbericht der Bundesregierung; siehe auch die Antwort der Bundesregierung auf die Kleine Anfrage der Fraktion Die Linke im Bundestag, BT-Drucksache 19/21562 vom 10.8.2020; Spiegel online, 15.3.2021

54 Tobias Schulze, Rüstungsexporte steigen auf 10-Jahres-Hoch, taz, 18.6.2020; Bilanz für 2019. Bundesregierung genehmigt so viele Rüstungsexporte wie noch nie, Spiegel online, 27.12.2019

55 Rüstungsindustrie: Deutschland exportiert Waffen für 1,16 Milliarden Euro nach Nahost, Zeit online, 3.1.2021; Deutsche Waffen für Nahost, Frankfurter Rundschau, 4.1.2021

56 Michael Fischer, Rüstungsexporte an Saudi-Arabien bleiben verboten, Weser-Kurier, 11.12.2020

Interessanterweise ist also der Waffenexportstopp gegenüber Saudi-Arabien nicht etwa wegen der Beteiligung dieses Golfstaates und seiner Kriegsallianz am grausamen Bürgerkrieg im Jemen verhängt worden. Und die Belieferung der übrigen Staaten der Kriegsallianz geht weiter. Das bedeutet: Dieser Bürgerkrieg im Jemen wird in erheblichem Maße auch mit deutschen Waffen geführt und befeuert; er hat bereits über 100.000 Todesopfer gefordert und laut UN zur »größten humanitären Katastrophe der Gegenwart« geführt.

5.6. Was die deutschen Waffenlieferungen an die Türkei anbelangt, so zieht die Bundesregierung erst seit dem völkerrechtswidrigen Angriffskrieg der Türkei gegen Nordsyrien und die dortige kurdische Selbstverwaltung (Oktober 2019) wenigstens ein paar Konsequenzen. Rüstungsexporte an den NATO-Staat sollten nun eingeschränkt werden – aber nur neue, nicht bereits genehmigte. Und eingeschränkt werden nur solche Exporte von Rüstungsgütern und Waffen, die im Syrienkrieg eingesetzt werden könnten. Doch die deutschen Waffen aus bisherigen Lieferungen sind längst im Einsatz – in erster Linie menschenrechtswidrig gegen Kurd:innen in der Türkei und nun auch völkerrechtswidrig in Syrien. Trotz der Restriktionen werden laufend neue Kriegswaffen und Rüstungsgüter aus Deutschland an die Türkei geliefert, darunter gerade solche, die bereits seit Längerem genehmigt sind: 2019 sogar im Wert von fast 345 Millionen Euro und damit um hundert Millionen mehr als im Jahr 2018 – trotz aller menschenrechts- und völkerrechtswidrigen Politik der türkischen Regierung.[57]

5.7. Die westliche Rüstungsgemeinschaft spielt eine führende und verheerende Rolle in der globalen Aufrüstung. Wer, wie der Westen, mit Rüstungsexporten und (Anti-)Terrorkriegen, mit Regime-Change-Interventionen sowie mit – vorwiegend die Zivilbevölkerung schädigenden – Wirtschaftssanktionen ganze Regio-

---

57   Lt. RND – RedaktionsNetzwerk Deutschland, 23.6.2020. Die Zahlen werden inzwischen von der Bundesregierung geheim gehalten (Verschlusssache); Tobias Schulze, Lieber Waffen liefern als Ärger haben, taz, 29.6.2020

nen zerstört und souveräne Staaten destabilisiert, erntet nicht etwa
mehr Sicherheit, sondern früher oder später selbst Terror – auch bei
sich zuhause in Europa und in den USA. Je mehr sich die Bundesrepublik an Militäreinsätzen weltweit beteiligt und durch Waffenlieferungen in Krisen- und Kriegsgebiete als Kriegspartei wahrgenommen wird, desto größer wird auch die Gefahr asymmetrischer
Konflikte und Terroranschläge hierzulande. Die Bundesregierungen
wappneten sich also so gesehen gegen mögliche Gewaltreaktionen
auf ihre eigene gewalttätige Außen- und Kriegspolitik mit Polizei-
aufrüstung und Militäreinsätzen im Innern. Kollateralschäden an
der Heimatfront inbegriffen.

5.8. In dieser westlichen Mitverursachung und Befeuerung von
Krieg, Terror, Ausbeutung, Klimakatastrophen und Elend liegt auch
die politische Mitverantwortung dafür, dass Millionen Menschen
aus diesen Regionen in die oft tödliche Flucht getrieben werden:[58]
»Wir kommen zu Euch, weil Ihr unsere Länder zerstört.« Diese
herbe Einsicht und die koloniale und postkoloniale Vorgeschichte
mitsamt den vom Westen gestützten korrupten und autokratischen
Nachfolgeregimen gehören zum ganzheitlichen Verständnis der
realen Terror-, Kriegs- und Fluchtursachen, die es mit allem Nachdruck zu beseitigen, zu bekämpfen gilt.[59]
Angesichts dieses Hintergrunds ist es besonders beschämend,
wie die EU mit Geflüchteten umgeht: Man denke nur an das Elends-
camp auf der griechischen Insel Lesbos, an die menschenunwür-
digen Zustände in Geflüchtetencamps vor den Toren Europas, an
die geplanten Internierungslager an den EU-Außengrenzen, an
den EU-»Flüchtlingsdeal« mit der Türkei oder aber an die gezielte
Behinderung von Seenotrettung, an die illegale Zurückweisung
(»Push-Back«) von Flüchtenden sowie an die Zigtausenden von

---

58 Vgl. Rolf Gössner, Die dunkle Kehrseite unserer westlichen Werte, a. a. O.

59 Vgl. u. a. Conrad Schuhler, Die große Flucht. Ursachen, Hintergründe, Konse-
    quenzen, Köln 2016; Pro Asyl zur Fluchtursachenbekämpfung: proasyl.de

Menschen, die auf ihrer versuchten Flucht in die Festung Europa ums Leben gekommen sind.[60] Mit ihrer zynischen und unmenschlichen Abschreckungs- und Abschottungspolitik hat die sogenannte »Werteunion« EU längst auch mit ihren menschenrechtlichen Standards gebrochen.

6. »Verfassungsschutz« als Problemfall der Demokratie: Gesinnungskontrolle gegen Links, Verstrickung in Naziszenen und rassistischer Terror

Nach dieser überaus dunklen Kehrseite unserer hehren westlichen Werte komme ich zurück zu meiner bangen Eingangsfrage, ob angesichts neuer terroristischer Bedrohungen in Europa und der Bundesrepublik womöglich meine staats- und geheimdienstkritischen Einlassungen revidiert werden müssten. Schließlich hat mich unter anderem just für diese Kritik unser Inlandsgeheimdienst, der auf den euphemistischen Tarnnamen »Verfassungsschutz« hört, seit 1970 vier Jahrzehnte lang ununterbrochen geheimdienstlich überwacht und ausgeforscht (s. dazu ausführlicher: BBA-Laudatio 2016 auf den »Verfassungsschutz«).[61] Einer der abstrusen Vorwürfe des Bundesamts für Verfassungsschutz lautet: Ich würde mit meiner öffentlichen Kritik an Sicherheitsbehörden und -politik die bundesdeutschen Sicherheitsorgane diffamieren und wolle den Staat wehrlos machen gegen seine inneren Feinde.

Gegen die vier Jahrzehnte währende staatliche Langzeitüberwachung und Gesinnungskontrolle habe ich geklagt. Nach einem 15 Jahre dauernden Prozess gegen das Bundesamt zeigte sich durch drei Instanzen hindurch, dass diese rekordverdächtige Dauerüberwachung von Anfang an unverhältnismäßig und grundrechtswidrig war. In letzter Instanz hat das Bundesverwaltungsgericht Mitte Dezember 2020 meinen Erfolg gegen den »Verfassungsschutz« und

---

60 Dazu: Kristina Milz / Anja Tuckermann (Hg.), Todesursache: Flucht, a. a. O.

61 Hintergrund zur 38-jährigen Überwachungsgeschichte und zum 15-jährigen Verwaltungsgerichtsverfahren Dr. Rolf Gössner ./. Bundesamt für Verfassungsschutz, www.weltexpresso.de/index.php/zeitgesehen/20871

damit meine Rehabilitierung rechtskräftig werden lassen.[62] Dieser
Fall müsste jetzt eigentlich politische und rechtliche Konsequenzen
haben, insbesondere was die geheimdienstliche Beobachtung von
nicht organisierten, unabhängigen Einzelpersonen anbelangt, zumal wenn es sich um Berufsgeheimnisträger wie Anwält:innen oder
Journalist:innen handelt.

6.1. Ich empfand es persönlich mehr als schockierend, mit welcher
ideologischen Verbissenheit und Ausdauer dieser »Verfassungsschutz« mich und meine Bürgerrechtsarbeit über Jahrzehnte hinweg
ununterbrochen beobachtet hatte, während sich andererseits und
zeitgleich Nazis und rechter Terror entwickeln, ihre Blutspur durch
die Republik ziehen und zahlreiche Menschen ermorden konnten.
Allein seit 1990, dem Jahr des Beitritts der DDR zur Bundesrepublik,
sind hierzulande etwa 200 Menschen von rassistischen Tätern umgebracht worden.[63] Davon sind zehn Menschen dem sogenannten
NSU zum Opfer gefallen. Nach dem Münchener »Amoklauf« vom
Juli 2016 müssen wir neun weitere Tote hinzurechnen, war doch der
Täter ein nationalistisch-rassistischer Hitler- und Breivik-Verehrer,
der es auf Menschen mit Migrationshintergrund abgesehen hatte.[64]

---

62   Klaus Wolschner, Zu Unrecht bespitzelt: Verfassungsschutzkritiker Gössner
     rehabiliert, taz, 18.12.2020; Markus Bernhardt, Sieg gegen Inlandsgeheim-
     dienst, junge Welt, 18.12.2020; Rolf Gössner gewinnt endgültig Rechtsstreit
     gegen Bundesverfassungsschutz, Internationale Liga für Menschenrechte,
     ilmr.de, 17.12.2020

63   Peter Hille, Chronologie: Rechte Gewalt in Deutschland, Deutsche Welle,
     20.2.2020 m. w. N.

64   Obwohl der Täter David S. (mit iranischem Migrationshintergrund) nach-
     weislich eine verfestigte rassistische und rechtsradikale politische Einstellung
     hatte und gezielt »Türken« und »Untermenschen« umbringen wollte, sahen
     bayerische Sicherheitsbehörden kein politisches Motiv und sprachen von
     einer »Amok«-Tat. David S. habe aus Hass getötet, weil ihn Mitschüler aus Mi-
     grantenfamilien jahrelang gemobbt hätten; vgl. Andreas Förster, Amok oder
     Rechtsterror?, Frankfurter Rundschau, 9.6.2017, S. 5; Dominik Baur, »Türken
     auslöschen.docx«, taz, 9.6.2017; Daniél Kretschmar, Jedem seine Schublade,
     taz, 28.6.2017

Und 2019/2020 kamen mit dem Mord am Kasseler Regierungsprä-
sidenten Walter Lübcke, der sich für Geflüchtete starkgemacht hatte,
sowie dem antisemitisch-rassistischen Anschlag in Halle und dem
rassistischen Massaker in Hanau mehr als zehn weitere Menschen
hinzu, die dem rechten Terror zum Opfer fielen.

6.2. Trotz seiner blutigen Bilanz gerät dieser alltägliche rassistische
Terror gegenüber dem »islamistischen« Terror immer wieder aus
dem regierungsamtlichen, sicherheitsbehördlichen und medialen Blick, obwohl laut Bundesinnenministerium weit über 10.000
Rechtsextremisten als gewaltorientiert eingestuft werden (2018 bis
2020):[65] Die Terrorangriffe insbesondere gegen Asylbewerber:innen
und andere Geflüchtete gehen jedenfalls weiter und die potentiellen
Täter sind mitten unter uns, ja die rechtsradikalen Netzwerke reichen
längst bis hinein in Polizei, Geheimdienste und Bundeswehr. Immer
wieder brennen Flüchtlingsheime, die rassistischen Übergriffe auf
Geflüchtete, ehrenamtliche Helfer und auch Moscheen reißen nicht
ab – und zwar mehr und mehr aus der Mitte einer nach rechts drif-
tenden und sozial gespaltenen Gesellschaft heraus. Laut Bundeszen-
trale für Politische Bildung kam es 2016 zu mehr als 3.700 Straftaten
und Angriffen allein gegen Flüchtlingsunterkünfte, Geflüchtete und
Flüchtlingshelfer – also zu zehn pro Tag,[66] wobei die Dunkelziffer
hoch sein dürfte und die Aufklärungsquote auffallend niedrig ist.[67]
Das heißt: Menschen, die hierzulande Schutz vor Verfolgung und
Tod suchen, müssen um Leib und Leben fürchten. 2018 gab es fast
2.000 rassistische Übergriffe mit über 300 Verletzten und über tausend Waffen- und Munitionsfunde in Naziszenen. Auch 2019 und

---

65   Im Jahr 2020 mehr als 13.000; Frank Jansen, Bedrohung durch Rechtsextre-
     misten und Reichsbürger nimmt zu, Der Tagesspiegel, 5.1.2021

66   Gareth Joswig / Konrad Litschko, »Eine bedrohliche Entwicklung«. So viel rech-
     te Gewalt in Deutschland wie seit 15 Jahren nicht mehr, taz, 24.5.2016; Doppelt
     so viel fremdenfeindliche Gewalt, Frankfurter Rundschau, 29.6.2016, S. 6

67   Rechte Gewalt: BKA zählt 665 Straftaten gegen Asylbewerberunterkünfte, Zeit
     online, 2.8.2016

2020 reißt die rechte Gewaltwelle nicht ab.[68] Dabei lässt eine Zahl besonders aufhorchen: Bundesweit konnten insgesamt 475 gewalt- und terrorbereite Rechtsextreme und Nazis untertauchen und sind Ende 2020 mit Haftbefehlen zur Fahndung ausgeschrieben.[69] Wie konnte das passieren? Lag es wohl auch daran, dass der Fokus der zuständigen Sicherheitsbehörden allzu lange Zeit woanders lag und diese hochgefährliche Entwicklung vernachlässigt worden ist?

6.3. Insbesondere die langjährige Nichtaufklärung der gegen Migrant:innen gerichteten NSU-Mordserie sowie die Ausblendung ihres rassistischen Hintergrunds sind Belege dafür, dass »Verfassungsschutz« und Polizei im Bereich Nazismus und Rechtsterrorismus grandios versagt haben. Das waren nicht nur Pannen, nein, da waren ideologische Scheuklappen und institutioneller Rassismus im Spiel, die zu Ignoranz und systematischer Verharmlosung des Nazispektrums führten. Der »Verfassungsschutz« war, wie wir inzwischen wissen, mit vielen seiner bezahlten und hochkriminellen V-Leute hautnah dran an den mutmaßlichen NSU-Mördern, ihren Kontaktpersonen und Unterstützer:innen. Obwohl sie also praktisch unter staatlicher Aufsicht oder mit staatlicher Nachsicht mordeten, wollen die Inlandsgeheimdienste in Bund und Ländern so gut wie nichts mitbekommen haben.[70] Sie haben jedenfalls die NSU-Mordserie über Jahre hinweg weder verhindert noch zu ihrer rechtzeitigen Aufdeckung beitragen können.[71]

---

68 Im Jahr 2019 zeigen die Meldungen der Polizei insgesamt 22.342 Straftaten im Bereich »Politisch motivierte Kriminalität – rechts«. Der Aufwärtstrend scheint sich fortzusetzen: Schon in den ersten drei Quartalen 2020 hat die Polizei 15.000 Straftaten festgestellt. Vgl. Frank Jansen, Bereits mehr als 15.000 Straftaten von Neonazis und anderen Rassisten, Der Tagesspiegel, 17.11.2020, tagesspiegel.de

69 Rechtsextreme auf der Flucht, Frankfurter Rundschau, Silvester 2020, S. 7

70 Dazu: Thomas Moser, NSU-Blind?, Telepolis, 6.1.2021

71 Vgl. u. a. Stefan Aust / Dirk Laabs, Heimatschutz. Der Staat und die Mordserie des NSU, München 2014; Andreas Förster (Hg.), Geheimsache NSU. Zehn Morde, von Aufklärung keine Spur, Tübingen 2014; Hajo Funke, Staatsaffäre NSU. Eine offene Untersuchung, Münster 2015

6.4. Das Erschreckendste, was ich selbst bei den Recherchen zu meinem Buch »Geheime Informanten. V-Leute des Verfassungsschutzes: Neonazis im Dienst des Staates«[72] selbst erfahren musste, ist, dass der »Verfassungsschutz« seine kriminellen V-Leute aus Naziszenen oft genug deckt (aus Gründen des »Quellenschutzes« oder der »Ausforschungsgefahr«) und systematisch gegen polizeiliche Ermittlungen abschirmt, um sie vor Enttarnung zu schützen und weiter abschöpfen zu können – anstatt sie sofort abzuschalten. So war es auch im Umfeld des NSU. Das ist Strafvereitelung im Amt und Beihilfe zu Straftaten – doch die VS-Verantwortlichen sind dafür nie zur Rechenschaft gezogen worden, selbst wenn Unbeteiligte schwer geschädigt wurden.

6.5. Zusammenfassend kann man sagen: Über sein unkontrollierbares und kriminelles V-Leute-System verstrickt sich der »Verfassungsschutz« heillos in kriminelle, rassistische und mörderische Machenschaften der Naziszenen. Letztlich hat er diese Szenen über die V-Leute-Entlohnung mitfinanziert, rassistisch geprägt, gegen polizeiliche Ermittlungen geschützt und gestärkt, anstatt sie zu schwächen. Auf diese Weise, so mein Fazit, ist er selbst Teil des Naziproblems geworden, konnte jedenfalls zu dessen Lösung kaum etwas beitragen.

6.6. Wie schwer sich Geheimdienste, ihre klandestinen Aktivitäten und ihr V-Leute-System kontrollieren lassen, das zeigen die verzweifelten und oft vergeblichen Versuche, NSU- und VS-Skandale – ebenso wie NSA- und BND-Skandale – parlamentarisch und gerichtlich aufzuarbeiten. Die Parlamentarischen Untersuchungsausschüsse hatten bei ihren Aufklärungsversuchen mit massiven Informationsblockaden und Urkundenunterdrückungen zu kämpfen. Erinnert sei nur an die Aktenschredder-Aktionen im Bundesamt

---

72   Rolf Gössner, Geheime Informanten. V-Leute des Verfassungsschutzes: Neonazis im Dienst des Staates, e-book bei Droemer-Knaur, München 2012 (aktual. Neuauflage)

oder im Berliner »Verfassungsschutz«. Das Geheimhaltungssystem des »Verfassungsschutzes« zum Schutz seiner Informanten, V-Leute und Praktiken geht über alles – womöglich gar über die Verhütung und Aufklärung von Verbrechen. Dies legt nicht allein der Fall des V-Mann-Führers Andreas Temme, alias »Klein Adolf«, im Zusammenhang mit einem der NSU-Morde in Hessen nahe. Einige Akten zu diesem Fall sollten ursprünglich für 120 Jahre gesperrt werden – inzwischen hat das hessische Innenministerium die Frist auf 30 Jahre verkürzt.

Regelmäßig blickten die Kontrolleure des NSU-Untersuchungsausschusses des Bundestages in unglaubliche Abgründe eines skrupellosen Vertuschungssystems und einer organisierten Verantwortungslosigkeit. Entsprechend vernichtend fällt parteiübergreifend ihr Urteil aus: »historisch beispielloses Behörden- und Staatsversagen«.[73] Die Tragweite der Verstrickungen, des Versagens und Vertuschens ist bislang genauso wenig voll aufgeklärt wie die daraus resultierenden Schädigungen des demokratischen Rechtsstaats. Auf der Anklagebank des Oberlandesgerichts München hätten im NSU-Prozess tatsächlich weit mehr Angeklagte sitzen und abgeurteilt werden müssen als Zschäpe, Wohlleben & Co. Hier fehlten die involvierten V-Leute, ihre V-Mann-Führer und alle für Versagen, Unterlassen und Vertuschen Verantwortlichen aus »Verfassungsschutz«, Polizei und Sicherheitspolitik.

6.7. Die rechtsextremen Gewalt- und Kriminalitätsfälle nehmen seit Jahren zu,[74] der Vernetzungs- und Organisierungsgrad in den Neonaziszenen ebenso. Hinzu kommt aber inzwischen noch ein weiteres massives Problem: Längst haben sich auch in Polizei, Bundeswehr und Geheimdiensten rechtsextreme Chatgruppen und Nazinetzwerke entwickelt, aus denen heraus Menschen massiv bedroht wer-

---

73   Vgl. u. a. Manuel Bewarder, »Ein historisch beispielloses Desaster«, welt.de, 22.8.2013

74   Frank Jansen, Rechte Kriminalität nimmt weiter zu, Weser-Kurier, 18.11.2020; Mehr Angriffe von rechts, Frankfurter Rundschau, 26.11.2020

den – ausgerechnet innerhalb der bewaffneten Sicherheitsorgane
des staatlichen Gewaltmonopols. Eine skandalöse und gefährliche
Entwicklung mit hohem Diskriminierungs- und Gewaltpotential.
Und all dies ist dem »Verfassungsschutz« als »Frühwarnsystem«,
das er eigentlich sein soll, mal wieder völlig entgangen – so wie
schon im Fall des NSU-Komplexes und anderer nazistischer Entwicklungen und Vernetzungen.

Diese institutionelle Entwicklung innerhalb des staatlichen Si-
cherheitsapparates gehört endlich unabhängig und schonungslos
aufgearbeitet, um daraus geeignete *strukturelle* Konsequenzen zu
ziehen. Und dazu gehören u. a.: Maßnahmen gegen institutionellen
Rassismus, gegen Racial Profiling, »Cop Culture« und Korpsgeist
sowie die Einrichtung unabhängiger Kontroll- und Beschwerdestellen, was Menschen- und Bürgerrechtsorganisationen wie amnesty
international oder die Internationale Liga für Menschenrechte aus
guten Gründen schon seit Jahren fordern – immerhin 65 Prozent
der Bevölkerung ebenfalls (2020).[75]

7. Trotz Skandalgeschichten, Versagens und Vertuschens: keine durchgreifenden Konsequenzen

Es bleibt also auch und gerade in Zeiten des Terrors dabei: Geheim-
dienstkritik tut weiterhin Not! Mehr denn je. Doch ausgerechnet
solche skandalträchtigen Geheiminstitutionen erhalten nach jedem
Terroranschlag oder Anschlagsversuch wieder unverdienten Auftrieb, anstatt die Bevölkerung endlich vor ihren klandestinen Ausforschungen und Vertuschungen wirksam zu schützen.[76]

Statt ernsthafte Konsequenzen aus ihren skandalreichen Karrieren
und Desastern zu ziehen, werden die Geheimdienste »Verfassungs-

---

75 Polizei: Mehrheit für Beschwerdestelle, Weser-Kurier, 20.10.2020

76 Rolf Gössner, Neue Tarnung: »Verfassungsschutz« als Dienstleister der Demokratie, in: Grundrechte-Report 2015, Frankfurt/M. 2015, S. 166 ff.; ders., Der
»Verfassungsschutz« – Relikt des Kalten Krieges, in: Cornelia Kerth / Martin
Kutscha (Hg.), Was heißt hier eigentlich Verfassungsschutz? Ein Geheimdienst und seine Praxis, Köln 2020, S. 9-43

schutz« und Bundesnachrichtendienst (BND) über Haushaltszuwendungen und Gesetzesnovellen weiter personell, finanziell und technologisch aufgerüstet, werden massenüberwachungstauglicher gemacht sowie mit Polizei und ausländischen Diensten stärker vernetzt. Und der »Verfassungsschutz« darf sich – trotz verschärfter V-Leute-Richtlinien – inzwischen auf Bundesebene und in manchen Bundesländern sogar ganz legal krimineller V-Leute bedienen und diese im Zweifel gegen Ermittlungen der Polizei abschirmen – ein rechtsstaatswidriger Freibrief für kriminelles Handeln in staatlicher Mission. So werden bisherige Skandale und illegale Praktiken legalisiert – und damit letztlich auch die obszönen Verflechtungen des »Verfassungsschutzes« in rassistische, gewalttätige, ja mörderische Naziszenen.

7.1. Ende 2020 hat die Bundesregierung einen neuen Gesetzesentwurf zur »Anpassung des Verfassungsschutzrechts« verabschiedet:[77] Danach soll nun auch dem Bundesamt und den Landesämtern für Verfassungsschutz, darüber hinaus auch dem BND und MAD die Infiltration von Computersystemen erlaubt werden, um Nachrichten und Kommunikation über Messengerdienste wie WhatsApp vor ihrer Verschlüsselung abzufangen und mitlesen zu können. Das ist die sogenannte Quellen-Telekommunikationsüberwachung (Quellen-TKÜ) per Staatstrojaner (Spähsoftware), mit denen technisch nicht nur auf laufende Kommunikation, sondern prinzipiell auch auf gespeicherte Inhalte von Festplatten zugegriffen werden kann (auch wenn letzteres noch nicht gesetzlich geregelt werden soll). Und Telekommunikationsanbieter sollen auch noch dazu verpflichtet werden, bei der heimlichen Installation von Staatstrojanern auf Handys oder Computern behilflich zu sein.

Wie bereits im Zusammenhang mit der Einschleusung von Staatstrojanern nach den neuen Polizeigesetzen erläutert, gilt auch hier: Jede Infiltration mit Trojanern über Sicherheitslücken in Software und Betriebssystemen ist nicht nur ein Angriff auf Fernmelde-

---

77 BT-Drucksache 19/24785 vom 27.11.2020

geheimnis und Privatsphäre sowie ein Angriff auf Berufsgeheimnis-
träger:innen wie Anwält:innen, Journalist:innen oder Ärzt:innen,
sondern auch ein Angriff auf das Grundrecht auf Gewährleistung
der Vertraulichkeit und Integrität informationstechnischer Systeme – und damit auf die IT-Sicherheit und die Allgemeinheit (dazu
ausführlicher: BBA-Laudatio 2018). Dies widerspricht dem Verfassungsgrundsatz der Verhältnismäßigkeit und dürfte deshalb verfassungswidrig sein.

7.2. Mit solchen »Reformen« gehen die Geheimdienste aus ihren
Skandalen und Desastern, die sie jahrzehntelang angerichtet und
hinterlassen haben, letztlich gestärkt hervor. Und dies, obwohl doch
Geheimdienste strenggenommen Fremdkörper sind in der Demokratie und ihre Skandale systembedingt. Warum? Weil diese Institutionen, die Verfassung und Demokratie eigentlich schützen
sollen, selbst demokratischen Prinzipien der Transparenz und
Kontrollierbarkeit widersprechen. Die reguläre parlamentarische
Kontrolle geheimdienstlicher Arbeit erfolgt ihrerseits im Geheimen, also wenig demokratisch; und Gerichtsprozesse, in denen
etwa V-Leute eine Rolle spielen, werden tendenziell zu Geheimverfahren, in denen aus Tarnungsgründen (»Quellenschutz«,
»Ausforschungsgefahr«, »Staatswohl«) Akten geschreddert, manipuliert und geschwärzt sowie Zeugen ganz oder teilweise gesperrt
werden. Dieses systembedingte Verdunkelungssystem frisst sich
weit hinein in Justiz und Parlamente, die Geheimdienste eigentlich kontrollieren sollen – doch zumeist daran scheitern. Deshalb
neigen Geheimdienste auch in Demokratien zu Verselbständigung
und Machtmissbrauch, wie ihre Geschichte und Praxis eindrucks-
voll belegen. Zugespitzt formuliert: Hier endet der demokratische
Sektor.

7.3. Wer also solche skandalgeneigten und kaum kontrollierbaren
Geheimdienste weiter aufrüstet, statt sie rechtsstaatlich wirksam zu
zügeln, schädigt Demokratie, Bürgerrechte und Rechtsstaatlichkeit.

Da letztlich aber keine Reform das systembedingte Problem von Geheimdiensten in einer Demokratie wirklich lösen kann, solange Geheimsubstanz und unkontrollierbares V-Leute-Unwesen unangetastet bleiben, besteht die einzig funktionierende demokratische Kontrolle von Geheimdiensten darin, diesen undurchsichtigen und übergriffigen Überwachungs- und Datenkraken das klandestine Handwerk zu legen. Deshalb fordern namhafte Bürgerrechtsorganisationen wie die Humanistische Union und die Internationale Liga für Menschenrechte folgerichtig eine (sozialverträgliche) Auflösung des »Verfassungsschutzes« in seiner Ausprägung als Geheimdienst – eine Forderung, der nicht etwa das Grundgesetz und auch keine Landesverfassung entgegensteht, denn danach muss der »Verfassungsschutz« keineswegs als Geheimdienst ausgestaltet sein.[78] Geht es um Gewaltorientierung bestimmter Gruppen und Personen, um die Abwehr konkreter Gefahren und die Aufklärung von Straftaten, dann sind ohnehin Polizei und Justiz zuständig.

7.4. Immerhin scheinen inzwischen Sicherheitspolitik und manche Sicherheitsbehörde endlich aufgewacht zu sein. Wir schreiben das Jahr 2020: Unter dem Eindruck des nazistischen Mords an Walter Lübcke bei Kassel, angesichts der tödlichen Attentate in Halle und Hanau kann es für die Sicherheitspolitik in der Tat nicht mehr so weitergehen. Es müssen endlich Konsequenzen gezogen werden. Denn rechtsextreme Gewalttaten reißen nicht ab und rechtsradikale Netzwerke fressen sich bis hinein in staatliche Sicherheitsbehörden. In letzter Zeit finden immer wieder Polizeirazzien gegen rechtsextreme Organisationen statt, werden Waffen beschlagnahmt und Nazivereinigungen verboten – wie etwa 2020 »Combat 18«, die militante Reichsbürgertruppe »Geeinte deutsche Völker und Stäm-

---

78 Vgl. dazu eingehend: Humanistische Union / Internationale Liga für Menschenrechte / BAG Kritische Juragruppen (Hg.), »Brauchen wir den Verfassungsschutz? Nein!« – Memorandum, Berlin / Norderstedt 2013, erarbeitet von Rolf Gössner, Johann-A. Haupt, Udo Kauß, Till Müller-Heidelberg, Thomas von Zabern

me«, die rechtsterroristische Gruppierung »Nordadler« sowie die
»Sturmbrigade 44« (auch »Wolfsbrigade«).[79] Immer wieder müssen
Disziplinar- und Strafverfahren gegen Soldaten der Bundeswehr
und gegen Polizeibeamte durchgeführt werden – insbesondere wegen rechtsextremer Umtriebe als Mitglieder rechter Netzwerke innerhalb der Sicherheitsorgane, wegen illegaler Datenabfragen aus
Polizeidatensystemen sowie wegen Waffen- und Munitionsbeschaf-
fungsaktionen aus staatlichen Beständen.

7.5. Inzwischen wird auch in Sicherheitsbehörden nicht mehr nur
von »islamistischen«, sondern auch von »rechtsextremistischen
Gefährdern« gesprochen. Das Bundeskriminalamt hat damit begonnen, ein neues Analysesystem zu entwickeln, um Verbrechen
zu vereiteln, bevor sie entstehen – mithilfe von Big Data und deren Analyse (»Predictive Policing«). Es heißt »Radar«, existierte bereits für »Islamisten« und ist, wie alle Big-Data-Projekte, die
mit personenbezogenen Daten die Zukunft zu ergründen glauben,
nicht unbedenklich. Jetzt geht es auch darum, mit »vorausschauen-
der Polizeiarbeit« rechtsterroristische Tendenzen und potentielle
Täter ausfindig zu machen. »Radar« soll 2022 einsatzbereit sein.[80]
Auch das Bundesamt für Verfassungsschutz ist unter der Führung
von Thomas Haldenwang aufmerksamer gegenüber der besorgniserregenden rechtsextremen Entwicklung geworden, nachdem es so
lange und so häufig rechtsextreme Netzwerkbildung und Organisie-
rung sowie rechtsterroristische Tendenzen ignoriert oder großzügig
übersehen hat.

7.6. Im November 2020 hat das Bundeskabinett einen »Maßnahmenkatalog zur Bekämpfung von Rechtsextremismus und Rassismus« aufgelegt und verabschiedet, der mehr Aufklärung, mehr

---

79 Frank Jansen, Schlag gegen Neonazi-Truppe, Weser-Kurier, 2.12.2020; Jan
    Sternberg, Verhinderter Traum vom neuen NS-Reich, Frankfurter Rund-
    schau, 2.12.2020

80 Markus Decker, Eine durchwachsene Bilanz, Frankfurter Rundschau, 11.9.2020

Prävention und die Einführung neuer Straftatbestände vorsieht.[81] Ziel soll es sein, ein stärkeres Bewusstsein für Rassismus zu schaffen, Betroffene von Diskriminierung und Rechtsterror besser zu schützen und für mehr Anerkennung einer pluralen Gesellschaft zu sorgen. Geplant sind ein »Demokratiefördergesetz«, die dauerhafte Finanzierung von »Anti-Extremismus«-Projekten, eine Studie zum Alltagsrassismus in Zivilgesellschaft, Unternehmen und öffentlichen Institutionen sowie ein Forschungsprojekt zur Untersuchung des Polizeialltags (nicht etwa speziell zu Rechtsextremismus, Rassismus und Racial Profiling innerhalb der Polizei). Außerdem soll der Begriff »Rasse« im Grundgesetz ersetzt werden. Einer der geplanten neuen Straftatbestände stellt zum Beispiel sogenannte Feindeslisten und Beleidigungen mit hetzendem Charakter unter Strafe. Außerdem soll das Waffenrecht verschärft werden. Für all dies werden eine Milliarde Euro veranschlagt (von 2021 bis 2024).

So wichtig ein solcher politischer Richtungsschwenk angesichts eines manifesten Erkenntnis- und Kompetenzdefizits in Sachen Rechtsextremismus und Rassismus auch ist, so enttäuschend ist allerdings, dass damit keine wirkliche Wende verbunden ist – und zwar weder eine kohärente Gesamtstrategie noch strukturelle Veränderungen in den Sicherheitsbehörden. Und viele der geplanten 89 Einzelmaßnahmen sind vage und relativ unverbindlich formuliert, so dass man insgesamt konstatieren muss: Der so dringend notwendige Paradigmenwechsel bleibt nach wie vor aus.

Vor allem aber fehlt es an unabhängiger Evaluierung der bisherigen Sicherheitsentwicklung und -architektur, an einer Neuausrichtung und teilweise auch Rückbildung der gesamten »Inneren Sicherheit«, auf deren verhängnisvolle Strukturentwicklung im Folgenden näher eingegangen werden soll.

---

81 Maßnahmenkatalog des Kabinettausschusses zur Bekämpfung von Rechtsextremismus und Rassismus, bundesregierung.de, 25.11.2020; dazu: Konrad Litschko, Mit 89 Maßnahmen gegen den Hass, taz, 26.11.2020

8. Neue Sicherheitsarchitektur:
Da wächst zusammen, was nicht zusammengehört

Verstärkt nach 9/11 und im Zuge der weiter oben skizzierten Antiterrorpolitik erlebten wir einen besorgniserregenden Wandel vom
eingehegten demokratischen Rechtsstaat zum bisherige Grenzen
überschreitenden Sicherheits-, Präventions- und Überwachungsstaat, in dem die Eingriffsschwellen immer mehr herabgesenkt werden. Dabei dreht sich der moderne Sicherheitsdiskurs längst nicht
mehr allein um Gesetzesverschärfungen, Einzelmaßnahmen und
die Aufrüstung einzelner Institutionen. Die Rede ist vielmehr von
»vernetzter Sicherheit« und von einer neuen Sicherheitsarchitektur,
also von einer längerfristigen Strukturveränderung im Staatsgefüge,
die notwendig sei, so heißt es von Seiten der vorherrschenden Sicherheitspolitik, um die neuen Bedrohungen durch internationalen
Terrorismus, islamistischen Extremismus, Organisierte Kriminalität, Cyberattacken und asymmetrische Angriffe bewältigen zu können.[82]

Die Polizei als Gefahrenabwehr- und Strafverfolgungsbehörden in Bund und Ländern erlebte schon in den vergangenen Jahren und Jahrzehnten einen tiefgreifenden Strukturwandel – einen
Prozess der Entgrenzung polizeilicher Aufgaben und Befugnisse
und einer Erhöhung staatlicher Kontrolldichte, wie wir in etlichen
BBA-Laudationes immer wieder aufgezeigt haben. Wie bereits erwähnt, führt dieser Wandel dazu, dass einerseits die Polizeimacht
erheblich zugenommen hat und sich andererseits das ohnehin vorhandene Kontrolldefizit gegenüber polizeilichem Handeln noch
weiter verschärft. Dieser Wandel ist in teils verschärfter Form auch
bei den Geheimdiensten zu beobachten.

Es geht dabei im Kern um drei Strukturveränderungen, von
denen hierzulande zwei auch als Tabubrüche bezeichnet werden

---

82   Zum Beispiel Bundesakademie für Sicherheitspolitik: Strategie fördern und
      ausbauen – Akteure im vernetzten Ansatz in Deutschland, 7.11.2018, baks.
      bund.de

können, weil sie nicht zuletzt vor dem Hintergrund deutscher Geschichte von Bedeutung sind:[83]

8.1. *Erste Strukturveränderung:* In der neueren Entwicklung innerer Sicherheit spielt die Prävention eine ganz zentrale Rolle, also
frühzeitige Gefahren- und Straftatenerkennung im weiten Vorfeld
des Verdachts. Dabei beansprucht polizeiliche Vorfeld- und Prä-
ventionsarbeit eine Menge personenbezogener Daten. Um diese zu
erhalten, sind Polizeiaufgaben und -befugnisse immer weiter in die
Gesellschaft hinein vorverlagert worden – und zwar auch unabhängig vom Vorliegen eines konkreten Straftatverdachts oder einer konkreten Gefahr. Das sind ansonsten Polizeimacht und Polizeigewalt
eingrenzende Eingriffshürden, doch davon hat sich Polizeiarbeit in
der Praxis längst emanzipiert. Bildlich gesprochen: Die Polizei soll
schon vor dem potentiellen Täter am Tatort sein, dessen Umfeld
ausforschen oder ihn gegebenenfalls in Präventivhaft nehmen dürfen – ja, womöglich bevor dieser überhaupt einen Tatplan gefasst
hat. Mit neuen polizeilichen Präventionsbefugnissen werden auch
zahlreiche, völlig unbeteiligte und unverdächtige Personen in Maßnahmen der sogenannten »Verdachtschöpfung« und »Verdachtsver-
dichtung« verstrickt – und so mit einer Vielzahl von Personendaten
erfasst (dazu u. a. BBA-Laudationes 2001, 2005, 2018 und 2019).

Nur ein paar Stichworte für dieses nicht mehr ganz so neumodi-
sche Stochern im Nebel eines zunehmend uferlosen Vorfelds:

- etwa die anlasslose, verdachtsunabhängige Schleierfahndung,
  bei der alle Verkehrsteilnehmer:innen angehalten, kontrolliert,
  gegebenenfalls durchsucht werden dürfen – ohne jeglichen Verdacht; übrigens ein Einfallstor für Racial/Ethnic Profiling;
- oder die Rasterfahndung, jene automatisierte Datenabgleichs-
  methode, bei der Tausende unverdächtiger Personen auf elektronischem Wege automatisiert in Verdacht geraten können, weil

---

83   Siehe ausführlicher zu diesem Komplex: Rolf Gössner, Neue Sicherheitsarchi-
     tektur für den alltäglichen Ausnahmezustand?, in: Stuart Price, Fesseln spürt,
     wer sich bewegt, Hamburg 2012, S. 33 ff.

sie bestimmte Kriterien erfüllen – wobei sich die Unschuldsvermutung in eine generelle Schuldvermutung verkehrt und die
Ausgefilterten sich praktisch gegenüber der Polizei rechtfertigen
müssen, weil ein Algorithmus das erfordert.

- Oder aber die anlasslose Vorratsspeicherung von Telekommunikationsdaten der gesamten Bevölkerung;
- oder die ausgeweitete Videoüberwachung im öffentlichen Raum,
  in die alle Passanten einbezogen werden – ohne zu wissen, was
  mit den Aufzeichnungen in einer vernetzten Welt geschieht.

Mit dieser zur Maßlosigkeit neigenden Präventionslogik verkehren
sich auch die Beziehungen zwischen Bürger:innen und Staat: Die
Unschuldsvermutung, eine der wichtigsten rechtsstaatlichen Errungenschaften, gilt im Polizeibereich praktisch nicht (oder nicht
mehr) und verliert so ihre Staatsmacht begrenzende Funktion und
Bedeutung. Der Mensch mutiert zum potentiellen Sicherheitsrisiko,
der unter Umkehr der Beweislast seine Harmlosigkeit und Unschuld
nachweisen muss. Und die »Sicherheit« wird zum »Supergrundrecht« gekürt, das die Grundrechte der Bürgerinnen und Bürger in
den Schatten zu stellen droht.

8.2. *Zweite Strukturveränderung:* Wir erlebten im Laufe der vergangenen Jahrzehnte eine problematische Vergeheimdienstlichung
von Teilen der Polizei sowie eine verstärkte Vernetzung von Polizei und Geheimdiensten. Dazu gehören etwa die geheimen Befugnisse der Länder- und Bundespolizeien zur Vorfeldausforschung:
also Einsatz von Verdeckten Ermittlern – wie etwa in Hamburg in
der linksalternativen Szene oder in der Organisierten Kriminalität;
Rekrutierung und Führung von oft dubiosen V-Leuten aus kriminellen Milieus, heimliche Überwachungsmaßnahmen wie Große
Lauschangriffe in und aus Wohnungen sowie die neuere Polizeibefugnis, Staatstrojaner in PCs oder Smartphones von Verdächtigen
heimlich einzuschleusen, um sie umfassend ausforschen zu können.
Zur fortschreitenden Vernetzung gehören u. a. die Terrorismus-Ab-
wehrzentren, in denen Polizei und Geheimdienste unmittelbar zu-

sammenarbeiten, sowie die von beiden gemeinsam bestückten und
genutzten Antiterrordateien (vgl. BBA-Laudatio 2006). Im Nationalen Cyber-Abwehrzentrum zur Abwehr elektronischer Angriffe
auf kritische IT-Infrastrukturen kooperieren Bundeskriminalamt,
Bundespolizei, BND, »Verfassungsschutz«, Bundesamt für Bevölkerungsschutz und Katastrophenhilfe und auch die Bundeswehr.[84]

Die Polizei vereint also geheim und exekutiv erworbenes Wissen
auf Grundlage gemeinsamer Dateien mit Geheimdiensten und sie
vereint darüber hinaus geheime und zugleich exekutiv-vollziehende
Kompetenzen in einer Hand. Was ist nun aber so problematisch an
dieser Befugnisausweitung und Vernetzung im staatlichen Sicherheitssektor? In letzter Konsequenz geht es dabei um die zumindest
partielle Aufhebung des verfassungskräftigen Gebots der Trennung
von Polizei und Geheimdiensten – wie bereits im ersten Teil des
Buches in mehreren Laudationes erwähnt: einer ganz wichtigen
Konsequenz aus den bitteren Erfahrungen mit Reichssicherheitshauptamt und Gestapo der Nazizeit, die allumfassend sowohl nach-
richtendienstlich als auch exekutiv-vollziehend tätig waren. Mit
diesem Trennungsgebot, das auf dem Polizeibrief der Westalliierten
von 1949 basiert,[85] sollten ursprünglich in Westdeutschland eine
unkontrollierbare Machtkonzentration der Sicherheitsapparate sowie eine neue Geheimpolizei verhindert werden – eine Konsequenz,
die im Laufe der Jahrzehnte immer weniger Beachtung fand und die
mittlerweile zumindest in Teilen praktisch aufgehoben worden ist.[86]

Mit der fortschreitenden Vernetzung und Verzahnung von Polizei und Geheimdiensten und mit der neuen Sicherheitsarchitektur
wächst mehr und mehr zusammen, was nicht zusammengehört,
wird eine elementare Lehre aus der deutschen Geschichte, das Trennungsgebot und die informationelle Gewaltenteilung, weitgehend

---

84 Einige des Vernetzungen sind auch mit dem *BigBrotherAward* ausgezeichnet
    worden. Nationales Cyber-Abwehrzentrum, unter Wikipedia; Cyber-Abwehr-
    zentrum, unter bmi.bund.de

85 Wikipedia: Polizeibrief

86 Teilweise vom Bundesverfassungsgericht abgesegnet

entsorgt – mit der möglichen Folge einer gefährlichen Machtkonzentration der Sicherheitsbehörden, die sich auch deswegen immer
schwerer demokratisch kontrollieren lassen. Denn die konspirativ
arbeitenden Teile des Polizeiapparates schotten sich intern, aber besonders nach außen hin ab, ähnlich wie Geheimdienste. Mangels
Transparenz und mangels Kenntnis von geheimen Polizeieinsätzen
sind so eine demokratische und öffentliche Kontrolle sowie der individuelle Rechtsschutz nur noch schlecht möglich.

8.3. *Dritte Strukturveränderung:* Wir erleben schon seit Längerem –
neben der Militarisierung der Außenpolitik – auch eine schleichende Militarisierung der »Inneren Sicherheit«. Im Mittelpunkt steht
dabei der Bundeswehreinsatz im Inland, der längst schon Realität
ist,[87] aber noch ausgeweitet und abgesichert werden soll – unter
Missachtung jener, es muss immer wieder betont werden, wichtigen
Lehre aus der deutschen Geschichte, wonach Polizei und Militär,
ihre Aufgaben und Befugnisse strikt zu trennen sind.[88]

Die Bundeswehr – längst von einer Verteidigungs- zu einer welt-
weit agierenden Interventionsarmee mutiert – soll künftig selbst in
Friedenszeiten – also ohne militärischen Angriff von außen – im
Innern des Landes flexibler eingesetzt werden. So sieht es etwa das
»Weißbuch« (2016) des Verteidigungsministeriums vor. Und zwar
nicht nur im bereits zulässigen Fall von Katastrophen und schweren
Unglücken, nicht nur im Spannungs- oder Notstandsfall nach den

---

87   Tatsächlich konnte sich die Bevölkerung an solche heimischen Militäreinsät-
      ze der Bundeswehr in der Vergangenheit schon mal gewöhnen – bereits die
      Fußball-WM 2006, G8- oder NATO-Gipfel dienten dafür als Exerzierfeld, um
      diesem Paradigmenwechsel jede Anstößigkeit zu nehmen. Beim G8-Gipfel-
      Einsatz 2007 in Heiligendamm kamen angesichts massiver Gegendemonstra-
      tionen selbst Bundeswehr-Tornados, Aufklärungsflugzeuge sowie Späh- und
      Spürpanzer zum Einsatz.

88   Dazu ausführlich: Rolf Gössner, Auf dem Weg in den permanenten Ausnah-
      mezustand? Innere Militarisierung und Aufrüstung zum präventiv-autoritä-
      ren Sicherheitsstaat, in: Lühr Henken (Hg.), Abrüsten statt Aufrüsten, Kassel
      2018, S. 135 ff.

umstrittenen Notstandsgesetzen (gem. Art. 87a Abs. 3 GG), nicht nur zur technischen Amtshilfe für die Polizei (nach Art. 35 GG), sondern auch als eine Art nationale Sicherheitsreserve im Inland, als »Hilfspolizei« mit eigenen hoheitlichen Kompetenzen und militärischen Mitteln. So etwa auch zur Terrorabwehr und zur Bewältigung von »terroristischen Großlagen« – einer klassischen Aufgabe der Polizei, was Bund und Länder jedoch nicht daran hinderte, die Polizei 2017 zusammen mit der Bundeswehr in einer gemeinsamen GETEX-Stabsübung den Antiterrorkampf im Innern proben zu lassen.[89]

Abgesehen von dieser geschichtsvergessenen Grenzüberschreitung stellt sich die Frage: Was wohl hätte die Bundeswehr etwa in Würzburg, Ansbach oder Berlin (Weihnachtsmarkt-Attentat 2016) ausrichten können, was die Polizei in Bund und Ländern (schon) allein nicht vermochte?

Exkurs: Auch im Zuge der »Corona-Krise« droht sich der *Trend zur Militarisierung der »Inneren Sicherheit« und Gefahrenabwehr* zu verstärken: Wegen der Corona-Epidemie und zu ihrer Bekämpfung wird die Bundeswehr per Amtshilfe im Logistik- und Sanitätsbereich, für Testungen, Desinfektionsaufgaben, zur Kontaktverfolgung in den unterbesetzten Gesundheitsämtern, zur Hilfe in Alten- und Pflegeheimen sowie im Rahmen der Massen-Impfaktionen unterstützend eingesetzt. Dies kann mangels genügend zivilen Personals im Notfall vorübergehend durchaus sinnvoll sein. Es darf jedoch nicht zur Routine werden, dass die Bundeswehr überall dort mit militärisch ausgebildeten Kräften und im Tarnfleck, also in voller Militär-Montur, im Innern des Landes einspringt, wo zuvor das zivile Personal mutwillig und Kosten senkend weggespart worden ist.

Noch nie in der Geschichte der Bundeswehr war die sogenannte »Heimatfront« so sehr und so lang in Zivilbereichen des Inlands eingebunden wie während der Corona-Pandemie 2020/21. Die Bun-

---

89 Rolf Gössner, Geschichtsvergessene Grenzüberschreitung, in: Ossietzky, Nr. 6/2017, ossietzky.net

deswehr mobilisierte zwischen März 2020 und März 2021 insgesamt 25.000 Soldat:innen für den Corona-Inlandseinsatz zur Unterstützung von Ländern und Kommunen (ca. 17.000 im Einsatz, Rest des Einsatzkontingents in Reserve).[90] Der Großeinsatz der Bundeswehr im Innern erstreckt sich auch auf die zivilen Corona-Massen-Impfzentren und -Testaktionen – insbesondere in Logistikbereichen –, wofür dann noch weitere Soldat:innen in Einsatzbereitschaft stehen und zum Einsatz kommen, auch im medizinischen Bereich. Darüber hinaus bereitete sich die Bundeswehr für Notfälle aber auch auf die Unterstützung der Polizei vor, unter anderem mit Militärpolizisten der Feldjäger für »Ordnungsdienste«, zur Sicherung des Impfstoffes und zum Schutz kritischer Infrastrukturen oder ganzer Wohnblocks unter Quarantäne.[91]

Gerade solche militärische Polizeiunterstützung ist mehr als heikel. Denn polizeiähnliche Exekutivbefugnisse des Militärs im Inland sind verfassungsrechtlich höchst umstritten, da Polizei und Militär, ihre Aufgaben und Befugnisse strikt zu trennen haben. Die Bundeswehr darf nicht zur nationalen Sicherheitsreserve im Inland werden, schon gar nicht mit hoheitlichen Kompetenzen und militärischen Mitteln. »Innere Sicherheit«, Gefahren- und Terrorabwehr sowie Strafverfolgung sind klassische Aufgaben der Polizei und nicht der Bundeswehr. Und Soldat:innen sind keine Hilfspolizist:innen, sie sind nicht für polizeiliche Aufgaben im Inland nach dem Grundsatz der Verhältnismäßigkeit, sondern zum Kriegführen ausgebildet und mit Kriegswaffen ausgerüstet. Und sie sind auch nicht dafür da, real existierende personelle Defizite der Polizei in Bund und Ländern auszugleichen.

---

90 Martin Kirsch, Die Bundeswehr als Krisenakteur im Inland, IMI-Ausdruck, März 2021, S. 11 ff. mit Verweis auf Bundesverteidigungsministerium, 3.2.2021, bmvg.de

91 Stand: August 2020; vgl. Der Spiegel, 27.3.2020 und 30.5.2020; IMI-Standpunkt 2020/010. Stand 12/2020: Kai Küstner, Bundeswehr rüstet sich für Impfeinsatz, tagesschau.de, 23.12.2020; Süddeutsche Zeitung, 12.1.2021; www.bundeswehr.de/de/aktuelles/coronavirus-bundeswehr

So ähnlich sieht es übrigens auch die Gewerkschaft der Polizei (GdP im DGB), die in gemeinsamen Manövern und Aktionen von Polizei und Bundeswehr den Versuch erkennt, originäre polizeiliche Aufgaben in militärische Hand zu geben.[92] Die GdP fordert demgegenüber mehr Polizeikräfte, um Vollzugsdefizite zu vermeiden und sie weist gleichzeitig den politisch motivierten Vorstoß zurück, das Militär mit seinem Kriegswaffenarsenal immer stärker in originär polizeiliche Aufgaben einzubeziehen und diese Aufgabenvermengung dann noch als Sicherheitsgewinn zu verkaufen.

Das Bundesverfassungsgericht hat allerdings bereits 2012 festgestellt, dass die Bundeswehr im Inneren dann eingesetzt werden darf, wenn eine »ungewöhnliche Ausnahmesituation katastrophischen Ausmaßes« vorliegt. Dann darf sie selbst mit Kriegswaffen gegen Bundesbürger:innen operieren.[93] Wann eine »ungewöhnliche Ausnahmesituation katastrophischen Ausmaßes« vorliegt, wird nicht näher definiert; klar ist nur, dass darüber nicht etwa der Bundestag, sondern die Bundesregierung zu befinden hat. Besonders angesichts von terroristischen Bedrohungen wird immer wieder darüber diskutiert, ob und unter welchen Umständen die Bundeswehr im Innern eingesetzt werden darf. Mit dieser Entscheidung hat das Bundesverfassungsgericht praktisch die Verfassung geändert, was ihm jedoch in keiner Weise zusteht. »Das ist ein einmaliger, ein unerhörter Vorgang in der Geschichte der Bundesrepublik und ihres Verfassungsgerichts«, so Heribert Prantl in der »Süddeutschen Zeitung« (18./19.8.2012). Karlsruhe habe ohne Not mit der bundesrepublikanischen Tradition gebrochen, die da lautete: »Kein Bundeswehreinsatz im Innern!«

Auch mit der bereits entwickelten Heimatschutz-Infrastruktur eines »vernetzten Sicherheitsansatzes« rückt die Bundeswehr er-

---

92 Kritik an gemeinsamer Terrorfall-Übung mit Bundeswehr, Stuttgarter Zeitung, 31.8.2016, stuttgarter-zeitung.de

93 Entscheidung des BVerfG vom 3.7.2012 zum Einsatz militärischer Kampfmittel im Innern; dazu: Wolfram Wette, »Ungewöhnliche Ausnahmesituation katastrophischen Ausmaßes«, Betrifft: Justiz, Dez. 2012, S. 400 ff.

heblich näher an die zivilen Behörden, auch an die Polizei, heran, durchdringt zahlreiche gesellschaftliche Bereiche des öffentlichen Lebens und wird zu einer »militärischen Parallelorganisation zum zivilen Krisenmanagement«,[94] wie sich auch in Corona-Zeiten deutlich zeigt. Mit der Folge einer Vermischung ziviler und militärischer Bereiche, unklarer Zuständigkeiten, einer schleichenden Militarisierung des Katastrophenschutzes, die sich auch auf weitere zivile Strukturen wie Rettungsdienste, Krankenhäuser oder Forschungseinrichtungen auswirken kann. Aus pazifistischer Sicht eine problematische Entwicklung – wenn auch anerkannt werden muss, dass die Bundeswehr in zivil-militärischer Zusammenarbeit im Rahmen der Amtshilfe bei Naturkatastrophen, wie der Flutkatastrophe von 2013, schon Hervorragendes geleistet hat.

8.4. Insgesamt gesehen gibt es eine fatale Tendenz dieser Art von Sicherheitspolitik und Antiterrorkampf, den Rechtsstaat radikal umzubauen, die verfassungsrechtlichen Grenzen zwischen Polizei und Geheimdiensten zu schleifen, die Grenzen zwischen Innerer Sicherheit und Außenpolitik, zwischen Verteidigung und Intervention, Militär und Polizei zu verwischen – kurz: für alle (Not-)Fälle das Instrumentarium des Ausnahmezustands vorzuhalten, zu normalisieren und zu schärfen.

Und spätestens hier stellt sich dann die Frage: Sollen Staat und Gesellschaft mit diesem forcierten Umbau der Sicherheitsarchitektur und der Anhäufung von Kontroll- und Repressionsinstrumenten der Überwachung und Kontrolle, der Gefahrenvorsorge und -abwehr auf Vorrat womöglich nicht nur vor Gewaltkriminalität und Terror, vor Katastrophen und Unglücken geschützt werden? Wappnen sich Staat und auch EU in Wirklichkeit nicht nur gegen kriegerische Angriffe von außen, sondern vorsorglich auch gegen zu erwartende soziale Unruhen und militante Aufstände im Innern

---

94   Norbert Pütter, Sicherheitsarchitekturen im Wandel. Polizei – Geheimdienst – Militär, Bürgerrechte & Polizei / CILIP, Nr. 90 (2/2008), S. 39

sowie gegen unkontrollierte Flucht- und Migrationsbewegungen –
gerade in Zeiten verschärfter ökonomisch-sozialer Krisen und star-
ker sozialer Spaltung und Spannungen in Deutschland und Europa?
Einem Europa, dem noch eine weit tiefere soziale Spaltung droht,
wie die Hilfsorganisation Oxfam schon länger prognostiziert.[95] Eine
Spaltung im Übrigen, die sich mit und nach der Corona-Krise noch
erheblich verschärft hat und weiter verschärfen wird, wenn nicht
entschieden gegengesteuert wird. (siehe 9.) »Die tiefe Kluft zwischen Arm und Reich erweist sich als ebenso tödlich wie das Virus«,
so Oxfam Deutschland in der Studie »The Inequality Virus« (»Das
Ungleichheitsvirus«) von Januar 2021.[96]

Exkurs: Beispiel »Schnöggersburg« –
Aufstandsbekämpfungstraining im urbanen Raum?
Tatsächlich warnen Forscher schon seit Längerem vor immer größe-
rer Armut und sozialer Ungleichheit in Europa und in Deutschland
– mit allen explosiven Folgen einer solchen Entwicklung für den sozialen Zusammenhalt und die Demokratie in der EU. Längst gibt es
dafür – und zwar schon vor Corona – Vorboten, wie etwa in Frankreich (Gilets Jaunes), aber auch in der Bundesrepublik und in anderen
EU-Staaten. Mehrere Studien politischer Think-Tanks sehen u. a. in
urbanen Auseinandersetzungen die »Zukunft der Kriegsführung«:
»Die Kriege der Zukunft werden Kriege in urbanen Ballungsräumen
sein (…) Es werden ›asymmetrische‹ und hybride Kriege sein, die
nicht gegen Heere anderer Staaten, sondern gegen Terroristen und
Aufständische geführt werden«[97] – sowie gegen Angreifer im Cyber-
raum.[98]

---

95 Hannes Koch, Die Reichen werden immer reicher: Oxfam kritisiert die zu-
    nehmende soziale Spaltung, General-Anzeiger (Bonn), 17.1.2016, ga.de

96 So die neue Oxfam-Studie »The Inequality Virus« (Januar 2021), vgl. Thomas
    Magenheim, Das Ungleichheitsvirus, Frankfurter Rundschau, 25.1.2021, S. 13

97 Aureliana Sorrento, »Zukunftsvision: Militarisierung für den Wohlstand«,
    Dossier, Deutschlandfunk, 20.6.2014

98 Vgl. dazu: Rolf Gössner, Aufrüstung zum Cyberkrieg, Ossietzky, Nr. 10/2017

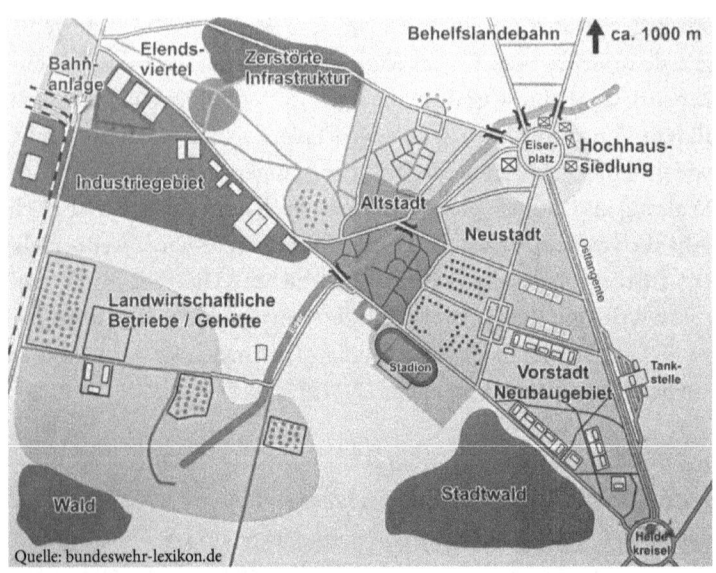

Quelle: bundeswehr-lexikon.de

Tatsächlich wird die Bundeswehr nicht nur konventionell, sondern auch digital aufgerüstet und für den Cyberkrieg fit gemacht
(dazu BBA-Laudatio 2017). Tatsächlich trainieren Bundeswehrsol-
daten für ihre militärischen Interventionen auch sogenannte Aufstandsbekämpfung, also' die Niederschlagung sozialer Unruhen
und militanter Aufstände, sowie den »asymmetrischen Krieg« rea-
litätsnah in urbanen Räumen – so etwa in Israel den Häuser- und
Tunnelkampf in einer künstlichen Wüstenstadt (»Baladia-City«)[99]
oder seit 2018 im Gefechtsübungszentrum des Heeres (GÜZ) in
Sachsen-Anhalt. Auf dessen Gelände wird seit 2012 eine sechs
Quadratkilometer große und weit über 140 Millionen Euro teure Übungsstadt namens »Schnöggersburg« aufgebaut.[100] Hier in

---

99 Thorsten Jungholt, Bundeswehr soll in Israel den Häuserkampf lernen, Die
    Welt, 30.8.2015

100 Vgl. u.a. Antwort der Bundesregierung, BT-Drucksache 17/10589 vom
    3.9.2012, S. 4; Marcus Klöckner, Aufstandsbekämpfung im urbanen Raum
    teurer als geplant, heise.de, 30.8.2016; Florian Rötzer, Der »urbane Ballungs-
    raum« der Bundeswehr, heise.de, 2.10.2015; das Übungsgelände entstand an

der Colbitz-Letzlinger Heide entsteht unter Regie des Rüstungs-
konzerns Rheinmetall Europas größte militärische Übungs- und
Kampfstadt: ein »urbaner Ballungsraum« mit 520 Gebäuden, einer
Altstadt und Hochhaussiedlung, einem Regierungs- und einem
Elendsviertel, mit Industriegebiet und Bahnstation, Flughafen,
16 km Straßennetz, U-Bahn und Kanalisation, mit Sakralbau-
ten, Kirche bzw. Moschee, Schule, Flüchtlingslager und Gefäng-
nis, Supermarkt, Stadion und Stadtpark mit künstlich angelegtem
Fluss und Brücken – also eine typische Infrastruktur moderner
Metropolen, wo sich soziale Konfliktlagen zusammenballen und
entladen können.

Seit 2018 trainieren dort in bereits fertiggestellten Bauabschnit-
ten, wie der sogenannten »Altstadt«, Tausende von Soldat:innen
der Bundeswehr und der NATO, aber auch Bundes- und Länder-
polizist:innen den Häuser- und Antiterrorkampf. Nach vollstän-
diger Fertigstellung von »Schnöggersburg« bis 2021 werden dann
Bundeswehr-, EU- sowie NATO-Kampfverbände, aber auch Poli-
zeieinheiten den »asymmetrischen« Krieg und Häuserkampf in
Großstädten proben – für weitere Auslandseinsätze, aber auch
nutzbar für militärische Heimatschutz- und Antiterroreinsätze im
Inneren des Landes oder im Innern von EU-Staaten.[101]

Gegen das Gefechtsübungszentrum Schnöggersburg regt sich
von Anbeginn des Vorhabens lebhafter Widerstand; insbesondere
Organisationen der Friedensbewegung und speziell die Bürgerinitiative »Offene Heide« engagieren sich hier mit vollem Einsatz.[102]

---

der Stelle einer gleichnamigen ehemaligen Dorf- und Forststelle (Luftkurort/
Naherholungsgebiet).

101 Susan Bonath, Kriegsübungen: »Perspektiven als Kanonenfutter«, junge Welt,
26.10.2020; dies., Kriegsspiel in der Heide, junge Welt, 4.3.2019, S. 3; Julius Lu-
kas, Schnöggersburg – modernstes Übungszentrum des Heeres, Bundeswehr-
Journal, 18.10.2018, bundeswehr-journal.de; Nato-Übung in Schnöggersburg,
volksstimme.de, 19.6.2018

102 www.offeneheide.de

9. Schlussplädoyer:
Ursachenbekämpfung statt Aufrüstungs- und Kriegspolitik

Mit ihrer Art von Antiterrorkampf zeigen sich Bundesrepublik und EU sowie die Mehrheit ihrer Mitgliedsstaaten weiter ignorant gegenüber den tatsächlichen Gründen und Ursachen von Krieg, Terror, Gewalt und Flucht, an denen westliche Staaten, Staatengemeinschaften wie EU und NATO maßgeblich beteiligt waren und nach wie vor sind und denen Millionen von Menschen außerhalb Europas zum Opfer fielen und weiterhin fallen. Insbesondere die Militärinterventionen im Namen von Sicherheit und Freiheit haben die Welt nicht sicherer und nicht freier gemacht und auch den Terrorismus nicht eingedämmt – im Gegenteil: Krieg ist seinerseits Terror und gebiert immer neuen Terror und neue Terroristen.

9.1. Es wird also weder Fortschritt noch Frieden geben ohne ein Ende kriegerischer Interventionen, der exzessiven Waffenexporte in Krisengebiete und an Diktaturen und ohne Stopp des globalen, destruktiven Marktradikalismus. Es wird keinen nachhaltigen Fortschritt und Frieden geben ohne grundlegende Änderung der aggressiv-neoliberalen Wirtschafts- und Agrarpolitik, der ausbeuterischen Welthandels- und Rohstoffpolitik sowie einer vollkommen unzulänglichen Sozial-, Umwelt- und Klimapolitik. Und auch nicht ohne angemessenen Ausgleich für koloniale und postkoloniale Folgen und Schädigungen und auch nicht ohne starke Hilfen zur Verbesserung der Lebensgrundlagen in den Heimatländern der Geflüchteten. Milliardenschwere »Flüchtlingsdeals« wie mit der Türkei und »Migrationspartnerschaften« mit anderen autoritären Regimen in Afrika bewirken das Gegenteil:[103] Diese Abschottungspolitik bekämpft Flucht und Flüchtlinge – nicht etwa Fluchtursachen. So werden autokratische Staaten und deren Militär- und Repressionsapparate gesponsert und stabilisiert – und damit letztlich

---

103 Ein Flüchtlingsbekämpfungs-Deal nach dem anderen: Die EU und ihre »Migrationspartnerschaften«, prosasyl.de, 20.10.2016

bestehende Fluchtgründe verschärft, anstatt sie abzumildern und zu beseitigen.

9.2. Die zu verzeichnende Militarisierung nach außen und innen sowie die jahrzehntelange und aktuelle Anhäufung von Instrumenten der Überwachung und Kontrolle im weiten Vorfeld des Verdachts und auf Vorrat weisen, wie bereits dargelegt, über Terrorabwehr weit hinaus. Angesichts einer solch verhängnisvollen Entwicklung ist ein grundsätzlicher Paradigmenwechsel geboten: Wir müssen endlich das vorherrschende verengte und angstbesetzte, polizei-, geheimdienst- und militärdominierte Sicherheitsdenken aufbrechen und das kurzsichtige und reflexhafte Kurieren von Symptomen überwinden – ohne dabei allerdings den notwendigen staatlichen Schutz von Gesellschaft und Bevölkerung zu vernachlässigen. Wir brauchen einen anderen Sicherheitsbegriff: einen ganzheitlich orientierten sozialen, ökologischen und friedenspolitischen Sicherheitsbegriff, der sich auch kritisch und nachhaltig mit den nationalistisch-rassistischen, ausbeuterisch-ökonomischen, (a)sozialen, macht- und geopolitischen, militärischen und religiös-ideologischen Ursachen und Bedingungen von Krieg, Terror, Gewalt und Organisierter Kriminalität auseinandersetzt. Nur so lassen sich wesentliche Erkenntnisse gewinnen, aus denen geeignete und dauerhafte politische Konsequenzen für staatliches, gesellschaftliches und ökonomisches Handeln gezogen werden können.

9.3. Es geht also auch im Zusammenhang mit unserem Thema und der Verhinderung eines präventiv-autoritären Sicherheits- und Überwachungsstaats und seiner Gefahren um einen langwierigen, aber unausweichlichen Kampf für soziale Gerechtigkeit, soziale Sicherheit, soziale Prävention und faire Integration bzw. Inklusion und Teilhabe, für ein Ende von Waffenexporten in Krisen- und Kriegsgebiete, für Rüstungskonversion und zivile Konfliktprävention, eine humane Flüchtlingspolitik und konsequente Umwelt-, Klima- und Friedenspolitik. Ein Kampf für eine friedlichere Welt und eine ge-

rechtere Weltwirtschaftsordnung – also für eine Welt ohne Ausbeutung, Armut und Krieg. Nur so wird das menschliche Überleben auf
Dauer zu sichern sein. Nur so kann sowohl dem Terror als auch dem
staatlichen Antiterror der Nährboden entzogen werden.

***

II.
Corona-Abwehrpolitik –
neue Meilensteine auf einem verhängnisvollen Weg?

Widmen wir uns nun zum Abschluss dieses Buches einem ganz anderen Szenario, in dem es ebenfalls um bedeutsame Bürgerrechts-, De-
mokratie- und Rechtsstaatsprobleme geht. Es ist der durchaus heikle
und schwierige Versuch, das bereits eingangs angerissene Problem zu
erörtern, ob sich im Zusammenhang mit der »Corona-Krise« neue
Meilensteine auf dem Weg in den präventiv-autoritären Sicherheits-
und Überwachungsstaat entwickeln, die uns auf lange Sicht noch
zu schaffen machen werden.[104] Aus der überaus verwirrenden Ge-
mengelage des gesamten Corona-Komplexes und seiner immensen
Herausforderungen werden im Folgenden beispielhaft einige Aspekte behandelt, die besondere Bedeutung im Zusammenhang unserer
Fragestellung haben. Abgesehen von grundsätzlichen Sachverhalten
und Erwägungen kann es sich angesichts der Dynamik der Krise im
Übrigen nur um recht vorläufige Einschätzungen handeln.

1. Stellen Sie sich vor ...
Stellen Sie sich vor, im Land des Grundgesetzes und der so viel ge-
priesenen »freiheitlichen demokratischen Grundordnung« dürfen
Sie eines Tages aufgrund von Regierungsverordnungen und aus

---

104 Dazu ausführlich: Rolf Gössner, Menschenrechte und Demokratie im Aus-
     nahmezustand. Gedanken und Thesen zum Corona-Lockdown, zu ›neuer
     Normalität‹ und den Folgen, hg. von der Vereinigung Demokratischer Juris-
     tinnen und Juristen e. V., Ossietzky Verlag, Dähre 2020 (Oktober)

Gründen des Gesundheitsschutzes über Wochen und Monate das Haus nicht mehr ohne »triftigen Grund« verlassen, noch nicht einmal allein auf einer Bank im Park ein Buch lesen oder am Rheinufer verweilen (»Verweilverbot«), sich allenfalls in einem 15-km-Umkreis bewegen und nicht mehr in Hotels übernachten. Der Staat schreibt Ihnen vor, dass Sie nur noch eine Person aus einem anderen Haushalt zuhause oder im Freien treffen dürfen, aber nur mit Abstand und Maske, also ohne direkten Kontakt und Berührungen. Ihnen wird untersagt, Ihre nächsten Angehörigen in Pflege- oder Altenheimen zu besuchen, selbst wenn diese sterbenskrank sind. Kitas, Schulen und Universitäten werden geschlossen, darüber hinaus Einzelhandelsgeschäfte, alle Restaurants, Museen, Kinos, Theater, Konzertsäle et cetera – bundesweit. Veranstaltungen sind untersagt, Versammlungen verboten oder allenfalls mit scharfen Auflagen zugelassen und es werden nächtliche Ausgangssperren verhängt. In Innenstädten und öffentlich zugänglichen Räumen gilt Masken- und Abstandspflicht. Bei Verdacht auf eine mögliche Corona-Infektion müssen Sie sich in Quarantäne begeben. Diese zwangsbewehrten Anweisungen und Verbote werden von Polizei und Ordnungsbehörden kontrolliert und bei Verstößen mit mehr oder weniger hohen Bußgeldern oder Strafen geahndet. Bei Quarantäne-Verweigerung droht Ihnen Zwangseinweisung etwa in eine Klinik, Erstaufnahmeeinrichtung oder Arrestanstalt.

Außer im Fall der Quarantäne dürfen Sie jedoch trotz all dieser Beschränkungen als Arbeitnehmer:in – falls Homeoffice nicht möglich ist – in überfüllten Nahverkehrsmitteln zur Arbeit fahren und im Büro oder in der Fabrik mit vielen anderen Kolleg:innen zusammen arbeiten (oft ohne ausreichende Schutzmaßnahmen). Sie dürfen in ihrer Freizeit spazieren gehen, sich sportiv betätigen, Fahrrad oder Auto fahren. Abends dürfen Sie im Supermarkt Lebensmittel und Spirituosen, in der Drogerie Kosmetika und Klopapier, in der Apotheke Beruhigungsmittel und Masken einkaufen oder aber von zuhause aus Waren im Internet bestellen. Ansonsten dürfen Sie kochen, essen und trinken, lesen, spielen und telefonieren, was das

Zeug hält, sich auf allen Kanälen informieren und digital kommunizieren ...

Ein unvorstellbares Szenario? Ja: Zumindest bis Frühjahr 2020 hätten wir solche Lockdowns für undenkbar gehalten und sicher als indiskutabel, autoritär, freiheits- und grundrechtsverletzend gebrandmarkt. Doch seit Covid-19 uns heimgesucht hat, ist all dies mehr oder weniger bundesdeutsche und auch internationale Realität, teils in noch rigiderer Ausfertigung. Ob diese neue Realität, die auch als eine Art nicht erklärter »Ausnahmezustand« gekennzeichnet wird, in allen, auch widersprüchlichen Ausprägungen und Facetten begründet und gerechtfertigt, verhältnis- und verfassungsmäßig ist, kann keineswegs pauschal und ein für allemal beantwortet werden – sollte aber in einer Demokratie offen und kritisch hinterfragt und diskutiert werden. Doch die gesellschaftliche Debatte in der »Corona-Krise« hat – nicht zuletzt im medialen Raum – allzu lange Zeit unter Angst, Einseitigkeit und Konformitätsdruck gelitten, auch unter Diffamierung und Ausgrenzung. Diskussionskultur und Meinungsvielfalt haben in der Corona-Krise jedenfalls gehörig gelitten und sie leiden teilweise noch immer – auch wenn Zweifel, Kritik und Gegenstimmen längst lauter geworden sind, sich aber mitunter auch skurril bis gefährlich verirren.

2. Angst und Angstpolitik ...

... spielen eine große Rolle im Zusammenhang mit Rechtfertigung und Akzeptanz des Corona-Ausnahmezustands im partiellen und später auch härteren Lockdown, der mit gravierenden Grundrechtseinschränkungen verbunden ist.[105] Schließlich ging und geht es doch angesichts dieses »Killervirus« um »Leben und Tod«, wie ein ums andere Mal gemahnt und gewarnt worden ist. Massenme-

---

105 Vgl. »System im Stresstest« – Anhörung der Fraktion DIE LINKE im Bundestag zur Corona-Krise am 2.7.2020, u. a. mit Franziska Augstein (Journalistin), Julian Nida-Rümelin (Philosoph), Bodo Ramelow (Ministerpräsident Thüringens), Klaus Reinhardt (Präsident der Bundesärztekammer), Sahra Wagenknecht (MdB). Videomitschnitt: youtu.be/MfhgghDgM0M

dial unterlegt mit furchterregenden, oft unpräzisen, nicht nachvollziehbaren und nicht belastbaren Infektions- und Todeszahlen, mit
wiederholt präsentierten Horrorbildern von überbelegten Intensivstationen und Kolonnen von Särgen in Italien (Bergamo) – ohne
jedoch auf die unterschiedlichen Bedingungen etwa in Norditalien
und Deutschland hinzuweisen.[106] Selbstverständlich blieb all dies in
der Bevölkerung nicht ohne Wirkung und ließ vieles andere, wie
etwa menschliche Kontakte, Freiheit, Demokratie und Rechtsstaat
manchen plötzlich klein, unbedeutend und entbehrlich erscheinen
– zumindest vorübergehend.

Die Angst vor dem unsichtbaren Feind Corona ist auch von Re-
gierungsseite bedient und massiv verstärkt worden. Nur ein Beispiel
für regierungsamtliche Angstpolitik in diesem Zusammenhang: In
einem ursprünglich geheimen Strategiepapier des Bundesinnenministeriums (BMI) mit dem Titel »Wie wir COVID-19 unter Kontrolle bekommen« (»Verschlusssache – Nur für den Dienstgebrauch«)
setzte das Ministerium gezielt auf »Schockwirkung« in der Bevölkerung.[107] Dort heißt es wörtlich: »Um die gewünschte Schockwirkung
zu erzielen, müssen die konkreten Auswirkungen einer Durchseu-
chung auf die menschliche Gesellschaft verdeutlicht werden«. So
ist etwa die Rede von Schwerkranken, die wegen Überfüllung der
Krankenhäuser zurückgewiesen werden und »qualvoll um Luft rin-
gend« zuhause sterben müssen: »Das Ersticken oder nicht genug
Luft kriegen ist für jeden Menschen eine Urangst.« Und wenn Kinder »ihre Eltern anstecken, und einer davon qualvoll zuhause stirbt
und sie das Gefühl haben, Schuld daran zu sein, weil sie z. B. verges-

---

106 Etwa hinsichtlich Bevölkerungs- und Altersstrukturen, Umweltbelastungen
und Vorerkrankungen, Qualität des Krankenhaus- und Gesundheitswesens,
Behördenversagen etc.; vgl. dazu Albrecht Goeschel, Die Italien-Keule, rubi-
kon.news, 10.6.2020; Cedric Rehmann, Die Toten von Bergamo, Frankfurter
Rundschau, 14.7.2020, S. 8 f.

107 Das Strategiepapier »Wie wir COVID-19 unter Kontrolle bekommen« zum
Download u. a. unter www.abgeordnetenwatch.de/sites/default/files/media/
documents/2020-04/bmi-corona-strategiepapier.pdf – update, 20.5.2020; das
BMI hat das Papier inzwischen auf seine Internetseite gestellt (bmi.bund.de).

sen haben, sich (...) die Hände zu waschen, ist es das Schrecklichste, was ein Kind je erleben kann«.[108]

Mit solchen Schockszenarien und einer Worst-Case-Prognose von über einer Million Corona-Toten im Jahre 2020 allein in Deutschland[109] sollte offenbar bewusst und gezielt ein Klima der Angst erzeugt und die Bevölkerung in Schrecken versetzt werden, um sie hinsichtlich der Gefahr sensibel und hinsichtlich der exekutiven Abwehrmaßnahmen einsichtig zu machen, was letztlich auch weitgehend gelungen ist (wenn auch mit Ausnahmen und Gegenbewegungen). Wenn Gefahr und Verunsicherung nur groß genug erscheinen und mit einer drohenden zweiten oder auch dritten Infektionswelle oder gar einer »Dauerwelle« wegen gefährlicher Virusmutationen noch forciert werden können, dann nimmt ein Großteil der Bevölkerung individuelle und gesellschaftliche Einschränkungen und damit zwangsläufig verbundene »Kollateralschäden« offenbar einsichtig und zustimmend, resignierend oder aber willfährig hin. Mitunter auch noch stärkere Einschränkungen fordernd bis hin zu einem totalen Lockdown.

Dazu schrieb Heribert Prantl (Süddeutsche Zeitung) bereits Mitte März 2020: »Ansteckend ist Corona und ansteckend ist die Angst davor (...) Angst macht süchtig nach allem, was die Angst zu lindern verspricht.«[110] Aber man müsse dennoch fragen, »was angerichtet wird, wenn Grundrechte und Grundfreiheiten stillgelegt und das gesellschaftliche Miteinander ausgesetzt werden.« Und Jakob Augstein (der Freitag) ergänzt: »Diese Krankheit ist ernst. Aber wir haben sie zu einer Katastrophe gemacht. Politik und Medien spielen dabei eine große Rolle.«[111]

---

108 Wie wir COVID-19 unter Kontrolle bekommen, a. a. O., S. 13.

109 Ebd., S. 1 mit Bezug auf »die meisten Virologen, Epidemiologen, Mediziner ...« sowie auf ein Expertenteam von Robert Koch-Institut, anderen Instituten und Universitäten.

110 Heribert Prantl, Zwangspause für eine erschöpfte Gesellschaft, www.sueddeutsche.de, 15.3.2020

111 Jakob Augstein, Rausch des Notstands, der Freitag, Ausgabe 15/2020

Bei so viel immunschwächender, leicht manipulierbarer Angst und selten erlebter Eintracht waren und sind jedoch Skepsis und kritisch-konstruktives Hinterfragen vermeintlicher Gewissheiten und exekutiver Verordnungen, die unser aller Leben stark durchdringen, nicht nur angezeigt, sondern dringend geboten. Schließlich kennzeichnet das eine lebendige Demokratie – nicht nur in Schönwetterzeiten, sondern gerade in Zeiten großer Unsicherheit und Gefahren, die nicht nur aus einer, sondern aus unterschiedlichen Richtungen lauern, gerade in Zeiten, die nicht nur die Gegenwart, sondern in besonderem Maße auch unsere Zukunft schwer belasten.

3. Verhältnismäßigkeit in Zeiten großer Gefahr: Grundrechte im Ausnahmezustand?

3.1. Tatsächlich erlebten wir im Frühjahr 2020 einen partiellen Lockdown, wie wir ihn bislang in der Bundesrepublik nicht kannten. Dieser von Bundes- und Landesregierungen in einer Art Panikreaktion verhängte »Ausnahmezustand« – nach Novellierung des Infektionsschutzgesetzes Ende März 2020 »epidemische Lage von nationaler Tragweite« genannt – beeinträchtigte unser aller Leben. Nach einem etwas entspannteren Sommer erlebten wir im November 2020 eine Wiederholung in Form eines leicht abgewandelten sogenannten »Lockdown light«, der angesichts weiter steigender Infektionszahlen ab Dezember 2020 wieder zu einem härteren Lockdown verschärft wurde – quälend bis weit hinein ins Jahr 2021. Die Aussicht auf einen Dauer-Lockdown in unterschiedlichen Härtegraden scheint nicht mehr undenkbar, denn das Corona-Virus wird uns mitsamt seinen Mutationen wohl noch länger begleiten und gefährden. Die Wirkungen der Anfang 2021 nur schleppend angelaufenen Impfaktionen, auf die große Hoffnungen gesetzt werden, sind auch viele Wochen später noch nicht eindeutig abgeklärt. Die Lage ist ernst, zumindest gemessen an den jeweils aktuellen Infektionszahlen und den Corona zugerechneten Todesfällen (Ende März 2021: mehr als 75.000) – wobei hinsichtlich Aussagekraft und Einordnung dieser Zahlen und hinsichtlich

festgelegter Grenzwerte bzw. 7-Tage-Inzidenzen täglicher Infektionen
auch in Wissenschaftskreisen durchaus recht unterschiedliche Auffassungen vertreten oder weitere Parameter gefordert werden: so etwa
parallel zu den Infektionszahlen auch die Testzahlen, Intensivbet-
ten-Auslastung und die Auswirkungen der jeweiligen Impfquoten.

3.2. Wie noch nie in der Geschichte der Bundesrepublik Deutschland haben Bundes- und Landesregierungen in den Jahren 2020
und 2021 aus Gründen des Gesundheitsschutzes mit exekutiven Verordnungen elementare Grund- und Freiheitsrechte der gesamten
Bevölkerung massiv eingeschränkt. Betroffen sind: allgemeines Persönlichkeitsrecht, Recht auf Freizügigkeit, auf Bewegungs- und Hand-
lungsfreiheit, auf Bildung, auf Versammlungs-, Meinungs-, Kunst-
und Religionsfreiheit, Schutz von Ehe, Familie und Kindern, Freiheit
der Berufsausübung, Gewerbe- und Reisefreiheit usw. Das private, familiäre, gesellschaftliche, soziale, schulische, kulturelle, religiöse und
in weiten Teilen wirtschaftliche Leben eines ganzen Landes mit 83
Millionen Einwohner:innen ist stark heruntergefahren worden und
kommt partiell zum Erliegen. Mit gravierenden gesundheitlichen,
psychischen, sozialen und wirtschaftlichen Folgen, unzähligen
Existenzvernichtungen und weiteren schweren Langzeitschäden für
die gesamte Gesellschaft, die nicht allein mit staatlichen Unterstüt-
zungshilfen kompensiert und verhindert werden können.

3.3. All diese strengen Hygienemaßnahmen und Grundrechtseinschränkungen erfolgen aus gewichtigen und nachvollziehbaren
Gründen: Damit sollen bekanntlich die Ausbreitung des hoch anste-
ckenden Corona-Virus verlangsamt, die Infektionszahlen gesenkt,
Gesundheit und Leben besonders gefährdeter Personen und Risikogruppen geschützt und eine drohende Überlastung des Gesundheitssystems verhindert werden. Eines Gesundheitswesens, das in
den vergangenen Jahren im Zuge von Privatisierungen stark öko-
nomisiert, krank gespart und personell ausgedünnt worden ist; und
das trotz Pandemieplänen auch noch ohne ausreichende Schutzvor-

sorge und Schutzausrüstungen weitgehend unvorbereitet in diese Krise schlitterte. Und die Ökonomisierung schreitet selbst während dieser Krise und angesichts hohen Bedarfs weiter voran: Nachdem bundesweit seit 1990 die Zahl der Krankenhäuser um 25 Prozent zurückgegangen ist, sind auch 2020 insgesamt etwa zwanzig angeblich überflüssige und unrentable Kliniken und kleine Krankenhäuser dichtgemacht worden.[112]

3.4. Tatsächlich stellen sich insoweit und darüber hinaus dringliche Fragen: Wie kam es, dass im Gesundheitswesen insgesamt nicht ausreichend Vorsorge getroffen wurde, obwohl doch mit solchen Krisen und Belastungen gerechnet werden musste und gerechnet worden ist? Warum ist nicht in ausreichendem Maße darauf abgestellt worden, vor allem die am meisten gefährdeten Menschen besonders zu schützen, also Hochbetagte und Vorerkrankte in Alten- und Pflegeheimen sowie das dort tätige Personal?[113] Schließlich spielt sich ein ganz wesentlicher Anteil am Corona-Infektionsgeschehen mit schweren Verläufen und Todesfällen gerade in jenen Häusern und Heimen ab, die sich längst zu Risikozonen und Hotspots entwickelt haben. Und das, obwohl doch die Regierungspolitik alles dafür tun wollte, gerade die am stärksten Gefährdeten und die Verletzlichsten zu schützen – wozu auch jene Menschen gehören, die ambulanter Pflege bedürfen. Nach Angaben des Robert Koch-Instituts sind 96 Prozent der im Zusammenhang mit oder an Corona gestorbenen Menschen älter als 60 Jahre, knapp 90 Prozent älter als 70 und fast 70 Prozent älter als 80 Jahre (Stand: Januar 2021).[114]

---

112 Vgl. Kliniksterben in der Pandemie, ARD plusminus 17.2.2021; Dietrich Heißenbüttel, Kliniken in Not, Kontext:Wochenzeitung, 16.1.2021

113 Pamela Dörhöfer, Virologe Hendrik Streeck übt scharfe Kritik an Corona-Politik: »Echte Strategie« fehlt, Frankfurter Rundschau, 4.11.2020

114 Dazu: Christopher Stolz, Deutschland jetzt mit höherer Corona-Todesrate als die USA, Der Tagesspiegel, 13.1.2021; Klaus Wedekind, Warum gibt es noch so viele Corona-Tote, n-tv, 20.1.2021; von den etwa 50.000 Todesfällen (Mitte Januar 2021) stammt fast die Hälfte aus der Risikogruppe der 80- bis 89-Jährigen.

Exkurs: Man hätte sich also schon frühzeitig weit mehr Sorgen ma-
chen müssen um den besonderen Schutz von Alten- und Pflegeheimen,
Behinderteneinrichtungen sowie Krankenhäusern, ohne aber die Betroffenen zu isolieren, wie dies anfänglich unter Verstoß gegen die
(gemäß Art. 1 Abs. 1 GG unantastbare) Menschenwürde praktiziert worden ist. Allzu lange sind hier spezielle Schutzbemühungen,
Präventionskonzepte und -maßnahmen für besonders gefährdete
Personengruppen vernachlässigt und die Beschäftigten im Gesund-
heitssektor mit den hohen Risiken weitgehend allein gelassen worden.[115] Sorgen machen sollte man sich auch angesichts fehlender
Ressourcen sowie fehlenden Personals in Gesundheitsämtern (was
u. a. die Kontaktnachverfolgung ausbremst); des Weiteren angesichts fehlenden, schlecht bezahlten und überlasteten Personals in
Krankenhäusern, in Pflege- und Altenheimen. Es sollen in Deutschland bis zu 100.000 Pflegekräfte fehlen. Und selbst angesichts dieser prekären Lage ist es der Politik seit März 2020 nicht gelungen,
zumindest die Voraussetzungen für eine deutliche Verbesserung
der Arbeitsbedingungen und für eine angemessene Bezahlung der
Pflegekräfte zu schaffen. Auch langfristig ist hier immer noch kein
wirklich grundlegendes Umdenken zu beobachten.

All dies ist übrigens das Resultat einer Politik, die von den-
selben Akteuren und Parteien betrieben worden ist, die nun mit
harten Einschränkungen für die Bevölkerung den Kollaps des Gesundheitssystems verhindern wollen. Hier muss endlich nicht nur
punktuell, sondern strukturell gegensteuert werden – und dies gilt
generell, wenn sich Gesundheit nicht noch weiter zum profitablen
Geschäftsmodell entwickeln soll. Dies gilt aber auch besonders in
Zeiten der Pandemie: Ansonsten können wegen des Pflegenotstands
und angesichts steigenden Bedarfs die inzwischen erhöhten und
staatlich subventionierten Kapazitäten an Intensivbetten und auf
Intensivstationen nicht lebensrettend genutzt werden. Und es darf

---

115 Felix Bohr u. a., Besuch vom Virus, Der Spiegel, 19.12.2020, S. 44 ff.; Dietrich
    Heißenbüttel, a. a. O.

nicht länger passieren, dass in Corona-Zeiten ansonsten dringend nötige Operationen aus Kapazitätsgründen verschoben werden und dass Menschen deshalb in Lebensgefahr geraten oder sterben.

In diesen überaus wichtigen Bereichen gesundheitlicher Vorsorge und Versorgung sind in der Vergangenheit etliche Weichen falsch gestellt und vieles ist über den Sommer/Herbst 2020 ganz offensichtlich versäumt worden. Die Frage steht im Raum: Hätten mit zielgenaueren Schwerpunktaktivitäten besondere Härten einzelner flächendeckender Lockdown-Maßnahmen und ihre Folgen vermieden werden können?

Und weitere Fragen stellen sich: Warum gelten die starken Einschränkungen und Hygienemaßnahmen in allen möglichen Lebensbereichen, nur allzu häufig nicht in Gemeinschaftsunterkünften für Geflüchtete und für ausländische Arbeitnehmer:innen – Wohnstätten für zahlreiche Menschen auf engem Raum, die sich rasch als Hotspots herausgestellt haben? Im Übrigen trifft der Lockdown insbesondere Kultureinrichtungen und Veranstalter, Gastronomie und Hotelbranche mit voller Härte – obwohl diese Einrichtungen und Lokalitäten weitreichende und kostspielige Hygienekonzepte aufgestellt hatten. Manche dieser tief ins öffentliche und private Leben eingreifenden Maßnahmen und Kontaktverbote erscheinen, zumindest isoliert betrachtet, widersprüchlich, epidemiologisch wenig begründet und unangemessen, einzelne gar willkürlich.

3.5. Die meisten der aufgeworfenen Fragen und ihre Antworten verweisen also letztlich auf den zentralen verfassungsrechtlichen Grundsatz der Verhältnismäßigkeit von staatlichen Maßnahmen, die mit Grundrechtseingriffen einhergehen. Verhältnismäßigkeit setzt voraus, dass mit einem Grundrechtseingriff ein legitimes Ziel verfolgt wird, der Eingriff geeignet ist, die Zielerreichung zu fördern, der Eingriff erforderlich ist, weil es kein milderes Mittel gibt, das in gleicher Weise geeignet ist, und er schließlich auch angemessen, das heißt verhältnismäßig im engeren Sinne ist. Also: Sind die exekutiv verhängten Maßnahmen, die zumeist als »alternativlos«

präsentiert werden, tatsächlich geeignet, erforderlich und angemessen zur Eindämmung der Pandemie, zum Schutz besonders gefährdeter Personen und des Gesundheitssystems vor Überlastung? Oder sind sie womöglich wirkungslos oder gibt es geeignetere oder mildere Mittel? Sind sie zu wenig differenziert? Sind sie widersprüchlich oder gar willkürlich und verstoßen gegen das Übermaßverbot? Im Zweifel haben die zuständigen Verwaltungs- und Verfassungsgerichte solche Fragen zu klären, einzelne der Verordnungen und Maßnahmen auf Rechtmäßigkeit zu überprüfen und gegebenenfalls auch wieder zu kippen.

3.6. Zwar ist hierzulande mit etlichen sinnvollen Schutzregelungen zeitweise vieles richtig gemacht worden, aber leider auch allzu vieles nachlässig, verzögert oder falsch – etwa zu wenig regional, lokal, zielgruppenorientiert und lageangepasst differenziert (hinzu kommt das staatliche Versagen im Zusammenhang mit einer rechtzeitigen Impf- und Schnelltest-Strategie). Nach anfänglicher Zurückhaltung haben die Gerichte inzwischen bundesweit in mehr als 120 Fällen staatliche Corona-Maßnahmen wegen Rechts- oder Verfassungswidrigkeit ganz oder teilweise aufgehoben und so die Exekutive punktuell wieder in die Schranken verwiesen.[116] Und viele weitere Gerichtsverfahren stehen noch aus. Die Gerichte mahnen mit Blick auf die jeweils aktuelle Corona-Infektionslage eine differenziertere Betrachtung und Behandlung des Einzelfalls an: so etwa angesichts anfänglich pauschal verhängter Versammlungsverbote, im Fall von Beherbergungsverboten, nächtlichen Ausgangssperren oder beim verhängten 15-km-Bewegungsradius etc. Das heißt: nicht alles, was zunächst »solidarisch« oder aus Angst einfach akzeptiert worden ist, wird sich mit zeitlichem Abstand unter Verhältnismäßigkeitsaspekten als rechtmäßig oder verfassungskonform erweisen. Allerdings ist in den Wintermonaten 2020/21 eine Tendenz der Gerichte zu be-

---

116 Sammlung u. a. unter: anwaltonline.com/corona-virus/urteil; Bundesrechtsanwaltskammer, brak.de/die-brak/coronavirus/corona-und-die-justiz/rechtsprechungsuebersicht; lexcorona.de

obachten, angesichts erhöhter Ansteckungswerte und neuer Virusmutationen die staatlich verordneten Einschränkungen im Zweifel
verfassungsrechtlich zu billigen (zumindest in den jeweiligen Eilverfahren).[117]

4. »Corona-Krise« als Demokratie- und Rechtsstaatskrise?

Nicht allein die Missstände und Fehlentwicklungen im Gesundheitswesen sowie gerichtlich festgestellte Fälle unverhältnismäßi-
gen Regierungshandelns sind in der »Corona-Krise« in besonderem Maße zum Problem geworden. Diese Krise hat darüber hinaus
schon längst zu einer Demokratie- und Rechtsstaatskrise geführt.
Der frühere Bundesverfassungsrichter Hans-Jürgen Papier hat gar
vor einer »Erosion des Rechtsstaats« gewarnt.

Auch in diesem Zusammenhang stellen sich dringliche Fragen
und zwar nach demokratischer Transparenz und Legitimität der
exekutiven Regelungen: Wie kommen diese eigentlich zustande, auf
welcher belastbaren Datenbasis, nach welchen Abwägungsprozes-
sen unter Einbeziehung welcher wissenschaftlicher Faktoren und
Expertise welcher Fachrichtungen, mit welcher plausiblen und fak-
tenbasierten Begründung und auf welcher rechtlichen Grundlage?
Und welche Rolle spielen dabei eigentlich die Parlamente, also die
politischen Volksvertretungen des Bundes und der Länder?

4.1. Die »Corona-Krise« zeigt sich besonders krass an der systematischen exekutiven Missachtung der parlamentarischen Demokratie und an einer Selbstentmachtung der Volksvertretungen: So
basieren sämtliche Corona-Maßnahmen in Bund und Ländern auf
Regierungsdekreten – zumeist ohne vorherige parlamentarische
Debatte und Beschlussfassung. Das bedeutet also: ohne demokratische Legitimierung. Das dürfte, ja das müsste in einer parlamentarischen Demokratie verfassungswidrig sein. Warum? Weil es im

---

117 Haufe Online Redaktion, Harte Grundrechtseingriffe im Corona-Winter –
Urteile zur Rechtmäßigkeit, haufe.de,13.1.2021

Zusammenhang mit den exekutiven Verordnungen schließlich um massive Eingriffe in elementare Grundrechte der Bürger:innen, der gesamten Bevölkerung geht, verbunden mit schwerwiegenden sozialen und wirtschaftlichen Auswirkungen und Langzeitschäden. In solchen Fällen sind zweifellos die Parlamente gefordert: und zwar mit öffentlichen und kontroversen Debatten zwischen Regierung und Opposition, mit transparenter Rechtsgüterabwägung und begründeten Beschlüssen. Doch die parlamentarische Demokratie scheint teilweise ausgehebelt, leidet jedenfalls ganz offensichtlich unter der exekutivlastigen Corona-Politik, die zuweilen mit autoritärer Rhetorik verordnet und durchgesetzt wird (wenn mal wieder die »Zügel angezogen werden müssen«).[118]

4.2. Jetzt rächt sich im Übrigen auch, dass sich Bundestag und Bundesrat mit der Novellierung des Infektionsschutzgesetzes Ende März 2020 ihrer Rechte selbst beraubt und weitreichende Entscheidungsbefugnisse auf die Regierungen übertragen haben – speziell nach Ausrufung einer »epidemischen Lage von nationaler Tragweite«, einer Art »Gesundheitsnotstand«, durch den Bundestag. Das bedeutet eine Verschiebung des politischen Machtgefüges zugunsten der Exekutive und eine Missachtung des Gewaltenteilungsprinzips. Die durch Wahlen demokratisch legitimierten Volksvertretungen stellten sich so selbst ins Abseits, beförderten die gerade in Krisenzeiten ohnehin wachsende Dominanz der Exekutive – und bewirkten damit eine Schwächung der Demokratie. Diese Krisentendenz hat sich auch in der Folgezeit fortgesetzt.

4.3. Mitte November 2020 hat die Bundesregierung den Versuch unternommen, die kaum tragfähigen Rechtsgrundlagen zur Corona-Eindämmung rechtsstaatlich nachzubessern – mit einer weiteren Novellierung des Infektionsschutzgesetzes. Am 18. November

---

118 So etwa Bundeskanzlerin Angela Merkel (CDU) oder der bayerische Ministerpräsident Markus Söder (CSU)

2020 ist die Gesetzesnovellierung im Eiltempo an einem einzigen Tag durch Bundestag und Bundesrat gepeitscht und vom Bundespräsidenten unterzeichnet worden und sogleich in Kraft getreten.

Damit wurden die bislang nur auf eine vage Generalklausel (»notwendige Schutzmaßnahmen«) gestützten Corona-Verordnungen und -Maßnahmen nachträglich und für die Zukunft legalisiert und gerichtsfest gemacht. Diesem Zweck dient Paragraf 28a, der als neue Ermächtigungsgrundlage ins Infektionsschutzgesetz eingefügt wurde. In dieser Norm sind nun alle bislang in der Praxis zwar »erprobten«, aber noch weitgehend gesetzlosen Corona-Zwangsmaßnahmen in Gesetzesform gegossen, noch erweitert und präzisiert worden: so etwa flächendeckende Ausgangs- und Kontaktbeschränkungen im privaten und öffentlichen Raum, Maskenpflicht, Veranstaltungs-, Reise- und Beherbergungsverbote, Schließung von Betrieben und Geschäften, Schulen und Kitas, Kultur- und Freizeit-Einrichtungen. Diese und andere Sonderrechte sind jetzt also vom Bundestag und Bundesrat generell als mögliche legale exekutive Eingriffsbefugnisse beschlossen worden – mit einer solideren Gesetzesgrundlage für künftige Infektionsschutzmaßnahmen in einer »epidemischen Lage von nationaler Tragweite«, über deren Feststellung, Länge und Ende der Bundestag per Beschluss zu entscheiden hat.

4.4. Doch trotz inzwischen lauter gewordenen Forderungen nach Beteiligung der Parlamente im Zusammenhang mit Verordnungen und Verboten bleibt alles Weitere auch künftig den Regierungen in Bund und Ländern überlassen, um eine »maximale Flexibilität der Exekutive« in solchen Pandemiezeiten zu gewährleisten. Durchregieren per Dekret soll also zumindest in einer »epidemischen Lage von nationaler Tragweite« bedenklicher Normalzustand bleiben. Dies haben Bundestag und Bundesrat mehrheitlich so zugelassen, obwohl doch, wie gesagt, Exekutiv-Entscheidungen von besonderem Gewicht unstreitig parlamentarischer Zu- und Abstimmung bedürfen. Nur dies entspräche Demokratiegebot, Parlamentsvorbehalt und Rechtsstaatsprinzip. Erstaunlicherweise haben die zuständigen

Gerichte bislang diesen Mangel nur selten zum Anlass genommen, die ohne Parlamentsbeteiligung zustande gekommenen Exekutiv-Verordnungen zu canceln. Offenbar scheinen viele Gerichte davon auszugehen, dass der Bundestag die Exekutive rechtmäßig per Infektionsschutzgesetz zum Handeln beauftragt habe, so dass die coronabedingten Freiheitseinschränkungen der Bürger:innen letztlich vom Parlamentswillen gedeckt seien. In dieser Pauschalität eine fatale Einschätzung.

4.5. Doch endlich, nach fast einem Jahr »Corona-Krise«, schalten sich einige Landesparlamente der 16 Bundesländer zunehmend in die Corona-Beschlussfassungen ein.[119] Nach dem Infektionsschutzgesetz des Bundes müssen die in der Runde aus Ministerpräsident:innen und Bundeskanzlerin beschlossenen Maßnahmen, soweit sie nicht die Bundesebene betreffen, von den Regierungen der Bundesländer in Rechtsverordnungen gegossen und durchgesetzt werden. Eine Parlamentsbeteiligung ist, wie erwähnt, im Infektionsschutzgesetz nicht vorgesehen. In manchen Bundesländern sind inzwischen jedoch Gesetze oder Landtagsbeschlüsse zur Parlamentsbeteiligung in Kraft getreten. Die meisten Parlamente der Bundesländer begnügen sich allerdings mit einer rechtzeitigen Information durch die Regierungen, so dass sie gegebenenfalls rechtzeitig intervenieren können. Oder aber sie begnügen sich damit, nach Erlass der Verordnungen durch die Landesregierungen darüber im Parlament zu debattieren. Doch parlamentarische Debatten über Exekutiv-Verordnungen, die bereits zuvor in weitgehend intransparenten Verfahren der Ministerpräsident:innen-Runde und in den Landesregierungen beschlossen worden sind, reichen keinesfalls aus, das festzustellende Demokratiedefizit auszugleichen. Dazu bedarf es neben der Debatte zwingend auch einer parlamentarischen Beschlussfassung – und zwar beides vor Inkrafttreten der jeweiligen Verordnungen.

---

119 Dazu ausführlich: Christian Rath, Die Landtage wollen mitentscheiden, taz, 21.1.2021, S. 7.

Lediglich das Berliner Abgeordnetenhaus hat Mitte Januar 2021 in seinem Covid-19-Parlamentsbeteiligungsgesetz eine weitergehende Regelung beschlossen – bis dahin die weitestgehende und einzig demokratietaugliche: Danach können Corona-Verordnungen des Berliner Senats, die die Grundrechte einschränken, erst nach einem »zustimmenden Beschluss des Abgeordnetenhauses« in Kraft treten. In Bremen gibt es wenigstens ein parlamentarisches Einspruchsrecht: Die Abgeordneten können Verordnungen mit einfacher Mehrheit ganz oder teilweise aufheben oder eine Befristung verlangen. In Baden-Württemberg, das bereits Mitte 2020 ein Beteiligungsgesetz verabschiedet hatte, ist zwar eine Zustimmung des Landtags nicht sofort nötig – aber immer dann, wenn eine Corona-Verordnung länger als vier Wochen in Kraft bleiben soll.

4.6. Da es sich bei den Corona-Verordnungen und -Maßnahmen zumeist um tiefgreifende Eingriffe in Grundrechte handelt, sollte auf alle Fälle Berücksichtigung finden, was angesichts so manch einseitiger Politikberatung der Regierungen gelegentlich zu kurz kommt: Auch soziale Verwerfungen und gesundheitliche Folgen rigider Restriktionen müssen in eine verfassungsrechtlich gebotene, differenzierende und transparente Abwägung zwischen Grund- und Freiheitsrechten, Gesundheit und Leben einbezogen werden. Denn es sind gerade solch verfassungsgemäße Abwägungen von bedeutenden Rechtsgütern in öffentlichen und transparenten Parlamentsdebatten, die letztlich vor überzogenen Entscheidungen schützen können.

Das Grundgesetz kennt jedenfalls kein »Supergrundrecht Gesundheit«, das andere Grundrechte in den Schatten stellt, ebenso wenig wie ein »Supergrundrecht Sicherheit«. Auch die (Über-) Lebenschancen (in) einer Gesellschaft, insbesondere auch für sozial benachteiligte Menschen und Gruppen sind angemessen zu berücksichtigen. Gesundheitsschutz und Freiheitsrechte dürfen nicht gegeneinander ausgespielt werden, Menschenleben nicht gegen

Menschenrechte. Auch der Gesundheitsschutz hat sich an Grundrechten zu orientieren.

»Die Gesundheit ist ein Zustand des vollkommenen körperlichen, geistigen und sozialen Wohlbefindens und nicht nur des
Fehlens von Krankheit und Gebrechen«, so steht es schon in der
Präambel zur Verfassung der Weltgesundheitsorganisation (WHO).
Dieser ganzheitliche Ansatz, der auch die Grundlagen und Voraussetzungen von Gesundheit mit bedenkt, sollte auch hierzulande
stärker Berücksichtigung finden.

5. Trendverstärkung in der »Corona-Krise«: forcierte Digitalisierung und Datenschutzkrise

In der Corona-Krise besteht die Gefahr, dass ohnehin problematische staatliche Trends noch verstärkt werden: so etwa die seit Jahren
forcierte staatliche Überwachung.[120] Dieses Mal kam die Gesetzesinitiative nicht von einem Innenminister, sondern vom Gesund-
heitsminister des Bundes, Jens Spahn (CDU).[121] Dieser strebte
bereits zu Beginn der »Corona-Krise« zur Kontaktverfolgung die
Ortung aller Handys per verpflichtender Funkzellen-Abfrage an,
was aber noch verhindert werden konnte. Abgesehen davon, dass
Bewegungsprofile über Handyortung gar nicht genau genug sind,
um festzustellen, wer wann mit wem Kontakt hatte, so handelt es
sich bei dieser Methode gleichwohl um einen schweren und un-
verhältnismäßigen Eingriff in das Grundrecht auf Informationelle
Selbstbestimmung.[122]

---

120 Rolf Gössner, Auf dem Weg zum Polizei- und Überwachungsstaat?, in: Lühr
     Henken (Hg.), Verunsicherungen trotzen. Konfliktanalysen und Lösungsan-
     sätze aus der Friedensbewegung, Kassel 2019. Eine weitere Trendverstärkung
     in der Corona-Krise: die bereits im ersten Abschnitt behandelte Militarisie-
     rung der Inneren Sicherheit – Einsatz von Bundeswehrsoldat:innen im Ge-
     sundheitssektor.

121 Dietmar Neuerer / Moritz Koch, Spahn befeuert Debatte um Handy-Ortung
     zur Corona-Eindämmung, Handelsblatt, 26.3.2020

122 digitalcourage.de/corona-auswertung-von-kommunikationsdaten-ueberblick
     (Stand: 19.5.2020)

5.1 Seit Mitte Juni 2020 sollte es dann die Corona-Warn-App auf Handys richten, deren Entwicklung etwa 70 Millionen Euro gekostet haben soll.[123] Diese App registriert über Bluetooth – eine riskante Datenübertragungsmethode per Funktechnik – sämtliche Kontakte zu anderen Handys mit App in der Nähe und speichert die Kontaktdaten für bestimmte Zeit, um Infektionsketten nachzuvollziehen. Damit können im Falle der Infizierung eines der Handybesitzer dessen Kontaktpersonen auf digitalem Wege informiert werden, mit dem Ziel, dass sich die Betroffenen Corona-Tests unterziehen oder in Quarantäne begeben, um weitere Ansteckungen zu verhindern und so die Infektionskette zu unterbrechen.

Die App-Nutzung und Datenspeicherung erfolgt aus Datenschutzgründen dezentral, auf »freiwilliger Basis und anonymisiert« und ohne Speicherung von Aufenthaltsorten. Doch es gibt dafür bislang keine gesetzliche Grundlage, die das normativ und einklagbar festlegen würde. Die Datenübertragungsmethode per Bluetooth ist allein deshalb riskant, weil diese Funktechnik von außen angreifbar ist und somit »geknackt« werden kann.[124]

Der praktische Nutzen dieser durchaus sinnvollen digitalen Möglichkeit zur schnelleren Unterbrechung von Infektionsketten per Warn-App blieb, anders als geplant, bis Ende 2020 / Anfang 2021 noch eher bescheiden.[125] Dies liegt vor allem daran, dass bis dahin nur etwa 25 Millionen Menschen die App installiert hatten. Damit dieses Instrument jedoch ausreichend Wirkung entfalten

---

123 Robert Koch-Institut, Infektionsketten digital unterbrechen mit der Corona-Warn-App [Unterwebsite auf rki.de, die die App anpreist]; Corona-Warn-App kostet 68 Millionen: Zu teuer? Telekom wehrt sich gegen Kritik, t-online.de, 19.6.2020; längst ist von 100 Millionen Euro Entwicklungs- und Wartungskosten die Rede, vgl. Nicole Diekmann, Vom Heilsbringer in der Pandemie zum Millionengrab, t-online.de, 24.3.2021

124 Digitalcourage e. V., Einordnung zur geplanten »Corona-Kontakt-Tracing-App« des RKI [Update 4.5.2020], digitalcourage.de

125 Das lag u. a. auch daran, dass die Warn-App nicht genügend in die Testinfrastruktur eingebunden war, manche Testlabors also die Testergebnisse verspätet oder nicht automatisiert an die Warn-App übermitteln konnten.

kann, sollte – wie ursprünglich vorgesehen – eine starke Mehrheit von Handybesitzer:innen eine solche App nutzen.[126] Das heißt: Es müssten eigentlich mehr als doppelt so viele sein.

Wenn sich jedoch – anders als es Anfang 2021 der Fall ist – der gesellschaftliche und moralische Druck auf Mobilfunk-Nutzer:innen drastisch erhöhen sollte, die App zu installieren, dann wäre Freiwilligkeit womöglich nicht mehr wirklich gegeben. Freiwilligkeit wäre im Übrigen auch dann nicht mehr gegeben, wenn etwa die Zulassung zu Restaurants, Kinos, Theatern, Konzerten, Auslandsreisen oder aber zum Arbeitsplatz vom Besitz einer aktivierten Warn-App abhängig gemacht würde.[127] Oder aber, wie immer mal wieder diskutiert, von einer Impfbescheinigung oder einem Impfpass. So würde eine hochproblematische App- oder Impfpflicht praktisch durch die Hintertür eingeführt, was nötigend, wegen Ungleichbehandlung der Nicht-Nutzer:innen auch diskriminierend wäre. Wirksam verhindert werden könnte auch dies nur mit einer klaren gesetzlichen Regelung.

Auch wenn Datenschutzbelange im Zusammenhang mit der Corona-Warn-App durchaus Berücksichtigung fanden: Verschiedene namhafte Bürgerrechts- und Datenschutz-Organisationen wie Digitale Gesellschaft, Digitalcourage, Humanistische Union und das Forum InformatikerInnen für Frieden und gesellschaftliche Verantwortung[128] haben dennoch aus datenschutzrechtlicher Sicht Kritik an der Ausgestaltung der Warn-App geäußert.[129] Da die Datenübertragung per Bluetooth dauerhaft eingeschaltet bleiben müsse, sei-

---

126 Es sollten nach Experten-Auffassung 70-80 Prozent der handynutzenden Bevölkerung die App installieren, was auf freiwilligem Wege schwer zu realisieren ist; Gert Wagner, Gezielter Werben, taz, 20.8.2020

127 Dazu u. a. Warn-App-Pflicht auf Campingplatz, Weser-Kurier, 19.8.2020

128 Forum InformatikerInnen für Frieden und gesellschaftliche Verantwortung e. V., Analyse und konstruktive Kritik der offiziellen Datenschutzfolgenabschätzung der Corona-Warn-App, 29.6.2020, fiff.de

129 Vgl. dazu umfassend: Corona-Pandemie und Datenschutz, Datenschutz Nachrichten (Dt. Vereinigung für Datenschutz), Bonn, Nr. 2/2020

en Handys mit aktivierten Warn-Apps, wie bereits ausgeführt, von außen angreifbar – also ein »Dauer-Risikofaktor«. Beteiligte Personen könnten unter Umständen auch deanonymisiert werden.[130] Darüber hinaus wird die Rolle von Apple (iOS) und Google (Android), die die Plattformen für die jeweiligen Mobilfunk-Geräte stellen, kritisch diskutiert – u. a. deshalb, weil sie über die Warn-App an Kontaktinformationen gelangen und daraus Infos über Infektionsfälle und Expositionsrisiken ableiten könnten.[131] Das von diesen Betreibern ausgehende Datenschutzrisiko sei leider weitgehend aus dem Blick geraten.

5.2. Im Übrigen ist bezüglich solcher technischer Installationen schon deshalb besondere Vorsicht geboten, weil die digitale Überwachung sozialer Kontakte per se mehr als heikel ist. Und weil damit ein Einfallstor für weitere staatliche Begehrlichkeiten eröffnet werden könnte, wie etwa die verpflichtende Nutzung solcher Apps und möglicherweise auch für andere Zwecke. Doch manche wünschen sich mit Blick auf Asien gerade dies in Corona-Zeiten: Für eine effektive Bekämpfung der Covid-Pandemie müsse auch hierzulande eine App eingeführt werden, die alle Bewegungen und Aufenthaltsorte der Nutzer:innen trackt und den Gesundheitsämtern zur Verfügung stellt, wie dies etwa in Taiwan, Südkorea oder Japan geschehe. Im Zuge dieser Diskussion gerät zunehmend der Datenschutz ins Visier, der gerade in Corona-Pandemiezeiten vielfach als »überzogen« wahrgenommen wird und deshalb eingeschränkt werden sollte, wie dies schließlich auch mit anderen Grundrechten geschehe. Der Datenschutz würde jedenfalls eine effektive Pandemie-Bekämpfung be- und verhindern, so behauptete es neben dem bayerischen Ministerpräsidenten Markus Söder (CDU) auch etwa der Philosoph Julian Nida-Rümelin, der ansonsten mit eher diffe-

---

130 Siehe dazu Digitalcourage e. V., »Wie hältst du's mit der Corona-Warn-App?« Eine moderne Gretchenfrage, digitalcourage.de, 2.7.2020

131 Rainer Rehak, Eine App gegen die Pandemie?, in: Grundrechte-Report 2021, Frankfurt/M. 2021

renzierenden Urteilen aufwartet. Denn diese Behauptung ist in keiner Weise belegbar.[132]

5.3. Datenschutzprobleme gibt es auch bei anderen Datenerhebungs- und -verarbeitungsprozessen im Zusammenhang mit Corona-Bekämpfungsmaßnahmen: So sind von einigen Gesundheitsbehörden, wie etwa in Baden-Württemberg oder Niedersachsen, datenschutzwidrig hochsensible persönliche Gesundheitsdaten von Corona-Infizierten und Kontaktpersonen an die Polizei gemeldet worden. Meldedaten zu Corona-Infektionen und -Impfungen sowie über Reisebewegungen von Bürger:innen aus der Bundesrepublik und dem Ausland können nach dem novellierten Infektionsschutzgesetz in zentralen Registern des Robert Koch-Instituts massenhaft gespeichert werden; dabei handelt es sich um besonders schützenswerte personenbezogene Gesundheitsdaten.[133] Gastronomie-Betriebe und Veranstalter waren im Sommer/Herbst 2020 verpflichtet, zur Kontaktnachverfolgung alle Gäste mit Namen, (Mail-)Adressen, Telefonnummern und Besuchszeiten zu registrieren. Die Daten durften nur zur Pandemiebekämpfung genutzt werden. Doch häufig sind Gästelisten verwendet worden, auf denen die persönlichen Daten für andere offen einsehbar waren.[134] Darauf nahm auch die Polizei zu Strafermittlungs- und polizeirechtlichen Zwecken in etlichen Fällen zweck- und rechtswidrig Zugriff, so etwa in Bayern, Baden-Würt-

---

132 Corona-Warn-App: Warum weniger Datenschutz nicht effektiver ist, t3n.de, 23.12.2020; Lisa Hegemann, Eine App, die niemand nutzt, nutzt niemandem, Zeit online, 6.12.2020; Peter Schaar, Corona: Datenschutz vor Menschenleben?, eaid-berlin.de [Europäische Akademie für Informationsfreiheit und Datenschutz], 23.11.2020

133 Fabian A. Scherschel, Drittes Bevölkerungsschutzgesetz: Massenhafte Datenspeicherung beim RKI. Das Anti-Pandemiegesetz der Großen Koalition zentralisiert die Gesundheitsdaten von Betroffenen bei einer Bundesbehörde. Datenschützer schlagen Alarm, heise.de, 19.11.2020

134 Timo Thalmann, Freier Zugriff auf Gästelisten zahlreicher Restaurants, Weser-Kurier 29.8.2020

temberg und Hessen;[135] oder andere Gäste, aber auch Bedienstete nutzten die Daten illegal zu Kontakt-Anbahnungen, die gelegentlich in Belästigungen ausarteten.

Ende August 2020 hat der Verfassungsgerichtshof des Saarlandes eine Reißleine gezogen und entschieden, dass die exekutive Regelung zur »Kontaktnachverfolgung« nach der saarländischen Corona-Verordnung mit der Verfassung des Saarlandes unvereinbar sei: Die Pflicht zur Abgabe persönlicher Informationen nicht nur bei Restaurantbesuchen, sondern auch bei Gottesdiensten, politischen und gesellschaftlichen Zusammenkünften sei geeignet, Bewegungs- und Persönlichkeitsprofile zu erstellen und Bürger:innen von der Ausübung grundrechtlicher Freiheiten abzuhalten. Über eine solche Vorschrift, die auf lange Sicht Gültigkeit habe, dürfe wegen der Eingriffsintensität nicht die Exekutive allein entscheiden; es sei vielmehr Aufgabe des Parlaments, in öffentlicher und transparenter Debatte Für und Wider einer solchen Pflicht abzuwägen und die Verwendung der persönlichen Daten rechtssicher zu regeln.[136]

Und noch weitere Corona-Überwachungsmaßnahmen sind erwähnenswert: So haben etwa in Hessen und Nordrhein-Westfalen Polizeidrohnen mit Kameras die Einhaltung von Corona-Kontaktregeln aus der Luft überwacht und Menschen im öffentlichen Raum per Lautsprecher von oben ermahnt.

US-Whistleblower Edward Snowden warnte angesichts weltweit vermehrter und ausgeweiteter Überwachungsmaßnahmen und -pläne zur Eindämmung des Corona-Virus bereits vor einem weiteren Schritt in den Überwachungsstaat. Die Überwachung komme, um zu bleiben und werde schließlich das Corona-Virus überste-

---

135 Entgegen dem datenschutzrechtlichen Zweckbindungsprinzip; vgl. u. a. Polizeizugriff auf Daten löst Sorgen aus, Frankfurter Rundschau, 24.7.2020 und 25./26.7.2020; zur rechtlichen Einschätzung vgl. Jan Fährmann/Clemens Arzt/Hartmut Aden, Corona-Gästelisten – maßlose polizeiliche Datennutzung, verfassungsblog.de, 14.8.2020

136 Beschluss des VerfGH Saarland, 28.8.2020 (Az. Lv15/20); Mitteilung des VerfGH Saarbrücken, 28.8.2020; seit 11/2021: § 28a Abs. 1 Nr. 17 IfSG

hen.[137] Doch wer in diesen Zeiten etwa auf Datenschutz und Datensicherheit pocht, muss sich schon mal fragen lassen, ob ihm »Datenschutz wichtiger als Menschenleben« sei – so jedenfalls ist es dem
ehemaligen Bundesdatenschutzbeauftragten Peter Schaar während
eines Rundfunk-Interviews Ende März 2020 ergangen.[138] Implizit
lautet der moralische Vorwurf: Datenschutz tötet.

5.4. Die Digitalisierung der gesamten Gesellschaft und des Alltags hat während der Corona-Krise erheblich an Bedeutung gewonnen und wird seitdem stark vorangetrieben. Dabei geht es
nicht zuletzt auch um Methoden und Prozesse mit Kontroll- und
Überwachungscharakter. Wir haben es etwa zu tun mit möglichen
datenschutzwidrigen Nebenwirkungen von digitalen Übertra-
gungssystemen für den schulischen oder universitären Fernunter-
richt (Homeschooling, E-Learning) oder im Zusammenhang mit
Homeoffice, Live-Streaming, Videokonferenzen und im Online-
Handel.[139]
    Angesichts dieser forcierten Entwicklung brauchen wir drin-
gend eine offensive Datenschutzdiskussion und verpflichtende
Datenschutz-Folgenabschätzungen sowie gut ausgestattete Daten-
schutzbehörden, die dies auch überprüfen können. Denn es ist
zu befürchten, dass die gegenwärtige Krise dazu führt, dass hart
erkämpfte Rechte und Positionen wieder aufgeweicht werden.
Womöglich breitet sich ein neuer Überwachungseifer, den wir in
anderen Zusammenhängen bereits kennen, nun mit anderen Be-

---

137 Edward Snowden zu Corona-Überwachung: »Schaffen Architektur der Unter-
     drückung«, derStandard.at, 10.4.2020; RND – RedaktionsNetzwerk Deutsch-
     land, 27.3.2020; Edward Snowden warnt: Corona-Überwachung wird Virus
     überleben, t3n.de, 29.3.2020

138 Peter Schaar, Mit heißer Nadel gegen das Virus?, heise.de, 30.3.2020; ders.,
     Corona: Datenschutz vor Menschenleben?, extradienst.net, 24.11.2020

139 digitalcourage.de/corona; Videokonferenzsysteme wie Microsoft Teams,
     Skype, Zoom oder Google Meet haben die Überprüfung durch Datenschutz-
     experten und -beauftragten nicht bestanden: Sie erfüllen die datenschutz-
     rechtlichen Anforderungen nicht, vgl. Weser-Kurier, 6.7.2020

gründungen und in anderen gesellschaftlichen Bereichen aus und wird gesellschaftsfähig. Die Bedrohung durch Corona und die Angst davor machen es womöglich möglich ...[140] Frei nach dem Motto: Der Zweck heiligt die Mittel.

6. Lehren für die Zukunft

Das Corona-Virus gefährdet nicht allein Gesundheit und Leben von Menschen, sondern schädigt auch elementare Grund- und Freiheitsrechte, Rechtsstaat und Demokratie. Genauer: nicht das Virus direkt, sondern jene gravierenden exekutiven Kontroll- und Verbotsmaßnahmen, die dem erklärten und wichtigen Ziel dienen sollen, das Gesundheitssystem vor dem Kollaps zu bewahren sowie Gesundheit und Leben zu schützen. Schutz- und Abwehrmaßnahmen, die jedoch gleichzeitig – wie noch nie seit Bestehen der Bundesrepublik – tief in das alltägliche Leben aller Menschen eingreifen und dabei schwerwiegende individuelle, familiäre, schulische, berufliche, gesellschaftliche, kulturelle und wirtschaftliche Schäden und dramatische Langzeitfolgen verursachen. Deren Ausmaß werden der Bundesrepublik und ihren Bewohner:innen noch lange schwer zu schaffen machen. Es war der Historiker René Schlott, der schon im März 2020 die Befürchtung äußerte, dass die »offene Gesellschaft« auf diese Weise »erwürgt wird, um sie zu retten«.[141] Es geht also letztlich auch um die existentielle Frage, ob etliche der Abwehrmaßnahmen womöglich schwerere Folgen zeitigen als das Abzuwehrende.

6.1 Um den Ausnahmezustand der parlamentarischen Demokratie, den wir seit Frühjahr 2020 erleben, zu beenden, müssen Bundestag und Länderparlamente zwingend federführend an Beratungen und Entscheidungen über Corona-Abwehr- und Schutzmaßnahmen be-

---

140 Dazu der israelische Historiker Yuval Noah Harari im Interview: »Im schlimmsten Fall kollabiert unsere Weltordnung«, t-online.de, 23.10.2020

141 René Schlott, Um jeden Preis?, Süddeutsche Zeitung, 17.3.2020

teilt werden. So viel Zeit muss in einem demokratischen Rechtsstaat auch in Zeiten schwerer Krisen sein – zumal es auch parlamentarische Beschleunigungsmöglichkeiten gibt. Denn nur so kann die
Legislative mit transparenten Abwägungs- und Willensbildungs-
prozessen ihrer eigentlichen Funktion in einer parlamentarischen
Demokratie wieder gerecht werden. Nur so sind Entscheidungen
demokratisch legitimiert und kontrolliert. Nur so kann die mit der
»epidemischen Lage von nationaler Tragweite« erworbene Machtfülle eines dirigistischen Verordnungsstaates zurückgedrängt werden. Denn (Video-)Konferenzen zwischen Kanzlerin und Minister-
präsident:innen sind kein verfassungsmäßiges, kein demokratisch
legitimiertes Organ, das solche eingriffsintensiven Entscheidungen
(alleine) treffen kann. Das bedeutet: Das Demokratiedefizit muss
rasch behoben, die parlamentarische Demokratie insoweit endlich
wieder hergestellt werden.

6.2. Darüber hinaus hätten längst unabhängige interdisziplinäre
Expertenkommissionen oder Pandemieräte in Bund und Ländern
unter zivilgesellschaftlicher Beteiligung eingerichtet werden müssen.[142] Ihre Aufgabe sollte sein: die Politik in der »Corona-Krise«
kritisch zu begleiten sowie Erforderlichkeit, Wirksamkeit und Verhältnismäßigkeit staatlicher Abwehrmaßnahmen und ihre Folgen
aufzuarbeiten und zu evaluieren. Aus so gewonnenen Erkenntnissen
ließen sich Lehren ziehen für eine differenziertere, verhältnismäßi-
ge Bewältigung der weiteren Corona-Entwicklung und künftiger
Pandemien. Eine längerfristige Strategie mit wissenschaftlich-
interdisziplinär begleiteten Stufenplänen und regionalen Modellver-
suchen ist ohnehin vonnöten und überfällig, um nicht weiter von
einem Lockdown in den nächsten getrieben zu werden und dabei
die gesellschaftlichen Schäden noch weiter in die Höhe zu treiben
und den sozialen Zusammenhalt gänzlich zu verlieren.

---

142 Ansätze dafür gibt es bislang lediglich in Nordrhein-Westfalen und Schleswig-
     Holstein.

6.3. Angesichts der Tatsache, dass während solcher Krisen bestimmte Missstände, Strukturmängel und Fehlentwicklungen in der Gesellschaft und ihrer Wirtschaft besonders krass zu Tage treten, muss es darüber hinaus auch darum gehen, Perspektiven für überfällige gesellschaftliche, gesundheitspolitische, soziale, ökonomische und ökologische Strukturveränderungen zu entwickeln und umzusetzen – in Richtung Chancengleichheit und soziale Gerechtigkeit, Nachhaltigkeit und Klimaschutz. Kurz: für eine gerechtere und zukunftsfähige Gesellschaft. Und ganz besonders wichtig: Der mehrfach angesprochenen ohnehin starken sozialen Spaltung, die sich in der Krise noch erheblich verschärft hat und weiterhin verschärfen wird, muss endlich mit geeigneten Maßnahmen begegnet werden. Hier schließt sich also der Kreis zu etlichen jener Forderungen, die im vorigen Abschnitt im Zusammenhang mit den terrorbegründeten Sicherheitsentwicklungen aufgestellt worden sind.

7. »Ausnahmezustand« und autoritäre Wende als »neue Normalität«?

Zu Recht fragt Heribert Prantl (Süddeutsche Zeitung), ob die »Corona-Krise« wohl »zur Blaupause für das Handeln in echten oder vermeintlichen Extremsituationen« werden könnte.[143] Und womöglich nicht nur in Extremsituationen, sondern auch im Alltag. Denn der Ausnahmezustand im modernen Präventionsstaat, wie er sich hierzulande bekanntlich längst entwickelt hat, tendiert dazu, auch nach erfolgter Krisenbewältigung zum rechtlichen Normalzustand zu mutieren.[144] Das hat sich nach 9/11 deutlich gezeigt[145] – mit inzwischen entfristeten »Antiterrorgesetzen« aus den Jahren 2002 ff., die Freiheitsrechte stark beschneiden und längst

---

143 Zwangspause für eine erschöpfte Gesellschaft, sueddeutsche.de, 15.3.2020

144 Vgl. dazu Babias, Einigkeit in Angst, Frankfurter Rundschau, 3.2.2005 mit Bezug auf eine Grundthese des italienischen Rechtsphilosophen Giorgio Agamben (»Ausnahmezustand«)

145 Siehe eine ganze Reihe der BBA-Auszeichnungen sowie Ausführungen im vorigen Abschnitt dieses Kapitels.

schon als »Notstandsgesetze für den Alltag« qualifiziert werden können.

Wie hatte es der Soziologe Ulrich Beck in seinem Buch zur »Risikogesellschaft«, in der wir längst leben, schon Mitte der 1980er Jahre prognostiziert? Er sah mit dieser Risikogesellschaft eine fatale »Tendenz zu einem ›legitimen‹ Totalitarismus der Gefahrenabwehr« verbunden: Ausgestattet mit »dem Recht, das Schlimmste zu verhindern«, so Beck, schaffe sie in »nur allzu bekannter Manier das andere Noch-Schlimmere«.[146] Oder anders ausgedrückt: Überschießende Reaktionen des staatlichen Abwehrsystems schädigen und zerstören, einer Autoimmunerkrankung gleich, was es doch zu schützen gilt: Menschenrechte, Demokratie und Rechtsstaat – und letztlich auch soziale Existenzen, Gesundheit und menschliches Leben.

Deshalb ist schon jetzt höchste Wachsamkeit geboten, damit sich der neue gesundheitspolitische Ausnahmezustand nicht allmählich normalisiert – schließlich ist längst die Rede von »neuer Normalität« auf unbestimmt lange Zeit.[147] Und es ist schon jetzt höchste Wachsamkeit geboten, damit die längst zu verzeichnende autoritäre Wende sich nicht verfestigt – mit einem paternalistischen Staat und einer restriktiven Disziplinargesellschaft sowie einem stark kontrollierten und verkrampften Alltag, wie wir ihn inzwischen kennenlernen und erleiden mussten und weiterhin müssen.

Auch in Zeiten großer Gefahren und Angst muss man, um noch einen Gedanken Heribert Prantls aufzugreifen, nicht nur entschlossen gegen das Virus kämpfen, sondern auch gegen eine verhängnisvolle Stimmung, die in Krisenzeiten den demokratischen Rechtsstaat sowie Grund- und Bürgerrechte als Ballast, Bürde oder Luxus betrachtet und ziemlich bedenkenlos zur Disposition stellt.[148]

---

146 Ulrich Beck, Risikogesellschaft. Auf dem Weg in eine andere Moderne, Frankfurt/M. 1986, S. 106

147 So Vizekanzler Olaf Scholz (SPD) und Bundesgesundheitsminister Jens Spahn (CDU)

148 Siehe dazu und weiterführend: Heribert Prantl, Not und Gebot. Grundrechte in der Quarantäne, München 2021

Diese Stimmung ist, trotz vermehrter Unruhe, Skepsis und Gegenrede, noch längst nicht überwunden. Ja, sie gipfelte Anfang 2021 gar in eine ungeheuerliche Aufforderung des Schriftstellers Thomas Brussig (»Süddeutsche Zeitung«, 9.2.2021): »Mehr Diktatur wagen«. Mit dem erklärten Ziel, das Corona-Virus zu bannen – eben auch auf undemokratische Weise mittels diktatorischer Maßnahmen. »Mehr Diktatur wagen« sei das »Gebot der Stunde«. Und wie zur Beruhigung fügt er in seinem Gastbeitrag hinzu: »Ist das Virus gebannt (…), kehren wir zurück zur geliebten Normalität«.

Solchen demokratiewidrigen Positionen auf Zeit und fast schon totalitären Visionen einer virenfreien Gesellschaft, wie sie sich in der zweiten und dritten Corona-Welle verstärkt in die Öffentlichkeit drängen, gilt es entschlossen entgegenzutreten – ebenso wie dem schon allzu weit gediehenen präventiv-autoritären Sicherheits- und Überwachungsstaat. Mithilfe von Aufklärung, *BigBrotherAwards*, »Freiheit statt Angst« und Akten bürgerrechtlich-juristischer Gegenwehr.

Selbstverständlich wird das allein nicht reichen. Wir brauchen eine emanzipatorische Zukunftsperspektive, einen bürgerrechtlichen, sozialen, ökologischen und friedenspolitischen Gegenentwurf zu den gegenwärtigen Verhältnissen. Und dazu gehören in unserem Kontext zumindest: »Mehr Demokratie wagen«, Sicherung von Verfassungs- und Rechtsstaatsprinzipien, Stärkung von Grund- und Freiheitsrechten sowie soziale Gerechtigkeit und Sicherheit und eine konsequente Friedens- und Abrüstungspolitik.

Jury zur Verleihung der *BigBrotherAwards* und unterstützende Organisationen

Die Zusammensetzung 2019/2020 entspricht der der Vorjahre.

Rena Tangens, Datenschutzaktivistin und Künstlerin, Mitbegründerin von Digitalcourage e.V., Mitbegründerin der deutschen *BigBrotherAwards*, Jurymitglied seit 2000.

padeluun, Künstler und Netzaktivist, Mitbegründer der deutschen *BigBrotherAwards* und von Digitalcourage (Jurymitglied seit 2000). Digitalcourage e.V. (vormals Foebud e.V.) setzt sich seit 1987 für eine lebenswerte Welt im digitalen Zeitalter ein. Digitalcourage arbeitet für Datenschutz und Bürgerrechte und veranstaltet seit 2000 die *BigBrotherAwards* in Bielefeld. (www.digitalcourage.de).

Dr. **Rolf Gössner**, Rechtsanwalt (bis Ende 2020) / Publizist, Vertreter der Internationalen Liga für Menschenrechte (Jurymitglied von 2000 bis März 2021, bis; www.rolf-goessner.de); die Internationale Liga für Menschenrechte e.V. (ILFM) ist eine traditionsreiche unabhängige und gemeinnützige Nichtregierungsorganisation, die sich im Geiste von Carl von Ossietzky für die Verwirklichung und Erweiterung der Menschenrechte und für Frieden einsetzt (www.ilmr.de).

Prof. Dr. **Peter Wedde**, Frankfurt (Jurymitglied seit 2011); Peter Wedde ist Professor für Arbeitsrecht und Recht der Informationsgesellschaft an der Frankfurt University of Applied Science sowie Herausgeber und Autor.

Dr. **Thilo Weichert**, Jurist (Jury-Mitglied 2000, 2002-2003 sowie ab 2017); Thilo Weichert ist ehemaliger Datenschutzbeauftragter des Landes Schleswig-Holstein, Vorstandsmitglied der Deutschen Vereinigung für Datenschutz e. V. (DVD – eine unabhängige Bürger.innenrechtsvereinigung, die sich für Datenschutzbelange in Deutschland und Europa einsetzt, www.datenschutzverein.de) sowie Datenschutzexperte beim Netzwerk Datenschutzexpertise (www.netzwerk-datenschutzexpertise.de).

Frank Rosengart, Chaos Computer Club e. V. (CCC), Jurymitglied seit 2002; der CCC ist die größte europäische Hackervereinigung und seit 1981 Vermittler im Spannungsfeld technischer und sozialer Entwicklungen (www.ccc.de).

Gastautorinnen
Claudia Fischer (Freie Journalistin und Medienpädagogin), **Jessica Wawrzyniak** (Medienpädagogin; Digitalcourage), **Leena Simon** (Netzphilosophin; muendigkeit.digital und Digitalcourage)

Gastrede 2020
Gerhart Baum, Rechtsanwalt und Bundesinnenminister a. D. (FDP)

Ehemalige Jurymitglieder
Sebastian Lisken (2000), FoeBuD e. V.
Dr. **Thilo Weichert** (2000, 2002-2003), **Karin Schuler** (2004-2009) & **Frans Valenta** (2012), **Sönke Hilbrans** (2011-2016), Deutsche Vereinigung für Datenschutz e. V.
Hans Hübner (2000), **Jens Ohlig** (2001) & **Andreas Bogk** (2011), **Linus Neumann** (2015), Chaos Computer Club e. V.
Patrick Goltzsch (2000-2002), **Lutz Donnerhacke** (2003) & **Alvar C. H. Freude** (2005-2009), Förderverein Informationstechnik und Gesellschaft e. V. (www.fitug.de)

Ute Bernhardt (2001), **Ingo Ruhmann** (2001) & **Werner Hüls-mann** (2003-2008, 2011), Forum InformatikerInnen für Frieden und gesellschaftliche Verantwortung e. V. (www.fiff.de)

Dr. **Fredrik Roggan** (2002-2009), Humanistische Union e. V. (www.humanistische-union.de)

Dr. **Heribert Prantl**, ehemaliges Mitglied der Chefredaktion und Politikredakteur der »Süddeutschen Zeitung«, Kommentator und Buchautor, Gastlaudator 2014

Max Schrems, Jurist, Autor und Datenschutzaktivist aus Österreich, Gastlaudator 2015, Europe versus Facebook (www.europe-v-facebook.org/DE/de)

Prof. Dr. **Martin Haase**, Sprachwissenschaftler an der Universtität Bamberg, neusprech.org/

Kai Biermann, Journalist und Psychologe, neusprech.org

Sabine Leutheusser-Schnarrenberger, Bundesjustizministerin a. D. (FDP), Gastrednerin 2016

Prof. Dr. **Sarah Spiekermann**, Autorin und Professorin der Wirtschaftsinformatik, Eröffnungsvortrag 2018

Literatur

Rena Tangens / padeluun (Hg.): Schwarzbuch Datenschutz. Ausgezeichnete Datenkraken der *BigBrotherAwards*, Hamburg 2006

padeluun / Rena Tangens (Hg.), digitalcourage. Jahrbuch 2018, 2019, 2020, 2021, jeweils Bielefeld 2018 ff. (bigbrotherawards.de)

Digitalcourage e. V. engagiert sich seit 1987 für Grundrechte, Datenschutz und eine lebenswerte Welt im digitalen Zeitalter. Wir sind technikaffin, doch wir wehren uns dagegen, dass unsere Demokratie »verdatet und verkauft« wird. Wir klären auf und mischen uns in Politik ein. Digitalcourage ist gemeinnützig, finanziert sich durch private Spenden und lebt durch die Arbeit vieler Freiwilliger.

Kontakt für weitere Informationen

Digitalcourage e. V., Marktstraße 18, 33602 Bielefeld

Kontakt: mail@digitalcourage.de / www.digitalcourage.de